B. A. Rollett   U. Kastner-Koller
Praxisbuch Autismus

Brigitte A. Rollett   Ursula Kastner-Koller

Praxisbuch Autismus

für Eltern, Erzieher, Lehrer und Therapeuten

4., überarbeitete Auflage

Mit einem Beitrag von Georg Spiel, Augustina Gasser, Rudolf Winkler und Ursula Kastner-Koller:

Autismus in der Fachdiskussion

ELSEVIER
URBAN & FISCHER

URBAN & FISCHER   München

Zuschriften und Kritik an:
Elsevier GmbH, Urban & Fischer Verlag, Hackerbrücke 6, 80335 München

Autorinnen:
O. Univ. Prof. em. Dr. Brigitte Rollett
Ass. Prof. Dr. Ursula Kastner-Koller
Institut für Entwicklungspsychologie und Psychologische Diagnostik
Fakultät für Psychologie der Universität Wien
Liebiggasse 5
A-1010 Wien

Wichtiger Hinweis für den Benutzer
Geschützte Warennamen (Warenzeichen) werden in der Regel besonders kenntlich gemacht (®). Aus dem Fehlen eines solchen Hinweises kann jedoch nicht automatisch geschlossen werden, dass es sich um einen freien Warennamen handelt.

Bibliografische Information der Deutschen Nationalbibliothek
Die Deutsche Nationalbibliothek verzeichnet diese Publikation in der Deutschen Nationalbibliografie; detaillierte bibliografische Daten sind im Internet über http://dnb.d-nb.de abrufbar.

Alle Rechte vorbehalten
4. Auflage 2011
© Elsevier GmbH, München
Der Urban & Fischer Verlag ist ein Imprint der Elsevier GmbH.

11 12 13 14 15   5 4 3 2 1

Für Copyright in Bezug auf das verwendete Bildmaterial siehe Abbildungsnachweis

Das Werk einschließlich aller seiner Teile ist urheberrechtlich geschützt. Jede Verwertung außerhalb der engen Grenzen des Urheberrechtsgesetzes ist ohne Zustimmung des Verlages unzulässig und strafbar. Das gilt insbesondere für Vervielfältigungen, Übersetzungen, Mikroverfilmungen und die Einspeicherung und Verarbeitung in elektronischen Systemen.

Um den Textfluss nicht zu stören, wurde bei Patienten und Berufsbezeichnungen die grammatikalisch maskuline Form gewählt. Selbstverständlich sind in diesen Fällen immer Frauen und Männer gemeint.

Planung und Lektorat: Christiane Tietze, München
Redaktion: Ulrike Kriegel, München
Herstellung: Nicole Kopp, München
Satz: abavo GmbH, Buchloe/Deutschland; TnQ, Chennai/Indien
Druck und Bindung: Print Consult, München
Umschlaggestaltung: SpieszDesign, Neu-Ulm
Titelfotografie: © Javier Pazo – Fotolia.com

ISBN 978-3-437-44406-7

Aktuelle Informationen finden Sie im Internet unter **www.elsevier.de** und **www.elsevier.com**

Vorwort zur 4. Auflage

Aufgrund des großen Interesses am „Praxisbuch Autismus" wurde schon nach vier Jahren eine neue Auflage des Buches notwendig. Da auch die Autismusforschung in diesem Zeitraum enorm zugenommen hat, bietet dies die Gelegenheit, neue praxisrelevante Erkenntnisse einzubeziehen und vor allem auch Wünsche von Lesern und Leserinnen nach zusätzlichen Informationen zu berücksichtigen. Die Kapitel über Spiele und Übungen zur Entwicklungsförderung sowie über die Integration autistischer Kinder in die Schule, die besonderen Probleme und Fördermöglichkeiten von gut begabten autistischen Kindern und Jugendlichen und hier besonders von Asperger-Autisten sowie über die berufliche Eingliederung von Autisten und den Übergang zum Erwachsenenalter allgemein wurden wesentlich erweitert. Außerdem wurden die Hinweise auf Spiel- und Fördermaterialien für Kleinkinder und Schulanfänger überarbeitet.

Die Forschung zum Autismusspektrum hat sich in den vergangenen 30 Jahren von einem Randbereich zu einem wichtigen Schwerpunktgebiet entwickelt, von dem die Praxis in vielfältiger Weise profitieren kann, wie der Beitrag von G. Spiel, A. Gasser, R. Winkler und U. Kastner-Koller zum Autismus in der Fachdiskussion aufzeigt. Diese Entwicklung hat dazu beigetragen, dass autistischen Menschen heute im Vergleich zu früher mehr Verständnis entgegengebracht wird. Ein für den Umgang mit autistischen Kindern besonders wichtiges Ergebnis war der Nachweis des großen Stellenwertes, den die Frühförderung für ihre positive Entwicklung hat und die Bedeutung, die der Unterstützung durch die Eltern dabei zukommt.

Ein wichtiges Anliegen dieses Buches ist es, allen jenen, die mit der Erziehung, Bildung und Ausbildung von autistischen Kindern und Jugendlichen befasst sind, Hilfen an die Hand zu geben, welche ihnen die Arbeit erleichtert. Viele Erziehungsregeln, die sich bei gesunden Kindern bewährt haben, greifen bei autistischen Kindern nicht. So ist z. B. der Grundsatz, Kinder ihre Welt möglichst selbständig erkunden zu lassen und darauf zu vertrauen, dass sie dabei erfolgreich sein werden, bei autistischen Kindern völlig falsch, da sie keine „Selbstlerner" sind. Sie brauchen im Gegenteil genaue, immer wieder geduldig und freundlich wiederholte Anweisungen und Hilfen, wenn sie etwas Neues lernen sollen.

Wie weit sich ein autistisches Kind entwickeln wird, hängt daher nicht nur von den vorhandenen Begabungen und den bestehenden neurologischen und anderen Behinderungen ab, sondern vor allem auch von der einfühlsamen, den gesamten Alltag des Kindes umfassenden Förderung. Ein derartiges Programm kann nur durch die Kooperation möglichst vieler Menschen, die mit dem Kind zu tun haben, verwirklicht werden. Die wichtigste Voraussetzung der Arbeit mit autistischen Kindern ist es, dass es den Erziehungspersonen gelingt, die typische autistische Kontaktschranke zu überwinden. Nur wenn dies erreicht ist, wird es möglich, die Mitarbeit und damit die Erziehbarkeit des Kindes zu sichern. Dabei ist zu betonen, dass dies nicht ein für allemal möglich ist, sondern dass jede Person, die mit dem Kind zu tun hat, den Zugang zu ihm aufbauen muss. Wie dies in einer für die Eltern und ihr Kind und andere, die mit ihm arbeiten müssen, bereichernden Weise geschehen kann, wird in diesem Buch ausführlich beschrieben.

Wie bei den früheren Auflagen des „Praxisbuch Autismus" hat auch der vorliegende vierte Band vor allem das Ziel, autistischen Kindern, Jugendlichen und Erwachsenen das Leben in unserer Welt nicht nur zu erleichtern, sondern vor allem auch lebenswert zu machen.

Wien, im Juli 2010
B. A. Rollett
U. Kastner-Koller

Vorwort zur 1. Auflage

Thomas war ein kräftiges Baby, das allerdings vom ersten Tag an viel schrie und sich durch nichts beruhigen ließ. Viele -Bekannte rieten daher der Mutter, ihn einfach nicht zu beachten, weil er dann von selbst aufhören würde. Dies war allerdings nicht der Fall: Wenn Thomas nicht schlief, schrie er. Auch wehrte er sich gegen alles Neue / neue Kleidungsstücke, Nahrungsmittel, frisches Bettzeug. Die Mutter entdeckte bald, daß er es nicht mochte, wenn sie ihn auf den Arm nahm und mit ihm schmusen wollte: Er zeigte deutlich, daß ihm dies nicht paßte, so daß sie es schließlich bleiben ließ. Wie die Mutter scherzhaft meinte, hatte er schon als Baby einen richtigen Charakter und wußte, was er wollte.

Auch Markus war ein gesunder, hübscher Säugling, der besonders durch seine „Bravheit" auffiel. Seine Mutter erzählte ihren Freundinnen oft, daß er sie überhaupt nicht in Anspruch nahm, wie dies andere Kinder oft tun, sondern ruhig in seinem Bettchen lag und selbstvergessen mit seinen Händchen herumhantierte. Am glücklichsten schien er, wenn man ihn sich selbst überließ.

Beide Kinder gediehen gut, nur wollte es mit dem Sprechenlernen nicht klappen. Weder den Eltern, noch den Hausärzten fiel anfangs auf, daß mit den Kindern etwas nicht stimmte. Die Eltern wurden beruhigt: Es seien eben „Spätentwickler". Eine geraume Zeit lang entschuldigte dieses Etikett alles: Daß die Kinder sich für ihre Umgebung kaum interessierten, aber seltsame stereotype „Spiele" bevorzugten, mit denen sie sich stundenlang beschäftigen konnten, ohne müde zu werden; daß sie gelegentlich Wörter wiederholten, die jemand anderer vorsprach, aber offenbar ohne daß sie damit einen Sinn verbunden hätten; daß ihre Blicke oft ins Leere gingen und anderes mehr.

Als die Eltern endlich erkannten, daß die Kinder keine Anstalten machten, ihren Entwicklungsrückstand aufzuholen, begann ein langer Leidensweg: Ein Experte nach dem anderen wurde konsultiert, eine Behandlung nach der anderen versucht, bis schließlich jemand die richtige Diagnose stellte: Frühkindlicher Autismus …

Das geschilderte Szenario kennen leider viele Eltern autistischer Kinder. Dabei wäre es gerade bei Kindern mit autistischen Störungen besonders wichtig, ihre Behinderung so früh als möglich zu erkennen, um eine gezielte Behandlung einleiten zu können.

Selbst wenn die richtige Diagnose gestellt wird, scheuen sich leider immer noch manche Fachleute, diese den Eltern auch mitzuteilen, um sie nicht zu „beunruhigen". Diese falsche Rücksichtnahme bedeutet aber, daß die notwendigen heilpädagogischen und anderen Maßnahmen nicht durchgeführt werden, da die „beruhigten" Eltern keine Veranlassung dazu sehen. Für autistische und andere behinderte Kinder gilt jedoch: Je früher die Behandlung einsetzt, desto besser sind die Therapieerfolge.

Es ist daher wichtig, den Eltern früh genug die für sie entscheidenden Informationen zu geben. Dazu ist es notwendig, das autistische Störungsbild allgemein so bekannt zu machen, daß es rechtzeitig erkannt wird. Durch eine breite Öffentlichkeitsarbeit ist in dieser Hinsicht in den letzten Jahren manches geschehen. Sicher hat der Film „Rainman", der das Schicksal eines Autisten darstellt, viel dazu beigetragen. Angesichts der Flut an mehr oder weniger erprobten Behandlungsmethoden ist es außerdem von Bedeutung, die Fachwelt ebenso wie die betroffenen Eltern über wirksame Therapieansätze zu informieren, um autistischen Kindern die bestmöglichen Chancen für eine gute Entwicklung zu sichern.

Es ist das Ziel dieses Bandes, hierfür einen Beitrag zu leisten. Es ist ein Buch aus der Praxis für die Praxis. Die wissenschaftlichen Untersuchungsergebnisse, auf denen es beruht, werden daher nur knapp angesprochen, widersprüchliche Auffassungen und die Schlußfolgerungen, die sich daraus ergeben, möglichst prägnant, ohne Weitschweifigkeiten wiedergegeben, und es wird versucht, die für die Praxis brauchbaren Problemlösungen zu finden und zu begründen.

Wir hoffen, sowohl den Eltern autistischer Kinder als auch den Fachleuten, die sich dem schwierigen Gebiet der Hilfe für Autisten widmen, einen praxisbezogenen Leitfaden in die Hand zu geben, der ihnen ihre Aufgabe erleichtert.

B. A. Rollett
U. Kastner-Koller

Inhaltsverzeichnis

1	**Autismus: Einführung in die Problematik** B. A. Rollett 1	3.4	Die Bedeutung der Kontaktbereitschaft und der Orientierungsfähigkeit für die Entwicklung 20
1.1	Autismus in der Diskussion: Was können autistische Menschen im Leben erreichen? 1	3.5	Frühe Kontaktsignale 21
1.2	Mögliche Ursachen des autistischen Verhaltens 3	3.6	Nachahmen lernen 22
1.3	Autismus, autistisches Verhalten und Therapieverlauf 4	3.7	Die Bedeutung der Bindung für die kindliche Entwicklung 24
1.4	Die dyadische Autismustheorie und ihre Konsequenzen für eine Entwicklungstherapie autistischer Kinder .. 6	3.8	Die Entstehung der autistischen Wahrnehmungsstörungen 25
		3.9	Der Aufbau der Objektpermanenz .. 26
		3.10	Anfänge der Ich-Entwicklung 27
2	**Probleme mit der Frühdiagnose: Entwicklungsverzögert oder autistisch?** B. A. Rollett 11	3.11	Vertrauen und Neugier: Bindungs- und Erkundungssystem 28
2.1	Autistische Störungsbilder 11	3.12	Die Besonderheiten der autistischen Welterkundung 29
2.2	Diagnoserichtlinien 12	3.13	Die Angst vor Veränderung und ihre Überwindung 30
2.2.1	Autistische Störung (Frühkindlicher Autismus) 12		
2.2.2	Asperger-Störung (Asperger-Syndrom) 12	**4**	**Entwicklungstherapie für autistische Kinder** B. A. Rollett .. 33
2.2.3	Atypischer Autismus 13	4.1	Verhaltenstherapie im Entwicklungskontext 33
2.2.4	Autistische und andere Störungsbilder: Verwechslungsmöglichkeiten 13	4.2	Kurzer Überblick über die wichtigsten Entwicklungen zwischen 0 und 18 Jahren........ 35
2.3	Checkliste autistischer Symptome und Verwechslungsmöglichkeiten . 13		
		5	**Introversion als Persönlichkeitseigenschaft und Autismus** B. A. Rollett 41
3	**Entwicklung von autistischen und anderen Kindern im Vergleich: Konsequenzen für die Entwicklungstherapie autistischer Kinder** B. A. Rollett 17	**6**	**Eltern und ihr autistisches Kind – Trauerarbeit um ein Kind: Akzeptieren und fördern lernen** B. A. Rollett 43
3.1	Gehirnentwicklung und Autismus: Die Bedeutung früher Entwicklungsreize für die Entwicklung und die Entwicklungsförderung 17	**7**	**Einzelne therapeutische Maßnahmen im Vergleich** B. A. Rollett 47
3.2	Rechte Hirnhälfte – linke Hirnhälfte 18		
3.3	Stressbelastung und Autismus 19	**8**	**Der systemische Ansatz in der Autismustherapie** B. A. Rollett ... 51

9	**Der Aufbau der Bindung zwischen autistischen Kindern und ihren Bezugspersonen: Das Wiener Interaktions- und Kontakttrainingsprogramm**		10.5.5	Hilfen bei Leistungstiefs und anderen Rückschlägen	76
			10.5.6	Anstrengungsvermeidung bei autistischen Kindern	77
			10.6	Spiele und Übungen zur Entwicklungsförderung	78
	B. A. Rollett, U. Kastner-Koller	53	10.6.1	Übungen zur Förderung der Kommunikationsfähigkeit	79
9.1	Training des Interaktionsverhaltens	53			
9.2	Die Elemente des Wiener Kontakt- und Interaktionstrainings	54	10.6.2	Übungen zur Förderung der Selbständigkeit	84
9.2.1	„Anstrahlen" als Kontaktsignal	54	10.6.3	Übungen zur Förderung der Grobmotorik	88
9.2.2	Modulierte Sprechweise	55			
9.2.3	Warten können und Geduld	56	10.6.4	Übungen zur Förderung der Feinmotorik	93
9.2.4	Richtig Rückmeldungen (Feedback) geben	56	10.6.5	Übungen zur Förderung der akustischen Wahrnehmung	99
9.2.5	Anderes Angebot machen	57			
9.2.6	Kontaktangebote liebevoll beantworten	58	10.6.6	Übungen zur Förderung der visuellen Wahrnehmung	100
9.3	Zur Notwendigkeit entwicklungs- und lerntherapeutischer Förderung autistischer Kinder nach Abbau der Kontaktschranke	58	10.6.7	Übungen zur Gedächtnisförderung	103
			10.6.8	Übungen zur Sprachförderung	104
			10.6.9	Übungen zur Förderung der kognitiven Fähigkeiten	109
9.4	„Wellentäler" und wie man damit umgeht	58	10.6.10	Buchstabentraining	113
10	**Aufbau der kognitiven Fähigkeiten beim autistischen Kind – Entwicklungsförderung: Spiel-, Förder- und Lernprogramme**		**11**	**Die Integration des autistischen Kindes in Kindergarten und Schule**	
				B. A. Rollett	115
			11.1	Einführung in die Problematik und Konsequenzen für die Förderarbeit	115
	U. Kastner-Koller	61			
10.1	Gestaltung des Spiel- und Arbeitsbereichs	61	11.2	Das autistische Kind im Klassenverband	118
10.2	Welches Spielzeug ist für autistische Kinder geeignet?	63	11.3	Strukturierung des Schulalltags	119
10.3	Wer soll mit dem autistischen Kind spielen und lernen?	64	11.4	Lern- und Förderbereiche im ersten Schuljahr: Ein Beispiel aus der Praxis	120
10.4	Einzel- oder Gruppentraining?	66			
10.5	Wie spielt und lernt man mit einem autistischen Kind?	67	11.5	Spielen und Lernen in der Gruppe: Praktische Hinweise für das Vorgehen bei der Integration autistischer Kinder	126
10.5.1	Handführung und andere Hilfen für das Kind	69			
10.5.2	Wie reagiert man auf stereotypes Verhalten?	69	**12**	**Entwicklungstherapie bei autistischen Kindern: Ein Fallbeispiel** B. A. Rollett	131
10.5.3	Blickkontakt und modulierte Sprache: So wird das Kind lernbereit	73			
10.5.4	Belohnung muss sein!	74			

13	**Autistische Kinder und Jugendliche mit guten bis sehr guten Fähigkeiten: Asperger-Autisten und Autisten auf hohem Funktionsniveau** B. A. Rollett	147	16.1.6 Verständlichkeit / Artikulation	174

13 Autistische Kinder und Jugendliche mit guten bis sehr guten Fähigkeiten: Asperger-Autisten und Autisten auf hohem Funktionsniveau B. A. Rollett 147

13.1 Asperger-Autisten und Autisten auf hohem Funktionsniveau: Ein Vergleich 147

13.2 Gut bis sehr gut begabte Autisten in der Schule 149

14 Berufsmöglichkeiten und Berufswahl autistischer Jugendlicher B. A. Rollett 153

15 Der Weg zum Erwachsenwerden: Probleme und Herausforderungen B. A. Rollett 161

15.1 Autisten zwischen Machtlosigkeit und Selbstbehauptung 161

15.2 Der Übergang zum Jugendalter und zum jungen Erwachsenenalter 164

15.2.1 Sexualität und Partnerschaft 164

15.2.2 Autonomiebedürfnis 165

15.2.3 Verstärktes Auftreten von aggressiven Verhaltensweisen und Anstrengungsvermeidung im Erwachsenenalter .. 165

15.2.4 Interventionen bei aggressiven Durchbrüchen jugendlicher Autisten 166

16 Die Förderung kommunikativer und sozialer Fähigkeiten und Fertigkeiten bei autistischen Jugendlichen und jungen Erwachsenen: Förder- und Lernprogramme B. A. Rollett, M. Felinger und K. Lauscher 169

16.1 Förderung der kommunikativen Sprachbeherrschung 170

16.1.1 Ganze Sätze verwenden 170

16.1.2 Richtige Verwendung von „ich" und „du" 171

16.1.3 Intonation 172

16.1.4 Verständlichkeit / Lautstärke 172

16.1.5 Verständlichkeit / Sprachtempo 173

16.1.6 Verständlichkeit / Artikulation 174

16.1.7 Echolalien abbauen 174

16.1.8 Sprachstereotypien / exzessives und repetitives Stellen von Fragen 175

16.1.9 Sprachstereotypien / Wiederholen von Phrasen 175

16.1.10 Gespräch beenden 176

16.1.11 Äußerungen ohne Bezug zur aktuellen Situation 176

16.1.12 Selbstgespräche 177

16.1.13 Äußerungen, die um dasselbe Thema kreisen 177

16.1.14 Persönliche und höfliche Form der Anrede 178

16.1.15 Botschaften übermitteln 178

16.2 Sprachverständnis erweitern 179

16.2.1 Wortschatz erweitern 179

16.2.2 Redewendungen verstehen lernen .. 179

16.2.3 Verständnis von Witzen 180

16.2.4 Sinnvolles Nacherzählen einer Geschichte 180

16.2.5 Irrelevante Kommentare beim Nacherzählen einer Geschichte löschen .. 181

16.2.6 Verständnis einer Geschichte / eines Textes 181

16.3 Verbesserung des Umgangs mit anderen und mit sich selbst 183

16.3.1 Höflichkeitsgesten / Begrüßung und Verabschiedung 183

16.3.2 Blickkontakt während eines Gesprächs / einer Interaktion 183

16.3.3 Nimmt von sich aus Körperkontakt zu einer Betreuungsperson / einem Gruppenmitglied auf 184

16.3.4 Körperkontakt zulassen lernen 184

16.3.5 Hilfe leisten 185

16.3.6 Theory of Mind: Aufbau von Vorstellungen über das Wissen des anderen 185

16.3.7 Gesichtsausdruck / Gefühle erkennen 186

16.3.8 Verschiedene Rollen übernehmen können 187

16.3.9 Bewusstes Entspannen 188

16.3.10 Aggressives Verhalten reduzieren ... 188

16.3.11 Selbstaggression beeinflussen 189

17	Die Nachbetreuung erwachsener Autisten B. A. Rollett	191
17.1	Wohnen im Erwachsenenalter	191
17.2	Partnerschaft und Familiengründung	192

Anhang ... 195

1	Wie weit ist mein Kind entwickelt? Wichtige Entwicklungsschritte und ihre zeitliche Einordnung im Überblick	197
2	Spielzeugliste und Literatur für die Praxis	199
3	Spielmittelausstattung für die Schuleingangsphase	201
4	Autismus im Internet	203
5	Literaturverzeichnis	205

Autismus in der Fachdiskussion: Diagnostische Aspekte und ätiologische Modelle G. Spiel, A. Gasser, R. Winkler & U. Kastner-Koller ... 213

1	Einleitende Definition	213
2	Syndromale Beschreibung	213
3	Epidemiologie und Komorbidität	215
4	Störungsspezifische Diagnostik	216
5	Ätiologische Modelle	217
6	Neuropsychologische Aspekte	221
7	Psychosoziale Rahmenbedingungen	228
8	Synopsis	229
	Literaturverzeichnis	230

Abbildungsnachweis ... 235

Sachregister ... 237

Namensregister ... 243

KAPITEL 1

B. A. Rollett

Autismus: Einführung in die Problematik

1.1 Autismus in der Diskussion: Was können autistische Menschen im Leben erreichen?

Im Jahr 1987 veröffentlichte eine der renommiertesten Zeitungen der USA, die New York Times, einen Bericht über Untersuchungsergebnisse des bekannten Autismusforschers Lovaas von der UCLA (University of California at Los Angeles), der aufgrund von eigenen Langzeitstudien feststellen konnte, dass autistische Kinder, denen man ein genau auf sie abgestimmtes, 40 Wochenstunden umfassendes Langzeittraining anbietet, in ihrem Verhalten und ihren Lernmöglichkeiten erheblich gefördert werden können: Nicht weniger als 45% seiner Klienten konnten als geheilt bezeichnet werden, normale Schulen besuchen und auch abschließen. Allerdings war es dazu notwendig, dass die Kinder in ein aufwändiges Ganztagsförderprogramm integriert wurden.

Diese Ergebnisse führten zu einer erregten Kontroverse unter den Forschern, die sich mit Autismus beschäftigen. Schopler, der ebenfalls ein sehr erfolgreiches Programm zur Förderung autistischer Kinder, das TEACCH-Programm[1], entwickelt hat, meinte, dass die Prozentzahlen zu optimistisch seien. Auf der anderen Seite ist unbestritten, dass mit Intensivprogrammen, zu denen auch das von Schopler entwickelte Programm gehört, wesentliche Entwicklungsfortschritte erzielbar sind.

Rimland, ein bekannter Autismusforscher und Begründer des Autism Research Institute in San Diego, führte zur Verteidigung von Lovaas an, dass ihm das Verdienst gebührt, als einer der Ersten gezeigt zu haben, dass es überhaupt möglich ist, autistischen Kindern durch umfassende verhaltenstherapeutische Trainingsangebote zu helfen. Rimland, der selbst einen autistischen Sohn hatte, schilderte 1987 in einem Artikel in dem von diesem Institut herausgegebenen „Autistic Research Review" eindringlich, wie er erst durch das Programm von Lovaas in die Lage versetzt wurde, seinem Sohn aus der autistischen Isolation herauszuhelfen.

Im „Autism Research Review" wurde 1998 ein Leserbrief Schoplers veröffentlicht, in dem er zwar nicht mehr die Effektivität des Programms kritisierte, wohl aber die Tatsache, dass es wegen des hohen Aufwands an Therapiestunden zu teuer sei. In der nächsten Ausgabe der Review antwortete Pomeranz in einem Leserbrief darauf, dass dies kein Argument gegen Intensivprogramme sein dürfe, da autistische Menschen so wie jeder andere ein Recht auf einen für sie optimalen Bildungsweg haben.

Diese Diskussion macht deutlich, dass selbst unter Experten die Meinungen, ob und wie autistischen Kindern geholfen werden kann, auseinandergehen, obwohl heute bereits eine sehr große Zahl von Veröffentlichungen existiert, die zeigen, **dass Autisten lernen und sich weiterentwickeln können** (das erwähnte „Autism Research Review" bietet regelmäßig Kurzinformationen über neueste Entwicklungen der Autismustherapie an. So wurde z.B. im Heft 17/3; 2003 über eindrucksvolle Erfolge durch eine intensive Frühförderung mit dem Lovaas-Programm berichtet, die den beteiligten acht Kindern eine Einschulung in Regelschulen möglich machte).

Sallows und Graupner (2005) führten vier Jahre lang das Lovaas-Intensivtraining bei 24 autistischen Kindern durch, die zu Beginn der Studie drei Jahre alt waren. Die Hälfte der Kinder wurde von Therapeuten, die andere von den Eltern, die eine fachkun-

---

[1] „Treatment and Education of Autistic and related Communication handicapped Children" (Therapie und Erziehung von autistischen und Kindern mit verwandten Kommunikationsbeeinträchtigungen). Es handelt sich um das staatliche Autismusprogramm des US-Bundesstaates North Carolina, das vor allem durch die Arbeiten von Schopler seine heutige Form gefunden hat.

1 Autismus: Einführung in die Problematik

dige Supervision erhielten, betreut. Überraschend – und erfreulich – war, dass beide Gruppen gleich gute Ergebnisse erzielten. Etwa die Hälfte der Kinder konnte ihre Intelligenz und ihre sozialen Fähigkeiten so weit verbessern, dass sie problemlos in normale Schulklassen aufgenommen werden konnten. Aber auch die anderen Kinder zeigten so große Verbesserungen, dass sie mit Erfolg in Spezialschulen eingeschult werden konnten.

Noch dramatischer ist die Situation bei Diskussionen über die richtige Behandlung autistischer Kinder im Alltag. Wie wir beobachten konnten, gehört es zu den Erfahrungen, die jeder machen muss, der sich mit autistischen Kindern beschäftigt, dass einem jeder „gute Ratschläge" geben möchte. Seltsamerweise sind dies vor allem Menschen, die selbst noch nie etwas mit autistischen Kindern zu tun hatten. Sie vermuten daher immer, dass deren sonderbares Verhalten etwas mit einer falschen Behandlung durch die Umgebung zu tun hätte. Sie fühlen sich nur zu oft dazu „berufen", dem Kind zu helfen – und sind enttäuscht, wenn ihre gutgemeinten Maßnahmen keinen Erfolg zeigen: Autistischen Menschen kann man nämlich nur helfen, wenn man über entsprechende Spezialkenntnisse über ihre Besonderheiten verfügt. Die Erziehungserfahrungen, die man mit gesunden Kindern macht, geben einem so gut wie keine Hinweise für die erfolgreiche Behandlung autistischer Kinder.

Autismus ist ein Gebiet, das die Öffentlichkeit interessiert. Leider äußert sich dieses Interesse in erster Linie in der Kritik an den Eltern und Betreuern autistischer Kinder. Wie wir feststellen konnten, ist dies eine für den Umgang der Gesellschaft mit dem Autismus charakteristische Situation, die sich in diesem Ausmaß bei anderen Formen der Behinderung nicht wiederfindet. Sie gehört daher wesentlich zu dem Szenario, mit dem sich die Autistenhilfe beschäftigen muss, wenn es darum geht, den Eltern und dem autistischen Kind wirksame Unterstützung zu gewähren.

Mit ein Grund dafür kann sein, dass man dem autistischen Kind seine Störung in der Regel nicht ansieht (> Abb. 1): Autistische Kinder sind sehr oft besonders hübsche Kinder. Trotzdem weicht ihr Verhalten von der „Norm" in einer für den Laien unverständlichen Weise ab. Da das Kind so „normal" aussieht, nehmen Laien oft automatisch an, dass die Eltern etwas falsch machten. Die Folge sind Vorwürfe, oft auch gut gemeinte Versuche, mit dem Kind Kontakt aufzunehmen, um den Eltern zu demonstrieren, wie man es „richtig" macht. Wie jeder, der mit autistischen Kindern gearbeitet hat, weiß, ist so ein Versuch zum Scheitern verurteilt, da sich die Kinder der fremden Person gegenüber abschotten – eine für die Betreffenden höchst enttäuschende Reaktion. Der vielleicht verständliche Ärger über diesen Misserfolg führt leider nicht selten zu einer radikalen Änderung der Einschätzung des Kindes. Mit

Abb. 1 Christoph in der Therapie: Man sieht dem autistischen Kind seine Störung in der Regel nicht an.

der gleichen Intensität, mit der man es zu „retten" versuchte, wird es nun als „abnormal", „hoffnungslos" usw. herabgesetzt. Zu Recht werden beide Laienreaktionen von den betroffenen Eltern als verletzend empfunden.

Ein Abweichen von der Norm wird in unserer Gesellschaft nicht geduldet. Zur Illustration dieser Aussage seien hier Beschreibungen einer anderen Sondergruppe von Kindern aufgeführt: Auch sie sind „anders", „nicht im Schritt mit anderen", „manipulatorisch", „Angeber, die alles besser wissen", „boshaft", „überaktiv", „eigensinnig", „anderen gegenüber gefühllos", „im Stande, meine Art, mein Verhalten in Frage zu stellen", „aggressiv", „sonderbar", „gesellschaftsfeindlich", „eingebildet" usw. (vgl. Webb u. a., 1985).

Bei dieser Beschreibung handelt es sich nicht etwa um eine Charakterisierung von autistischen Kindern, sondern um eine Beschreibung besonders begabter Kinder! Es sind Aussagen von Menschen, die mit hochbegabten Kindern zu tun haben. Unsere Gesellschaft toleriert offenbar das Anderssein nicht.

Die Kritik, die jeder erfährt, der mit autistischen Kindern als Lehrer, Erzieher, Therapeut[2] oder auch als Eltern zu tun hat, sollte daher nicht persönlich genommen werden. Sie ist zumindest zu einem Teil nur Ausdruck der Haltung der Gesellschaft dem Ungewohnten gegenüber. Jeder, der Kinder hat, die sich, aus welchen Gründen auch immer, anders verhalten, als es der Norm entspricht, wird Ähnliches erleben. Hier helfen nur eine geduldige Aufklärungsarbeit und die persönliche Sicherheit, die daraus resultiert, dass man selbst bereit ist, sich für das autistische Kind vorbehaltlos einzusetzen, um ihm die besten Chancen für ein befriedigendes Leben zu vermitteln, auch und gerade weil dies so schwer ist.

In diesem Buch sollen die Kenntnisse vermittelt werden, die es ermöglichen, autistische Menschen zu verstehen und mit ihnen in guter und förderlicher Weise umzugehen.

1.2 Mögliche Ursachen des autistischen Verhaltens

Was ist das Besondere an den autistischen Kindern? Für die Eltern und deren Verhalten dem Kind gegenüber ist das wichtigste Kennzeichen, dass sie „Kontaktverweigerer" sind. Daneben kommen eine ganze Reihe weiterer typischer Verhaltensstörungen vor, die weiter unten näher beschrieben werden. Autistische Kinder wollen eigentlich mit uns und unserer Welt nichts zu tun haben.

Woher kommt dieses Verhalten? Man hat lange Zeit nach einheitlichen Ursachen gesucht und musste schließlich einsehen, dass es eine ganze Gruppe von neurologischen und anderen Störungen gibt, die zu dem autistischen Symptombild führen können.

Bereits 1943 entdeckte der Jugendpsychiater Kanner den frühkindlichen Autismus. Gemeinsam war allen Betroffenen, dass sie neben anderen Symptomen extreme Formen von Zurückgezogenheit und Kontaktverweigerung zeigten.

Ungefähr zur gleichen Zeit beschrieb der Wiener Jugendpsychiater Asperger die Gruppe der „autistischen Psychopathen", die zum Teil ungewöhnlich hohe Fähigkeiten besitzen können. Das „Asperger-Syndrom" bezeichnet heute eine eigene Gruppe von autistischen Störungen, die mit einer hohen Begabung, vor allem im Bereich der verbalen Intelligenz und spezifischen „Sonderinteressen", einhergehen.

Ausgeprägte autistische Störungen kommen nach dem „Diagnostic and Statistical Manual of Mental Disorders" DSM-IV-TR bei etwa 2–20 von 10 000 Kindern (Mittelwert: 5) vor (Saß u. a., 2003, S. 106). Größere Vergleichsstudien in Nova Scotia und in Japan haben 10–13 Fälle auf 10 000 nachweisen können (Rapin, 1997). Mittlerweile gibt es eine Fülle von Studien, die sogar noch weit höhere Auftretenshäufigkeiten berichten. Es ist noch ungeklärt, ob dies damit zusammenhängt, dass die Diagnosekriterien genauer geworden sind oder dass das Störungsbild tatsächlich häufiger vorkommt. Der frühkindliche Autismus tritt bei Jungen 3- bis 4-mal häufiger auf als bei Mädchen, bei der Sonderform der Asperger-Autisten sogar 8-mal häufiger.

Mit modernen Untersuchungsmethoden konnten bei Autisten die unterschiedlichsten organischen Störungen nachgewiesen werden: Defekte im Klein-

---

[2] Hier und im folgenden Text ist die weibliche Form immer mit gemeint.

hirn, das für den Bewegungsfluss zuständig ist, insbesondere bei den Purkinje-Zellen, außerdem im limbischen System, dem so genannten „Belohnungszentrum" des Gehirns; eine wenig entwickelte Glia, die im Gehirn als Puffer zwischen den Nervenbahnen wirkt u.a.m.

Auf eine erbliche Mitbeteiligung deutet der Befund hin, dass bei eineiigen Zwillingen nach Ritvo u.a. in 95,7% der Fälle beide Kinder autistisch sind; bei zweieiigen Zwillingen ist dies nur bei 23,5% der Fall. Neuere Untersuchungen können zeigen, dass Chromosomendefekte zu autistischen Behinderungen führen konnten. Genannt wurden z.B. das Chromosom 15 (Schroer u. a., 1998) und das Chromosom 22 (Assumpcao, 1998). Eine weitere kleine Gruppe von autistisch belasteten Menschen verfügt über ein so genanntes „fragiles X-Chromosom".

Die Arbeitsgruppe um Rutter geht davon aus, dass es sich bei dem autistischen Störungsbild nicht um einzelne, sondern um ein Zusammenwirken mehrerer Gendefekte handelt (Bailey u.a. 1996). Dies hat sich mittlerweile in vielen Untersuchungen bestätigt (siehe dazu den Abschnitt „Autismus in der Fachdiskussion: Diagnostische Aspekte und ätiologische Modelle", ➤ S. 209 ff.)

1.3 Autismus, autistisches Verhalten und Therapieverlauf

Autistisches Verhalten kommt nicht nur bei Personen vor, die als Autisten diagnostiziert wurden. Der Kinderpsychiater Nissen wies darauf hin, dass Verhaltensweisen, die an Autismus erinnern, auch durch körperliche Erkrankungen oder schwere Vernachlässigung von Kindern entstehen können. Hier muss allerdings angemerkt werden, dass es sich nicht um Autismus im Sinn der üblichen Diagnoseschemata handelt. Dies ist deshalb von Bedeutung, weil es in der Praxis immer wieder zu Fehldiagnosen kommt, wenn man nur das Verhalten eines Kindes beurteilt und nicht die Vorgeschichte berücksichtigt, was in der Folge zu falschen Therapieentscheidungen führen kann.

Gelegentlich kommt es leider vor, dass Kinder lange Zeit isoliert gehalten und misshandelt werden. Sie können ein Störungsbild zeigen, das dem des Autismus sehr ähnlich ist. Ein Beispiel dazu bringt die ➤ Abbildung 2. Die drei Kinder wurden von ihrer geisteskranken Mutter jahrelang in einem dunklen Raum versteckt gehalten. Selbst auf dem Foto erkennt man ihre ungewöhnlichen Ausdrucksbewe-

Abb. 2 Psychogen bedingtes autistisches Verhalten; die drei Geschwister (zwei Mädchen, 16 und 12 Jahre alt und ihr 14-jähriger Bruder) wurden jahrelang in einem dunklen Raum versteckt gehalten.

gungen, die an die Mimik und Gestik von Autisten erinnern. Blinde Kinder, die man zu viel sich selbst überlässt, entwickeln Stereotypien, die denen der Autisten sehr ähnlich sind und mit ähnlichen Methoden behandelt werden müssen wie die Stereotypien autistischer Kinder.

Allgemein gilt, dass die Therapie eines Kindes mit autistischen Verhaltensstörungen umso anspruchsvoller sein muss, je mehr neurologische und andere körperliche Störungen vorliegen: „Gehirntraining" dauert länger und ist aufwändiger als das einfache Neulernen. Um dies anhand eines Beispiels zu veranschaulichen: Wenn jemand bereits mit Messer und Gabel essen kann, dann kostet es nur geringe Mühe, auch das Umgehen mit einem Fischbesteck zu erlernen. Für ein Kleinkind ist es dagegen schwierig, das selbständige Essen mit Messer und Gabel zu erlernen, da dabei nicht nur die Muskeln, sondern auch die motorischen Innervationsprogramme im Gehirn trainiert werden müssen. Aber auch später erfordert jedes neue Verhaltensprogramm, das man erlernen möchte, nicht nur Muskeltraining, sondern auch „Gehirntraining". Je beeinträchtigter das Kind ist, desto mühsamer und aufwändiger sind die dafür notwendigen Lern- und Übungsprozesse. Derartige Überlegungen erleichtern es einem, sich in die Lage eines autistischen Kindes hineinzuversetzen und über den zahllosen Übungen nicht die Geduld zu verlieren, die notwendig sind, wenn es z.B. lernen soll, sich selbst zu waschen oder anzuziehen.

Autisten lernen außerdem kaum je etwas von selbst, sondern müssen sich alles Schritt für Schritt unter der geduldigen Führung eines freundlichen Erwachsenen erarbeiten: Sie sind **keine Selbstlerner**. Bei ihnen ist daher viel mehr Unterstützung notwendig und es dauert alles wesentlich länger als bei gesunden Kindern.

Man kann davon ausgehen, dass psychisch bedingte Störungen rascher auf Therapie ansprechen als solche, die auch eine neurologische Ursache haben. Wenn ein Kind z.B. nur nicht weiß, wo rechts und wo links ist, kann man ihm relativ leicht dadurch helfen, dass man ein Bändchen als Erinnerungszeichen um sein rechtes Handgelenk bindet. Natürlich muss es dann ebenfalls noch üben, um in der Unterscheidung von rechts und links wirklich sicher zu werden. Hat die Unsicherheit in der Rechts- und Linkszuordnung aber ihre Ursache in einer mangelhaft ausgeprägten Raumlagedifferenzierungsfähigkeit, dann erfordern die Übungen wesentlich mehr Zeit und einen sehr genauen und detaillierten Übungsplan, um das Gehirn entsprechend zu trainieren.

Für die Therapie ist es daher wichtig, eine exakte Diagnose zu stellen, da äußerlich gleiche Symptome ganz verschiedene Ursachen haben können und unterschiedliche Behandlungsmethoden erfordern.

Bei den von Lovaas mit Erfolg therapierten 45% autistischen Kindern handelte es sich wahrscheinlich in der Mehrzahl um Kinder mit Asperger-Autismus sowie um Kinder mit einem höheren Funktionsniveau und nicht um stark neurologisch beeinträchtigte Kinder mit frühkindlichem Autismus („Kanner-Autisten"). Seine Definition für „Erfolg" – Erreichen eines Schulabschlusses – war recht anspruchsvoll.

Unsere Gesellschaft bietet aber auch jenen eine Chance, die schulisch weniger umfangreich förderbar sind, sofern es nur gelingt, ihre sozialen Fähigkeiten zu entwickeln und die autistische Kontaktschranke abzubauen, wie unter anderem auch eine weitere Studie der Arbeitsgruppe Lovaas zeigte (Smith u. a., 1997). Mit den heute zur Verfügung stehenden, in diesem Buch dargestellten Methoden ist es vielen autistischen Kindern möglich, ihre Kompetenzen so zu erweitern, dass sie ein erfülltes Leben führen können.

Die erste Stufe stellt dabei die Entwicklung der Fähigkeit dar, die täglichen Verrichtungen für sich selbst weitgehend selbständig auszuführen. Für die Familie oder das Heim, in dem die Betreffenden leben, bedeutet dies eine große Entlastung. Die nächste Stufe ist erreicht, wenn im Erwachsenenleben eine Berufstätigkeit in einer geschützten Werkstätte und damit ein eigener Beitrag zum Unterhalt möglich wird – sicher bereits ein großer Erfolg. Wie Lovaas zeigen konnte, ist für nicht wenige autistisch belastete Kinder jedoch eine Förderung möglich, die ihnen im Erwachsenenleben auch anspruchsvollere Berufsmöglichkeiten eröffnet.

1.4 Die dyadische Autismustheorie und ihre Konsequenzen für eine Entwicklungstherapie autistischer Kinder

In der therapiebezogenen Autismusforschung wurde die Kontroverse über die Ursachen der autistischen Symptombilder unter einem etwas anderen Blickwinkel geführt: Sind sie durch physische, angeborene Störungen oder durch Erziehungsfehler bedingt? Der letztere Standpunkt, heute mit Recht scharf kritisiert, wurde vor allem von Bettelheim und seinen Anhängern vertreten, der nur in einer Trennung der Kinder von ihren Eltern eine Chance der Therapie sah. Mittlerweile hat sich längst herausgestellt, dass diese Auffassung falsch ist.

> **!**
> Die Eltern stellen die wichtigsten – oft die einzigen – ständigen Bezugspersonen des autistischen Kindes dar. Eine erfolgreiche Therapie hängt daher wesentlich davon ab, dass sie als Hilfstherapeuten die therapeutische Arbeit unterstützen.

Wie oben bereits angedeutet, wurde eine Fülle von verschiedenen Hirnschädigungen entdeckt, die bei Autisten vermehrt auftreten. Sie stellen eine wichtige Ursachengruppe für die Entstehung des autistischen Symptombildes dar. Sie können durch Beeinträchtigungen entstehen, die entweder vor, während oder nach der Geburt erworben wurden oder erbbedingt sind. So treten, wie wir gesehen haben, z.B. chromosomale Störungen bei autistischen Personen vermehrt auf. Eine Neigung zu „introvertiertem", d. h. zurückgezogenem Verhalten kommt außerdem in Familien autistischer Kinder gehäuft vor, was ebenfalls auf eine gewisse Erbbedingtheit des Störungsbildes schließen lässt. Aber auch erworbene Hirnschädigungen können ein autistisches Störungsbild zur Folge haben.

Eine einseitige Erbtheorie erweist sich aber als unzulänglich, wenn man die medizinischen Befunde berücksichtigt (vgl. Bailey u.a., 1996). Sie führt außerdem zu negativen Konsequenzen, wenn man „angeboren" fälschlich mit „unveränderlich" gleichsetzt. In Therapeutenkreisen wurde die Erbtheorie unter anderem deswegen bevorzugt, weil man glaubte, Eltern dadurch seelisch entlasten zu können: Wenn der Autismus angeboren ist, haben die Eltern keine „Schuld". Was man nicht beachtete, war, dass dies die Eltern noch viel härter trifft: Es bedeutet nämlich, dass in derselben Familie jederzeit wieder ein Kind mit autistischen Symptomen geboren werden kann. Verantwortungsbewusste Eltern stellen sich die Frage, ob sie es riskieren könnten, nach einem autistischen Kind ein weiteres Kind zu bekommen. Auch die Geschwister autistischer Kinder stehen vor der schweren Frage, ob ihre eigenen Kinder gesund sein würden. Autistische Personen müssen sich diesem Problem ebenfalls stellen, wenn sie daran denken, eine Familie zu gründen. Dies ist aber kein Grund zur Resignation: In solchen Fällen sollte man raten, bei Schwangerschaften eine genetische Beratungsstelle aufzusuchen.

Wenn man den Eltern eines autistischen Kindes kompetent helfen möchte, muss man daher zunächst diagnostisch genau klären, ob die Störung angeboren oder durch erworbene Schädigungen bedingt ist. Lautet die Diagnose z.B., dass es sich um eine erworbene Hirnschädigung handelt, dann bedeutet dies tatsächlich eine Entlastung von einer großen Sorge, soweit dies die Gesundheit der Geschwister des autistischen Kindes betrifft. In jedem Fall sollte möglichst frühzeitig mit einem umfassenden Förderprogramm begonnen werden, um dem Kind die besten Chancen zu eröffnen.

Bei der Diskussion über die Auslöser des autistischen Symptombildes bei einem bestimmten Kind kommt es daher nicht darauf an, einer vorgefassten Meinung über die Ursachen des Autismus zur Geltung zu verhelfen, sondern **die in diesem Fall richtige Diagnose zu stellen.** Nur so ist es möglich, einen aussichtsreichen Therapieplan zusammenzustellen, der die Entwicklungsmöglichkeiten des Kindes voll ausschöpft.

> **!**
> „Angeboren" bedeutet nicht, dass eine Störung unveränderlich ist. Auch durch angeborene Hirnschädigungen bedingte Beeinträchtigungen können durch eine entsprechende Therapie aufgefangen oder zumindest weitgehend gebessert werden, doch muss man dafür wesentlich mehr Zeit vorsehen.

1.4 Die dyadische Autismustheorie und ihre Konsequenzen

Aus diesen Gründen ist man in der entwicklungspsychologischen Forschung längst von einseitigen Erklärungen der Entwicklung – „nur" erbbedingt oder „nur" milieubedingt – abgekommen. Man hat erkannt, dass beides, angeborene und erworbene Eigenschaften, Vererbung und Milieu, eine wichtige Rolle spielt und dass man die Auswirkungen beider Ursachengruppen beeinflussen kann: Erst aus dem Zusammenwirken (der Interaktion) angeborener und erworbener Faktoren entwickelt sich die erwachsene Persönlichkeit. Dies gilt auch für das autistische Syndrom.

Auch angeborene Persönlichkeits- und Temperamentseigenschaften und physische Störungen können durch einen passenden Therapieplan beeinflusst werden. Ein gutes, förderliches Milieu kann in günstigen Fällen sogar dafür sorgen, dass das autistische Symptombild überhaupt nicht voll ausbricht. Dies gilt vor allem dann, wenn keine massiven hirnorganischen Schädigungen vorliegen.

In der Frühkindheit finden alle wichtigen Erziehungs- und Förderschritte in „Dyaden", d.h. in intimen Zweierbeziehungen, statt. Lernen in der Gruppe wird erst viel später möglich, wenn die Kinder gelernt haben, sich untereinander sprachlich auszutauschen bzw. sich auch angesprochen zu fühlen, wenn eine Erziehungsperson die ganze Gruppe anspricht (letzteres ist bei autistischen Kindern auch im Schulalter noch nicht erreicht).

Die dyadische Autismustheorie (Rollett, 1987) geht daher davon aus, dass es beim autistischen Symptombild immer um ein **Zusammenwirken** einer **autistischen Disposition** und eines diese **verstärkenden oder abmildernden häuslichen Erziehungsmilieus** geht (➤ Abb. 3). In mehreren Forschungsprojekten konnten wir die wichtigsten Bedingungen dafür identifizieren (Rollett & Kastner-Koller, 1986). Die einzelnen Komponenten des Modells werden in den folgenden Abschnitten ausführlich erörtert. Die auch bei gesunden Kindern entscheidende Bedingung für eine

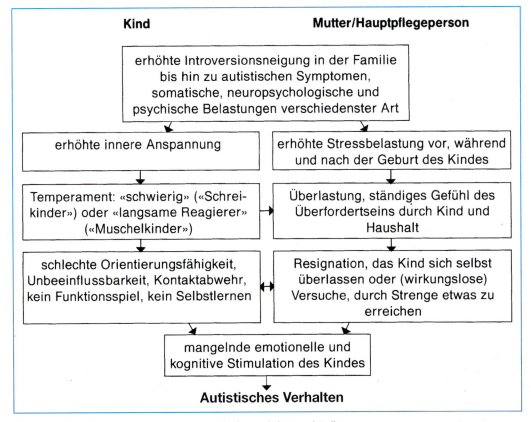

Abb. 3 Dyadische Theorie der Verfestigung des autistischen Verhaltens nach Rollett.

gelingende Erziehung sieht dabei den Aufbau einer verlässlichen Bindung des Kindes an die Mutter (oder Hauptbeziehungsperson) dar: Erziehung braucht Beziehung. Die wirklich „gute Nachricht" für Eltern autistischer Kinder ist daher, dass alle autistischen Kinder lernen und sich weiterentwickeln können, **wenn man ihnen ein entsprechendes therapeutisches Milieu bietet.** Die in der „normalen" Erziehung verwendeten Methoden reichen jedoch für diese Spezialförderung nicht aus. Autistische Kinder müssen über viele Jahre hinweg therapeutisch begleitet und entsprechend beschult werden, wenn man ihre Entwicklungsmöglichkeiten voll ausschöpfen möchte. Die Eltern sollten daher möglichst früh eine Beratung erhalten, wie sie mit ihrem autistischen Kind in förderlicher Weise umgehen und angemessene therapeutische Hilfe bekommen können.

Je mehr Belastungsfaktoren zusammentreffen (die sowohl erb- als auch milieubedingt sein können), desto mehr verfestigt sich das autistische Störungsbild. Im ungünstigsten Fall kommt es zu einer belastenden **Wechselwirkung** zwischen beiden Faktoren. Ist das „schwierige" Kind jedoch weniger neurologisch geschädigt und versteht es die Umgebung, seine problematischen Verhaltensweisen geschickt auszugleichen, dann ist weit weniger wahrscheinlich, dass es zu ausgeprägten autistischen Verhaltensweisen kommt.

Eindringlichst muss darauf hingewiesen werden, dass dies nicht ein Wiederaufleben der alten, längst als falsch erwiesenen „Schuldtheorie" bedeutet. Autismus ist ein Krankheitsbild, an dem niemand Schuld hat. Wenn sich autistische Kinder jedoch im Rahmen ihrer Möglichkeiten normal entwickeln können sollen, müssen sie **völlig anders behandelt werden als gesunde Kinder.** Es ist keineswegs zu erwarten, dass alle Eltern diese Spezialkenntnisse besitzen, um ihr Kind optimal zu fördern! Hier muss früh genug sachkundige Beratung und Hilfe durch Experten angeboten werden.

Dieses Buch soll dazu beitragen, die Grundlagen für ein hilfreiches Elternverhalten autistischen Kindern gegenüber zu vermitteln. Einen besonders wichtigen Ansatzpunkt liefert die folgende Beobachtung: Autistische Säuglinge und Kleinkinder geben den Eltern – und zwar sehr nachdrücklich – die **„falschen Hinweise"** für das Pflegeverhalten, wie ich dies bezeichnet habe: Wenn man sie so behandelt, wie sie es offenbar wollen, führt man sie gerade **nicht** aus dem autistischen Verhalten heraus, sondern bestärkt dieses: Autistische Kinder wollen mit aller Macht in Ruhe gelassen werden und signalisieren dies auch den Eltern. Es ist daher nur natürlich, dass diese sich darauf einlassen: Wenn das Kind so offensichtlich nicht auf den Arm genommen und liebkost werden möchte, lässt man es bleiben; wenn das Kind schreit oder sich verweigert, wenn man sich mit ihm beschäftigen möchte, hört man damit auf; wenn es offenbar nur flüssige Nahrung zu sich nehmen möchte, verzichtet man darauf, es mühsam an feste Nahrung zu gewöhnen usw. Dazu ein dramatisches Beispiel aus dem Fallmaterial des von Prof. Lutz herausgegebenen Berichts des Schweizerischen Elternvereins:

Beispiel

Stefan erkrankte nach einer äußerst schweren Geburt an einer Salmonelleninfektion, zu der noch eine Hirnhautentzündung kam: „Er lernte mit 19 Monaten gehen und sprach mit 2¾ Jahren die ersten Worte. Was aber auffällig war: Er wollte und wollte keine festen Speisen essen. Was Kauen war, das begriff er nicht. Wie oft hatten wir ihn animieren wollen, an einer Brotrinde, einem Zwieback oder an einem Biskuit zu kauen. Er lutschte nur daran, und sobald ein zu großes Stück in den Mund kam, erstickte er fast daran. Alles Vorzeigen des Kauens nützte nichts. Er ahmte es nicht nach.
Nachdem wir ihn einmal gezwungen hatten, eine Brotrinde zu essen und er sie nach einer Nacht wieder ganz (also unzerkaut, wie er sie hinuntergewürgt hatte) erbrach – er sah furchtbar elend aus, bevor sie endlich hochkam –, gaben wir den Kampf auf und fütterten ihn nur noch mit breiiger Nahrung." (a.a.O., S. 16)

In einem solchen Fall wäre es angemessen gewesen, nicht mit einer ganzen Brotrinde zu beginnen, sondern nur mit winzigsten Stückchen und das Kind für jede richtige Kaubewegung überschwänglich zu loben. Schritt für Schritt können die Bröckchen dann immer größer werden. Diese aus der Verhaltenstherapie stammende Vorgehensweise ist leider viel zu wenig bekannt, man kann daher nicht erwarten, dass Eltern damit vertraut sind.

1.4 Die dyadische Autismustheorie und ihre Konsequenzen

Mit anderen Worten: Ohne „therapeutische" Spezialkenntnisse der Eltern und Erzieher **gelingt es dem behinderten Kind, sich ein autistisches Milieu zu schaffen, das sein Symptombild verstärkt.** Die Komponenten der dyadischen Autismustheorie geben Hinweise darauf, wie das Zusammenspiel zwischen kindlicher Symptomatik und der Reaktion der Umgebung auf seine Verhaltensstörungen entschlüsselt werden kann, um auf dieser Grundlage ein **therapeutisches Milieu** aufzubauen, das auf die autistischen Symptome in heilender Weise Einfluss nimmt: Sie werden nicht mehr verstärkt, sondern gemildert, abgeschwächt, das Verhalten des Kindes und seiner Bezugspersonen wird flexibler gestaltet, so dass sich die gesunde Persönlichkeit des Kindes entwickeln kann.

Beispiel

Auch dafür bietet die weitere Entwicklung Stefans ein Beispiel: Seine Mutter entdeckte schließlich selbst ein verhaltenstherapeutisches Prinzip, durch das sie ihm das Benützen des Löffels beibrachte: „Wir waren auch höchst erstaunt, dass er nicht von sich aus den Löffel selbst halten wollte, es seiner Schwester Moni, die ja nur 1¾ Jahre älter war als er, gleichtun wollte. Als er dies mit 30 Monaten immer noch nicht tun wollte, fand ich einfach, wie später noch des Öfteren, das sei nun an der Zeit, und ließ nicht locker, bis er es konnte. Ich machte die Erfahrung, dass man am besten mit einer List zum Ziel kam. So hielt er zwar immerhin schon den Löffel in der Hand, und mit der Zeit führte er den gefüllten Löffel auch in den Mund. Aber keine Macht der Welt hätte ihn dazu gebracht, seine Hand auf dem Teller so zu bewegen, dass Essen auf den Löffel kam. Er hielt einfach den Löffel wieder in den Teller und wartete, bis ich seinen Arm führte und Essen draufschob. Er konnte lange warten (dabei aß er gerne!). Da begann ich, den Teller unter dem Löffel zu bewegen, so dass Essen draufkam. Langsam begann er mitzuhelfen. Ich verringerte die Tellerbewegungen allmählich, und endlich schob er sich das Essen selber auf den Löffel. Das war ein sehr großes Ereignis für uns. Wir hatten etwas erreicht. Er war auch glücklich dabei." (a.a.O., S. 17).

Dadurch, dass die Mutter in einer für sein Störungsbild angemessenen Weise „Therapeutenfunktion" übernahm, konnte sie Stefan erfolgreich helfen. Therapeutenverhalten ist jedoch nicht normales Elternverhalten: Man muss es lernen oder selbst für sich entdecken. Auch dann ist es schwer, sich so anders verhalten zu müssen, als dies gesunden Kindern gegenüber geschieht. Stefans Mutter drückte dies in ihrem Bericht anschaulich aus: „Doch jedes Eintrichtern ging und geht mir jetzt noch sehr gegen den Strich. So hatte ich unserm ersten Kind gar nichts aufgezwängt, zeigte ihm höchstens, wie man etwas macht, wenn es danach fragte oder man sah, dass es etwas lernen wollte." (a.a.O., S. 17)

Die Mutter schildert hier sehr eindrucksvoll den Unterschied zwischen gesunden Kindern, die Anregungen rasch und problemlos aufgreifen und weiterentwickeln, da sie „Selbstlerner" sind, und dem behinderten Kind, dem jeder kleine Schritt mühsam beigebracht werden muss.

> **!**
> Autisten lernen und entwickeln sich nicht „von selbst", sondern brauchen bei allem kompetente Führung und Unterstützung.

Dies bedeutet eine große Umstellung des gesamten Erzieherverhaltens. Sind gesunde Geschwister vorhanden, hat dies zur Folge, dass die Eltern lernen müssen, nach zwei völlig unterschiedlichen Erziehungsmethoden vorzugehen. Eine begleitende Beratung bzw. eine therapeutische Unterstützung der Eltern ist daher zu empfehlen.

Eine weitere wichtige Leitlinie für die entwicklungsfördernde Therapie autistischer Kinder sind die **Entwicklungsstadien**, die auch gesunde Kinder im Rahmen ihrer Entwicklung eines nach dem anderen durchlaufen müssen (vgl. dazu die Übersicht Anhang 1). Jede Entwicklung stellt einen geordneten Verlauf dar, den man beachten muss, wenn die Förderarbeit Erfolg haben soll. Es ist z.B. nicht möglich, das Treppensteigen zu erlernen, wenn man nicht vorher das Gehen erlernt hat. Eine erfolgreiche Autismustherapie muss sich daher an den durch die Entwicklung vorgegebenen Ablauf halten, sie ist **Entwicklungstherapie.** Sie muss die Gesetzlichkeiten der geordneten Entwicklung in den einzelnen Bereichen (Aufbau einer tragfähigen Bindung, sensomotorische, kognitive, emotionale und soziale Entwicklung) beachten. In den folgenden Kapiteln wird darauf ausführlich eingegangen.

Der Aufbau einer **tragfähigen Bindung** des Kindes an seine Mutter (oder an die Person, die die Mutterrolle übernommen hat) stellt dabei den entscheidenden Schritt dar, um die Lernbereitschaft des Kindes zu sichern: Angesichts der Kontaktverweigerung autistischer Kinder ist dies keine leichte Aufgabe. In diesem Buch werden die Schritte dargestellt, die es möglich machen, mit autistischen Kindern (und Erwachsenen!) eine gute Beziehung herzustellen.

KAPITEL 2

B. A. Rollett

Probleme mit der Frühdiagnose: Entwicklungsverzögert oder autistisch?

Je früher autistische Kinder richtig diagnostiziert werden, desto rascher und problemloser kann die so wichtige Frühförderung erfolgen.

Leider ist das Störungsbild noch immer zu wenig bekannt. Obwohl der frühkindliche Autismus bereits vor dem 3. Lebensjahr auftritt, wird nicht selten eine einfache „Entwicklungsverzögerung" diagnostiziert, wobei stillschweigend vorausgesetzt wird, dass die Rückstände durch bloßes Zuwarten nachgeholt werden – ein folgenschwerer Irrtum! So manche Eltern haben eine wahre Odyssee hinter sich, bis sie die richtige Diagnose erhalten und eine wirksame Therapie des Kindes begonnen werden kann.

2.1 Autistische Störungsbilder

Die autistische Störung kann in vielen verschiedenen Formen auftreten. Dies ist mit ein Grund dafür, dass das Störungsbild oft nicht erkannt wird. Man spricht daher in der neueren Fachliteratur oft nicht mehr von „Autismus" als Krankheitsbild, sondern von „Autismus-Spektrum-Störung" (ASS). Gemeinsam sind allen autistischen Störungsbildern folgende allgemeine **Merkmale:**
1. Die Beziehung zu Menschen und die sozialen Interaktionen mit ihnen sind in typischer Weise gestört.
2. Störungen der Kommunikation, wobei die verschiedensten Ausprägungen möglich sind.
3. Eine starke Neigung, stereotype, sich wiederholende Verhaltensweisen zu zeigen.

In der Fachliteratur werden zwei Diagnosesysteme verwendet, und zwar die nunmehr in der 10. Version vorliegende „Internationale Klassifikation psychischer Störungen" (ICD-10, Dilling et al., 2008 der Weltgesundheitsorganisation WHO) und das „Diagnostisches und Statistisches Manual Psychiatrischer Störungen – Textrevision" (DSM-IV-TR, Saß et al., 2003) der American Psychiatric Association.

Die Autismus-Spektrum-Störungen werden zu den sogenannten „Tiefgreifenden Entwicklungsstörungen" gezählt. Man unterscheidet den Frühkindlichen Autismus, den Atypischen Autismus und das Asperger-Syndrom. In den beiden Diagnosesystemen und in der Fachliteratur werden etwas unterschiedliche Bezeichnungen für die einzelnen Störungsbilder verwendet. In der folgenden ➤ Tabelle 1 sind die einzelnen Bezeichnungen einander gegenübergestellt. Die Zahlen in den Klammern geben die Diagnosekategorien in den jeweiligen Diagnosesystemen an.

Im nächsten Abschnitt finden sich die genauen Beschreibungen der einzelnen autistischen Störungsbilder.

Tab. 1 Autismus-Spektrum-Störungen und ihre Bezeichnungen in verschiedenen Diagnosesystemen (Ordnungsnummern in der Klammer)

ICD-10	DSM-IV-TR	Andere Bezeichnungen
Frühkindlicher Autismus (F 84.0)	Autistische Störung (299.00)	a. Bei niedrigem intellektuellem Niveau: Kanner-Autismus b. High Functioning Autism (frühkindlicher Autismus auf höherem intellektuellem Niveau)
Atypischer Autismus (F 84.1)	Nicht näher bezeichnete tiefgreifende Entwicklungsstörung (einschließlich Atypischer Autismus) (299.80)	
Asperger-Syndrom (F 84.5)	Asperger-Störung (299.80)	Asperger-Autismus

2.2 Diagnoserichtlinien

2.2.1 Autistische Störung (Frühkindlicher Autismus)

Das DSM-IV-TR von 2003 gibt folgende diagnostische Kriterien für die autistische Störung an (299.00, vgl. S. 214):
- **A.** Es müssen mindestens sechs Kriterien aus (1), (2) und (3) zutreffen, wobei mindestens zwei Punkte aus (1) und je ein Punkt aus (2) und (3) stammen müssen:
1. Qualitative Beeinträchtigung der **sozialen Interaktion** in mindestens zwei der folgenden Bereiche:
   a. ausgeprägte Beeinträchtigung im Gebrauch vielfältiger nonverbaler Verhaltensweisen wie beispielsweise Blickkontakt, Gesichtsausdruck, Körperhaltung und Gestik zur Steuerung sozialer Interaktionen
   b. Unfähigkeit, entwicklungsgemäße Beziehungen zu Gleichaltrigen aufzubauen
   c. Mangel, spontan Freude, Interesse oder Erfolge mit anderen zu teilen (z.B. Mangel, anderen Menschen Dinge, die für die Betroffenen von Bedeutung sind, zu zeigen, zu bringen oder darauf hinzuweisen)
   d. Mangel an sozio-emotionaler Gegenseitigkeit;
2. Qualitative Beeinträchtigung der **Kommunikation** in mindestens einem der folgenden Bereiche:
   a. verzögertes Einsetzen oder völliges Ausbleiben der Entwicklung von gesprochener Sprache (ohne den Versuch zu machen, die Beeinträchtigung durch alternative Kommunikationsformen wie Gestik oder Mimik zu kompensieren)
   b. bei Personen mit ausreichendem Sprachvermögen deutliche Beeinträchtigung der Fähigkeit, ein Gespräch zu beginnen oder fortzuführen
   c. stereotyper oder repetitiver Gebrauch der Sprache oder idiosynkratische Sprache
   d. Fehlen von verschiedenen entwicklungsgemäßen Rollenspielen oder sozialen Imitationsspielen;
3. Beschränkte, repetitive und stereotype **Verhaltensweisen, Interessen** und **Aktivitäten** in mindestens einem der folgenden Bereiche:
   a. umfassende Beschäftigung mit einem oder mehreren stereotypen und begrenzten Interessen, wobei Inhalt und Intensität abnorm sind
   b. auffällig starres Festhalten an bestimmten nichtfunktionalen Gewohnheiten oder Ritualen
   c. stereotype und repetitive motorische Manierismen (z.B. Biegen oder schnelle Bewegungen von Händen oder Fingern oder komplexe Bewegungen des ganzen Körpers)
   d. ständige Beschäftigung mit Teilen von Objekten.
- **B.** Beginn vor dem dritten Lebensjahr und Verzögerungen oder abnorme Funktionsfähigkeit in mindestens einem der folgenden Bereiche:
1. soziale Interaktion
2. Sprache als soziales Kommunikationsmittel oder
3. symbolisches oder Phantasiespiel.
- **C.** Die Störung kann nicht besser durch die Rett-Störung oder die desintegrative Störung im Kindesalter erklärt werden.

2.2.2 Asperger-Störung (Asperger-Syndrom)

Der Asperger-Autismus wird im ICD-10 als „**Asperger-Syndrom**", im DSM-IV-TR als „Asperger-Störung" bezeichnet. Das Störungsbild ist dadurch gekennzeichnet, dass eine weitgehend normal verlaufende Intelligenz- und Sprachentwicklung stattfindet, die Betroffenen aber zu charakteristischen sozialen Störungen und zu auffälligen stereotypen Verhaltensmustern neigen und oft motorisch ungeschickt sind.

Die Gruppe jener Autisten, die an einer „**Asperger-Störung**" leiden, wird im DSM-IV-TR wie folgt definiert (299.80):
- **A.** Qualitative Beeinträchtigungen der **sozialen Interaktion,** die sich in mindestens zwei der folgenden Bereiche manifestieren:
1. ausgeprägte Beeinträchtigung im Gebrauch multipler nonverbaler Verhaltensweisen wie beispielsweise Blickkontakt, Gesichtsausdruck, Körperhaltung und Gestik zur Regulation sozialer Interaktionen
2. Unfähigkeit, entwicklungsgemäße Beziehungen zu Gleichaltrigen aufzubauen
3. Mangel, spontan Freude, Interessen oder Erfolge mit anderen zu teilen (z.B. Mangel, anderen Menschen Dinge, die für die Betroffenen von Bedeutung sind, zu zeigen, zu bringen oder darauf hinzuweisen)
4. Mangel an sozio-emotionaler Gegenseitigkeit;

- **B.** Beschränkte repetitive und stereotype **Verhaltensmuster, Interessen** und **Aktivitäten** in mindestens einem der folgenden Bereiche:
1. umfassende Beschäftigung mit einem oder mehreren stereotypen und begrenzten Interessen, wobei Inhalt und Intensität abnorm sind
2. auffällig starres Festhalten an bestimmten nichtfunktionalen Gewohnheiten oder Ritualen
3. stereotype und repetitive motorische Manierismen (z.B. Biegen oder schnelle Bewegungen von Händen oder Fingern oder komplexe Bewegungen des ganzen Körpers)
4. ständige Beschäftigung mit Teilen von Objekten;
- **C.** Die Störung verursacht in klinisch bedeutsamer Weise **Beeinträchtigungen in sozialen, beruflichen** oder anderen **wichtigen Funktionsbereichen.**
- **D.** Es tritt **kein klinisch bedeutsamer allgemeiner Sprachrückstand** auf (es werden z.B. bis zum Alter von zwei Jahren einzelne Wörter, bis zum Alter von drei Jahren kommunikative Sätze benutzt).
- **E.** Es treten **keine klinisch bedeutsamen Verzögerungen der kognitiven Entwicklung** oder der Entwicklung von **altersgemäßen Selbsthilfefertigkeiten** im Anpassungsverhalten (außerhalb der sozialen Interaktionen) und bezüglich des Interesses des Kindes an der Umgebung auf.
- **F.** Die Kriterien für eine andere spezifische tiefgreifende Entwicklungsstörung oder für Schizophrenie sind nicht erfüllt.

2.2.3 Atypischer Autismus

Beim atypischen Autismus kann der Krankheitsbeginn auch nach dem 3. Lebensjahr liegen und es können ein oder zwei der wesentlichen Merkmale des Autismus fehlen. Im ICD-10 stellt er eine eigene Diagnosekategorie dar, während er im DSM-IV-TR unter die „nicht näher bezeichneten tiefgreifenden Entwicklungsstörungen" eingeordnet wird.

2.2.4 Autistische und andere Störungsbilder: Verwechslungsmöglichkeiten

Wie bereits erwähnt, besteht ein Hauptproblem darin, dass autistische Kinder **zu spät** als solche erkannt werden, da die autistischen Störungen noch immer zu wenig bekannt sind. Auf der anderen Seite birgt auch ein **unvollständiges Wissen** die Gefahr in sich, dass Kinder vorschnell aufgrund weniger Beobachtungen als „autistisch" abgestempelt werden.

Differentialdiagnostisch sind zunächst andere Formen von tiefgreifenden Entwicklungsstörungen auszuschließen, bevor die Diagnose „Autismus" getroffen werden sollte. Verwechslungsmöglichkeiten bestehen mit anderen Entwicklungsstörungen, so z.B. mit umschriebenen Entwicklungsstörungen des Sprechens und der Sprache, wobei soziale und emotionale Probleme hinzutreten können, oder mit Störungen des Bindungsverhaltens an die Hauptbezugsperson.

Ein weiteres, nicht dem autistischen Formenkreis zugehöriges, nur bei Mädchen auftretendes Störungsbild ist das Rett-Syndrom (F84.2), bei dem nach einer normal verlaufenden Entwicklung zwischen dem 7. und 24. Lebensmonat die bereits erworbenen Fähigkeiten wieder verlorengehen und charakteristische Stereotypien in Form von sich windenden Handbewegungen und Hyperventilation auftreten.

Vor jeder therapeutischen Intervention muss daher eine ausführliche Diagnose erfolgen.

2.3 Checkliste autistischer Symptome und Verwechslungsmöglichkeiten

> **!**
> In der folgenden Checkliste (➤ Tab. 2) sind die auffälligsten autistischen Symptome übersichtlich zusammengestellt. Außerdem wird auf Diagnosemöglichkeiten bzw., was besonders wichtig ist, auf Verwechslungsmöglichkeiten mit anderen Störungsbildern und das Auftreten ähnlicher Symptome im Laufe der normalen Entwicklung hingewiesen.

Mit Hilfe dieser Symptomliste ist es möglich, die Diagnose abzusichern. Die Liste der „Verwechslungsmöglichkeiten" hat dabei die Aufgabe, Fehldiagnosen aufgrund ähnlicher Symptome vermeiden zu helfen.

Eine **testpsychologische Untersuchung** sollte jedenfalls die Diagnose ergänzen, um den Entwicklungsstand festzustellen und ein individuell gut angepasstes Förderprogramm entwickeln zu können. Diese Untersuchung muss von einer psychologischen Fachkraft durchgeführt werden, die Erfahrung im Umgang mit autistischen Kindern hat, da Autisten wegen ihrer Kontaktverweigerung sonst für nicht testbar gehalten und daher in ihren Fähigkeiten unterschätzt werden. Es versteht sich von selbst, dass Kinder, die nicht über die Sprache verfügen, mit nonverbalen Testverfahren geprüft werden müssen.

Tab. 2 Checkliste (G. Spiel, B. Rollett, U. Kastner-Koller)

Autistisches Symptom	Diagnostizierung	Verwechslungsmöglichkeiten	Auftreten des Verhaltens im Normalbereich
Motorik			
Elementare Motorik gestört Zehengang	Beobachtung	Leichtgradige Paraspastiken	Kinder unter 2;0; bei Aufregung bei manierierten Mädchen
Stereotypien			
Automatisierte repetitive Bewegung Fingerspiel Schaukelbewegungen Klopfen Hüpfen Flattern Beriechen eigener Körperteile Stereotypien mit Objekten, z.B. Lichtschalterspiel, Kreiseln von Objekten etc.	Beobachtung	Tics Zwangsneurosen Blinde Kinder Tourette-Syndrom (Differentialdiagnose: Beginn in der Regel nach den ersten 3 Lj.)	Kinder unter 2;0; mit geringer Häufigkeit „Nervosität"
Selbstverletzungen			
„Head Banging" Kratzen Haare ausreißen Andere selbstverletzende Maßnahmen	Beobachtung	Neurosen Schizophrenie (Teil des Wahnsystems) Schwere Verhaltensstörungen Trichotillomanie Störungen der Impulskontrolle vor allem im Jugendalter	Kinder mit sehr niedriger Intelligenz
Perzeption			
Hyposensitivität			
Schmerzunempfindlichkeit (in den ersten 2 Lj.)	Beobachtung Bericht der Eltern, Betreuer etc.		Schüchternheit
Keine sichtbaren Reaktionen auf neue Personen oder Dinge	Reaktion auf Untersucher	Schwer vernachlässigte oder misshandelte Kinder	
Keine oder verzögerte Reaktionen auf Stimuli mit hoher Intensität	Bericht oder entsprechendes Item (z.B.: Luftballon zerplatzen lassen)	Organischer Sinnesdefekt (vor allem Taubheit) Angststörung	Fallweise unter Stress
Störungen der Intermodalität, verschiedene Kombinationen	FEW, Untertest 1 und 2 Benton-Test HAWIK-Untertest, „Mosaiktest" AID-Untertest „Analysieren und Synthetisieren abstrakt"	Legasthenie	

Tab. 2 Checkliste (Forts.)

Autistisches Symptom	Diagnostizierung	Verwechslungs-möglichkeiten	Auftreten des Verhaltens im Normalbereich
Perzeption			
Hypersensitivität			
Irritierbarkeit durch Hintergrundstimuli	Beobachtung oder Bericht	Kinder mit Konzentrationsschwächen ADHS	Hoher Lärmpegel
Umkehr der Rezeptorpräferenz			
Bevorzugung des Geruchs-, Geschmacks- und Tastsinns	Beobachtung des Erkundungsverhaltens		Kinder unter 1;6
Eingeschränkte visuelle Diskriminationsfähigkeit	Farbtafeln	Farbblindheit	Kleinstkinder
	Frostigs Entwicklungstest der visuellen Wahrnehmung (FEW) Prüfung optischer Differenzierungsleistung (POD)	Legasthenie	
Sprache			
Keine Sprache Echolalie Probleme bei der pronomialen Umkehr Funktionelle und funktionslose Sprachstereotypien Formale Besonderheiten – Dysgrammatik – Wortfindungsstörung – Fehlende Sprachmodulation – Besonderheiten der Sprachmodulation – Besonderheiten der Aussprache	Beobachtungen Analyse von Tonbandaufnahmen	Mutismus Spätentwickler („Late Talkers") Depression	Kinder unter 1 Jahr Kinder unter 3 Jahren
Verhaltensauffälligkeiten			
Unflexible Spezialinteressen	Interview	Zwangsneurosen	„Sammler"
Verkürzte Intentionalität (mangelnde Fähigkeit, sich selbst Ziele setzen zu können)	Freies Spiel 15 Minuten mit einem unbekannten Spielzeug	Hyperaktivität Minimale zerebrale Dysfunktion	Stress Abgelenktsein
Umfangreichere stereotype Verhaltensweisen verschiedenster Art, Rituale	Beobachtung Heftige Reaktion bei Störung und Unterbindung	Zwangsneurosen	autoritäre Persönlichkeitsstruktur
Affekte			
Zorn, Aggression, irreale Selbstüberschätzung, Negativismus Hohe Angstneigung	Freies Interview Beobachten bei ungeliebten Aufgaben Reaktion auf Veränderung gewohnter Abläufe	Störung des Sozialverhaltens mit oppositionellem aufsässigem Verhalten Verwahrlosung Delinquenz Angststörungen	Stark frustrierende Situation

Tab. 2 Checkliste (Forts.)

Autistisches Symptom	Diagnostizierung	Verwechslungs-möglichkeiten	Auftreten des Verhaltens im Normalbereich
Sozialkontakt			
Fehlender Blickkontakt Autistischer Rückzug (Ignorieren, keine verbale oder nonverbale Kontaktaufnahme)	Beobachtung Exploration Stark verzögerte Reaktion auf Kontaktangebote (10 Minuten bis 1 Stunde) Erzählt das Kind von sich aus über Erlebnisse? Spielt das Kind mit anderen Kindern? Wie reagiert es auf Abwesenheit der Mutter? Hat das Kind besonders gute Freunde?	Depression Schizophrenie	Schüchternheit Trotz unsicher gebundene Kinder gehemmte Kinder
Imitationsverhalten			
Nicht vorhanden oder gestört	Beobachtung	Intoxikationen	
Spielverhalten			
Kein echtes Funktionsspiel Kein Konstruktionsspiel Kein symbolisches Spiel Kein Rollenspiel	Beobachtung	Misshandelte Kinder, geistig Behinderte	Kinder unter 3 Monaten Kinder unter 1;6 Jahren Kinder unter 2 Jahren
Kreativität			
Kein flexibles, durch sinnvolle Variationen der Aktivitäten gekennzeichnetes Spiel Keine schöpferischen Aktivitäten	Beobachtung Interview Remote Associationstest Torrance Test of Creative Thinking Differentialdiagnose zur Schizophrenie: Fehlen von Halluzinationen	Geistig Behinderte	Unkreative Persönlichkeiten, Stress
Hintergrundaktivität			
Unregelmäßigkeiten des Aktivierungsniveaus, des Schlafrhythmus, der Nahrungsaufnahme (Nahrungsangebot der Mutter beachten)	Exploration	Begleitsymptome vieler psychosomatischer und anderer Störungen	„Schwieriges" Temperament, Stress

KAPITEL 3

B. A. Rollett

Entwicklung von autistischen und anderen Kindern im Vergleich: Konsequenzen für die Entwicklungstherapie autistischer Kinder

3.1 Gehirnentwicklung und Autismus: Die Bedeutung früher Entwicklungsreize für die Entwicklung und die Entwicklungsförderung

Wenn menschliche Säuglinge auf die Welt kommen, können sie bereits sehen und hören, wie jene Tierkinder, die als „Nestflüchter" geboren werden. Auf der anderen Seite sind sie noch so hilflos wie die „Nesthocker", können noch nicht gehen und müssen von den Eltern versorgt werden. Würden Menschenkinder so entwickelt auf die Welt kommen wie Nestflüchter im Tierreich, müsste die Schwangerschaft ein Jahr länger dauern. Von Portmann stammt der Ausspruch, dass der Mensch eine „physiologische Frühgeburt" sei. Der große Vorteil des zu früh Geborenwerdens besteht darin, dass die Kinder in diesem Jahr ungeheuer viel lernen können. Menschen sind daher schon bei der Geburt darauf angelegt, ihr Gehirn durch die ständige Auseinandersetzung mit den Aufgaben, die ihnen ihre Umwelt stellt, selbständig weiterzuentwickeln.

Schon bald ergreift das gesunde Kleinstkind dabei selbst die Initiative und beginnt, die Welt spielerisch zu erkunden. Wie der Philosoph Popper und der Neurophysiologe Eccles ausführten, rekonstruieren sie dabei die psychische, soziale und kulturelle Umwelt für sich neu. Diese spielende Auseinandersetzung mit der Welt findet bei autistischen Kindern so gut wie nicht statt. Sie verweigern sich ja allen Lernerfahrungen. Dies kann eine Reihe von Rückwirkungen auf die Entwicklung der informationsverarbeitenden Zentren im Gehirn haben: Ein großer Teil der Zellverbände der Hirnrinde und der Verbindungen untereinander entwickeln sich erst nach der Geburt.

Die **Lernerfahrungen** spielen dabei eine wichtige Rolle, wie Tierversuche gezeigt haben: Man ließ Rattenbabys aus demselben Wurf entweder in einer anregungsreichen oder in einer anregungsarmen Umwelt aufwachsen. Erstere entwickelten eine viel reichhaltigere Zellstruktur des Gehirns.

Durch ihr fehlendes Interesse am spielerischen Erkunden ihrer Umgebung erleiden autistische Säuglinge daher einen Entwicklungsrückstand. Zum Glück ist der Mensch ein Wesen, das auf Kompensation angelegt ist: Mangelnde Entwicklungsreize können bis zu einem gewissen Grad auch in späteren Jahren noch durch eine entsprechende Therapie ausgeglichen werden, wie Untersuchungen des Entwicklungspsychologen Kagan und anderer Forscher zeigten.

Dazu ein Beispiel: An unserem Institut führte U. Kastner-Koller ein umfangreiches Entwicklungstraining, verbunden mit einer Lerntherapie, bei einem zu Beginn der Therapie 15-jährigen Jugendlichen durch (vgl. dazu Kastner-Koller, 1985). Er wurde bis zu seinem 9. Lebensjahr in einer finsteren Kammer gehalten, bekam nur Abfälle zu essen und wurde von seiner Familie schwer misshandelt. Bei seiner Auffindung war er ganze 96 cm groß, konnte kaum sprechen oder soziale Kontakte aufnehmen und war zu den einfachsten Handlungen nicht fähig. In diesem Fall waren die verschiedenen Störungen bzw. die autistischen Züge des Kindes eindeutig milieubedingt. Durch eine mehrere Jahre dauernde, zunächst vor allem medizinische Betreuung konnte der Jugendliche sämtliche Behinderungen ausgleichen. Er ist heute ein völlig unauffälliger, beruflich und privat erfolgreicher Mann.

Bei dem geschilderten Fall hatten ungünstige äußere Verhältnisse den Entwicklungsrückstand bewirkt: In der finsteren Kammer gab es für das Kind keine Möglichkeiten, zu lernen und sich altersgemäß zu entwickeln. Bei Kindern, bei denen frühkindlicher Autismus diagnostiziert wird, sind es die Besonderheiten ihrer Kontaktstörung, die es ihnen schwer macht, wie andere Kinder zu lernen und sich weiterzuentwickeln, da sie sich ihrer Umwelt verweigern. Die therapeutischen Maßnahmen, die helfen können, sind daher in beiden Fällen sehr ähnlich.

Alle autistischen Kinder haben einen durch ihre Störung bedingten Entwicklungsrückstand. Durch ihre Kontaktverweigerung und ihren autistischen Rückzug lassen sie sich nicht auf das spielerische Erkunden ihrer Umwelt ein. Ihr Wahrnehmungsvermögen kann sich daher nicht ungestört entwickeln.

!
Diese Defizite können nicht durch einfaches Zuwarten, sondern nur durch ein langjähriges Spezialtraining ausgeglichen werden.

Die Prognose hängt vor allem davon ab, welche Kombinationen von Störungen vorliegen und wann die Behandlung begonnen wurde. Beeinträchtigungen in den neuropsychologischen Verarbeitungsprozessen im Gehirn sind meist schwieriger zu kompensieren als milieubedingte Schädigungen.

3.2 Rechte Hirnhälfte – linke Hirnhälfte

Zu den Symptomen, die man bei autistischen Kindern gefunden hat, gehören die verschiedensten Störungen und Besonderheiten in der Gehirnentwicklung. Auf eine wichtige Komponente soll im Folgenden eingegangen werden: Recht häufig sind Autisten nämlich **Linkshänder** oder **Beidhänder**. Dies bedeutet in der Regel, dass im Gehirn keine genaue Arbeitsteilung der beiden Hirnhälften erfolgt ist.

Dies muss nicht unbedingt ein Nachteil sein, da das Gehirn von Linkshändern auf der anderen Seite flexibler und anpassungsbereiter ist. Nach einem Unfall, bei dem Zellen des Gehirns beschädigt wurden, gelingt es ihnen besser, die verlorengegangenen Funktionen zu ersetzen, indem neue Hirnbereiche die Arbeit übernehmen. Allerdings ist eine Voraussetzung dafür, dass der Betreffende überhaupt damit begonnen hat, sich mit der Welt lernend auseinander zu setzen. Dies ist beim unbehandelten autistischen Kind nur in sehr eingeschränktem Maße der Fall.

Bei Rechtshändern werden die Bilder von der Welt in der rechten, der „untergeordneten" Gehirnhälfte verarbeitet: Sie ist der Ort der Raumorientierung, der bildhaften Vorstellungen und Phantasien, der anspruchsvollen, gefühlshaften Reaktionen, des Heraushörens des Gefühlstons einer gesprochenen Botschaft (der sog. konnotativen Bedeutung) und des Verständnisses für Musik. Viele Autisten sind durch Musik besonders gut ansprechbar.

Die linke Hirnhälfte ist beim Rechtshänder die so genannte dominante, d. h. beherrschende Hirnhälfte. Sie dient der sprachlichen Verarbeitung, aber auch der Durchführung von Rechenaufgaben. Die Informationen über die linke Körperhälfte werden rechts, diejenigen über die rechte Körperhälfte links verarbeitet. Dies ist besonders vorteilhaft, wenn man als Rechtshänder mit der rechten Hand schreibt: Die Schriftzeichen werden dann zur linken Hirnhälfte, d. h. zum Ort der Sprachzentren gemeldet. Sie gelangen genau dort hin, wo sie auch rasch verarbeitet und verstanden werden können.

Bei 5% der Linkshänder ist die dominante, sprachliche Hirnhälfte rechts, die Bildverarbeitung links angesiedelt. Sie verfügen über eine „umgekehrte" Spezialisierung. Verlangt man von ihnen, dass sie mit der rechten Hand schreiben, dann entwickelt sich ihr Schreibzentrum in der „falschen" Hirnhälfte, nämlich gerade dort, wo ihr Sprachzentrum nicht ist. Es kann sogar vorkommen, dass diese Kinder zu stottern beginnen, da ihr Gehirn mit diesem Durcheinander nicht fertig wird.

Wenn dies für normale Kinder schon schwierig ist, bedeutet dies für autistische Kinder, die eine umgekehrte Dominanz aufweisen, ein unüberwindliches Hindernis.

Für alle Kinder, besonders für Autisten ist es daher wichtig, ihnen zu erlauben, sich ihre Schreibhand selbst auszusuchen.

> **!** Es muss dringend davor gewarnt werden, Autisten von links auf rechts umzustellen!

Zu einer Therapie autistischer Kinder gehört es, eine **bessere Arbeitsteilung der beiden Hirnhälften** aufzubauen. Wenn die Entscheidung, ob es sich um ein eher rechtshändiges oder eher linkshändiges Kind handelt, durch eine kinderneuropsychiatrische und psychologische Diagnose (die etwa im Alter von 5 Jahren vorgenommen werden sollte) gesichert worden ist, kann man darangehen, die Rechts-Links-Unsicherheit des Kindes durch gezielte Übungen zu beseitigen. Auf diese Weise wird gleichzeitig eine klare Arbeitsteilung des Gehirns eingeübt.

3.3 Stressbelastung und Autismus

Die Entwicklung autistischer Verhaltensstörungen kann durch Belastungen begünstigt werden, wie wir in einer Vergleichsuntersuchung feststellen konnten, die von Weissensteiner und Kastner-Koller bei 21 autistischen, 21 normalen und 21 Kindern mit anderen Behinderungen und ihren Müttern durchgeführt wurde.

Dabei zeigte sich, dass bei fast allen autistischen Kindern **Schwangerschaft** und **Geburt** und **die Zeit danach** für die Mutter besonders stressreich verliefen. Bei den Müttern von Kindern, die andere Behinderungen zeigten, war dies nicht in diesem Ausmaß der Fall. Die Mütter autistischer Kinder hatten vermehrt Belastungen verschiedenster Art zu ertragen. So scheint ein Faktor (unter vielen anderen) im Zusammenhang mit der Entwicklung des autistischen Verhaltens die **ungewöhnlich sensible Reaktion des Kindes auf Stress der Mutter** zu sein. Dies führt je nach Temperament entweder zu übersteigerten, leicht anspringenden Unlustreaktionen oder zu passivem Rückzug.

Wir können uns besser in den autistischen Zustand einfühlen, wenn wir uns erinnern, wie wir selbst auf einen massiven Schock reagieren: Entweder gerät man in Panik, einen Zustand, in dem man höchst aktiviert und „durcheinander" ist, oder man erstarrt vor Schreck. Im Erregungszustand kann man kaum neue Informationen aufnehmen – ein bei Autisten wohlbekanntes Symptom: Man ist zwar innerlich gespannt wie eine Feder, doch eben diese Erregung verhindert, dass man sich mit der Außenwelt gezielt beschäftigt. Ähnliches erleben Autisten aufgrund ihres Störungsbildes. Eine Gruppe von Autoren formulierte daher die „**Arousaltheorie**" (Erregungstheorie) des Autismus, die zumindest bei bestimmten Gruppen von Autisten Erklärungswert hat: In einer Reihe von Untersuchungen (vgl. dazu Martinius, 1974) konnte festgestellt werden, dass autistische Menschen ständig unter einer erhöhten, oft angstvollen Anspannung leiden, die sie daran hindert, sich ihrer Umwelt zuzuwenden, da sie zuviel mit der Kontrolle ihrer aufgewühlten Innenwelt zu tun haben.

Vieles spricht dafür, dass Kinder, die ein autistisches Symptombild entwickeln, bereits in ihren ersten Lebenswochen unter großem Stress stehen, der sich entweder im Ausagieren durch Schreien äußert oder zu einem vollkommenen Rückzugsverhalten und Passivität führt: Auch wer sich ein „dickes Fell" anschafft, wird mit Stress leichter fertig.

Die Angstspannung trägt daher als Dauerstress wesentlich dazu bei, dass sich Autisten der Welt verweigern. Sie sind so damit beschäftigt, sich von ihrer Angst – z.B. durch ihre Stereotypien – abzulenken, dass sie alle anderen Informationen aus der Außenwelt abblocken.

Auch normale Säuglinge zeigen diese Reaktion des „nicht mehr Reagierens", wenn man sie Dauerstress aussetzt. Es gibt einen leider sehr verbreiteten Test für Säuglinge, bei dem diese mehrfach mit einer Nadel leicht gestochen werden. Anfangs ziehen die Babys den Körperteil zurück, um dem Schmerz auszuweichen. Nach einiger Zeit jedoch reagieren sie überhaupt nicht mehr auf die Nadelstiche, ein Vorgang, der als **Habituierung** (Gewöhnung) bezeichnet wird. Sie verhalten sich wie autistische Kinder, die die Umwelt, auch und vor allem, wenn sie unangenehm ist, einfach nicht zur Kenntnis nehmen.

Unter den autistischen Säuglingen findet man daher zwei große Gruppen. Die einen verhalten sich wie die auch unter nicht autistischen Kindern recht häufigen sog. „schwierigen Kinder" oder „Schreikinder": Was immer man mit ihnen machen will – sie reagieren darauf mit Geschrei. Dies ist besonders dann der Fall, wenn es sich um etwas Neues (z.B. eine andere Nahrung) handelt. Alles scheint sie mit Angst und Unlust zu erfüllen. Dieses ständige Schreien stellt eine sehr große Belastung für die Eltern dar.

Die zweite Gruppe sind die sog. **„Muschelkinder"**. Dies sind passive Kinder, die alles abblocken. Sie liegen scheinbar zufrieden im Bettchen. Wenn andere Kinder mit etwa 4 Monaten anfangen, gezielt zu greifen und zu spielen, fällt vielleicht auf, dass sie an keinem Greifspiel Interesse haben und keine Kontaktreaktionen auf ihre soziale Umwelt zeigen. Bei ihnen dauert es besonders lange, bis ihre Störung entdeckt wird, da man über die normale Entwicklung eines Säuglings Bescheid wissen muss, um zu entdecken, dass etwas nicht stimmt.

Auf einem Kongress wurden Filme gezeigt, die Eltern von ihren Säuglingen aufgenommen hatten, die später als autistisch diagnostiziert worden waren. Auffällig war, dass diese Kinder äußerlich ganz normal wirkten, aber sehr passiv und teilnahmslos erschienen. Es handelte sich offenbar entweder um Kinder, die zu der extrem zurückgezogenen Gruppe der autistischen Muschelkinder gehörten, oder um Schreikinder, die man im erschöpften Zustand zwischen den Schreiepisoden aufgenommen hatte: Wer filmt sein Baby schon, wenn es bitterlich weint und schreit! Kein einziges Baby war darunter, das fröhlich spielte oder lachte.

Beide Reaktionen – Ausagieren und Passivität – kommen allerdings auch bei Kindern vor, die sich später völlig normal entwickeln, wie die Arbeiten von Thomas und Chess zum Temperament von Säuglingen zeigten: So sind z.B. etwa 10% aller Kinder, die geboren werden, schwierige Schreikinder. Der Prozentsatz der extrem zurückgezogenen Kinder, der so genannten „langsam auftauenden Kinder", ist mit 15% sogar noch etwas höher. Diese Tatsache ist mit ein Grund dafür, dass das autistische Störungsbild so spät entdeckt wird, da das erste auffällige Verhalten auch bei Kindern vorkommt, die später eine unauffällige Entwicklung zeigen.

Beide Reaktionen, das Ausagieren von Spannung durch ständiges Schreien und das sich Zurückziehen, stellen ein Bemühen des Kindes dar, sein emotionales Gleichgewicht aufrechtzuerhalten. Auch der Erwachsene kennt diese Reaktionen: Entweder schreit man seinen Kummer und seine Angst hinaus, oder man versucht, sich von der Welt, die einen belasten könnte, abzukapseln.

3.4 Die Bedeutung der Kontaktbereitschaft und der Orientierungsfähigkeit für die Entwicklung

Wie verläuft die Entwicklung gesunder Kinder im Vergleich zur Entwicklung von autistischen Kindern? Ein entscheidender Unterschied besteht in der **zunehmenden Kontaktbereitschaft** der gesunden Kinder. Durch den Kontakt zu den Bezugspersonen erhält das Baby mächtige Verbündete im Bemühen um einen ausgeglichenen Innenzustand: Es wird getröstet und beruhigt, wenn es ihm schlecht geht oder zum fröhlichen Spiel verlockt, wenn es passiv ist und zu nichts Lust hat. Dieser Weg, sich mit Hilfe seiner Bezugspersonen in einen angenehmen, ausgeglichenen Zustand zu versetzen, ist dem autistischen Baby durch seine schwere Kontaktstörung verwehrt.

Auch die **kognitive Entwicklung** (d. h. Wahrnehmungs-, Sprach- und Denkentwicklung) ist durch die autistische Kontaktstörung stark beeinträchtigt: Wir lernen in erster Linie durch die Vermittlung unserer sozialen Umwelt. Wer die Menschen in seiner Umgebung ablehnt, kann auch nichts von ihnen lernen. Die Kontaktbereitschaft hängt daher eng mit der Lernfähigkeit zusammen.

Die Kontaktbereitschaft gesunder Säuglinge äußert sich schon bei Neugeborenen darin, dass sie, wenn sie nicht gerade schlafen oder dösen, mit großen Augen in die Welt hineinschauen, bereit, sich Neuem zuzuwenden. Es handelt sich um einen Zustand, der als „ruhiges Aufmerksamkeitsstadium" (Quiet Alert State) beschrieben wird und mit einem ganz charakteristischen, entspannt aufmerksamen Gesichtsausdruck verbunden ist.

Man kann die Orientierungsfähigkeit der Säuglinge prüfen, indem man ihnen ein gedämpftes Licht zeigt (z.B. eine Taschenlampe, über die man ein Taschentuch gelegt hat) und vor ihren Augen langsam hin und her führt. Gesunde Neugeborene sind in der Lage, dem Licht mit den Augen zu folgen, wenn man ihnen eine kleine Anlaufzeit gestattet und sie weder hungrig noch schläfrig sind.

Hier gibt es allerdings individuelle Unterschiede: Die so genannten „guten Orientierer" machen bereits kurz nach der Geburt einen besonders wachen und interessierten Eindruck. Sie sind neugierig und lernbereit. Sie sind die geborenen „Selbstlerner".

Die guten Orientierer suchen sich sehr bald selbst Anregungen, sie blicken umher und entwickeln im Laufe des ersten Lebensjahres erste Ansätze zu selbständigem Spielen. Selbstverständlich profitieren auch sie von anregenden Spielangeboten ihrer Bezugspersonen, doch sind sie nicht in dem Maß darauf angewiesen, wie es die schlechten Orientierer sind, zu denen als extremste Form die Autisten gehören. **Bei ihnen ist eine konsequente, gezielte Förderung notwendig.**

Je mehr man sich mit Babys beschäftigt, desto besser entwickeln sie sich, doch muss dies selbstverständlich in angemessener, nicht überfordernder Weise geschehen. Selbst die „Schreikinder" lassen sich, wenn auch mit einem gewissen Aufwand, durch ein sehr liebevolles, einfühlendes Eingehen auf sie so weit beruhigen, dass sie die Orientierungsreaktion zeigen, das heißt aber, dass sie sich für unsere Welt zu interessieren beginnen. Die sehr passiven Kinder können ebenfalls, wenn man sich entsprechend Mühe gibt und liebevoll auf sie eingeht, aus ihrer Reserve herausgelockt werden. Kommen autistische Belastungen hinzu, dann benötigen die Kinder ein spezielles, auf sie zugeschnittenes Förderprogramm (siehe dazu ➤ Kap. 10).

3.5 Frühe Kontaktsignale

Die großen, wachen Augen, die Kinder bereits kurz nach der Geburt machen, wenn sie kontaktbereit sind, haben aber noch eine weitere Funktion: Sie wirken auf die Personen in der Umgebung des Kindes als Kontaktsignale. Sie stellen sozusagen eine „Botschaft an die Umgebung" dar: „Ich möchte etwas erfahren, beschäftige dich mit mir." Was tun Eltern in so einem Fall? Nun, sie reagieren spontan auf diese Aufforderung, sie bieten dem Kind etwas an, sprechen und spielen mit ihm. **Weit geöffnete Augen** gelten in unserer Welt als Signal, auf das Menschen ganz natürlich mit Kontaktangeboten antworten. Aus eben diesem Grund macht man unwillkürlich die Augen weiter auf, wenn man mit jemandem in einen intensiveren Kontakt treten möchte. Nicht umsonst schminken Frauen ihre Augen!

Bei den autistischen Säuglingen fehlt dieses wichtige Kontaktsignal meist völlig. Im Gegenteil: Autistische Babys nehmen nicht nur keinen Augenkontakt auf, sie wehren sich sogar gegen jeden Kontakt oder zeigen sich ganz uninteressiert daran. Die Personen in ihrer Umgebung glauben daher, dass sie keine Beziehung mit ihnen wünschen, und überlassen sie sich selbst.

!

Durch dieses naheliegende Missverständnis erhalten autistische Säuglinge viel weniger Kontaktangebote von ihren Mitmenschen und damit auch viel weniger Anregungen. Dies bedeutet, dass sie auch weniger lernen können und daher in ihrer kognitiven Entwicklung zurückbleiben.

Ein zweiter Entwicklungsschritt in der Kontaktaufnahme wird ebenfalls von autistischen Säuglingen nicht oder nur eingeschränkt mitgemacht: Bei gesunden Kindern tritt bereits nach zwei Monaten das „Begrüßungslächeln" auf: Sie lächeln jeden an, der sich über ihr Bettchen beugt. Dies führt natürlich dazu, dass man mit ihnen liebevoll spricht und spielt. Das **„soziale Lächeln"** stellt das zweite, angeborene Kontaktsignal menschlicher Säuglinge dar.

Ein drittes „Kontaktsignal" fehlt ebenfalls bei autistischen Kindern: Hebt man ein gesundes Baby hoch, **kuschelt es sich an** und zeigt so, dass es den Kontakt mit Menschen angenehm findet. Ganz anders die autistischen Kinder: Für sie sind alle Kontakte unangenehm. Statt sich anzuschmiegen, machen sie sich steif und wehren sich oder reagieren überhaupt nicht. Für die Eltern bedeuten diese ungewöhnlichen Reaktionen eine arge Enttäuschung.

So schildert Frau Rupprecht (1984), dass sie zufällig „beim Telefonieren" entdeckte, dass ihre autistische Tochter als Säugling das Fläschchen schneller leer trank, wenn sie sie mit ausgestrecktem Arm fütterte, während das Baby im Bettchen lag: „Das waren schlimme Kränkungen für mich. Natürlich fragte ich mich, ob ich etwas falsch machte. Ich wünschte mir, dass sie sich auf meinem Arm wohl entspannte."

Dass in diesem Fall auch die Mutter gewisse Schwierigkeiten bei der Kontaktaufnahme mit ihrem Kind hatte, wird allerdings ebenfalls deutlich: Sie konnte sich offenbar nicht gegen das Klingeln des Telefons abgrenzen, obwohl sie gerade mit ihrem Baby beschäftigt war. Gleichzeitig ein Baby zu füttern und zu telefonieren ist zumindest ungewöhnlich.

Da das Kind keine Freude an der Fütterung hatte, war es ihr außerdem wichtig, dass es „schnell" gehen sollte. Sie reagierte auf einen „falschen Hinweis" des Kindes, wie wir dies weiter oben beschrieben haben. Wenn man sich einem solchen Leistungsdruck aussetzt, kann nicht die innige, zugewandte Atmosphäre entstehen, die beide, Mutter und Kind, bei der so intimen Situation des Fütterns brauchen. Ohne dass es ihr bewusst war, reagierte sie instinktiv auf die autistische Kontaktabwehr des Kindes: Da das Kind keine Freude an der mütterlichen Nähe zeigte, glaubte sie wohl, ihm entgegenzukommen, indem sie es zum Trinken nicht auf den Arm nahm und sich außerdem bemühte, die Situation rasch zu beenden.

!
Derartige Missverständnisse zwischen Mutter und Kind und allgemein zwischen Bezugspersonen und Autisten sind eher die Regel als die Ausnahme.

Wenn man auf die Kontaktverweigerung autistischer Menschen mit Rückzug, Alleinlassen reagiert, überlässt man sie ihrem Schicksal. Wer geduldig auf sie eingeht und sich durch die „falschen Signale", die sie ihren Bezugspersonen übermitteln, nicht beirren lässt, entdeckt, dass sich hinter ihrer Verweigerung die Sehnsucht nach Nähe verbirgt. Wir werden später noch ausführlicher darauf zu sprechen kommen.

In dem von uns erstellten Entwicklungsprogramm für autistische Kinder wird aus diesem Grund als wichtigste vorbereitende Maßnahme die Lernbereitschaft des Kindes durch ein Interaktions- und Kontakttraining hergestellt: Eltern und Kind müssen lernen, die autistische Kontaktschranke zu überwinden, damit sie Partner in der gemeinsamen Bewältigung der vielfältigen Entwicklungsaufgaben werden, die auf das Kind zukommen.

3.6 Nachahmen lernen

Ein weiteres Defizit, das autistische Kinder mitbringen, ist ihre mangelnde Fähigkeit, das Verhalten der Umgebung nachzuahmen. Auch dies ist durch ihr fehlendes Interesse an den Personen ihrer Umwelt mitbedingt. Gesunde Kinder haben bereits in den ersten Tagen und Wochen ganz erstaunliche Fähigkeiten, das Verhalten der Personen ihrer Umgebung zu imitieren. Dies bedeutet, dass sie schon zu einem frühen Zeitpunkt sehr komplexe Verhaltensweisen von anderen durch bloßes Zuschauen direkt übernehmen können, und zwar ohne bewusst darüber nachzudenken, wie sie dies im Einzelnen machen sollen.

So kann man einen Säugling sehr leicht dazu bringen, den Mund zu spitzen, ihn aufzumachen oder die Zunge herauszustrecken, wenn man ihm dies entsprechend eindrucksvoll vormacht (➤ Abb. 4).

Später übernimmt das Kind durch Nachmachen auch so schwierige Handlungsfolgen wie die Kunst, selbständig zu essen, sich anzuziehen, jemanden angemessen zu begrüßen und zu verabschieden und vieles andere mehr.

Autistische Kinder machen dies alles nicht. Sie sind so mit sich selbst, das heißt, mit der Stabilisierung ihrer überschießenden Gefühle beschäftigt, dass sie weder neugierig noch lernbereit sind. Auch die sinnentleerten „Spiele der Autisten" (Muchitsch, 1990), die Stereotypien, wie z.B. wippen, Haare drehen, mit Gegenständen in immer gleicher Weise hantieren usw., sind kein echtes „Funktionsspiel", bei dem man etwas lernt, indem man Neues erkundet, sondern haben nur den Zweck, durch immer gleiche Bewegungsfolgen eine Gefühlsstabilisierung zu erreichen. Das Erlernen des Nachahmens stellt daher einen weiteren, wesentlichen Programmpunkt der Autismustherapie dar.

!
Dass das so wichtige Imitieren bei autistischen Kindern nicht stattfindet, hat weitere negative Konsequenzen: Sie lernen aus diesem Grund nicht, den Gesichtsausdruck von Menschen zu entschlüsseln.

3.6 Nachahmen lernen

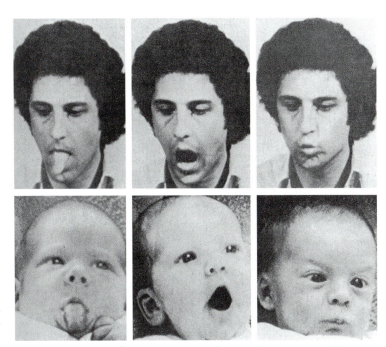

Abb. 4 Nachahmen von Gesichtsausdrücken durch Neugeborene.

Ohne dass es uns bewusst ist, haben wir im Laufe unseres Lebens durch Nachahmen des Gesichtsausdrucks anderer gelernt, Gesichter rasch danach zu beurteilen, ob sie freundlich oder unfreundlich sind, ob der Betreffende dabei ist, die Geduld zu verlieren, ob er etwas ernst meint oder nur Spaß macht usw. Dies hilft uns, die Handlungen der anderen vorherzusehen und uns auf ihr Verhalten einzustellen.

Wenn wir die Mimik eines Menschen nachahmen, stellen sich ganz spontan bei uns selbst die Gefühle ein, die jemand hat, der ein solches Gesicht macht. Durch diesen als „Empathie" bezeichneten Vorgang lernen wir, uns in andere einzufühlen und sie zu verstehen.

Autistische Kinder können dies nicht. Sie sind überrascht, wenn jemand böse wird, obwohl jedes andere Kind längst gemerkt hätte, dass sein Verhalten den Partner schon seit längerem geärgert hat. Diese Tatsache ist mit dafür verantwortlich, dass es so schwierig ist, autistische Kinder erzieherisch zu beeinflussen. Was man ihnen nicht deutlich sagt, verstehen sie nicht, es bleibt wirkungslos.

Mit der Zeit erwerben gesunde Kinder sozusagen ein „Alphabet" von Gesichtsausdrücken, das es ihnen möglich macht, sich rasch und ohne nachzudenken auf andere einzustellen.

Wie sehr wir uns bei der Beurteilung des Ausdrucksverhaltens anderer Personen nach einigen wenigen Signalen zu richten gelernt haben, die uns eine schnelle Einschätzung des anderen erleichtern, zeigt ➤ Abbildung 5.

Die Mundform signalisiert „freundlich." Dreht man das Foto jedoch um, so wird klar, dass es sich um ein recht „verdrießliches" Gesicht handelt: Wir haben uns von einem gelernten Schema irreführen lassen. Erst in dieser Position lassen wir uns nicht mehr durch die gewohnheitsmäßige Beurteilung (Mundwinkel nach oben gerichtet – also lächelnd und freundlich) täuschen.

Im Alltag stellt das rasche Beurteilen des Ausdrucks von Gesichtern eine wichtige Hilfe dar, um uns auf die soziale Umwelt einzustellen und richtig reagieren zu können. Dass dahinter ein langer Lernprozess steht, ist uns nicht bewusst. Erst durch ein Experiment, wie das eben gezeigte, wird uns überhaupt deutlich, dass wir über ein derartig gut funktionierendes, gelerntes Beurteilungssystem verfügen. Autistische Kinder müssen dies erst mühsam mit therapeutischer Unterstützung lernen.

Gesunde Kinder entwickeln durch das spielende Nachahmen aber auch noch viele andere, für das Leben wichtige Verhaltensweisen. Ein Großteil der entwickelteren Spielformen bis hin zu den Rollen-

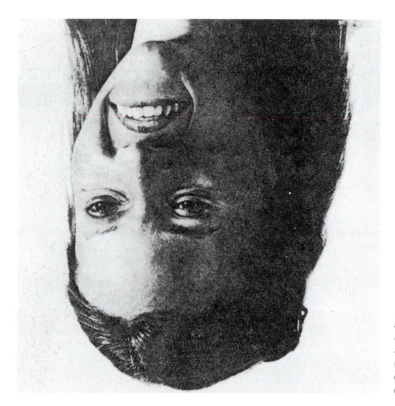

Abb. 5 Steht das Bild wie hier auf dem Kopf, wird die Mundform als „freundlich lächelnd" registriert, dreht man das Bild um, ergibt sich der gegenteilige Ausdruck.

spielen größerer Kinder („Einkaufen", „Vater, Mutter, Kind spielen" usw.) beruht anfangs auf Nachahmung. Durch diese Spiele, die bei den Kindern aller Völker auf der ganzen Welt vorkommen, lernen sie, wie man sich in der Gesellschaft, in die sie hineingeboren wurden, verhält. Durch das Ausbleiben des Imitationslernens erleidet das autistische Kind daher einen erheblichen Entwicklungsrückstand: Es bleibt ein Fremder im eigenen Land. Dieser Rückstand kann sicher nicht durch bloßes Zuwarten, sondern nur durch ein gezieltes Interaktionstraining aufgeholt werden.

3.7 Die Bedeutung der Bindung für die kindliche Entwicklung

Die Entwicklung des autistischen Kindes ist jedoch noch durch eine weitere Besonderheit behindert: Durch seine Störung gelingt es ihm nicht, eine verlässliche **Bindung an seine Eltern** zu entwickeln.

Ihm fehlt daher jene Basis der Sicherheit, die Kinder brauchen, um die Welt zu erkunden und dadurch zu lernen. Wichtige Forschungsarbeiten zur Bindungsentwicklung und ihrem Einfluss auf die Persönlichkeitsentwicklung stammen von Bowlby, Mary Ainsworth und dem Ehepaar Grossmann (ausführlich dazu Ahnert, 2010).

In ➤ Abbildung 6 sehen wir ein Baby, das bereits beginnt, sich die Welt selbständig zu erobern. Es ist nicht mehr nur auf die Mutter bezogen, sondern schaut aktiv in die Welt hinein. Die Mutter beschränkt sich darauf, dem Kind das positive Gefühl der Sicherheit zu vermitteln, das notwendig ist, damit es sich angstfrei und neugierig der Umgebung zuwenden kann: Nur wenn ein Kleinkind sich davon überzeugen kann, dass keine Gefahr droht, beschäftigt es sich mit seiner Umgebung, spielt und lernt. Das zunächst durch die Eltern vermittelte Gefühl des Vertrauens und der Sicherheit ist die Voraussetzung für das Erkunden der Umwelt.

Erwachsene verhalten sich nicht anders, wenn sie sich in einer neuen Umgebung zurechtfinden wollen. Wenn man z.B. in einem fremden Land auf Ur-

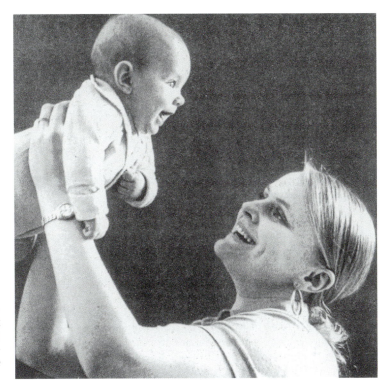

Abb. 6 Erste Schritte zur Selbständigkeit: Die Mutter vermittelt zwar noch das notwendige Gefühl der Sicherheit, aber das Baby beginnt bereits, sich selbständig die Welt zu erobern.

laub ist, verhält man sich zunächst auch vorsichtiger als zu Hause: Bevor man von einem unbekannten Gericht isst, kostet man davon; man schaut bei einem unbekannten Volkstanz erst zu, bevor man bereit ist mitzumachen. Man zieht Erkundigungen ein oder nimmt sich einen Führer, wenn man eine Stadtbesichtigung macht, d. h., man sichert sich ab, damit man nicht in Situationen gerät, mit denen man nicht fertig wird.

Sicherheit schafft Vertrauen und bildet damit die Voraussetzung, sich mutig mit neuen Situationen auseinander zu setzen. Autistische Kinder fühlen sich hingegen ständig unsicher. Durch ihre Kontaktstörungen haben sie keine verlässliche Bindung an ihre Bezugspersonen und können damit keine Sicherheitsbasis aufbauen, von der aus sie die Welt erobern könnten. Dies führt wieder zu einer Erhöhung der Angstbereitschaft, von der viele Eltern autistischer Kinder berichten.

3.8 Die Entstehung der autistischen Wahrnehmungsstörungen

Die geschilderten Entwicklungsdefizite haben weitgehende Auswirkungen auf die Gesamtentwicklung autistischer Kinder. Eine ganze Reihe von Autismusforschern hat festgestellt, dass autistische Kinder unter **Wahrnehmungsdefiziten** leiden. Sie sind eine direkte Folge dieser Entwicklungsausfälle.

Durch viele entwicklungspsychologische und andere Forschungsarbeiten konnte gezeigt werden, dass unsere Orientierung in der Wahrnehmungswelt durch das (in der Kindheit vor allem spielerische) Erfahren der Umwelt entsteht.

!
Das Desinteresse der autistischen Kinder am lustvollen Erkunden ihrer Umwelt bedeutet daher, dass auch ihre Wahrnehmungsfähigkeit erhebliche Einschränkungen erleidet.

Sehr oft fühlen sich autistische Kinder außerdem durch die vielen ungeordneten Informationen, die auf jeden Menschen ununterbrochen einstürmen, überfordert und blocken sie einfach ab. Dadurch kann sich das geordnete Wahrnehmen der Außenwelt nicht entwickeln. Besonders betroffen sind die **Fernsinne,** das **Sehen** und **Hören**, während die Nahsinne (Betasten, Beriechen, In-den-Mund-Stecken von Gegenständen), die nur einen kleinen, leichter überschaubaren Ausschnitt der Wirklichkeit vermitteln können, nicht beeinträchtigt sind.

Unsere Außenwelt bietet ständig eine solche Fülle von Eindrücken, dass wir lernen müssen, eine vernünftige Auswahl daraus zu treffen. So haben wir z.B. gelernt, uns in einem Restaurant mit den Leuten am Tisch zu unterhalten, ohne uns durch den Lärm der Gespräche an den anderen Tischen stören zu lassen: Wir filtern sie einfach weg. Erst wenn man versucht, ein solches Gespräch mit dem Tonbandgerät aufzunehmen, bemerkt man beim Wiederabhören erstaunt, wie laut es in der Gaststätte und wie undeutlich und schlecht verständlich die eigene Unterhaltung in Wirklichkeit war.

Dieser „Cafeteria-Effekt", wie er in der Psychologie bezeichnet wird, funktioniert bei Autisten nicht. Sie werden daher durch die vielen Informationen, die ständig da sind, erdrückt. Ähnlich geht es übrigens auch Menschen, die im Alter schwerhörig geworden sind und zu lange warteten, bis sie sich einen Hörapparat anschafften, so dass sie das Herausfiltern der für sie wichtigen Informationen aus dem ständigen Geräuschangebot verlernt haben.

Auch im Sehbereich gibt es einen ähnlichen Vorgang. Wir haben gelernt, uns auf die Sehdinge zu konzentrieren, die uns wichtig sind, und beachten den Rest einfach nicht. Dabei helfen uns die vorstellungsmäßigen Schemata, von denen wir bereits ein Beispiel kennen gelernt haben. Ein weiteres Beispiel: Wer über ein klares „Katzenschema" als Vorstellungsbild verfügt, wird Katzen erkennen, auch wenn sie die verschiedensten Farben und Größen haben. Diese Schemata erleichtern uns die schnelle Orientierung in der Sehwelt. Sie sind gelernte, vereinfachte Bilder von der Wirklichkeit, die uns das rasche Erkennen der für uns wichtigen Informationen ermöglichen. Wenn man in einem Vexierbild eine versteckte Figur suchen soll, geht es einem wie einem Autisten, dem das passende Schema für das Wieder-

erkennen fehlt. Sobald man die Figur gefunden hat, wundert man sich, dass man sie nicht schon früher gesehen hat.

Beim Wiedererkennen von Gegenständen unserer Sehwelt kommt eine weitere Schwierigkeit dazu: Wir sehen die Gegenstände aus sehr unterschiedlichen Blickwinkeln und müssen doch in der Lage sein, sie richtig wiederzuerkennen: Von vorne, von hinten, von oben, von der Seite gesehen, sieht z.B. ein Sessel ganz verschieden aus. Zu jedem Gegenstand gehört daher eine ganze „Familie" von Schemata, die es zu lernen und richtig zuzuordnen gilt. Für Autisten ist dies sehr verwirrend. Sie müssen die verschiedenen Ansichten eines Gegenstandes erst einzeln kennenlernen, um sie dann verbinden zu können.

Ein gutes Trainingsprogramm für Autisten muss daher auf jeden Fall auch differenzierte Wahrnehmungsübungen für die verschiedenen Sinnesgebiete und ihr Zusammenspiel enthalten, um die geschilderten Defizite zu beheben.

3.9 Der Aufbau der Objektpermanenz

Erschwert wird die Situation der Autisten noch dadurch, dass sie zunächst nur das zur Kenntnis nehmen, was sie direkt vor Augen haben, wenn sie überhaupt dazu in der Lage sind, gezielt wahrzunehmen.

Gesunde Kinder beginnen dagegen bereits mit etwa 6–8 Monaten zu verstehen, dass Menschen oder Dinge auch dann noch vorhanden sind, wenn man sie nicht sieht: Sie haben die so genannte **„Objektpermanenz"** entwickelt. Das erste Anzeichen für diesen Lernprozess besteht darin, dass sie Freude am „Versteckspiel" zu haben beginnen. Solange ein Kleinstkind dagegen glaubt, dass die Mutter wirklich nicht mehr da sei, wenn sie sich hinter einem Tuch versteckt, hat es noch keinen Spaß an diesem Spiel.

Die Überzeugung, dass die Menschen und Objekte auch noch vorhanden sind, wenn man sie nicht sieht, stellt einen wichtigen Entwicklungsschritt beim Aufbau unserer Wahrnehmungswelt dar. Autistische Kinder verstehen jahrelang nicht, dass Dinge und Menschen, die aus ihrem Gesichtskreis verschwinden, weiter vorhanden sein können. Sie suchen daher auch nicht nach Gegenständen, die man vor ihren Augen versteckt hat, selbst wenn sie sie gerne haben möchten.

Das Vertrauen darauf, dass die Welt, so wie wir sie kennen, auch unabhängig von uns existiert, kann sich erst nach Erreichen der Stufe der Objektpermanenz bilden. Damit man Freude am Lernen und am Erkunden der Welt hat, ist es sehr wichtig, dass man versteht, dass sich nicht alles in der Umgebung ständig verändert, sondern dass es Vieles gibt, das Bestand hat: die Sicherheit, die die Familie bietet, die Gegenstände in der Wohnung, die auch noch existieren, wenn man sie anders aufstellt oder versteckt und vieles andere mehr. Die oft unbegreifliche Angst vor Veränderung der autistischen Kinder hat hier ihre Wurzeln: Veränderung bedeutet für sie nicht etwas, was man in der Regel auch wieder rückgängig machen kann, sondern die Bedrohung, dass ihnen die Menschen und Dinge für immer entgleiten.

Ob Kleinstkinder bereits die Objektpermanenz ausgebildet haben, erkennt man daran, dass sie nach versteckten Gegenständen gezielt zu suchen beginnen. Das Auftreten von Suchverhalten bei autistischen Kindern stellt daher ein wichtiges diagnostisches Zeichen dar, das anzeigt, dass sich das Kind weiterzuentwickeln beginnt.

3.10 Anfänge der Ich-Entwicklung

Wenn Kinder verstanden haben, dass ihre Welt eine Basis der Sicherheit und der Verlässlichkeit bilden kann, ist ein weiterer Entwicklungsschritt möglich: **Sie können erkennen, dass sie selbst ein unverwechselbares, beständiges „Ich" sind.**

Auch dies ist ein schwieriger, in mehreren Stufen sich vollziehender Lernprozess, der normalerweise mit etwa 2¾ bis 3 Jahren einen ersten Abschluss erlebt: Die Kinder erkennen, dass sie trotz der Tatsache, dass sie sich einmal fröhlich, einmal traurig oder ärgerlich fühlen, dass sie einmal frisch und munter, dann wieder müde sind, immer dieselbe Person bleiben.

Die Ich-Entwicklung ist außerdem eng mit dem Sprechen lernen verbunden, das im 2. Lebensjahr beginnt. Da viele autistische Kinder Sprachentwicklungsstörungen aufweisen, ist auch ihre Ich-Entwicklung beeinträchtigt.

Schon mit etwa einem Jahr begreifen kleine Kinder normalerweise, dass das Bild, das sie im Spiegel sehen, nicht ein anderes Kind, sondern sie selbst sind. Autistische Kinder sind dazu nicht in der Lage. Sie wollen daher ihrem eigenen Spiegelbild ebenso wenig begegnen wie anderen Menschen. Gar nicht so selten entwickeln sie eine förmliche Angst vor ihrem Spiegelbild. Umgekehrt ist es ein Zeichen, dass ein autistisches Kind beginnt Fortschritte zu machen, wenn es anfängt, Freude an seinem Spiegelbild zu haben. In Worten ausgedrückt heißt dies: „Ich habe Zutrauen zu mir selbst gewonnen."

Diese Freude am eigenen Spiegelbild kann allerdings für das Kind so eindrucksvoll sein, dass daraus eine neue Stereotypie entstehen kann, ein bei Autisten häufig zu beobachtender Vorgang. So entwickelte ein autistisches Mädchen ein stereotypes Bedürfnis, sich im Spiegel anzusehen und zu lachen, weil sie die damit verbundenen angenehmen Gefühle immer wieder erleben wollte. Hier bietet sich an, z.B. den Blick in den Spiegel gezielt als Belohnung für eine gute Leistung einzusetzen, ihn aber sonst nicht zu gestatten, um ihn nicht zur „Sucht" werden zu lassen.

Mit etwa 1¾ Jahren zeigen Kinder eine deutliche Freude am „Selbermachenwollen": Sie möchten selbst essen, sich anziehen und vieles andere. Dieser für die Ich-Entwicklung so wichtige Schritt muss von autistischen Kindern mühsam, mit therapeutischer Unterstützung, nachgeholt werden, da er spontan kaum auftritt.

Die nächste Etappe ist dagegen umso deutlicher zu beobachten: Mit etwa zwei bis zweieinhalb Jahren beginnt die so genannte „Trotzphase": Die Kinder bekommen aus scheinbar nichtigen Anlässen Trotzanfälle. Es sind die ersten Anzeichen, dass sie einen eigenen Willen entwickeln und eigene Handlungspläne durchzusetzen versuchen. Es ist bezeichnend, dass Kinder durch diese Konflikte ein bedeutendes neues Wort zu gebrauchen lernen: Das Wort „ich". Damit ist der erste Schritt getan, der sie befähigt, Verantwortung für ihre eigenen Handlungen zu übernehmen. Eine wichtige Entwicklungsaufgabe der Trotzphase besteht daher darin, den richtigen Umgang mit Konflikten zu erlernen: Nachgeben, wenn es notwendig ist, und sich in vernünftigem Rahmen durchsetzen lernen, wenn die Eltern bereit sind, dem Kind einen gewissen Spielraum einzuräumen.

Es ist klar, dass autistische Kinder mit so einem Programm überfordert sind: Sie verfügen nicht über eine innere Vorstellungswelt, die es ihnen erlauben würde, verschiedene Handlungsausgänge in Gedanken durchzuspielen; sie können daher nicht überlegen und Handlungsmöglichkeiten gegeneinander abwägen. Was sie fühlen, ist nur ihre Frustration, wenn eines ihrer Bedürfnisse nicht erfüllt werden kann.

Was ihnen bleibt, ist ein Verhalten, das man als „Negativismus" bezeichnet: Ablehnen jeder Kooperation, wobei oft das typische Trotzphasenverhalten – heftiges Toben und Schreien – gezeigt wird.

Da ihre Ich-Entwicklung gestört ist, haben sie auch später Probleme dabei, mit ihren Bezugspersonen über das, was sie sich wünschen, zu sprechen und darüber vernünftig zu verhandeln. Sie bleiben auf der Stufe der ungestümen Trotzanfälle stehen, die bei anderen Kindern, sofern sie verständnisvoll erzogen wurden, nur einen Übergang darstellt.

Ein weiteres Symptom des Autismus, das bei jenen autistischen Kindern zu beobachten ist, die sprechen gelernt haben, lässt sich vor diesem Hintergrund besser verstehen. Es handelt sich um eine seltsame Sprechstörung, welche die so genannte „pronominale Umkehr" betrifft. Sie kommt auch bei vielen gesunden Kindern während des Sprechenlernens vor, verschwindet dann aber wieder. Ein Kind, das dieses Symptom zeigt, kann die persönlichen Fürwörter nicht richtig gebrauchen: Wenn es selbst ein Glas Wasser möchte, sagt es z.B.: „Du willst Wasser." Auch wenn es etwas erzählt, merkt man, dass es „du" sagt, wenn es „ich" meint.

Bei Autisten bleiben die Probleme mit der pronominalen Umkehr oft hartnäckig bestehen. Solange autistische (und andere) Kinder dieses Symptom zeigen, sollte man sie daher immer mit ihrem Namen und in der dritten Person anreden und auch von sich selbst in dieser Form sprechen, bis das Kind von sich aus beginnt, das Wort „ich" zu gebrauchen. Man sagt daher auch zu dem Kind nicht: „Willst du ein Glas Wasser?", sondern „Will Hansi ein Glas Wasser?", oder „Soll Mutti Hansi ein Glas Wasser bringen?". Sobald das Kind von sich aus das Wort „ich" richtig gebraucht, kann man damit aufhören. Geht das Kind in einen Kindergarten, muss man auch dort darauf drängen, dass diese Vorgehensweise beachtet wird. (In ➤ Kapitel 16 dieses Bandes finden sich Übungen zum Erlernen des richtigen Gebrauchs von „ich" und „du".)

3.11 Vertrauen und Neugier: Bindungs- und Erkundungssystem

Wie wir gesehen haben, wird das Leben des Säuglings und des Kleinkindes durch zwei große Entwicklungslinien bestimmt: die **Bindung** an geliebte Personen und die dadurch vermittelte Freude am **Erkunden** der Umwelt. Das Vertrauen zu den Eltern bzw. den Pflegepersonen führt dazu, dass sich das Kind sicher fühlt. Dieses **„Bindungssystem"** bildet die Grundlage dafür, dass man es wagt, seiner Neugier freien Lauf zu lassen und die Welt zu erforschen. Es entsteht ein zweites System, das so genannte **„Erkundungssystem"**. Die Entwicklungspsychologen Klaus und Karin Grossmann haben die Entstehung dieser beiden Systeme und ihren Einfluss auf die Persönlichkeitsentwicklung eingehend untersucht. In ➤ Kapitel 9 wird auf den Aufbau der Bindung zwischen dem autistischen Kind und seinen Bezugspersonen ausführlich eingegangen.

Für die gesunde Entwicklung jedes Kindes ist es notwendig, dass es beide Systeme, das Bindungs- und das Erkundungssystem, aufbauen kann: gute und sichere Beziehungen in der Familie und später in der Schule und am Arbeitsplatz, aber auch die Freude daran, immer mehr zu erfahren und zu lernen. Durch die extreme Zurückgezogenheit des autistischen Kindes sind beide Entwicklungen gestört.

Die ungewöhnlichen Abwehrreaktionen des autistischen Kindes können wir leichter verstehen, wenn wir seine geheime Angst vor den für es unverständlichen Ereignissen unserer Welt begreifen und außerdem bedenken, dass ihm seine Eltern wegen der autistischen Kontaktabwehr keinen so großen Schutz bedeuten können, wie dies bei gesunden Kindern der Fall ist. Bei Autisten ist viel mehr Zeit und Geduld notwendig, damit es ihnen gelingt, eine tragfähige Bindung an die Familienmitglieder aufzubauen, um ihnen auf dieser Grundlage die Angst vor der Umwelt und ihren Unvorhersehbarkeiten zu nehmen und ihnen die Freude am Erkunden der Welt zu eröffnen.

> **!** Für die Therapie autistischer Kinder bedeutet dies, dass wir ihnen helfen müssen, beide Systeme zu entwickeln: Es geht darum, ein stabiles Bindungssystem aufzubauen und auf dieser Basis den Kindern mehr Spaß am Erforschen unserer Welt zu vermitteln.

3.12 Die Besonderheiten der autistischen Welterkundung

Der Alltag ist voll von Anlässen, die Lerngelegenheiten darstellen können, wenn man sie richtig nützt: Wenn ein Kind z.B. an einem heißen Tag seine Hände unter das kühle Wasser der Wasserleitung hält, ist dies nicht nur angenehm, sondern vermittelt ihm wichtige Einsichten darüber, was das Wasser für Eigenschaften hat (> Abb. 7).

Für das autistische Kind dagegen kann die überraschende Konfrontation mit dem Wasserstrahl ein Schock sein: „Wasser! Etwas Kaltes, etwas unheimlich Bewegtes." Wenn man ihm durch geduldiges, langsames Heranführen hilft, seine Angst zu überwinden, wird die Erfahrung mit dem Wasser zu einem positiven Erlebnis. Allerdings kann es dann unter Umständen geschehen, dass man Bekanntschaft mit der nächsten, ungewöhnlichen Reaktion autistischer Kinder macht: Die Eroberung des Wassers kann für das Kind eine so dramatische Sache bedeuten, dass man es vom „Pritscheln" nicht mehr wegbekommt.

Wie kommt es zu dieser Reaktion? Wieder handelt es sich um die übersteigerte Form eines Effekts, der bei allen Menschen zu beobachten ist: Auch für nicht autistische Menschen gilt, dass eine Sache, die schwierig oder gefährlich ist, so dass man sich anstrengen muss, um sie zu bewältigen, für besonders bedeutungsvoll gehalten wird, wenn man sie einmal

Abb. 7 Kaltes Wasser an einem heißen Sommertag: Für das gesunde Kind eine angenehme Empfindung, für das autistische vielleicht ein Schock.

gemeistert hat. Der Psychologe Festinger machte dazu folgenden Versuch:

Zwei Gruppen von Mädchen wurde versprochen, dass sie bei einer Diskussionsgruppe junger Leute mitmachen dürften. Die eine Mädchengruppe musste vorher eine schwere Aufnahmeprüfung machen, die zweite Gruppe jedoch nicht. Anschließend spielte man den Mädchen ein Tonband einer relativ langweiligen Gruppensitzung vor und sagte ihnen, dass dies die Jugendgruppe sei, für die sie sich gemeldet hatten. Als Abschluss wurden alle gefragt, wie sympathisch sie die Leute gefunden hätten und wie nett und angenehm ihnen die Gruppe erschienen sei.

Das Ergebnis war eindeutig: Jene Mädchen, die die Aufnahmeprüfung hatten machen müssen, waren weit begeisterter von der Gruppe als die anderen. Festinger erklärte dies so, dass die Prüfungsgruppe eine „kognitive Dissonanz" zwischen Arbeitsaufwand und Handlungserfolg erlebte. Die Gruppenmitglieder lösten diesen Konflikt, indem sie das Endergebnis emotional aufwerteten. Er schloss daraus, dass Menschen allgemein dazu neigen, eine

Sache, die ihnen schwer gefallen ist, besonders zu schätzen. Autisten zeigen den **„Festinger-Effekt"** in besonders hohem Maße.

Dieser Zusammenhang erklärt unter anderem auch, weshalb autistische Kinder so an ihren Stereotypien hängen. Der Auslöser für eine gewisse Gruppe autistischer Stereotypien ist ein Angstzustand, den sie durch ein bestimmtes Verhalten überraschend bewältigen konnten. Dieses wird dann emotional so aufgewertet, dass es zum Selbstzweck wird.

Dazu ein weiteres Beispiel: „Dunkelheit" ist für viele Kinder etwas Bedrohliches. Dies gilt auch für autistische Kinder. Für sie ist aber auch das plötzliche Hellwerden, wenn jemand das Licht aufdreht, eine angsterregende Veränderung. Der Lichtschalter ist daher zunächst etwas Unheimliches. Wenn das Kind sich aber endlich einmal damit angefreundet und das Licht selbst aufgedreht hat, ist dies so eindrucksvoll, dass es das Bedürfnis entwickelt, das Licht ununterbrochen an- und auszuknipsen, um sich das erfreuliche Gefühl, die Sache zu beherrschen, immer wieder zu verschaffen: Die Stereotypie wird zum Auslöser angenehmer Gefühle und damit zum Handlungsziel. So lernen autistische Kinder, das Licht stundenlang an- und auszudrehen, Rollos und Vorhänge hin und her zu bewegen und vieles andere mehr. Für jemand, der diese Zusammenhänge nicht kennt, ist es daher schwer nachzuvollziehen, weshalb das autistische Kind an bestimmten Stereotypien so sehr hängt.

Ein dramatisches Beispiel für diesen Effekt sind die stereotypen **autistischen Selbstverletzungen,** die durch einen ähnlichen Vorgang entstehen können. Frisieren z.B. ist etwas Unangenehmes, besonders, wenn man sich dagegen wehrt und es dann an den Haaren zieht und zerrt. Wenn das Kind sich aber daran gewöhnt hat, führt diese Errungenschaft gelegentlich dazu, dass es sich nun selbst an den Haaren reißt. Selbstverletzungen stellen daher eine Art von **Situationsbewältigung** dar (besonders, wenn man damit auch noch die Menschen in seiner Umgebung zu Abwehrmaßnahmen veranlassen und so beherrschen kann) und ist, so schwer verständlich dies sein mag, für das Kind aus diesem Grund lustvoll! Natürlich können Selbstverletzungen auch noch andere Funktionen erfüllen, die dazu führen, dass immer wieder auf sie zurückgegriffen wird: Sie bauen durch ihre ablenkende Wirkung Spannungen

ab und sie vermitteln die Illusion, Kontrolle über sich und die anderen zu haben.

3.13 Die Angst vor Veränderung und ihre Überwindung

Jedes Neulernen bedeutet Veränderung. Eine der auffälligsten Eigenschaften autistischer Kinder ist aber, wie wir gesehen haben, dass sie sich sehr schwer an etwas Neues gewöhnen. Ihr emotionales Gleichgewicht ist so labil, dass sie die kleinste Veränderung aus der Bahn werfen kann. Auf Neues reagieren sie daher zunächst einmal mit Angst und Abwehr.

Den Eltern eines autistischen Kindes ist dies wohlbekannt. Weniger bekannt ist jedoch die Tatsache, dass man dasselbe Verhalten auch bei normalen Kindern (den bereits erwähnten „Schreikindern" oder „schwierigen Babys", wie sie die Psychologen Thomas und Chess nannten) beobachten kann.

In ➤ Abbildung 8 ist zu sehen, wie ein normales, „pflegeleichtes" Kind und ein solches „schwieriges" Kind eine neue Nahrung angeboten bekommen. Auch das „pflegeleichte" Kind ist erstaunt. Besonders begeistert scheint es nicht zu sein, aber es isst dann doch willig vor sich hin. Das schwierige Kind ahnt offenbar schon, bevor der Löffel überhaupt seinen Mund berührt, dass etwas Ungewöhnliches auf es zukommt. Wie das Foto zeigt, wehrt sich das Kind vehement gegen den Löffel und ist nicht bereit, die Nahrung zu sich zu nehmen. Hier hilft nur ein besonders vorsichtiges, schrittweises Gewöhnen an die neue Nahrung, indem man z.B. zunächst nur ein wenig auf die Unterlippe gibt und diese ablecken lässt.

Auch wenn sie es uns nicht offen zeigen, sind gerade die schwierigen Kinder von einer besonderen **Feinfühligkeit**. Sie reagieren sehr sensibel auf die Stimmungen der Personen ihrer Umgebung, selbst wenn sie sie noch nicht verstehen und einordnen können.

Jede Therapie des autistischen Verhaltens muss mit der autistischen „Sucht", immer am Gleichen festhalten zu wollen, rechnen. Es gehört sehr viel Geduld und Können dazu, sie zu überwinden und den

3.13 Die Angst vor Veränderung und ihre Überwindung

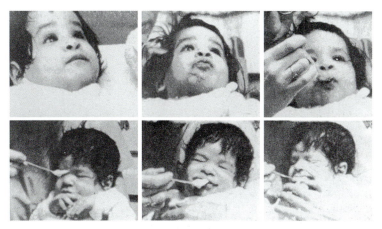

Abb. 8 Zwei 3 Monate alten Kindern wird eine bis dahin unbekannte Nahrung angeboten.
Das „pflegeleichte" Kind (oben) akzeptiert die neue Erfahrung, das „schwierige" Kind (unten) wehrt sich heftig dagegen.

Kindern die Fähigkeit zu vermitteln, Neues ohne Angst zu akzeptieren. Hier haben sich besonders verhaltenstherapeutische Programme, die mit Belohnungen arbeiten, bewährt. Das Prinzip ist einfach: Man nimmt zunächst nur eine kleine Veränderung in Richtung des gewünschten Verhaltens vor und belohnt das Kind sofort, wenn es sie akzeptiert. Sobald sich das Kind verlässlich daran gewöhnt hat, kann man den nächsten Schritt vornehmen. Dies wird so lange fortgesetzt, bis das gewünschte Endverhalten erreicht ist.

KAPITEL 4

B. A. Rollett

Entwicklungstherapie für autistische Kinder

Die besten Ergebnisse bei der Therapie autistischer Kinder und Jugendlicher werden mit verhaltenstherapeutischen Programmen erzielt, doch müssen sich diese an den vorgegebenen Entwicklungsverlauf halten, da es sonst zu Über- und Unterforderungen kommt. Immer geht es darum, einerseits die vorhandenen Fähigkeiten und Fertigkeiten zu festigen, andererseits ihre Ausweitung in die „Zone der nächsten Entwicklung" (Vygotsky, 1934, 1987) vorzubereiten und voranzutreiben.

4.1 Verhaltenstherapie im Entwicklungskontext

Verhaltenstherapeutische Ansätze haben sich bei der therapeutischen Beeinflussung des autistischen Verhaltens allgemein sehr gut bewährt. Durch die Beachtung der Lerngesetzlichkeiten, wie sie in der lernpsychologischen Forschung entdeckt und in der Verhaltenstherapie eingesetzt werden, kann das Verhalten autistischer Kinder erfolgreich verändert werden. Ein großes Problem stellte anfangs das Finden angemessener Formen von Belohnungen für Autisten dar. Nahrungsmittel (Bonbons oder Getränke) sind nicht immer günstig, da nicht wenige Autisten zur Maßlosigkeit neigen und daher Gewichtsprobleme haben. Andere wieder neigen eher zu Appetitlosigkeit, würden sich aber nur zu gerne allein von Süßigkeiten ernähren. Bei gesunden Kindern setzt man daher Spielmarken (sog. „Tokens") ein, die sie später gegen etwas Gewünschtes eintauschen können. Bei autistischen Kindern ist dies erst möglich, wenn sie einen längeren Lern- und Therapieprozess hinter sich und verstanden haben, was man mit den Tokens anfangen kann.

Eine Reihe von Therapeuten (so z.B. Sugai & White, 1986, Muchitsch, 1990) entwickelten daher Programme, in deren Rahmen **die Stereotypien der Kinder als Belohnung eingesetzt werden** – mit durchschlagendem Erfolg. Ihre Stereotypien sind für Autisten so lustvoll, dass sie zu erstaunlichen Leistungen bereit sind, wenn sie zur Belohnung kurz ihre Lieblingsstereotypie durchführen dürfen. Später kann man diese Art der Belohnung durch andere Formen ersetzen. Es bedeutet einen wesentlichen Fortschritt, wenn die Kinder durch den Aufbau der Bindung an ihre Bezugspersonen endlich die Fähigkeit erwerben, sich über Lob, Streicheln u.Ä. (so genannte „soziale Bekräftigungen") zu freuen.

Mit dem Heimischwerden in unserer Welt beginnen sie Interesse an ihr zu entwickeln und sich über kleine Geschenke zu freuen. Dies ist dann der Zeitpunkt, zu dem auch Tokens als Belohnung eingesetzt werden können. Hat das Kind eine bestimmte Anzahl davon gesammelt, kann es diese gegen ein Geschenk eintauschen. Die letzte Stufe in diesem Entwicklungsprozess ist erreicht, wenn die Kinder gelernt haben, sich selbst zu loben und sich über Leistungen um ihrer selbst willen zu freuen.

Die verhaltenstherapeutischen Prinzipien allein genügen jedoch noch nicht, um eine wirksame, ganzheitliche Autismustherapie entwickeln zu können: Es müssen die Ziele des verhaltenstherapeutischen Eingreifens mit Rücksicht auf die weitere Entwicklung klar bestimmt werden, da man sonst womöglich falsche Entwicklungen fördert. Ein Beispiel dafür ist das folgende:

― **Beispiel** ―

Eine junge Mutter hatte eine Stelle gefunden, die es ihr ermöglichte, ihr 4-jähriges Kind mitzubringen. Die freundlichen Arbeitgeber wollten dem Kind Spielzeug zur Verfügung stellen und eine Spielecke einrichten. Die Mutter sagte jedoch stolz, dass dies nicht notwendig sei, da sie ihr Kind daran gewöhnt habe, brav auf einem Stuhl zu sitzen und stumm zu warten, bis sie fertig sei. Damit hatte sie aber ihr Kind zu einem Verhalten erzogen, von dem zu erwarten war, dass es spätestens in der Schule zu erheblichen Schwierigkeiten führen würde, da das Kind gelernt hatte, stundenlang vor sich hin zu träumen. Kurzfristig gesehen war das Ruhigsein des Kindes sicher für die Mutter entlastend, langfristig gesehen stellte es ein wenig zweckmäßiges Verhalten dar, ganz abgesehen davon, dass das Kind durch sein „braves" Verhalten wichtige Erfahrungs- und Lernmöglichkeiten versäumte. Das kindliche Spiel ist nämlich nicht nur Vergnügen, sondern stellt eine entscheidende Voraussetzung für das schulische Lernverhalten dar.

Man muss daher die so genannten **„Entwicklungsaufgaben"**, die sich den Kindern in einer bestimmten Kultur stellen, sehr genau kennen, um einen brauchbaren „Erziehungsfahrplan" erarbeiten zu können. Wie der Name bereits sagt, sind diese Aufgaben an bestimmte Altersstufen gebunden. Jede Stufe hat ihre eigenen, zugeordneten Entwicklungsschritte, die erledigt werden müssen, damit die Aufgaben der nächsten Stufe erfolgreich bewältigt werden können.

Das Gebiet der klinischen Entwicklungspsychologie (Clinical Developmental Psychology) beschäftigt sich besonders mit den notwendigen therapeutischen und Fördermaßnahmen, die eine geordnete Entwicklung garantieren. Die Reihe der Entwicklungsaufgaben stellt dabei die Zielvorgaben dar. Hier sollen jene Entwicklungsstationen aufgezeigt werden, die bei der Förderung autistischer Kinder von besonderer Bedeutung sind.

> **!** Dabei ist zu beachten, dass autistische Kinder immer gewisse Entwicklungsrückstände aufweisen, die sie, im Gegensatz zu gesunden Kindern, aus eigener Kraft nicht aufholen können. Sie brauchen daher gezielte Förderung.

Aufgrund einer Entwicklungsdiagnose muss zunächst festgestellt werden, **in welchem Entwicklungsstadium sich ein Kind befindet.** Es kann durchaus vorkommen, dass ein Sechsjähriger sich in bestimmten Bereichen noch auf dem Stadium eines Säuglings oder eines 2- oder 3-jährigen Kindes befindet. Dies muss im Rahmen einer sorgfältigen Diagnose abgeklärt werden. Man darf sich dabei nicht durch einzelne Spitzenleistungen beirren lassen, die bei Autisten gar nicht so selten vorkommen. Es handelt sich in diesen Fällen meist um sogenannte „Inselbegabungen". Derartige erstaunliche Leistungen kommen auch bei gesunden Personen vor. Hohe musikalische Fähigkeiten sind z.B. recht häufig. Nicht wenige Autisten haben sehr genaue Kenntnisse in einem bestimmten Wissensgebiet. So konnte ein autistischer Junge, der die Volksschule besuchte, die Namen sehr vieler Spinnenarten aufzählen, war aber zur Verwunderung seiner Lehrerin nicht in der Lage, die einfache Frage zu beantworten: „Was bauen alle Spinnen?"

Es geht daher zunächst darum, das **allgemeine Entwicklungsstadium** zu diagnostizieren, in dem sich das Kind befindet. Daneben wird man den Entwicklungsstand in **einzelnen Bereichen** feststellen:

- Wie weit ist die Grobmotorik, wie weit die Feinmotorik entwickelt?
- Welchen Differenzierungsgrad haben die visuelle und die akustische Wahrnehmung erreicht?
- Wie weit sind die Sprache und die Vorstellungswelt entwickelt?
- Kann das Kind selbständig essen, trinken, sich anziehen?
- Ist es am Tag und in der Nacht bereits sauber?
- Wie weit ist sein Spielverhalten entwickelt?
- Auf welcher Stufe befindet sich seine emotionale Entwicklung?
- Hat es einen Zeitbegriff?
- In welchem Raum kann es sich orientieren und selbständig bewegen (der eigenen Wohnung, der nächsten Wohnumgebung, kennt es einzelne wichtige Wege zur Schule, zum Einkaufen, den eigenen Wohnort)?
- Könnte es sich in einem fremden Ort zurechtfinden, bzw. wie viel Hilfe würde es dabei benötigen?
- Wie weit hat das Kind gelernt, in angemessener Weise mit Gleichaltrigen Kontakt aufzunehmen?
- Hat es gelernt, sich in angemessener Weise durchzusetzen?
- Wie fortgeschritten ist sein prosoziales Verhalten?

Für die Entwicklungsdiagnose bei Kindern von 3 bis 6 Jahren steht dafür der **Wiener Entwicklungstest (WET)** von Kastner-Koller und Deimann zur Verfügung. Bei Schulkindern ist es außerdem von Bedeutung, neben der testmäßigen Erfassung der intellektuellen Entwicklung (durch einen Intelligenztest) die Ausbildung der Basiskompetenzen im Lesen, Schreiben und Rechnen zu diagnostizieren.

4.2 Kurzer Überblick über die wichtigsten Entwicklungen zwischen 0 und 18 Jahren

Wie bereits dargestellt, besteht die erste große Entwicklungsaufgabe, die im ersten Lebensjahr geleistet wird, darin, **eine sichere und tragfähige Bindung an die Bezugspersonen** aufzubauen.

Der Klassiker der Entwicklungspsychologie Erik Erikson wies bereits darauf hin, dass im 1. Lebensjahr das Vertrauen des Kindes zu seinen Bezugspersonen entstehen sollte. Die durch Bowlby und Ainsworth, im deutschen Sprachraum durch das Ehepaar Grossmann vertretene Bindungsforschung zeigt, dass eine gute und enge Beziehung zu einer Hauptbezugsperson und zu den anderen Familienmitgliedern die Grundvoraussetzung für alles Lernen darstellt.

Zur Diagnose der Bindung beobachtete man das Verhalten der Kinder in der so genannten „fremden Situation" (z.B. in einem unbekannten Spielzimmer), wenn die Mutter für 2–3 Minuten das Kind alleine lässt. Sicher an ihre Mutter gebundene Kinder sind zwar traurig, wenn die Mutter sie verlässt, begrüßen sie aber freudig, wenn sie wieder zurückkehrt.

Unsicher gebundene Kinder beachten dagegen die Mutter nicht, wenn sie wiederkommt. Ambivalent gebundene Kinder gehen zwar auf die Mutter zu, wenden sich aber dann von ihr ab oder zeigen sogar Aggressionen.

Es ist klar, dass autistische Kinder aufgrund ihrer Störung in der Regel zu den beiden letzteren Gruppen gehören. Die Eltern und ihr autistisches Kind benötigen daher eine kompetente Unterstützung bei der Gestaltung des Kontaktes zueinander, um eine tragfähige, sichere Bindung aufbauen zu können.

Dies ist wichtig, da das angstfreie Erobern der Umwelt, das im zweiten und dritten Lebensjahr erfolgen sollte, voraussetzt, dass die Kinder sich durch ihre Eltern beschützt fühlen: Wie bereits dargestellt, baut das so genannte „Erkundungssystem" auf dem im ersten Lebensjahr erworbenen „Bindungssystem" auf (Grossmann & Grossmann, 1991).

Parallel zum Kontaktverhalten entstehen im ersten Lebensjahr die **Grundlagen der Motorik** und der **Wahrnehmung,** wobei sich jedes einzelne System zunächst getrennt entwickelt. Ab etwa dem vierten Lebensmonat, wenn das gezielte Greifen möglich wird, werden beide Bereiche im so genannten „Funktionsspiel" **zu einer Einheit verbunden:** Die Kinder greifen nach interessanten Objekten, sie bewegen sie hin und her, sie betasten sie und stecken sie in den Mund, um sie genau kennenzulernen. Bei autistischen Säuglingen fehlen diese Spielformen. Die Nahsinne (Tasten, Schmecken, Riechen) spielen bei der Erkundung von Gegenständen zunächst eine große Rolle. Sie treten im Laufe des ersten und anfangs des zweiten Lebensjahres immer mehr zurück.

Im Rahmen dieser Entwicklung entsteht außerdem eine **neue Rangordnung der Sinne:** In den ersten Lebenstagen wendet sich ein Kind eher Geräuschen als Lichtreizen zu. Mit etwa vier Monaten kehrt sich diese Rangfolge um: Gesehenes wird nun bevorzugt beachtet.

Eine Besonderheit der autistischen Kinder ist es, dass bei ihnen die Nahsinne an erster Stelle stehen. Dies erschwert natürlich später ihre Orientierung im Raum und behindert ihre Lernfähigkeit. Hier können Wahrnehmungsübungen helfen, wie sie in ➤ Kapitel 10 beschrieben werden. Auch das Programm von Affolter hat sich bewährt.

Mit etwa acht Monaten **erkennen Kinder die eigenen Familienangehörigen und neigen dazu, Fremde abzulehnen.** Gleichzeitig beginnt die Entwicklung der „Trennungsangst", wenn die vertrauten Personen abwesend sind. Beides ist für die Entwicklung echter sozialer Beziehungen notwendig: Wer jedem Menschen kritiklos Vertrauen schenkt, wird keine engen, tiefen Beziehungen aufnehmen können. Autisten zeigen die „Achtmonatsangst" und die Angst vor Trennungen aber in übersteigertem Maße. Hier gilt es, durch liebevolles Beruhigen diese Reaktionen auf ein angemessenes Ausmaß zu reduzieren.

Mit dem Ende des ersten Lebensjahres lernen Kinder zu **stehen** und in der Folge zu **gehen.**

Ungefähr mit einem Jahr kommt es zum ersten Wort. Die **Sprachentwicklung** beginnt. Gleichzeitig entwickelt sich die **innere Vorstellungswelt**: zwei wichtige neue Aufgaben! Wie wir gesehen haben, ist bei autistischen Kindern meist jede dieser Entwicklungen beeinträchtigt, so dass eine entwicklungsangemessene Förderung notwendig ist. Schon im zweiten Lebensjahr sollte daher alles unternommen werden, um die Sprachentwicklung und die Entwicklung der Vorstellungswelt zu unterstützen. Anregungen dazu finden Sie in ➤ Kapitel 10. Ohne diese kann es dazu kommen, dass ihre Innenwelt schließlich einer „leeren Festung" gleicht, um einen bekannten Buchtitel zu zitieren. Der Aufbau einer reichen, inneren Vorstellungswelt stellt daher einen wesentlichen Bestandteil jeder Entwicklungstherapie von Autisten dar. Das Mittel dazu ist das therapeutische Spiel, später, wenn die Sprache erworben ist, das Geschichtenerzählen.

Die **Fähigkeit zu altersgemäßem, sinnvollem Spiel** ist ein weiteres Erkennungszeichen einer gesunden Entwicklung und damit eine wichtige Entwicklungsaufgabe. Auf das Funktionsspiel im ersten Lebensjahr, durch das bestimmte körperliche Funktionen spielerisch gelernt werden (Betasten, Greifen, Bewegen, Schauen, Hören usw.), folgt im zweiten Lebensjahr das symbolische Spiel und das Konstruktionsspiel: Die Kinder „tun so, als ob" sie z.B. eine Puppe füttern oder einen Wagen beladen, und sie beginnen, Freude am Bauen, an Steck- und Aufreihspielen und Ähnlichem zu haben. Autistische Kinder haben genug damit zu tun, die Welt so, wie sie ist, kennenzulernen. Als-ob-Spiele überfordern sie daher.

Gesunde Kinder entdecken diese Spiele weitgehend selbst. Autistischen Kindern muss man das fröhliche Spielen geduldig, in kleinen Schritten und mit viel Einfühlungsvermögen beibringen. Ihre Stereotypien sehen zwar wie Spiele aus, doch fehlt diesen die wichtige Eigenschaft sinnvoller Spiele, das lustvolle Entdecken und Neulernen zu unterstützen.

!
Die Unfähigkeit eines Kindes, sinnvoll zu spielen, stellt ein Erkennungszeichen einer möglichen Behinderung dar.

Die Mutter Stefans, dessen Geschichte wir bereits berichteten, beschreibt anschaulich den Unterschied zwischen den stereotypen „autistischen Spielen" und sinnvollem Spiel:

Beispiel

„Aber da war die Nachkontrolle für Stefan gewesen, als er 1¾-jährig war. Ob er sinnvoll spiele, hatte man uns gefragt, was uns sehr verdutzte. Was hieß das schon? Er spielte schön für sich, oft mit erstaunlicher Ausdauer, war immer zufrieden, räumte Sachen in eine Büchse, leerte sie aus, räumte sie aufs Bett, warf sie lachend runter. Aber er versuchte nicht, zwei Büchsen aufeinander zu stellen oder verschieden große Becher ineinander zu stellen. Das wäre „sinnvoll" gewesen. Wir begannen, zwar immer noch etwas verwirrt und unsicher, ihn beim Spielen mehr zu beobachten. Es fiel uns auf: Er versuchte nie, die Welt von sich aus zu erobern, er probierte nie etwas Neues aus, er wollte nie das Gleiche machen wie Moni (seine Schwester). Man müsse ihm wohl immer ein Schüpfli geben, sagten sie uns bei dieser Nachkontrolle. Das war mir in den Ohren geblieben. Von Autisten oder autistischen Zügen hatte aber niemand etwas gesagt." (a.a.O., S. 17)

Die nächste Entwicklungsaufgabe betrifft das **Toilettentraining:** Mit ungefähr 2 Jahren können viele Kinder tagsüber sauber sein, vor allem, wenn es die Eltern verstehen, jeweils die richtige Zeit abzupassen, zu der das Kind „muss"; mit ca. 3 bis 3¾ Jahren sind die meisten Kinder auch in der Nacht sauber. Einige völlig gesunde Kinder brauchen bis zu einem Alter von 5 Jahren, um diese Entwicklungsaufgabe zu bewältigen. Bei Jungen dauert es erfahrungsgemäß etwas länger als bei Mädchen. Bei autistischen Kindern kann die Bewältigung dieser Aufgabe in Einzelfällen viele Jahre in Anspruch nehmen.

Etwa in der Mitte des dritten Lebensjahres tritt die Trotzphase auf, deren Bedeutung wir bereits beschrieben haben: Die Entwicklungsaufgaben dieser Periode sind die **Entwicklung des Ichs**, aber auch die ersten Versuche, **sich mit seiner Meinung gelegentlich durchzusetzen,** indem man **mit den Eltern aushandelt,** was zu geschehen habe und Kompromisse schließt. So werden die ersten Schritte zum Aufbau einer autonomen Persönlichkeit gesetzt. Da autistische Kinder aufgrund ihrer Probleme mit Sozialkontakten nicht in der Lage sind, sich auf andere Personen einzustellen, ist ihnen dieser Entwicklungsschritt erst sehr viel später möglich.

Nach der Überwindung der Trotzphase und der Meisterung der zugeordneten Entwicklungsaufgaben ist bei gesunden Kindern mit etwa drei Jahren ein erster Abschluss der Entwicklung erreicht. Die meisten Kinder sind ausgeglichen und wirken wie kleine Persönlichkeiten. Die neue Entwicklungsaufgabe dieser Zeit besteht in der **Entdeckung der eigenen Geschlechtsrolle:** Die Kinder freuen sich nun besonders, wenn man sie in ihrer Rolle als Mädchen oder Junge bewundert und lobt. In selbst ausgedachten Rollenspielen erwerben sie sich grundlegende Kenntnisse der in unserer Gesellschaft üblichen Rollenvorschriften.

Mit etwa vier Jahren ist bei Kindern, die keinen Entwicklungsrückstand aufweisen, ein **erster Abschluss der Sprachentwicklung** erreicht: Die Kinder können sich nunmehr in der Alltagssprache angemessen ausdrücken. Viele Autisten sind, wie wir gesehen haben, in der Sprachentwicklung zurück oder haben die Sprache nicht entwickelt. Hier muss therapeutisch eingegriffen werden.

An dieser Stelle ist ein Hinweis notwendig: Sehr oft entdecken Eltern einen Rückstand in der Sprachentwicklung zu spät, da sie den Eindruck haben, dass das Kind sie **versteht.** Dies mag sogar zutreffen. Verstehen und Sprechen sind jedoch zwei völlig verschiedene Prozesse, wie jeder nachvollziehen kann, der eine Fremdsprache gelernt hat: Verstehen ist viel leichter als selbst sprechen. Es geht daher darum, nicht nur das Verstehen, sondern auch das **Sprechen** aufzubauen. Ein weiterer Hinweis: Gelegentlich sind autistische Kinder durchaus schon in der Lage, einige Worte zu sprechen, vermeiden dies aber als Folge ihrer allgemeinen Kontaktabwehr. In so einem Fall muss man sie taktvoll und einfühlsam aus ihrer Reserve herauslocken.

Dazu ein Beispiel:

Beispiel

Bernhard aus dem Fallbeispiel in ➤ Kapitel 12 hatte anfangs das Sprechen noch kaum entwickelt. Eine Bekannte, bei der er mit seinen Eltern auf Besuch war, fragte ihn, ob er Saft möchte. Am Aufleuchten seiner Augen merkte sie, dass er dies wohl wollte. Sie hatte ein Glas und begann Saft einzugießen. Dazu sagte sie: „Sag ‚stopp!', wenn es genug ist." Sie goss langsam weiter, bis das Glas voll war und überzulaufen begann, als Bernhard laut „stopp!" rief. Die Geschichte zeigt, wie man in einer Situation, in der das Verstehen bereits funktioniert, das Kind zum Sprechen verlocken kann.

Mit dem Sprechen entwickelt sich die **Phantasie** und damit die **„innere Welt"** weiter, da Kinder sich nun auch selbst Geschichten erzählen und „tagträumen" können – eine weitere wichtige Entwicklungsaufgabe. Gelegentlich führt dieser Entwicklungsschritt kurzfristig zu schlechten Träumen, wenn die noch ungeordnete Phantasie zu sehr ausufert. Die **Einsicht in den Unterschied von Vorstellung, Traum und Wirklichkeit** stellt daher ebenfalls eine Entwicklungsaufgabe dar, deren Bewältigung allerdings längere Zeit in Anspruch nimmt.

Bei Autisten bedeutet es einen großen Schritt vorwärts, wenn sie diese Stufe erreicht haben und an die Stelle der „leeren Festung" eine reiche Innenwelt getreten ist.

Mit fünf bis sechs Jahren wartet eine neue Aufgabe auf die Kinder: Sie beginnen **sich für schulische Anforderungen zu interessieren:** Vorübungen für das Lesen, Schreiben, Rechnen machen Spaß, wenn sie in spielerischer Form angeboten werden. Die Teilnahme an komplizierteren Regel- und Gesellschaftsspielen wird möglich.

Freunde werden immer wichtiger, mit denen man spielen und toben kann. Zwischen sechs und sieben Jahren beginnt das Kind, sich regelrechten **Freundesgruppen („peer groups")** anzuschließen und seinen **eigenen Lebensraum** auszuweiten – zwei wichtige Entwicklungsaufgaben. Autistische Kinder benötigen dafür besonders viel Unterstützung, da sie von sich aus kaum auf andere Menschen zugehen. So hat es sich bewährt, dass die Eltern des autistischen Kindes gute Kontakte zu den Eltern der anderen Kinder in der Schulklasse aufbauen. Dies ist die Voraussetzung, dass es zu wechselseitigen Einladungen zu Geburtstagsfesten der Kinder, zu Partys u.Ä. kommt.

Wenn die Entwicklung gut verläuft, d. h. freundliche Erwachsene sie unterstützen, entwickelt das Kind in dieser Zeit außerdem **Leistungswillen und Arbeitseifer**. Schließlich lernt es, sicher zwischen **Phantasie und Wirklichkeit** zu unterscheiden. Aber auch die Erwachsenen werden in einem neuen Licht gesehen: Kinder, die in einer freundlichen Umgebung aufgewachsen sind, bemühen sich nun besonders, ihren Eltern und Lehrern zu gefallen und für sie Leistungen zu erbringen. Es entsteht die so genannte „Moral des braven Kindes". Erwachsene, die es verstehen, geschickt darauf einzugehen, können in dieser Altersstufe erzieherisch besonders gut auf das Kind einwirken und so seine **moralische Entwicklung** und seine Bereitschaft, anderen zu helfen, fördern, das heißt, auch die **„prosoziale Entwicklung"** unterstützen, zwei weitere, langfristige Entwicklungsziele.

Dazu ein Beispiel, das zeigt, dass auch autistische Kinder dazu in der Lage sind: Ein gut geförderter neunjähriger autistischer Junge war zu einem Spaziergang eines Schulfreundes mitgenommen worden, an dem auch die etwas gehbehinderte Großmutter seines Freundes teilnahm. An einer besonders engen und steinigen Stelle nahm er die alte Dame bei der Hand, um ihr zu helfen und sagte: „Ich helfe dir." Sie reagierte richtig, indem sie seine Hilfe freundlich annahm und sich bedankte.

Mit ungefähr sieben Jahren fängt eine entscheidende neue Phase an: Das „konkret-logische" Denken wird möglich. Die Kinder sind nun in der Lage, **logische Schlüsse** zu ziehen, allerdings nur, wenn sie dabei eine **konkrete Anschauungshilfe** haben. Diese Hilfen müssen für autistische Kinder besonders sorgfältig vorbereitet werden. Im ➤ Kapitel 10 finden Sie auch dazu Anregungen.

Mit etwa acht Jahren beginnt eine neue Entwicklung, die sich auch hirnphysiologisch nachweisen lässt: Langsam bilden sich eigene, übergeordnete kognitive Systeme heraus, die schließlich, mit etwa elf Jahren zum **abstrakten Denken** hin führen. Die Kinder werden außerdem **selbständiger** und zunehmend **unabhängiger vom Urteil ihrer Umgebung**. Sie lernen, sich ihre eigene Meinung zu bilden.

Auf dem Gebiet der Moralentwicklung können mit ungefähr acht Jahren ebenfalls neue Aufgaben in Angriff genommen werden: Die Kinder sind nun an allgemein gültigen Regelungen interessiert, die nicht nur für Kinder, sondern auch für Erwachsene gelten und auf deren Einhaltung man sich verlassen kann. Manche Kinder werden förmliche „Gerechtigkeitsfanatiker". Sie sind daher für entsprechende Abmachungen empfänglich. Es fällt Kindern dieser Altersstufe aber noch schwer, Ausnahmen zuzulassen und z.B. zu verstehen, weshalb absichtlich erfolgte und unabsichtliche Vergehen unterschiedlich beurteilt werden. Dies ist erst auf der Stufe des abstrakten Denkens ab etwa elf bis zwölf Jahren möglich.

!
Für autistische Kinder, die diese Stufe erreicht haben, bedeutet es eine große Beruhigung, dass es Regeln gibt, auf die sie vertrauen können. Man darf sie daher keinesfalls enttäuschen. Besonders wichtig ist z.B., dass Versprechen eingehalten werden.

Eine weitere Aufgabe, die bei gesunden Kindern ab etwa acht Jahren bewältigt werden kann, besteht in der Entwicklung eines **reflexiven Denkstils**: Die Kinder erkennen, dass es vorteilhaft ist, eher langsam, dafür aber genau zu arbeiten, weil man dann weniger Fehler macht. Wie bereits erwähnt, bildet sich mit etwa elf Jahren das **abstrakte Denkvermögen** heraus. Es können nun zunehmend **kompliziertere Schlüsse ohne Anschauungshilfe** gezogen werden. Allerdings ist diese Entwicklung daran gebunden, dass die Kinder schulisch gut gefördert werden. Diese Entwicklung ist für nicht therapierte Autisten besonders schwierig nachzuholen. Jahrelang haben sie sich gegen die Außenwelt abgeschottet und dadurch auch keine oder nur eine unvollständige innere Vorstellungswelt entwickeln können. Diese stellt aber eine wesentliche Voraussetzung für die Entwicklung von höheren Denkprozessen dar. Die innere Vorstellungswelt liefert nämlich den notwendigen Übergang zu den Denkvorgängen der Erwachsenen.

Um es an einem Beispiel zu veranschaulichen: Wie viel zwei und zwei ist, musste der Schulanfänger mühsam mit Hilfe der äußeren Anschauung erlernen: Durch Abzählen von Kügelchen, durch Zuhilfenahme der Finger usw. Nach einiger Zeit reicht es, dass sich das Kind diese Hilfen in Gedanken vorstellt, besonders, wenn es den Rechenvorgang sprechend begleitet. Fragt man den Erwachsenen, wie viel zwei und zwei ist, dann kommt die Antwort automatisch, ohne dass innere Bilder auftauchen.

4.2 Kurzer Überblick über die wichtigsten Entwicklungen zwischen 0 und 18 Jahren

Die russischen Psychologen Leontiev und Galperin vertraten die Meinung, dass jeder unanschauliche Denkprozess durch einen derartigen Verinnerlichungsvorgang entsteht. Sicher ist, dass ein Training, das schrittweise von der Handlung über die äußere Wahrnehmung, die Vorstellung und das Zu-sich-selbst-Sprechen zur Verinnerlichung des Lösungsweges führt, bei besonders schweren Lernausfällen, wie sie bei Autisten vorkommen können, erstaunlich gute Resultate zeigt. Wir haben dazu im ➤ Abschnitt 11.3 ein Beispiel für die Verinnerlichung der Vorstellung von der Zahlenreihe als Voraussetzung für das Erlernen des Addierens und Subtrahierens eingefügt. Das sinnvolle „laute Denken" bei Lösungen von Problemen darf nicht mit der autistischen Neigung zu „Pseudodialogen" (sinnloses Vor-sich-hin-Sprechen) verwechselt werden.

Die Entwicklung des abstrakten Denkens bedeutet einen wesentlichen Fortschritt: Es ermöglicht die Ausbildung der sog. **Metakognitionen und des Metagedächtnisses,** das heißt des Nachdenkens über die eigenen Denkvorgänge und über das eigene Gedächtnis. Beides erleichtert das Lernen-lernen, da man nun über die beste Lernmethode nachdenken und auf diese Weise seine Lerneffizienz steigern kann. Diese Stufe der Selbstreflexion fällt Autisten sehr schwer, man muss sie daher lange Zeit bei der Wahl der besten Lernstrategien zur Bewältigung bestimmter Aufgaben unterstützen.

Im Jugendalter sind einige besonders wichtige Entwicklungsaufgaben zu meistern. Mit der Pubertät beginnt langsam die **Ablösung von den Eltern** und die **Hinwendung zur Gleichaltrigengruppe** als verhaltenssteuernder Instanz. Nicht immer geht dies ohne Konflikte ab. Je verständnisvoller die Eltern sind, desto rascher werden diese jedoch beigelegt. Autisten brauchen in dieser Phase besonders viel Förderung.

Im späteren Jugendalter stehen drei weitere Entwicklungsaufgaben im Vordergrund: das Finden einer **neuen Ich-Identität** und eines **neuen Selbstbewusstseins**, die begründete **Entscheidung für eine Berufslaufbahn** und ihre erfolgreiche Inangriffnahme und das **Erlernen des Umgangs mit dem anderen Geschlecht**, um die Partnersuche vorzubereiten. Für autistische Jugendliche und ihre Familien stellen diese Aufgaben besonders hohe Anforderungen dar. Sie brauchen daher sachverständige Unterstützung, um ihren ganz persönlichen Weg in ein befriedigendes Erwachsenenleben zu finden.

Dieser kurze Überblick soll die Schritte aufzeigen, die die entwicklungstherapeutische Hilfe für autistische Kinder gehen muss, um ihnen wirksam aus ihrer autistischen Isolation herauszuhelfen.

KAPITEL 5
B. A. Rollett
Introversion als Persönlichkeitseigenschaft und Autismus

Bei der Therapie autistischer Kinder muss noch etwas bedacht werden, um unrealistischen Erwartungen vorzubeugen:

> **!** In gewisser Hinsicht stellt das autistische Verhalten das Extrem eines Persönlichkeitstypus dar, der sich auch im Normalbereich findet: Es handelt sich um die so genannte Introversion. Man darf daher kaum erwarten, dass ein erfolgreich therapierter Autist später ein auffallend kontaktfreudiger Mensch wird.

Introvertierte, das heißt nach innen gewandte Menschen sind lieber allein, sie haben lieber wenige, dafür aber gute Freunde. Extravertierte, nach außen gewandte Menschen fühlen sich dagegen nur wohl, wenn sie viele Kontakte mit Menschen haben: Je mehr Jubel und Trubel um sie herum herrscht, desto angenehmer ist ihnen dies. Introvertierten Menschen sind solche Situationen eher unangenehm, sie ziehen sich vor ihnen zurück.

Auf dem Schemabild (> Abb. 9) sind die Eigenschaften dargestellt, die mit dem Persönlichkeitsbild der Introversion zusammenhängen. Wie man sehen kann, sind dies Merkmale, die uns von Autisten wohl vertraut sind. Bei ihnen treten sie allerdings in besonders extremer Form auf.

Unter „**Persistenz**" versteht man die Neigung, bei einer Sache zu bleiben und sich nicht ablenken zu lassen. Dies erinnert an die autistische Unbeeinflussbarkeit. „**Rigidität**" bedeutet, dass man zu festgefahrenen Verhaltensweisen neigt. Von dort ist es nur ein kleiner Schritt zum stereotypen Verhalten und zur Abwehr von Veränderungen, die wir bei Autisten beobachten können. Introvertierte Menschen neigen, ebenso wie Autisten, außerdem zu **gefühlshafter Labilität;** sie können aber äußerst konzentriert und mit hoher **Genauigkeit** bei der Sache sein, wenn sie etwas fasziniert, wobei ihnen ihr hohes inneres Erregungsniveau zustatten kommt. Auf der anderen Seite treten durch ihre **Irritabilität** auch leichter Gefühle des Überlastetseins auf.

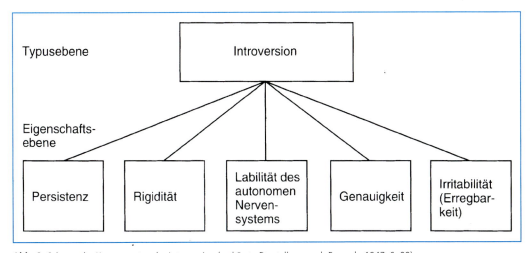

Abb. 9 Schema der Komponenten der Introversion (verkürzte Darstellung nach Eysenck, 1947, S. 29).

Die Introversionsneigung ist zum Teil angeboren. Man findet daher in Familien mit autistischen Kindern häufiger Menschen, die ebenfalls eher zurückgezogen leben und sich auf wenige Kontakte mit anderen beschränken.

Dazu ein Beispiel:

Beispiel

Der damals 7-jährige Bernhard war nach 1¾-jähriger, sehr gut verlaufener Behandlung von den Eltern zu einem Volksfest in der Stadt, an deren Rande sie wohnten, mitgenommen worden. Plötzlich war das Kind verschwunden. Nach langem Suchen kamen die Eltern auf den Gedanken, zu Hause anzurufen. Die ältere Schwester, die daheim geblieben war, sagte erstaunt: „Ja, er ist schon lange wieder zu Hause." Er hatte, was für ein autistisches Kind eine große Leistung ist, völlig selbständig den Weg nach Hause gefunden. Als die Eltern ihn fragten, warum er denn zurückgegangen sei, meinte er im Brustton der Überzeugung: „Es war viel zu laut." Wie es auch bei introvertierten Menschen der Fall ist, war ihm der Volksfesttrubel zu viel geworden. Die Eltern reagierten richtig auf seine Erklärung: Sie lobten ihn, dass er so tüchtig gewesen sei, allein nach Hause zu finden, sagten ihm aber eindringlich, dass er das nächste Mal Vater oder Mutter Bescheid sagen sollte, wenn es ihm irgendwo nicht mehr gefalle.

B. A. Rollett

KAPITEL 6
Eltern und ihr autistisches Kind – Trauerarbeit um ein Kind: Akzeptieren und fördern lernen

Betrachten wir das Problem des autistischen Kindes in der Familie einmal von der Elternseite her: Für die Mutter bedeutet die Geburt eines autistischen Babys, dass sie sich nach einer anstrengenden Zeit, die sie nicht selten aus den verschiedensten Gründen (Krankheit, Sorgen, Belastungen) an den Rand ihrer Kräfte gebracht hat, mit einem extrem schwierigen Kind auseinander setzen muss – oder mit einem „Muschelkind", das auf sie so gut wie gar nicht reagiert. Beides ist äußerst belastend. Die für sie unverständliche Abwehr des autistischen Kindes allen Zärtlichkeiten gegenüber ist enttäuschend und kränkend.

Besonders stressreich ist natürlich das ständige und durch nichts zu beeinflussende **Schreien** des „schwierigen" Typus. Leider ist die Tatsache viel zu wenig bekannt, dass für eine Mutter das Schreien des Säuglings nicht nur ein unangenehmes Geräusch darstellt, wie für die anderen Familienangehörigen, sondern ein **Signal** bedeutet, das hormonelle Veränderungen in ihrem Körper auslöst.

In ➤ Abbildung 10 sind ein schreiendes Baby und ein Infrarotbild der Brust seiner Mutter abgebildet. Wie man sieht, füllt sich durch das Geschrei des Babys die Brust der Mutter mit Milch. Die Natur hat es so eingerichtet, dass die Mutter automatisch alarmiert und zum Nähren des Babys bereit wird, wenn ihr Kind schreit. Aber welche Mutter hält es aus, ununterbrochen alarmiert zu werden? Verständlicherweise schottet sie sich schließlich dagegen ab und sagt sich „Ich kann nicht mehr".

Für die anderen Familienmitglieder bedeutet ständiges, unbeeinflussbares Schreien natürlich ebenfalls eine Belastung, die das Familienleben erheblich beeinträchtigt. Dies wirkt sich wieder als zusätzlicher Stress auch für die Mutter aus – ein Teufelskreis entsteht.

Für die Eltern eines **„Muschelkindes"** ist die Situation zunächst etwas leichter. Die seelische Belastung setzt jedoch ein, wenn sie entdecken, dass ihr Kind offenbar gegenüber seinen Altersgenossen „zurück" ist. Da das autistische Symptombild noch immer zu wenig bekannt ist, beginnt oft ein langer, die gesamte Familie belastender Leidensweg von einem Experten zum anderen, ein Auf und Ab von neuen Hoffnungen und bitteren Enttäuschungen, wenn die Familie nicht das Glück hat, dass ein gutes Therapiezentrum für autistische Kinder in ihrer Nähe ist. So wichtig die Diagnose „Autismus" für die frühzeitig einsetzende richtige Förderung des Kindes ist, bedeutet sie für die Eltern eine große Belastung. Sie

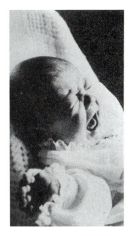
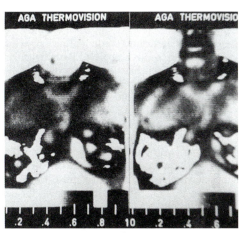

Abb. 10 Signalwirkung: Der schreiende Säugling bewirkt das Einschießen der Muttermilch (Wärmebildaufnahmen der mütterlichen Brust).

müssen sich von vielen Vorstellungen über den gemeinsamen Lebensweg mit dem Kind und seine Zukunft verabschieden. Sie müssen lernen, das Kind, so wie es ist, anzunehmen und dazu finden, alles zu tun, um ihm die bestmöglichen Lebenschancen zu bieten – nicht nur im Interesse des Kindes, sondern auch im Interesse der ganzen Familie.

Die **Geschwister** des autistischen Kindes sind ebenfalls betroffen, da die Aufmerksamkeit der Eltern von dem autistischen Kind beansprucht wird. Eifersucht, Gefühle des Zurückgesetztseins, aber auch tatsächliches Zu-kurz-Kommen können die Folge sein, wenn den überlasteten Eltern die Arbeit und Fürsorge für die Familie zu viel werden.

> **!**
>
> Eine der wichtigsten Aufgaben jeder Therapie autistischer Kinder ist es daher, der Familie zu helfen, trotz der großen Belastungen durch das Kind zu einem guten Familienleben zurückzufinden. Dazu ist einerseits Verständnis notwendig, andererseits konkrete Hilfe.

In einem ersten Beratungsschritt müssen daher alle Möglichkeiten besprochen und in Angriff genommen werden, um die Haus- und Familienarbeit auf vernünftige Weise zu reduzieren, besondere Konfliktpunkte in der Familie aus dem Weg zu schaffen und für tatkräftige Unterstützung von außen zu sorgen. Am besten wird dies im Rahmen einer **„Familienkonferenz"** beraten, an der der Therapeut und alle Familienmitglieder teilnehmen.

Daneben ist außerdem ein erhebliches Maß an **Trauerarbeit** zu leisten. Die Enttäuschung, ein sehr schwieriges, behindertes Kind in der Familie zu haben, muss verarbeitet und akzeptiert werden – nicht resignativ, sondern als neue, bereichernde Aufgabe.

Bei autistischen Kindern ist das besonders schwer. Bei vielen anderen Behinderungsformen, so z.B. bei Kindern mit Downsyndrom, sind das Bindungssystem und das Kontaktverhalten nicht beeinträchtigt. Die Eltern können sich daher durch die Liebe und Anhänglichkeit ihres behinderten Kindes entschädigt fühlen. Dies erleichtert die Bewältigung. Bei autistischen Kindern erleben sie jedoch nur (scheinbar!) unbedankte Mühe und Plage.

In der bereits erwähnten Untersuchung von Weissensteiner und Kastner-Koller wurden einerseits Mütter autistischer Kinder, andererseits Mütter, die Kinder mit anderen Behinderungen hatten, und schließlich Mütter von gesunden Kindern befragt. Dabei zeigte sich, dass die Mütter autistischer Kinder sich im Gegensatz zu den Müttern von Kindern mit anderen Behinderungen sowohl durch die Pflege des Kindes als auch durch die Haushaltsarbeit weit mehr angestrengt fühlten. Sie kamen damit auch schlechter zurecht: Die Pflege eines autistischen Kindes verlangt sehr viel Einsatz. **Entlastung und Hilfe für die Mutter** stellten daher eine wichtige Voraussetzung für das Gelingen einer Autismustherapie dar.

Ebenso wichtig ist es, den Eltern und Geschwistern eines autistischen Kindes zu zeigen, **dass das Kind sie nur scheinbar ablehnt, in Wirklichkeit aber eng an sie gebunden ist und sie liebt.** Es geht daher darum, die versteckten Anzeichen dafür zu erkennen.

Die Beziehung, die das autistische Kind zu seiner Familie im Laufe der Zeit entwickelt, wenn nicht therapeutisch eingegriffen wird, könnte man am besten als **einseitige Abhängigkeit** bezeichnen. Sie ist darum aber um nichts weniger intensiv als die gutentwickelte, partnerschaftliche Bindung gesunder Kinder, die, je älter die Kinder werden, nicht nur durch ein Nehmen, sondern auch durch ein Geben gekennzeichnet ist. Die überschwänglichen Gefühle, die durch die Anwesenheit der geliebten Bezugspersonen bei autistischen Menschen ausgelöst werden, sind im Gegenteil so stark, dass sie damit nicht fertig werden und sich dagegen abschotten müssen.

Dazu ein Beispiel:

Beispiel

Ein erwachsener, kaum sprachfähiger, 20-jähriger Autist, der bei einer Verwandten lebte, da seine Eltern mit ihm nicht zurecht kamen, traf anlässlich eines Beratungsgespräches – für ihn überraschend – mit seiner Mutter zusammen. Seine unbändige Freude war eindrucksvoll: Er lachte, lief im Zimmer herum, griff sich immer wieder mit beiden Händen an den Kopf (eine angeborene Überraschungsgeste) und hatte größte Schwierigkeiten, sein seelisches Gleichgewicht wiederzuerlangen. Die Mutter war äußerst erstaunt, da sie nicht geahnt hatte, wie viel sie ihrem Sohn bedeutete.

Ein weiteres Beispiel:

> **Beispiel**
>
> Als Bernhard, der autistische Junge aus dem im ➤ Kapitel 12 dargestellten Fallbeispiel, gerade die Grundschule begonnen hatte, kam er einmal aus dem Schulhaus heraus, als zufällig seine Mutter über den Schulhof ging. Er strahlte über das ganze Gesicht und begann auf sie zuzulaufen, als ihm plötzlich seine autistische Kontaktabwehr einen Streich spielte: Er blieb stehen und betrachtete angelegentlich die Wolken, ohne sich weiter um seine Mutter zu kümmern. Für die Mutter war es sehr wichtig, dieses Zeichen einer vorhandenen Beziehung zu sehen und gleichzeitig zu verstehen, wie schwer es ihm fiel, seine Liebe zu ihr zum Ausdruck zu bringen.

! Eltern und Geschwister autistischer Kinder müssen lernen, diese seltenen Augenblicke, in denen Autisten ihre Zärtlichkeit und Liebe zeigen können, wahrzunehmen und sich daran zu freuen. Dies erleichtert es, ihre Abwehr zu ertragen.

Ist es den Eltern gelungen, ihr Schicksal und das ihres Kindes zu akzeptieren, dann führt der weitere Weg der Aussöhnung dahin, zu lernen, wie sie ihr Kind in bester Weise fördern können, ohne sich selbst und eventuell vorhandene Geschwister zu vernachlässigen. Gerade für Familien mit einem autistischen Kind ist es wichtig, sich wieder am Leben freuen zu lernen.

Eine solche verantwortliche Haltung erleichtert auch den Geschwistern den Umgang mit der Situation. Ein behindertes Kind bedeutet immer, dass Zeit und Kraft, die sonst allen zugute kommen würde, vor allem dem behinderten Kind gewidmet werden muss. Für die Geschwister ist es wichtig, dies nicht als Zurücksetzung zu empfinden. Je mehr es den Eltern gelingt, auch für die anderen Kinder da zu sein und diese in die Verantwortung für das behinderte Geschwister mit einzubeziehen, desto leichter wird es diesen fallen, mit den neuen Problemen fertig zu werden, die ein behindertes Kind in der Familie mit sich bringt.

KAPITEL 7

B. A. Rollett

Einzelne therapeutische Maßnahmen im Vergleich

Aus verständlichen Gründen sind Eltern autistischer Kinder ständig auf der Suche nach erfolgversprechenden Therapien. In den Medien werden nicht selten einzelne Maßnahmen als „Wunderkuren" angeboten.

Rimland, langjähriger Leiter des Autism Research Institute in San Diego, sammelte schon früh Elternberichte über eigene Erfahrungen mit bestimmten therapeutischen Maßnahmen, die recht aufschlussreich sind (vgl. dazu Rimland, B., 1988, Autism Research Review, Vol. 2, 4 und Autism Research Review International, 2006).

Von den bereits 1988 positiv bewerteten Maßnahmen ist vor allem die **sportliche Betätigung** zu empfehlen. Dies hat sich auch nach unseren Erfahrungen sehr bewährt, da sie den Kindern hilft, ihre motorischen Defizite auszugleichen und – was besonders vorteilhaft ist – ihre Emotionalität zu stabilisieren. (Wir setzen diese Maßnahmen daher auch bei der Hilfe für depressive Menschen mit großem Erfolg ein). Es versteht sich von selbst, dass die sportlichen Leistungen nicht überfordernd sein dürfen und in einer fröhlichen, freundlichen Atmosphäre stattfinden müssen. Geeignet sind z.B. Radfahren, Schwimmen, Jogging, gut ausgesuchte gymnastische Übungen, besonders, wenn sie durch Musik begleitet sind, nicht aber Mannschaftsspiele, da die autistische Störung ein problemloses Mitspielen behindert. Interessant sind auch die weiteren Ergebnisse: Bei weitem die besten Resultate zeigten die beiden therapeutischen Maßnahmen, die wir in unseren systemischen Treatmentansatz aufgenommen haben: **Verhaltensmodifikationstechniken im Rahmen einer Entwicklungstherapie** und **täglicher Kindergarten- bzw. Schulbesuch.** Aufnahme in ein Heim für autistische Kinder führte dagegen in 16% der Fälle zu einer Verschlechterung. Diese Maßnahme ist daher wenig geeignet, vor allem auch, wenn man bedenkt, dass ein selbständiges Erwachsenenleben nach jahrelangem Heimaufenthalt nicht mehr möglich ist.

Diätmaßnahmen können nur empfohlen werden, wenn eine genaue ärztliche Diagnose ihrer Notwendigkeit vorliegt, anderenfalls belasten sie das Kind und damit auch die Familie unnötig. Jene 6113 Eltern (von insgesamt 25 500 Befragten), die über eine milchproduktefreie Diät berichteten, stellten in 51% der Fälle eine Verbesserung fest, während 48% keine Auswirkungen erkennen konnten. Eine zuckerfreie Diät zeigte bei 49% Erfolg, eine Diät, die auf Weizenmehl verzichtete, bei 50%. Ähnliches gilt für Vitamingaben: Auch hier ist eine genaue medizinische Indikation notwendig. Von 6387 Eltern, deren Kinder eine Kombination von Vitamin B_6 und Magnesium bekommen hatten, berichteten 48% eine Verbesserung. Bei ebenso vielen zeigte sich kein Effekt.

Tiefenpsychologisch orientierte Kindertherapien gehen von der Annahme aus, dass durch die Aufarbeitung vorhandener emotionaler Konflikte im Rahmen von analytischen Gesprächen oder einer Spieltherapie die selbständige Lern- und Arbeitsfähigkeit hergestellt wird. Dies ist bei Autisten aufgrund der Eigenart ihrer Störung nicht möglich.

!

Tiefenpsychologisch orientierte Psychotherapien haben sich daher nicht bewährt. Die massiven Entwicklungsausfälle autistischer Kinder müssen durch eine gezielte, entwicklungspsychologisch fundierte Lerntherapie ausgeglichen werden, da Autisten nicht in der Lage sind, selbständig zu lernen und sich etwas zu erarbeiten.

Aus demselben Grund sind die Erfolge der „**Festhaltetherapie**" (Tinbergen, Prekop) nicht überzeugend, wie Rimland bereits 1987 ausführte, falls sich das Kind dagegen wehrt. Es besteht außerdem die Gefahr, dass sie nicht in freundlicher Form durchgeführt wird, sondern in eine aggressive Auseinandersetzung abgleitet. In jenen Fällen, bei denen eine Verbesserung zu beobachten ist, dient das stundenlange Festhalten nur dem Abbau der Kontaktschranke. Dies stellt zwar eine wichtige Voraussetzung für das weitere Entwicklungstraining dar, kann es aber niemals ersetzen. Mit Hilfe des von uns entwickelten Kontakt- und Interaktionstrainings ist derselbe Effekt außerdem sicherer, rascher und mit weniger Aufwand zu erreichen.

Zu warnen ist auch vor Therapieansätzen, die **einseitig** auf den oft hohen **musikalischen Fähigkeiten** autistischer Kinder aufbauen: Autisten neigen ohnehin dazu, sich an Sonderinteressen zu Ungunsten aller anderen notwendigen Entwicklungsziele zu klammern. Man sollte sich daher durch die schönen Erfolge in der Musikausübung nicht blenden lassen.

> **!** Nur eine allseitige Förderung, vor allem auch der Bereiche, die dem Kind schwer fallen, kann dazu führen, dass das autistische Kind später im Erwachsenenalter eine Chance für ein selbständiges Leben hat.

Seit längerem macht die so genannte **gestützte Kommunikation** (Facilitated Communication) Schlagzeilen, die mit Hilfe eines Computers unter Unterstützung durch eine Vertrauensperson stattfindet, die den Unterarm des Autisten berührt. Angeblich können selbst Autisten, die nicht sprechen gelernt haben, auf diese Weise Texte formulieren. Um falschen Hoffnungen vorzubeugen, ist es jedoch wichtig, darauf hinzuweisen, dass diese Methode nur dann Erfolg haben kann, wenn die Kinder bereits lesen gelernt haben. Ist dies der Fall, kann es sich tatsächlich um eine interessante Möglichkeit zur Überwindung der autistischen Kommunikationsprobleme handeln.

Eine Reihe von Studien und Erfahrungsberichten zeigte jedoch, dass gar nicht so selten die so produzierten Texte nicht von dem Autisten, sondern den Trainern stammten: Die Kinder und Jugendlichen hatten offenbar nur gelernt, auf Berührungsreize hin bestimmte Tasten zu drücken.

_____ **Beispiel** _____

In einem spektakulären Fall in Australien waren Eltern einer 29-jährigen, autistischen Tochter („Carla") angezeigt worden, weil sie geschrieben hatte, dass sie ihre Eltern verlassen wolle, da diese sie sexuell missbrauchten. Als sie jedoch daraufhin von zu Hause weggebracht wurde, war sie höchst verstört und traurig. Um diesen Widerspruch zu klären, wurde folgendes Experiment durchgeführt: Man bereitete 40 Fragen vor, deren Antworten Carla kannte. Sie selbst und die Facilitatorin erhielten die Fragen über Kopfhörer zugespielt. Nur: Gelegentlich bekam die Facilitatorin andere Fragen zu hören, als Carla. Es zeigte sich, dass Carla in diesen Fällen nicht die Antworten auf die Fragen gab, die sie selbst gestellt bekommen hatte, sondern auf jene, die die Facilitatorin gehört hatte! (Abdruck des Berichts „State ‚tortured' family", The Sunday Age, Melbourne, Australia, Feb. 16, 1992, in Autism Research Review, Vol. 6, No. 1, 1992, S. 1 u. 7).

Es sind daher erhebliche Zweifel an dem Verfahren angebracht. Wie Rimland in einem Editorial unter dem Titel „Let's teach the kids to read" (Autism Research Review, Vol. 6, No. 3, 1992, S. 3) schreibt, kannte Carla nicht einmal die Bedeutung der Buchstaben des Alphabets! Gestützte Kommunikation hat, so Rimland, nur Sinn, **wenn gesichert ist, dass der oder die Betreffende bereits lesen kann.**

Man sollte sich daher zunächst darauf konzentrieren, dem autistischen Kind das Lesen beizubringen. Rimland empfiehlt dazu das geduldige, verhaltenstherapeutische Vorgehen, das Frank Hewett 1964 in einem klassischen Artikel beschrieb, der von einer erfolgreichen Lesetherapie bei Jimmy, einem nicht sprechenden, autistischen 13-Jährigen, handelt.

_____ **Beispiel** _____

Frank Hewett fand heraus, dass Jimmy „Gumdrops" (Gummibärchen) heiß liebte, und verwendete sie zur Belohnung. So wurde Jimmy z.B. zunächst dafür belohnt, wenn er seinem Lehrer einen Ball gab. Als er dies sicher konnte, erhielt er die Belohnung, wenn er einen roten Kreis auf ein Papier malte, der einen Ball darstellen sollte. Als er verstanden hatte, dass ein Symbol einen Gegenstand bezeichnen kann, zeigte Hewett Jimmy zwei Bilder, die einen Ball und ein Kästchen darstellten. Er musste das geschriebene Wort „Ball" unter das richtige Bild legen und wurde dafür natürlich mit einem

Gumdrop belohnt. Auf diese Weise wurden ihm zunächst einmal eine Reihe von Wortbildern beigebracht. Der nächste Schritt bestand darin, die Verbindung von Wörtern zu lernen. So wurde Jimmy dafür belohnt, wenn er die Wortkarten richtig gemäß einer Anweisung auf einer Bildkarte platzierte, so z.B. „Ball in der Tasse", „Buch auf dem Stuhl". Auf diese Weise lernte Jimmy tatsächlich, selbständig mit seiner sozialen Umwelt zu kommunizieren. Insgesamt nahm das Training 18 Monate in Anspruch. Eine weitere Auswirkung des Trainings war, dass das vorher sehr destruktive Verhalten des Kindes sich entscheidend verbesserte.

Das Beispiel zeigt außerdem eindringlich, dass unerwünschtes (stereotypes, destruktives, auch selbstverletzendes) Verhalten bei Autisten **oft eine Reaktion auf Langeweile** ist. Eine erfolgreiche Therapie hilft ihnen, neue Interessen zu entdecken und Freude am Leben zu finden.

Wegen des hohen Interesses am Autismus werden immer wieder neue „Wunderkuren" erfunden und angepriesen, ohne dass eine ausreichende Erprobung stattgefunden hat. In ihrer Sorge um ihr Kind sind Eltern nur zu leicht bereit, es damit zu versuchen – und werden enttäuscht, wenn die erwarteten Erfolge ausbleiben. An dieser Stelle ist auch eine Warnung vor der einfachen Übertragung von therapeutischen Maßnahmen notwendig, die bei einem bestimmten Fall erfolgreich waren. Jeder Fall ist anders und muss daher aufgrund einer genauen Diagnose individuell behandelt werden. Eine wesentliche Funktion des Therapeutenteams ist es daher, die Maßnahmen an den Einzelfall anzupassen.

> **!**
> Autistischen Kindern kann nur durch ein individuell auf das Kind und seine Familie zugeschnittenes, intensives, ganzheitlich aufgebautes Programm, das über viele Jahre durchgeführt wird, geholfen werden.

Gegen das Störungsbild des Autismus als solches gibt es derzeit noch keine **Medikamente**. Zu warnen ist daher vor alternativen Heilmitteln, die den Eltern als Wunderdrogen empfohlen werden. Der Einsatz von Medikamenten beschränkt sich derzeit auf bestimmte Begleitsymptome, wie z.B. Hyperaktivität, emotionale Probleme oder Anfallsleiden. (Ein kurzer Überblick über medikamentöse Interventionen findet sich in dem Buch von Poustka u.a., 2008). Allerdings muss darauf hingewiesen werden, dass bei Autisten sehr oft untypische (zu starke oder zu schwache) Reaktionen auf Medikamente erfolgen. Im letzteren Fall kann es zu gefährlichen Überdosierungen kommen, falls dies nicht beachtet wird.

KAPITEL 8

B. A. Rollett

Der systemische Ansatz in der Autismustherapie

Autistischen Kindern kann geholfen werden – doch nur, wenn der therapeutische Ansatz ebenso differenziert und umfassend ist wie die autistischen Störungsbilder. Aus diesem Grund haben sich systemische Vorgangsweisen besonders bewährt, bei denen das gesamte Umfeld in den therapeutischen Plan mit einbezogen wird. Ausgangspunkt ist eine exakte Erfassung aller für seine Erstellung relevanten Informationen.

Eine **sorgfältige Diagnose** ist die Grundlage jeder Therapie. Dies gilt besonders für das so komplexe und vielschichtige autistische Störungsbild.

Die ärztliche Diagnose muss daher mindestens eine kinderneuropsychiatrische Untersuchung und eine Untersuchung der Sinnestüchtigkeit des Kindes (Hören und Sehen) beinhalten. Die psychologische Diagnose hat das Ziel, die Persönlichkeit des Kindes, seinen Entwicklungsstand, seine Begabungsschwerpunkte und Lernmöglichkeiten festzustellen. Außerdem gehört zu einer vollständigen diagnostischen Erfassung eine Erhebung der Bedingungen in der Umwelt des Kindes. Auch die Belastungen, die überwunden werden müssen, und die vorhandenen Ressourcen und Unterstützungsmöglichkeiten für die Therapie müssen erhoben werden. Auf dieser Grundlage wird der Behandlungsplan aufgebaut.

Ein besonders wichtiger Therapiebaustein ist das individuelle entwicklungsbezogene **Förderprogramm**, da das Ziel jeder Autismustherapie eine umfassende Hilfe bei der Weiterentwicklung ist. Es sollte ca. 40 Stunden pro Woche umfassen, wie bereits Lovaas in seiner Arbeit mit Autisten feststellte. Am günstigsten ist daher die Kombination von Einzeltherapie und Besuch von speziell für die Mitbetreuung von autistischen Kindern eingerichteten Kindergärten bzw. Schulen. Dazu sollte eine Anleitung der Eltern und Geschwister kommen, die ihnen vermittelt, wie sie mit dem Kind erfolgreich spielen und lernen können, so dass es sowohl außer Haus als auch in der Familie nach einem einheitlichen Plan gefördert wird.

Für die Familie ist ein nicht unwichtiger Nebeneffekt eines solchen Programms, dass sie durch die Kindergruppe, den Kindergarten bzw. die Schule eine **Entlastung** erhält, wodurch sie sich zeitweilig von den großen Anforderungen erholen kann, die das ständige Zusammensein mit einem autistischen Kind bedeuten: Kein Mensch kann ununterbrochen Therapeut sein; autistische Kinder brauchen aber eine Therapie rund um die Uhr, wenn sie sich weiterentwickeln sollen.

Eine aussichtsreiche Autismustherapie muss das gesamte Umfeld des Kindes in therapeutischer Weise umgestalten und einbeziehen. Die erforderlichen Therapiebausteine sind in ➤ Abbildung 11 dargestellt.

Im Rahmen der Familienkonferenz wird die Familie über die Situation genau aufgeklärt und die Erfolgschancen und die erreichbaren Therapieziele werden dargelegt. Außerdem wird besprochen, welche unerwünschten Konsequenzen der Verzicht auf Therapie einerseits hätte, welche Mühen und Belastungen das Therapieprogramm aber andererseits mit sich bringt. Ziel ist es, ein alle Familienmitglieder bindendes Einverständnis (**„Commitment"**) zu erwirken, die geplanten Maßnahmen mitzutragen, falls sie sich für die Therapie entscheidet. Ist dies der Fall, sollten bereits in dieser Beratungsrunde Möglichkeiten der Entlastung der Familie, wie oben bereits beschrieben, besprochen und Schritte zur Realisierung geplant sowie der Therapieplan im Einzelnen vorgestellt werden.

Der nächste therapeutische Schritt ist dem Vertrautmachen der Familienmitglieder mit den Elementen des Wiener Interaktions- und Kontakttrainings gewidmet. Auf diese Weise gelingt es, Zugang zu dem Kind zu gewinnen. Die Vorgehensweise wird im folgenden Kapitel erläutert.

Eine ausführliche Darstellung der entwicklungs- und lerntherapeutischen Maßnahmen des Förderprogramms erfolgt in ➤ Kapitel 10. ➤ Kapitel 11

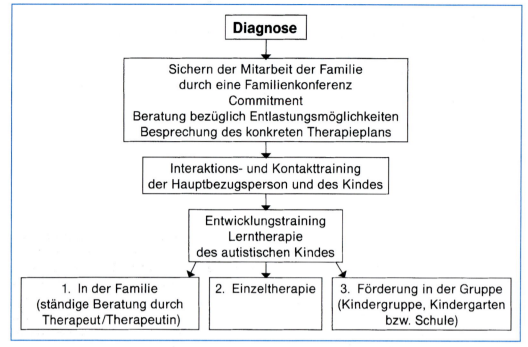

Abb. 11 Therapiebausteine und Therapieablaufplanung.

beschäftigt sich mit der Integration autistischer Kinder in Kindergarten und Schule. In ➤ Kapitel 16 werden Trainingsmethoden zur Weiterentwicklung der kommunikativen und sozialen Kompetenzen von autistischen Jugendlichen beschrieben. Durch ein dem Einzelfall angepasstes, umfassendes therapeutisches Konzept, in das nicht nur die Einzeltherapie, sondern auch die Familie und der Kindergarten bzw. die Schule in kooperativer Zusammenarbeit eingebunden sind, gelingt es, autistischen Kindern optimale Entwicklungschancen zu bieten.

KAPITEL 9

B. A. Rollett, U. Kastner-Koller

Der Aufbau der Bindung zwischen autistischen Kindern und ihren Bezugspersonen: Das Wiener Interaktions- und Kontakttrainingsprogramm

9.1 Training des Interaktionsverhaltens

Das Ziel des Wiener Interaktions- und Kontakttrainingsprogramms ist es, die Voraussetzungen für die Entwicklung einer vertrauensvollen Beziehung des Kindes zu seinen Eltern zu schaffen, **indem das Verhalten der Eltern den besonderen Bedürfnissen des autistischen Kindes angepasst wird.** Autistische Kinder sind nur dann lernfähig, wenn sie eine Beziehung zu ihren „Trainern" (Eltern, Erzieher, Lehrer, Therapeuten) aufgebaut haben. Die meisten Therapeuten verwenden daher zumindest die von Lovaas eingeführte Aufforderung „Schau mich an", wenn sie mit autistischen Kindern arbeiten. Was dabei jedoch oft übersehen wird, ist die wichtige Tatsache, dass dies nur dann funktioniert, wenn der Trainer oder die Trainerin selbst es versteht, das Kind in freundlicher Weise anzublicken. Eine solche Aufforderung ist außerdem nur dann wirksam, wenn sie auf einer echten Beziehung beruht.

> **!**
> Erfolgreiche Förderprogramme, die die Lernbereitschaft und damit das Erkundungssystem des Kindes entwickeln, müssen auf der durch eine freundliche Beziehung vermittelten Bindung aufbauen. Erst dann lassen sich die Wahrnehmungsdefizite ausgleichen, die Sprach- und Denkfähigkeit und die sozialen Kompetenzen in entwicklungsgemäßer Weise ausformen.

Das an unserer Abteilung im Rahmen eines vom österreichischen Familienministerium geförderten Forschungsprojektes entwickelte **Interaktions- und Kontakttraining** (IKT) ist besonders geeignet, die autistische Abhängigkeit der Kinder von ihren Bezugspersonen in eine lebensgerechte, tragfähige Beziehung zu ihren Eltern und Erziehern zu überführen. Das Training bildet den Einstieg in die Therapie und unterstützt den Lernwillen des Kindes während der Arbeit mit ihm.

Autistische Kinder sind, wie wir gesehen haben, im Unterschied zu gesunden Kindern nicht in der Lage, etwas ohne Hilfe von außen zu lernen. Sie sind keine **„Selbstlerner":** Wenn andere Kinder sich im Spiel z.B. Farben, Formen, Wörter und Zahlen erarbeiten, ohne dass man sehr viel mitmachen und helfen muss, ist dies bei autistischen Kindern in der Anfangsphase der Therapie nicht möglich. Sie brauchen nicht nur ein gut aufgebautes Spiel- und Arbeitsprogramm, sondern auch ständige helfende Unterstützung durch ihre Familie und ihre Lehrer und Therapeuten. Aus diesem Grund ist der Beziehungsaufbau von so entscheidender Bedeutung für die Arbeit mit dem Kind.

Goethe sagte einmal: „Man lernt eigentlich nur von dem, den man liebt." Das Interaktions- und Kontakttraining erhöht die Bereitwilligkeit der Kinder, mitzumachen und zu lernen. Ihre Aufmerksamkeitsspanne wird größer, sie können sich länger konzentrieren und an ihren Aufgaben arbeiten, und sie lernen, sich über Lob zu freuen. Die Kinder bekommen außerdem Freude am Kontakt und beginnen selbst Kontaktangebote zu machen.

Um das Interaktionsverhalten zu lernen, das bei autistischen (und anderen) Kindern diese günstigen Reaktionen auslöst, ist es für die Betreuer zunächst notwendig, sich selbst und ihre Wirkung auf andere genauer kennen zu lernen. Der erste Schritt des Trainings besteht daher darin, **die eigene Wirkung auf andere zu erkunden** und, wenn notwendig, das Verhalten zu verbessern. Mit Hilfe von Videoaufnahmen ist dies besonders rasch möglich, da man sich weitgehend selbständig ein Bild machen kann und nicht nur auf die Kommentare des Trainers oder der Trainerin angewiesen ist.

Niemand weiß z.B., wie seine oder ihre eigene Stimme klingt, da man sich selbst immer nur über die sog. Knochenleitung hört, nicht aber, wie die Anderen in der Umgebung, über die Luftleitung. Erst durch eine Tonbandaufnahme erfährt man, wie sich die eigene Stimme anhört: freudig, aufmunternd oder traurig, genervt oder monoton.

Dasselbe gilt für unser Erscheinungsbild. Selbst wenn wir uns im Spiegel ansehen, sehen wir uns immer nur von vorne oder bestenfalls von der Seite. Wir wissen z.B. nicht, wie unsere Körperhaltung von hinten betrachtet wirkt. Wir wissen auch nicht, welche Mimik wir bei verschiedenen Gelegenheiten machen, wenn wir uns nicht gerade im Spiegel beobachten.

Für das Interaktionstraining ist es daher am günstigsten, wenn man sich auf einem Video beobachten kann, um herauszufinden, wie man Botschaften an den anderen in möglichst wirkungsvoller Weise ausdrückt.

Bei unseren Trainings wird daher die Hauptbezugsperson des Kindes, die als „Hilfstherapeut(in)" die Behandlung mitträgt, beim Spielen und Lernen mit dem autistischen Kind gefilmt. Später wird die Aufnahme gemeinsam mit dem Trainer oder der Trainerin betrachtet, Verbesserungsmöglichkeiten werden besprochen und diese bei einer nächsten Sitzung mit dem Kind ausprobiert. Auch diese Sitzungen werden auf Video aufgenommen und später gemeinsam analysiert, so dass eine ständige Verbesserung erfolgen kann.

!
Vor allem geht es darum zu lernen, welche mimischen und sprachlichen Ausdrucksformen freundliche Kontaktbereitschaft signalisieren und bei welchen das Gegenteil der Fall ist.

Wie wir feststellen konnten, ist es am günstigsten, wenn das Kontakt- und Interaktionstraining in der Wohnung der Familie durchgeführt wird, da der Erfolg dann wesentlich größer ist (vgl. Rollett & Kastner-Koller, 1990).

9.2 Die Elemente des Wiener Kontakt- und Interaktionstrainings

Die einzelnen Elemente des Trainings werden hier in der Reihenfolge dargestellt, die sich am besten bewährt hat. Dies heißt jedoch nicht, dass man sich immer an diese halten muss. Gelegentlich ist es günstiger, einen Schritt vorzuziehen. Wenn z.B. eine Mutter recht ungeduldig ist und dadurch das Kind blockiert, ist es zu empfehlen, zunächst den Teilbaustein „Warten können und Geduld" zu erarbeiten.

9.2.1 „Anstrahlen" als Kontaktsignal

Entwicklungspsychologische Untersuchungen haben gezeigt, dass Menschen in erster Linie auf zwei Weisen miteinander Kontakt aufnehmen: Das eine Kontaktsignal kann man am besten als das **„Anstrahlen"** des Partners bezeichnen: Strahlende, geöffnete Augen und ein strahlendes Lächeln regen die soziale Umwelt an, von sich aus mit dem Betreffenden in Interaktion zu treten.

Gesunde Kinder antworten daher sehr rasch auf derartige Kontaktangebote. Was viele Menschen nicht wissen: Auch autistische Kinder (und Erwachsene) reagieren auf das Anstrahlen, wie wir auf unseren Videoaufnahmen sehen konnten. Der Unterschied zu anderen Kindern besteht allerdings darin, dass Autisten ungewöhnlich lange brauchen (10 Minuten bis zu einer halben Stunde), bis sie auf dieses Kontaktsignal zu antworten beginnen. Auch dann schauen sie einen nur groß an, scheinbar ohne einen Funken des Erkennens: Sie haben einen aber sehr genau gesehen! Manche verwenden das so genannte **„periphere Sehen"**, das heißt, sie schauen einen nur aus den Augenwinkeln an, damit der andere nur ja nicht merken soll, dass das Kind Interesse an der Kontaktaufnahme hat. So etwas zuzugeben fällt Autisten anfangs äußerst schwer, wie wir gesehen haben.

Der Kunstgriff, den wir in dem Training verwenden, besteht daher darin, dass wir die Bezugsperson bitten, das Kind immer wieder freundlich anzulächeln und zurückzublicken, ganz gleichgültig, ob es reagiert oder nicht, und ohne Rücksicht darauf, wie lange es dauert, bis es zu antworten beginnt.

Dies ist sicher nicht leicht. Eine solche Hartnäckigkeit entspricht nämlich unserem Normalverhalten im Alltag in keiner Weise. Dieses Vorgehen ist jedoch bei Autisten außerordentlich wirksam: **Es signalisiert freundliche Zuwendung ohne Zwang.** Dazu ein Beispiel:

─────────── **Beispiel** ───────────

In einem Kinderheim, das wir mit einer Seminargruppe aufsuchten, befand sich auch ein sechsjähriges autistisches Mädchen. Als wir ihre Gruppe besuchten, lag sie zusammengekauert in Embryonalhaltung in ihrem Bettchen. Ich stellte mich freundlich daneben und wartete ruhig 20 Minuten, als sie sich mir plötzlich zuwandte und mich groß anschaute. Nach weiteren 10 Minuten war sie bereit, aufzustehen und sich anzuziehen!

─────────────────────────────────

Dass autistische Kinder eine derartig lange „Anwärmphase" brauchen, um auf Blickangebote antworten zu können, ist leider kaum bekannt. Autisten erleben daher immer wieder, dass sich die anderen von ihnen viel zu rasch wieder abwenden, und sind dann enttäuscht und zunehmend immer weniger motiviert, sich auf Kontakte einzulassen.

9.2.2 Modulierte Sprechweise

Das zweite Mittel, mit dem Menschen untereinander Kontakt aufnehmen, ist die so genannte **„modulierte Sprechweise"**. Es ist dies eine besonders betonte, durch bedeutungsvolle Pausen gegliederte, oft langsamere Sprechweise, als man sie normalerweise verwendet. Sie ist außerdem melodischer und gefühlvoller. Mütter verwenden eine Abart dieser modulierten Form zu sprechen ganz spontan, wenn sie die Aufmerksamkeit ihres Babys erwecken, es ermahnen, loben oder zärtlich beruhigen wollen. Sie wird im Englischen als „motherese" (Muttertonfall) bezeichnet.

Vergleichende Untersuchungen bei deutsch sprechenden und chinesischen Müttern, die vom Ehepaar Papoušek und anderen Forschern durchgeführt wurden, zeigten außerdem, dass die modulierte Sprechweise auch von chinesischen Müttern verwendet und in ihrem jeweiligen Gefühlswert von den Babys unmittelbar verstanden wird, ohne dass dies gelernt werden muss. Das ist besonders beweiskräftig, da die chinesische Sprache in gewisser Weise einem modulierten Singsang gleicht, da dasselbe Wort, in verschiedenen Tonhöhen ausgesprochen (von denen es vier gibt), etwas ganz Unterschiedliches bedeuten kann. Das „Motherese" stellt daher eine frühe, sehr effiziente Verständigungsform dar, die sich von der Normalsprache unterscheidet. Die modulierte Sprechweise ist ein universell einsetzbares Mittel, um andere gefühlsmäßig anzusprechen und ihre Aufmerksamkeit für das Gesagte zu erwecken. Sie eignet sich daher besonders für die Kontaktaufnahme mit Autisten.

Die modulierte Sprechweise erweckt bei Menschen (und selbst bei Tieren) ein **unmittelbares, emotionales Interesse für die Sprechenden und ihre Botschaft:** Man ist dann eher bereit, zuzuhören und sich beeinflussen zu lassen (sie wird daher z.B. auch in der Fernsehwerbung eingesetzt, wenn es darum geht, die Vorteile einer Ware anzupreisen).

Die besondere Wirkung des modulierten Sprechens ist **angeboren:** Am Max-Planck-Institut für Psychiatrie in München stellte man im Rahmen von Untersuchungen fest, dass im limbischen System des Gehirns, das der grundlegenden Gefühlsverarbeitung dient, ein Zentrum existiert, das für die Kontaktlaute zwischen Mutter und Kind zuständig ist (Ploog, 1969; Martinius, 1974). Vieles spricht dafür, dass sich das Reagieren auf den Gefühlswert einer Aussage aus diesen Anfängen, d. h. aus der Mutter-Kind-Interaktion, entwickelt.

Es ist allerdings besonders schwierig, diese modulierte Sprechweise autistischen Kindern gegenüber anzuwenden, da sie zunächst auch darauf nicht reagieren. Wenn man sich jedoch angewöhnt, mit ihnen prinzipiell nur moduliert zu sprechen, wird man feststellen, dass sie darauf einsteigen und viel bereitwilliger, als sie dies sonst tun, auf die Anweisungen und Aufforderungen ihrer Gesprächspartner reagieren.

Ein einfacher Trick, um sich eine bestimmte Form dieser modulierten Sprechweise bewusst zu machen, und sie anwenden zu können, ist der folgende:

Wenn man das autistische Kind zu etwas auffordert oder ihm etwas erklärt, sollte man den Tonfall wählen, den man gebrauchen würde, wenn man eine kleine Katze lockt oder zu ihr spricht. Diese Hilfe ist jedoch nur als Einstieg gedacht. Ein genaues Kennenlernen der emotionellen Wirkung der eigenen Stimme und des eigenen Gesichtsausdrucks ist vor allem durch Videorückmeldung möglich.

9.2.3 Warten können und Geduld

Eine weitere Eigenschaft der autistischen Kinder macht die Lernarbeit mit ihnen besonders anstrengend: Sie brauchen **extrem viele Übungsschritte**, bis sie etwas gelernt haben. Auch wenn normale Kleinstkinder etwas lernen sollen, benötigen sie dafür etwa 200 bis 400 Wiederholungen, bis die Sache gekonnt wird. Eltern gesunder Kinder merken dies aber in der Regel nicht, weil die Kinder sich viele dieser Wiederholungen selbständig, ohne Unterstützung der Familie, erarbeiten. Sie spielen z.B. mit ihrem Puppengeschirr „den Löffel in den Mund führen" und üben damit die entsprechende Bewegung ein. Da autistische Kinder immer jemanden brauchen, mit dem sie zusammen üben können, wird jedes Erlernen eines neuen Verhaltens für die Familie sehr belastend, da sie dem Kind helfen müssen, sich jeden Schritt durch viele Wiederholungen einzuprägen.

Aus diesem Grund haben wir als weiteren Baustein des Interaktions- und Kontakttrainingsprogramms **die Geduld und das Zeitlassen** aufgenommen.

Wieder ist der Unterschied zu gesunden Kindern nur ein gradmäßiger: Untersuchungen in Schulklassen (z.B. v. Tobin, 1986) haben gezeigt, dass Schüler und Schülerinnen sehr viel mehr richtige Antworten geben, wenn die Lehrenden ihnen für die Antwort mehr Zeit geben. Dazu genügt, dass sie dem Kind ungefähr 5 Sekunden Wartezeit bis zur Antwort einräumen – gewiss kein großer Aufwand. Dieses Warten muss allerdings ein **freundliches Warten** sein, es darf nicht gehetzt und ungeduldig wirken (auch hier gibt es einen Trick, um diese Zeit richtig abzuschätzen: Man zählt insgeheim für sich von 21 bis 25. Das innere Aussprechen einer zweistelligen Zahl nimmt nämlich etwa eine Sekunde in Anspruch).

Bei autistischen Kindern dauert diese „Denkpause" natürlich wesentlich länger. Man muss bei jedem Kind herausfinden, wie lange seine ganz persönliche Wartezeit ist. Mit Hilfe von Videos ist es leicht, die richtige Länge der Wartepause zu ermitteln und außerdem herauszufinden, auf welche Weise das Kind zeigt, dass es eine zusätzliche Hilfe braucht.

Oft hilft es, nach einiger Zeit des Wartens eine Frage oder eine Aufforderung umzuformulieren oder die Aufgabe etwas leichter zu gestalten, um eine richtige Antwort oder Verhaltensweise herauslocken zu können.

9.2.4 Richtig Rückmeldungen (Feedback) geben

Ein weiterer Baustein des Interaktions- und Kontakttrainings besteht im Erlernen der Kunst, richtig Rückmeldungen (Hilfen und Lob) zu geben und Kritikverhalten abzubauen.

Autisten haben ständig mit unangenehmen Gefühlen zu kämpfen. Kritik und Tadel sind dazu angetan, ihre Angstspannung zu steigern. Sie haben sich als Erziehungsmittel daher wenig bewährt. An ihre Stelle sollte daher ein Erziehungsstil treten, den wir mit **„freundliche Konsequenz"** umschrieben haben: liebevolles Eingehen und Verständnis, gepaart mit Festigkeit und Unerschütterlichkeit, was das Erreichen von Zielen und den Abbau von unerwünschten Verhaltensweisen betrifft. Das folgende Vorgehen hat sich dabei als besonders wirksam erwiesen.

Regeln für das Feedback geben: Autistische Kinder sind Fremdlinge in unserer Welt. Sie wissen selbst nicht, wann sie etwas richtig und wann sie etwas falsch machen. Es ist daher sehr wichtig, dass man ihnen dies sofort mitteilt, wenn man mit ihnen lernt und arbeitet.

Wenn sie **etwas gut gemacht** haben, sollte man ihnen sofort lobend sagen, dass es richtig ist, und auch hinzufügen, **was** sie gut gemacht haben: „Sehr gut, das hast Du ganz richtig zusammengesetzt." „Fein, Du hast den Buchstaben gefunden." „Tüchtig, Du hast das ganz sauber und ordentlich gelegt." Diese Form zu loben wird als **„differenziertes Lob"** bezeichnet. Es erleichtert das Lernen wesentlich – nicht nur bei autistischen, sondern bei allen Kindern, da sie dann wissen, **was** an ihrer Leistung richtig war, und sich dies einprägen können.

Was aber, wenn das Kind **etwas falsch gemacht** hat? Nicht nur für autistische, sondern auch für andere Kinder ist es sehr ungünstig, wenn man sie tadelt. Dies erzeugt nur negative Gefühle, ohne dass sie einen Hinweis bekommen, wie sie es besser machen könnten. Das Kind weiß dann nur, dass diese Art, die Aufgabe zu lösen, falsch war, aber nicht, welche von den vielen anderen Möglichkeiten zur richtigen Lösung führt.

Man sollte stattdessen eine so genannte „**hilfreiche Rückmeldung**" geben (Rollett, 1997, S. 137). Diese besteht darin, dass man dem Kind in einem engagierten, freundlichen Ton sagt, wo ein kleiner Fehler aufgetreten ist, und – was besonders wichtig ist – ihm die Hilfen gibt, den **Fehler sofort auszubessern.** Ebenso wichtig ist es, anschließend das Kind zu **loben.** Durch die Freude über das Lob wird das Kind angespornt, es das nächste Mal gleich richtig zu versuchen. Gelingt es ihm, ist dies ein besonderes Lob wert, wenn nicht, erhält das Kind wieder eine hilfreiche Rückmeldung. Selbstverständlich ist dabei die modulierte Sprechweise zu verwenden. In den Anfangsphasen der Therapie wird man außerdem zur Unterstützung der Ausformung des gewünschten Verhaltens verschiedene verhaltenstherapeutische Bekräftigungsprogramme mit heranziehen (Tokenprogramme, Verstärkerwirkung von emotional besetzten Stereotypien, Abbau von Verhaltenskonsequenzen, die das falsche Verhalten unterstützen, usw.).

Der Erziehungsstil der „**freundlichen Konsequenz**" hat sich sowohl beim schulischen Lernen wie bei der Bewältigung von Alltagssituationen bewährt. Sosehr man dem Kind entgegenkommt, muss man doch darauf achten, **dass es seine Lernaufgaben auch wirklich durchführt.** Gerade bei etwas älteren autistischen Kindern kann es sonst passieren, dass nicht die Eltern das Kind, sondern das Kind die Eltern „erzieht", indem es jede Arbeit verweigert oder sich in unangemessener Weise Vergünstigungen erkämpft.

Dazu ein Beispiel:

―――――― **Beispiel** ――――――

Ein kleiner autistischer Junge wollte immer auf den Arm genommen werden. Wenn man ihn auf die Erde stellte, schrie er so lange, bis er wieder aufgenommen wurde. Durch dieses Nachgeben wurde das unerwünschte Verhalten quasi „belohnt". Mit Hilfe einer einfachen verhaltenstherapeutischen Intervention konnte dies geändert werden: Er wurde nur dann kurz hochgenommen, wenn er zu schreien **aufhörte**.

9.2.5 Anderes Angebot machen

Wenn das Kind eine Aufgabe nicht lösen kann oder will, verhält man sich am besten so, dass man zunächst, soweit dies notwendig ist, das Kind beruhigt und anschließend die Aufgabe entweder in einer **leicht veränderten Form** wieder vorlegt oder überhaupt ein **anderes Angebot** macht. Es ist sehr wichtig, dass die Szene **nicht** damit endet, dass das Kind das Gefühl hat, gescheitert zu sein oder sich mit einem unerwünschten Verhalten durchgesetzt zu haben, sondern dass es irgendetwas von dem macht, was der Erwachsene von ihm verlangt. Natürlich wird es dafür anschließend „über den grünen Klee" gelobt.

Um ein Gefühl dafür zu entwickeln, wie man dabei vorgeht, ist die Analyse des eigenen Verhaltens und der Reaktionen des Kindes darauf anhand von Videoaufnahmen eine große Hilfe. Oft entdeckt man Zusammenhänge, die einem gar nicht bewusst waren, die jedoch das unerwünschte Verhalten mit bewirken.

Bei sehr eingefahrenen Störverhaltensweisen, die man abbauen möchte, kann man gelegentlich mit Erfolg die „**paradoxe Intervention**" anwenden: Wenn es möglich und sinnvoll ist, „befiehlt" man dem Kind genau das Verhalten, mit dem es einen ärgern wollte, und lässt es dieses so lange durchführen, bis es keine Lust mehr dazu hat. Dazu ein Beispiel:

―――――― **Beispiel** ――――――

Wenn man nicht aufpasste, warf ein autistischer Junge immer alle Gegenstände in die Luft, die er erreichen konnte. Als Therapie bekam er daher eine Menge Zeitungspapierschnipsel mit der Aufforderung, sie durch die Luft zu schmeißen. Wann immer er aufhören wollte, wurde er freundlich aufgefordert weiterzuwerfen. Dies ging eine Stunde so – dann hatte das „Schmeißen" seinen Reiz für ihn verloren.

9.2.6 Kontaktangebote liebevoll beantworten

Wenn das Interaktions- und Kontakttrainingsprogramm von den Eltern und Erziehern konsequent durchgeführt wird, beginnen die autistischen Kinder schon nach wenigen Sitzungen von sich aus, ihren Interaktionspartnern Kontaktangebote zu machen: Sie streicheln sie, schauen sie ohne Aufforderung an, schmiegen sich an sie und Vieles anderes mehr.

Dies ist ein großes Geschenk, welches das autistische Kind seinen Bezugspersonen macht. **Ein solches Angebot muss daher auf jeden Fall sofort liebevoll beantwortet werden:** Man lässt sich streicheln und wehrt es nicht ab, schaut das Kind freundlich an, antwortet mit einer Liebkosung, sagt vielleicht „Du, das ist lieb", verwendet einen Kosenamen (z.B. „Na, mein kleiner Schatz") usw. Auf diese Weise wird die Zuwendung des Kindes zu seiner Umgebung unterstützt und bekräftigt.

Viele Kinder fangen nach einem längerfristigen Interaktions- und Kontakttraining an, zu ihren Eltern spontan auf den Schoß zu klettern, oder entwickeln ein Bedürfnis, zu ihnen ins Bett zu kommen und zu schmusen. Je enger und spontaner die Beziehung auf diese Weise wird, desto mehr lässt sich das Kind von den Eltern sagen, es wird erziehbar.

Für die Eltern bedeutet es eine große Entlastung, wenn sie so immer mehr Zugang zu ihrem Kind erhalten und damit Mittel an die Hand bekommen, auf es einzuwirken und es zu fördern.

9.3 Zur Notwendigkeit entwicklungs- und lerntherapeutischer Förderung autistischer Kinder nach Abbau der Kontaktschranke

Um keine Missverständnisse aufkommen zu lassen: Das Kontakt- und Interaktionstraining öffnet die Türen zur weiteren Behandlung, indem es die autistische Kontaktschranke überwindet. Für sich allein reicht es nicht aus.

> **!** Das Kontakt- und Interaktionstraining muss durch eine gezielte Entwicklungstherapie und ein entsprechend umfassendes Lern- und Förderprogramm ergänzt werden.

In ➤ Kapitel 10 werden Programme für die einzelnen zu fördernden Bereiche (z.B. Wahrnehmungstraining, Motoriktraining, Sprachanbahnung, praktische Lebensbewältigung, Gedächtnisübungen, Hinführung zu den schulischen Lernaufgaben usw.) ausführlich und detailliert beschrieben. Im ➤ Kapitel 16 werden Trainingsmaßnahmen zur Verbesserung der kommunikativen und sozialen Kompetenzen bei Jugendlichen vorgestellt.

Sie müssen, auf das Interaktions- und Kontakttraining aufbauend, erarbeitet werden, um dem Kind eine Chance zu einem selbständigen Erwachsenenleben in unserer Gesellschaft zu eröffnen. Durch die neue, sichere Beziehung zu seiner sozialen Umwelt wird das autistische Kind jedoch in die Lage versetzt, diese schwierigen Aufgaben zu bewältigen.

9.4 „Wellentäler" und wie man damit umgeht

Ein letzter, wichtiger Hinweis für Therapeuten und Familienmitglieder autistischer Kinder: Was wir autistischen Kindern bei einem derartigen „Rund-um-die-Uhr-Programm", wie wir es geschildert haben, abverlangen, führt zwar zum Erfolg, indem es sie in die Lage versetzt, zu lernen und sich weiterzuentwickeln, ist aber sehr anstrengend. Es kommt daher in Abständen immer wieder vor, dass die „Anpassungsenergie" der Kinder verbraucht ist. Für eine gewisse Zeit verschlechtert sich dann scheinbar ihr Verhalten. **Solche „Wellentäler" in der gemeinsamen Arbeit dürfen jedoch kein Anlass zur Resignation sein.** Sie gehören bei **jeder** schwierigen Therapie zum normalen Therapieverlauf. Ihre Überwindung bringt im Gegenteil die Behandlung ein ganzes Stück voran, wenn beide Teile, das Kind und seine Erzieher, dabei lernen, wie man mit Krisen fertig wird.

9.4 „Wellentäler" und wie man damit umgeht

Abb. 12 Herta (Name geändert) hat bereits gelernt, sich selbst zu beschäftigen.

Sehr häufig ist das Auftreten einer zusätzlichen Belastung (Krankheit des Kindes oder eines anderen Familienmitgliedes, Wechsel der Lehrkraft, Umzug der Familie usw.) der mittelbare Auslöser für das Wellental.

Während eines „Wellentals" sollte man das Kind (und sich selbst!) beruhigen und ihm freundlich helfen, die schwierige Zeit zu überstehen. Das Therapieprogramm muss dann den besonderen Verhältnissen angepasst werden: Oft hilft es, jene Methoden wieder einzusetzen, die man in früheren Phasen der Therapie benützt hat. Im Übrigen darf man gewiss sein, dass nach dem Wellental wieder ein langer „Wellenberg" mit schönen Erfolgen kommen wird.

Autistische Kinder sind lange Zeit keine Selbstlerner. Sie müssen diese Fähigkeit erst mühsam im Laufe einer umfassenden Therapie aufbauen. Wenn wir uns jedoch auf sie und ihre Eigenart einstellen, dann sind sie bereit, aus ihrer Einsamkeit herauszutreten und sich uns und unserer Welt zuzuwenden. Sicher ist dies ein jahrelang dauernder, beschwerlicher Weg, aber er lohnt sich.

U. Kastner-Koller

KAPITEL 10

Aufbau der kognitiven Fähigkeiten beim autistischen Kind – Entwicklungsförderung: Spiel-, Förder- und Lernprogramme

10.1 Gestaltung des Spiel- und Arbeitsbereichs

Autistische Kinder sind anders. Vieles, was uns keine Mühe bereitet, ist für sie eine schwere Aufgabe. Das muss man auch bei der Gestaltung ihres Spiel- und Arbeitsplatzes berücksichtigen.

Dazu zwei Beispiele, welche unerwarteten Probleme dabei auftauchen können:

Beispiel

Eva ist 6 Jahre alt; nächsten Herbst soll sie eingeschult werden. Als autistisches Kind muss sie auf diesen Schritt besonders vorbereitet werden, weil sie sich nicht so leicht auf neue Situationen und neue Personen einstellen kann wie andere Kinder. Daher hat Evas Therapeutin mit den Eltern gemeinsam ein Programm zur Vorbereitung auf die Schule erarbeitet. Nun sitzt Eva mit ihrer Mutter am Küchentisch und soll bunte Kreise auf ein Zeichenblatt malen. Aber eigentlich macht es viel mehr Spaß, den Kopf auf den Tisch zu legen und mit baumelnden Füßen gegen die Stuhlbeine zu treten! Evas Mutter wird immer ungehaltener: „Jetzt hör doch endlich auf!" Sie packt ihre Tochter, setzt sie gerade hin und schiebt den Sessel so weit an den Tisch heran, dass Eva richtig eingeklemmt ist. Weil die Tischkante jetzt zwickt, rutscht Eva langsam unter den Tisch, bis sie beinahe völlig verschwindet. Dabei wäre das Problem einfach zu lösen: Eva benötigt einen Tisch und einen Sessel, die ihrer Körpergröße angemessen sind!

Beispiel

Peters Eltern haben dem 5-Jährigen einen Kindertisch und einen dazu passenden Stuhl gekauft. Von der hübschen Tischplatte mit den lustigen Comic-Motiven waren sie ganz begeistert! Leider stellte sich zu Hause heraus, dass Peter die Teile des Puzzles, das er schon so gut zusammensetzen konnte, auf der verwirrend bunten Arbeitsfläche einfach nicht mehr findet! Eine schlichte, einfarbige Tischfläche wäre viel besser geeignet.

Eine wichtige Regel:

> **!** Autistische Kinder benötigen unbedingt einen besonderen Bereich in der Wohnung, der für Spielen, Lernen und die therapeutischen Übungen reserviert ist.

Die Ideallösung wäre ein kleiner, ruhiger und gut beleuchteter Raum mit möglichst heller, einfarbiger Wandbemalung und einem pflegeleichten Boden ohne Musterung. Als Einrichtungsgegenstände genügen Tisch und Sessel, die der Körpergröße des Kindes entsprechen müssen. Die Tischoberfläche sollte glatt und einfarbig sein. Achten Sie vor allem darauf, dass sie nicht spiegelt und keine Dekoration aufweist, denn autistische Kinder lassen sich durch Lichtreflexe und Muster nur allzu leicht ablenken.

Spielzeug und Lernmaterialien müssen in einem Kasten, einer Kommode oder in Schachteln aufbewahrt werden. Sie dürfen nicht herumliegen, damit das Kind nicht abgelenkt wird. Wenn genügend Platz vorhanden ist, sollte man auch noch eine **Kuschelecke für die Spiel- und Übungspausen** einplanen.

Wenn die räumlichen Gegebenheiten so beengt sind, dass sich kein eigenes Kinderzimmer einrichten lässt, sollte dafür ein möglichst ruhiger, abgelegener Ort in der Wohnung gewählt werden. Küche und Wohnzimmer eignen sich nur dann, wenn eine Störung während der Übungszeiten weitgehend ausgeschlossen werden kann. Meistens ist dies aber nur schwer durchzuhalten. Sollte der Rest der Familie immer gerade zu diesen Zeiten Heißhunger entwickeln oder Lust auf Fernsehen bekommen, ist es günstiger, einen anderen Raum in der Wohnung als Spiel- und Arbeitsbereich einzurichten. Besonders bewährt hat sich das Schlafzimmer, wenn es untertags nicht benützt wird.

Die wichtigste Regel bei der **Auswahl und Gestaltung eines Arbeitsplatzes** für autistische Kinder lautet daher:

> **!**
> Die Umgebung sollte möglichst wenig Ablenkung bieten!

Autistische Kinder lassen sich durch verschiedenste Sinneseindrücke irritieren: Geräusche (z.B. Personen, die ins Zimmer kommen; die Straßenbahn, die vorbeifährt; das Klingeln des Telefons), optische Eindrücke (z.B. Lichtreflexe, Muster, zu viele Gegenstände auf dem Tisch), Gerüche (manche Buntstifte und Radiergummis riechen leicht süßlich), taktil-kinästhetische Reize (z.B. kratzende Sitzpolster am Sessel, zu enge Kleidung).

Sicherlich wird es nicht möglich sein, in der Wohnung sämtliche Störeinflüsse auszuschalten; eine weitgehende Reduktion erleichtert dem autistischen Kind aber die Konzentration auf Spiel und Lernen.

> **!**
> Für Übungen, die am Tisch gespielt werden, empfiehlt sich eine Sitzordnung, die Sie immer einhalten sollten.

Lassen Sie das Kind „seinen" Platz aussuchen. Ist das Kind Rechtshänder, setzen Sie sich an die Tischseite rechts von Ihrem Kind. Wenn es Linkshänder ist, ist der richtige Platz für Sie die linke Seite. Auf diese Weise können Sie das unkontrollierte Zugreifen, zu dem autistische Kinder neigen, durch leichte Handführung steuern (vgl. dazu ➤ Kap. 10.5.1): Oft schauen sie nicht auf das Spielmaterial, bevor sie zugreifen. Außerdem erleichtert diese Sitzordnung die Aufnahme von Blickkontakt während des Spiels.

> **!**
> Sehr wichtig: Spiele oder Materialien, die im Augenblick nicht benötigt werden, müssen sofort weggeräumt werden, um das Kind nicht zu verwirren!

Wir beobachten immer wieder, dass Eltern das gesamte Spielmaterial, das sie in einer Übungseinheit verwenden wollen, aus dem Kasten holen und auf den Tisch türmen. Da liegt dann das Steckbrett neben dem Bilderbuch, darauf wird die Schachtel mit den Bausteinen oder Buchstaben gestapelt. Wenn der Tisch auch für andere Zwecke verwendet wird, sind oft noch die Reste der vorhergehenden Aktivitäten sichtbar: die Tageszeitung, ein Kuchenteller oder das Hausaufgabenheft der Schwester. Für das eigentliche Spiel bleibt kaum noch Platz übrig. Die erste Tat in solchen Fällen: Der Tisch muss leer geräumt werden!

Natürlich ist es andererseits sinnvoll, das Material, das man in der nächsten halben Stunde mit dem Kind bearbeiten möchte, beisammen zu haben. Wenn der Erwachsene immer wieder aufstehen muss, um nach einem Spiel zu kramen, wird das Kind sehr bald das Interesse verlieren, unaufmerksam werden und sich wieder in sein Schneckenhaus zurückziehen. Genauso ungünstig ist es, mitten in der Spielphase davonzulaufen, weil man das Bilderbuch gleich wieder an seinen Platz im Regal zurückstellen möchte.

Der richtige Ort für Spiele, die in einer Übungseinheit benötigt werden, ist daher **neben** dem Erwachsenen. Stapeln Sie das Material auf einem Sessel, der neben Ihnen steht und zwar so, dass Sie auf einer Seite das Kind, auf der anderen Seite die Spiele platzieren. Empfehlenswert sind Wäschekörbe oder große Schachteln, in die man alles einsortiert, was gespielt werden soll. So haben Sie alles griffbereit neben sich und vermeiden Chaos auf dem Tisch, der ausschließlich als Spielfläche verwendet wird. Sobald die Übungsphase beendet ist, können Sie die Spiele gesammelt im Korb an ihren Aufbewahrungsort zurücktragen.

> **!**
> Führen Sie diese Regel auch bei Ihrem Kind von Beginn an ein: Spiele, die herausgenommen werden, müssen auch wieder weggeräumt werden!

Einige Tipps sollen Ihnen helfen, ein übersichtliches Aufbewahrungssystem einzurichten, in dem sich auch Ihr Kind gut zurechtfinden kann: In Körben und Schachteln kann man Kleinmaterial einsortieren, das in größeren Mengen benötigt wird. Bausteine, Lego, Perlen, Plastikbuchstaben sind auf diese Weise übersichtlich untergebracht. Das Sortieren hilft nicht nur, Ordnung zu halten, sondern ist auch eine wichtige Übung zur Farb- und Formunterscheidung. Viele Spiele werden bereits in recht stabilen Pappkartons verkauft, die sich gut zur Aufbewahrung eignen (z.B. Bilderlotto, Memory). Alle Materialien, mit denen das Kind nicht selbständig spielen soll (also z.B. sehr kleine Steckknöpfe, die es verschlucken könnte), müssen in absperrbaren Kästen verstaut werden. Alles Übrige kann auch in Regalen oder Schubladen seinen Platz finden.

Damit das Kind weiß, wo die einzelnen Schachteln und Körbe im Regal stehen sollen, hat sich das Anbringen von **Farbmarkierungen** bewährt (ein System, das übrigens auch in vielen Kindergärten verwendet wird): Kleben Sie einen bunten Klebestreifen außen auf die Schublade oder vorne auf das Regalbrett. Alle Spiele, die in der jeweiligen Schublade, am betreffenden Regal untergebracht werden, erhalten einen farbgleichen Aufkleber. Mit Unterstützung und Übung gelingt es dem Kind schließlich, sich an den Farben zu orientieren: ein erster Schritt in Richtung Selbständigkeit!

10.2 Welches Spielzeug ist für autistische Kinder geeignet?

Spielmaterialien für autistische Kinder müssen nach besonderen Gesichtspunkten ausgewählt werden.

Eltern autistischer Kinder ist die Szene wohlbekannt: Das neue Bilderbuch ist in Windeseile zerrissen, die Ecken sind abgekaut. Der kleine Lastwagen – ein Geschenk der Großeltern – stellt sich als lebensgefährlich heraus: Peter hat die Räder abgebissen und beinahe verschluckt. Die Regeln des neuen Lernspiels wiederum sind so kompliziert, dass Erich, anstatt friedlich mitzuspielen, in stereotypes Verhalten verfällt und kaum zu beruhigen ist. Wie die Beispiele zeigen, muss Spielzeug für autistische Kinder hinsichtlich **Widerstandsfähigkeit, Sicherheit** und **Bildungswert** ganz besonderen Anforderungen genügen.

Das **Material,** aus dem das Spielzeug gefertigt ist, sollte haltbar und widerstandsfähig, farbecht und giftfrei sein, da autistische Kinder ihre Umgebung häufig noch durch Beriechen und Ablutschen erkunden. Sie kauen und beißen an Gegenständen herum und beziehen sie in ihre Stereotypien ein. Um ein Verschlucken zu verhindern, dürfen die Gegenstände nicht zu klein sein. Die Bestandteile eines Spielzeugs sollten fest gefügt und gut verankert sein, so dass sie nicht abbrechen. Bausteine mit einer Kantenlänge von weniger als 3 cm, kleine Steckknöpfe oder kleine Einzelteile eines Spielzeugs, die sich abmontieren oder abreißen lassen, stellen eine Gefahrenquelle dar, solange das Kind Dinge in den Mund steckt.

Spielzeug aus Holz sollte eine glatte Oberfläche haben und keine scharfen Kanten oder spitzen Ecken aufweisen. Bei Bilderbüchern oder Spielplänen für Regelspiele (z.B. Bilderlotto) ist darauf zu achten, dass sie aus festem Karton gefertigt sind.

Für die graphischen Übungen und das Buchstabentraining muss festes Papier – Karton oder Naturpapier – zur Verfügung gestellt werden. Autistische Kinder zerreißen normales Schreibpapier, weil sie Schwierigkeiten haben, mit Buntstiften den Druck auf das Papier richtig zu dosieren. Oft sind sie bei ihren Kritzelversuchen so verkrampft, dass sie mit dem Stift Löcher ins Papier ritzen.

Bei einigen autistischen Kindern findet man das Zerreißen von Papier als stereotype Angewohnheit, so etwa auch bei Walter, einem 9-jährigen autistischen Buben:

---**Beispiel**---

Sobald ihm die Mutter ein Blatt Papier mit Schreibanbahnungsübungen hingelegt hatte, riss Walter es in der Mitte durch. Die Situation nahm zunehmend groteske Formen an, als die Mutter versuchte, erst mit den Handflächen, später mit dem ganzen Oberkörper, das Papier zu schützen. Walter war geschickter als sie, es gelang ihm immer wieder, ein Stück vom Blatt zu schnappen und zu zerreißen. Als die Mutter schließlich schon halb auf dem Tisch lag, fand Walter immer noch eine Ecke, die er abreißen konnte. Das eigentliche Vorhaben, nämlich die Schreibübungen durchzuführen, war schon völlig nebensächlich geworden.

Wir konnten das Problem durch zwei Maßnahmen lösen. Einerseits durch eine „paradoxe Intervention": Wir brachten Walter einen ganzen Berg Zeitungspapier, den er zerreißen **musste**. Als zweite Maßnahme wurde die Mutter angeleitet, die Übungen vorerst auf möglichst festem Karton vorzubereiten.

> **!** Erst wenn das Kind gelernt hat, sorgfältig mit dem Spielzeug umzugehen, können auch weniger widerstandsfähige Materialien gewählt werden.

Autisten haben Schwierigkeiten, die vielfältigen Sinneseindrücke sinnvoll zu verarbeiten. Um die chaotische Welt, in der sie leben, einigermaßen unter Kontrolle zu halten, schirmen sie sich gegen Reize von außen ab. Sie beschränken damit aber leider auch ihre Lernmöglichkeiten.

Spielzeug zur Entwicklungsförderung muss dieser Besonderheit Rechnung tragen. Es sollte möglichst klar und einfach strukturiert sein. Formen und Farben sollten nicht zu verwirrend sein. Dies gilt auch für die Gestaltung von Bilderbüchern: Abbildungen dürfen nicht zu überladen und kompliziert sein. Empfehlenswert sind einfache Bilder aus dem Erfahrungsbereich des Kindes (siehe auch > Kap. 10.6.8 Übungen zur Sprachförderung).

Im Anhang finden Sie einen Grundstock an Spielzeug und Übungsmaterialien, die Sie zur Durchführung des Entwicklungstrainings benötigen. Es sind jeweils die handelsüblichen Bezeichnungen und die Hersteller angegeben. Die Spiele sind so gewählt, dass sie vielfältige Möglichkeiten der Förderung bieten und nicht nur in einem einzigen Bereich einsetzbar sind.

Das Farbensteckbrett, ein Holzbrett mit 25 Vertiefungen (5 × 5 im Quadrat angeordnet) und passend dazu 25 Stecker in 5 Farben und 5 Größen, illustriert dieses Prinzip sehr gut: Das Steckbrett kann zur Übung der Feinmotorik verwendet werden, indem das Kind einfach die Stecker in die Vertiefungen steckt. Es lässt sich aber ebenso zum Sortieren und Unterscheiden von Größen und Farben einsetzen oder auch, um das Benennen von Größen und Farben zu üben. Diese vielfältige Verwendbarkeit ist nicht nur für die Eltern sparsamer. Sie trägt vor allem dem Prinzip Rechnung, das autistische Kind nicht durch eine unnötige Vielfalt an Sinneseindrücken zu verwirren. Beschränken Sie sich daher in erster Linie auf das angegebene Material und machen Sie das Kind damit vertraut!

Nützen Sie darüber hinaus Ihre Wohnung, die nähere Umgebung und Gegenstände des Alltags zur Entwicklungsförderung. Auch (oder gerade) beim täglichen Spaziergang kann man Dinge benennen, die man sieht (ein Auto, ein Bus etc.). Auf diese Weise werden der Wortschatz und die sprachlichen Fähigkeiten des Kindes ebenso gefördert wie beim Spiel mit den Lottotafeln. Viele der angeführten Spiel- und Übungsanleitungen verwenden daher auch Gebrauchsgegenstände aus dem Haushalt anstelle von Spielzeug, das im Handel erhältlich ist.

10.3 Wer soll mit dem autistischen Kind spielen und lernen?

Autistische Kinder lernen nicht von selbst. Was andere Kinder scheinbar mühelos im Alltag an Erfahrungen sammeln und an Kompetenzen erlangen, ist bei Autisten nur durch jahrelanges, kontinuierliches Entwicklungstraining zu erreichen. Voraussetzung ist in jedem Fall ein Erwachsener, der die Mühe auf sich nimmt, diese Fähigkeiten mit dem Kind durch Spiele und Übungen in liebevoller Weise zu erarbeiten. Es nützt nichts, dem autistischen Kind bloß pädagogisch sinnvolles Spielmaterial zur Verfügung zu stellen; dies hat in den meisten Fällen nur autistisches Hantieren oder die Zerstörung des Spielzeugs zur Folge.

Hier einige Beispiele:

> **Beispiel**
>
> Günther besucht einen Sonderkindergarten. In der Freispielzeit am Morgen hat er gelernt, sich selbständig ein Spiel zu holen. Meist sucht er sich dann sein Lieblingspuzzle heraus, das er schon allein zusammensetzen kann. Doch die Kindergärtnerin muss sich immer wieder neben ihn setzen und ihn freundlich ermuntern, ein weiteres Puzzleteil zu nehmen. Günther würde ohne diese Unterstützung vor der ausgeleerten Schachtel sitzen und in die Luft starren. Je länger dieser Zustand andauert, umso mühsamer ist es, seine Aufmerksamkeit wieder auf das Spiel zu lenken.

10.3 Wer soll mit dem autistischen Kind spielen und lernen?

Ganz anders Ludwig: Er benötigt ständige Anleitung beim Spiel, weil er sofort aufspringt und im Raum herumläuft, wenn er sich selbst überlassen wird.

Martin wiederum erweckt beim flüchtigen Hinsehen den Eindruck großer Geschäftigkeit: Er hebt ein Puzzleteil nach dem anderen auf, betrachtet es eingehend und legt es wieder hin. Doch seine Mutter weiß schon: Martin hantiert stereotyp. Auf dem Tisch liegt nach wie vor ein ungeordneter Haufen. Sie muss den Buben immer wieder freundlich auffordern, damit er mit dem Zusammenbau des Puzzles vorankommt.

Es fällt vielen Eltern autistischer Kinder schwer einzusehen, dass ihr Kind sich nicht so wie andere Kinder friedlich und sinnvoll selbst beschäftigt.

Beispiel

Verzweifelt wollte die Mutter eines 9-jährigen Autisten dieses Verhalten erzwingen: Sie versorgte ihren Sohn mit Spielmaterial, holte sich eine Illustrierte und wollte gemütlich darin lesen, während der Bub spielen sollte. „Spielen! Tu schön spielen!", sagte sie immer wieder im Befehlston zu ihrem Sohn. Doch der saß vor seinem Spielzeug und klopfte zwei Bausteine aufeinander. Wir besprachen mit der Mutter, was sie mit dem Kind gemeinsam Sinnvolles spielen könnte, und filmten sie schließlich in beiden Situationen – einmal, als sie nur lesend dabei saß, ein andermal, als sie sich mit dem Kind beschäftigte. Das Ergebnis war für die Mutter selbst erstaunlich: In der ersten Aufnahme erweckte der Junge den Eindruck, als ob er gar nichts könnte, bei der zweiten Sequenz konnte er mit Unterstützung der Mutter eine kleine Bildgeschichte in die richtige Reihenfolge bringen und jedes Bild mit einem einfachen Satz beschreiben.

Damit autistische Kinder die Spiele und die damit verbundenen Kompetenzen erlernen, ist **regelmäßiges Üben mit einem freundlichen Erwachsenen** notwendig. Von einer halben Stunde täglich profitiert das Kind mehr als von ganzen „Spielnachmittagen", die nur gelegentlich stattfinden.

Gerade diese Regelmäßigkeit bereitet Familien dann Probleme, wenn es ihnen schwer fällt, ihren **Tagesablauf zu organisieren.** Wir haben dieses Problem allgemein bei Eltern von Kindern mit bestimmten Lernschwierigkeiten gefunden, und zwar dann, wenn es mit der Planung und Durchführung der Hausübungen nicht klappte.

So sagte uns einmal eine Mutter, mit der wir einen Arbeitsplan ausarbeiten wollten, nach dem sie mit ihrem Sohn lernen sollte: „Ich kann keinen Plan machen, es ist ja jeden Tag anders." Im Gespräch stellte sich dann heraus, dass es ihr schwer fiel, gewisse Regelmäßigkeiten im Tagesablauf zu erkennen. Schon allein der Umstand, dass der Sohn jeden Tag eine andere Kombination von Fächern in der Schule hatte, brachte sie zur Verzweiflung: Wie sollte sie planen, wenn einmal Englischvokabeln, ein andermal eine Geografie-Wiederholung und am nächsten Tag Mathematik-Hausübung zu erledigen waren und daneben auch noch der Haushalt bewältigt werden musste? Es bedeutete ein Stück harter, gemeinsamer Arbeit, um ihr zu zeigen, wie sie all diese scheinbar unvereinbaren Ansprüche in einen vernünftigen Plan bringen konnte, der ihr zudem auch noch Zeit für ein wenig Entspannung ließ.

!
> Ein erster Schritt, um für das regelmäßige Spielen und Üben mit dem autistischen Kind Zeit zu schaffen, besteht daher immer in der Planung des Tagesablaufs und der gesamten Woche.

Ein weiterer wichtiger Punkt für den Erfolg des täglichen Trainings: Das Übungsprogramm muss von der **Hauptbezugsperson** des Kindes innerhalb der Familie durchgeführt werden, da sie die besten Chancen für die Entwicklung eines tragfähigen Vertrauensverhältnisses liefert. Meist wird dies die Mutter sein. Wir kannten aber auch eine Familie, in der die autistische Tochter zum Vater, der autistische Sohn zur Mutter die größte Bindung aufwies.

Diese Person wird zum Ko-Trainer des Kindes. Sie muss dazu aber Entlastung in anderen Bereichen erhalten, etwa bei der Hausarbeit, die z.B. von den übrigen Familienmitgliedern übernommen werden kann.

Außerdem gilt für die Ko-Trainer folgende wichtige Regel:

> Sie dürfen nur Übungen und Spiele durchführen, bei denen sie nicht die Geduld verlieren!

Die gemeinsamen Übungen sollen Kind und Erwachsenem zumindest einigermaßen Spaß machen. Es hat wenig Sinn, wenn Sie zwar täglich mit Ihrem Kind Rechnen üben, dabei aber jedes Mal nörgeln, kritisieren oder gar die Beherrschung verlieren. So erzeugen Sie bei Ihrem Kind Anstrengungsvermeidung: Es wird alles daransetzen, diesen unangenehmen Situationen auszuweichen.

Der gewünschte Erfolg stellt sich nur ein, wenn das Lernen und Spielen in entspannter Atmosphäre vor sich geht. Gelingt Ihnen das nicht, so ist es besser, Sie lassen das Kind mit einem anderen Betreuer üben und beschränken sich auf Bereiche, die Sie gerne übernehmen.

10.4 Einzel- oder Gruppentraining?

Die Arbeit in der Familie muss, wie in ➤ Kapitel 7 dargestellt, unbedingt durch den Besuch einer Institution ergänzt werden: Je nach Altersstufe sind dies (Sonder-)Kindergärten, integrative Spezialeinrichtungen für autistische Kinder, Integrationsklassen in Schulen u. a. m.

> Die Unterbringung und Förderung in einer Gruppe ist ein wesentlicher Bestandteil der Erziehung des autistischen Kindes, weil es dort lernt, mit anderen Kindern zu sprechen und zu spielen.

Gerade für Autisten ist es nicht leicht, sich angesprochen zu fühlen, wenn eine Mitteilung an die ganze Gruppe gerichtet ist. Dies lässt sich auch nur in einer Gruppe lernen.

Ein Beispiel:

Beispiel

Laura, ein autistisches Mädchen, besucht regelmäßig eine Gymnastikstunde, an der auch nicht-autistische Kinder teilnehmen. Am Anfang war es besonders schwierig, weil die Erzieherin jede Aufforderung an die Gruppe auch an Laura direkt richten musste. Die Anweisung „Wenn die Musik aus ist, setzen sich alle Kinder nieder!" bezog Laura nicht auf sich. Als die Musik aus war, saßen alle Kinder am Boden, nur Laura lief weiter herum. Mittlerweile versteht sie zumindest an manchen Tagen, dass auch sie mit „alle Kinder" gemeint ist. In der Kleinfamilie – Laura hat keine Geschwister – hätte sie diesen wichtigen Schritt nie so gut lernen können.

Ein weiteres Beispiel:

Beispiel

Albert, ein 12-jähriger Autist, besucht schon seit vielen Jahren nachmittags einen Sonderhort. Meist will er jedoch nur mit der Erzieherin spielen. Als sie gerade einmal keine Zeit hatte und ihn bat, sich an ein anderes Kind zu wenden, drehte er sich zur Gruppe und fragte laut: „Wer spielt mit mir?" Dies zeigt einen großen Fortschritt in seiner Entwicklung an.

Natürlich klappt das Zusammenspiel nur dann einigermaßen, wenn der **Spielpartner kein Autist** ist. Beim Memory-Spiel zwischen zwei Autisten kann es schon passieren, dass jeder für sich die Kärtchen umdreht und mit sich selbst spielt. Eine Gruppe, in der auch nicht-autistische Kinder untergebracht sind, bietet autistischen Kindern viele Möglichkeiten zum sozialen Lernen, die sie in der Familie nicht vorfinden.

> Die Betreuung in der Kindergruppe ergänzt das Einzeltraining, sie kann es aber nicht ersetzen.

Das bedeutet, dass das Kind zeitgerecht aus dem Kindergarten oder Hort abgeholt werden muss, damit es für die Übungen zu Hause nicht schon zu müde ist.

Auch in Sondereinrichtungen für autistische Kinder gibt es meist speziell ausgebildete Mitarbeiter und Mitarbeiterinnen, die die Kinder zu Einzelsitzungen aus der Gruppe nehmen. Das entlastet die Eltern zum Teil von der Trainingsarbeit, doch auch in diesen Fällen ist es notwendig, bestimmte Übungen in Absprache mit dem Therapeutenteam zu Hause regelmäßig durchzuführen. Wir konnten in unseren Untersuchungen feststellen, dass gerade das konsequente Training in der Familie zu besonders guten Entwicklungsfortschritten beim autistischen Kind führt.

> **!** Autisten haben große Probleme, etwas, das sie in einer Situation gelernt haben, in einer anderen Situation anzuwenden.

Wenn ein normal entwickeltes Kind z.B. das Einräumen des Spiel-Bechersatzes beherrscht, dann kann es diese neue Fertigkeit auch in einem anderen Zusammenhang, etwa bei den Großeltern im Garten. Das autistische Kind, das im Kindergarten problemlos den Bechersatz einräumt, wird das zu Hause nicht tun, wenn es nicht daran gewöhnt ist.

Oft sind Eltern enttäuscht: Die Kindergärtnerin hat ihnen doch stolz berichtet, dass ihr Sohn „Ball" sagen kann. Aber zu Hause ist ihm kein Laut zu entlocken. Manche Eltern reagieren darauf mit Eifersucht; sie meinen, das Kind verweigerte sich bei ihnen mit Absicht, weil es die Kindergärtnerin lieber mag. Andere verlieren schlicht den Glauben an solche Erfolgsberichte.

Die Arbeit im Kindergarten muss durch die Arbeit zu Hause ergänzt werden. Erst das gesamte Programm, die fachlich fundierte Betreuung in einer Gruppe, die Einzelsitzungen mit einer psychologisch und pädagogisch ausgebildeten Fachkraft **und** die täglichen Übungen zu Hause garantieren, dass das autistische Kind seine Fähigkeiten ausbildet und weiterentwickelt.

10.5 Wie spielt und lernt man mit einem autistischen Kind?

Wenn sehr gute Betreuungseinrichtungen zur Verfügung stehen, genügen in der Familie 15 bis 20 Minuten tägliches Üben an Wochentagen. An den Wochenenden muss das Programm, das sonst im Kindergarten oder Hort geboten wird, zeitlich ersetzt werden.

> **!** Sehr wichtig: Üben Sie keinesfalls stundenlang mit dem Kind!

Eine Einheit sollte maximal 20 bis 30 Minuten dauern, danach benötigt das Kind eine längere Pause zur Entspannung.

> **!** Die Auswahl der Spiele sollte den Fähigkeiten des Kindes angemessen sein.

Es hat wenig Sinn, Memory mit 50 Bildpaaren zu spielen, wenn sich das Kind nicht mehr als zwei oder drei Gegenstände merken und erinnern kann. Sollten Sie nicht genau wissen, was Sie Ihrem Kind in einem bestimmten Bereich zutrauen können, so fangen Sie mit der einfachsten Spielvariante an. Beherrscht das Kind diese mühelos, können Sie die Schwierigkeit steigern. Wenn das Kind zwei Bausteine aufeinanderstapeln kann, können Sie beginnen, Türme aus drei Steinen zu bauen, aber nicht vorher.

Beispiel

In einer Kindergruppe hatte Katja, ein autistisches Mädchen, die Anweisung erhalten, Perlen auf einer Schnur zu einer Kette aufzufädeln. Katja konnte noch nicht richtig mit Daumen und Zeigefinger zugreifen, was das Perlenauffädeln für sie zu einer Qual machte. Die Aufgabe war für sie so anstrengend, dass sie ihre Zähne fest aufeinander biss und zu knirschen begann. War der Faden einmal im Loch – eine ungeheure Leistung für das Mädchen –, so konnte sie ihn nicht so weit schieben, dass er auf der anderen Seite wieder herauskam. Die Betreuerin, die das Kind beaufsichtigte, versuchte Katja zu helfen, indem sie einfach selbst den Faden durchschob. Dabei konnte Katja jedoch nicht lernen, wie man es richtig macht.

Günstiger ist es in so einem Fall, die Aufgabe weniger schwierig zu gestalten: Da Katja so offensichtlich Probleme mit dem „Pinzettengriff", das heißt dem Zugreifen mit Daumen und Zeigefinger, hat, wäre es sinnvoll, diesen erst zu üben. Als nächsten Schritt könnte sie dann große Perlen auf fixe Stäbchen aufstecken. Dabei entfällt das anfangs noch sehr mühevolle Halten des Fadens. Das fixierte Stäbchen braucht sie nicht zu halten; sie kann sich erst einmal auf das „Fädeln" konzentrieren, also darauf, dass sie die Perle auch tatsächlich mit dem Loch auf den Stab aufsetzt. Wenn sie das beherrscht, kann sie lernen, in einer Hand das Stäbchen zu halten, mit der anderen Hand die Perle aufzustecken.

Als nächstschwierigere Übung könnte sie lernen, die Perlen auf einen Pfeifenreiniger aufzufädeln: Pfeifenputzer eignen sich gut als Übergang vom Stäbchen zur Schnur, weil sie zwar noch eine gewisse Festigkeit besitzen, aber bereits beweglich sind. Ein Pfeifenreiniger voll bunter Perlen lässt sich außerdem zu einem Armband biegen, das Katja zur Belohnung tragen darf. Erst der letzte Schritt ist das Auffädeln von Perlen auf eine Schnur.

Man sieht: Das Ziel dieser Bemühungen ist dasselbe wie in der oben geschilderten Situation; Katja soll lernen, Perlen auf eine Schnur aufzufädeln. Der Weg ist allerdings ein völlig anderer. Statt sie mit dem höchsten Schwierigkeitsgrad zu überfordern, werden kleine Stufen eingebaut, die gerade so hoch sind, dass Katja sie mit einem Schritt nehmen kann. So hat sie viele kleine Erfolge anstelle des ständigen Gefühls, die Aufgabe nicht bewältigen zu können. Wie jedes Kind verlieren nämlich auch autistische Kinder die Freude am Spielen und Lernen, wenn sie ständig Misserfolg haben!

Eltern und Erzieher autistischer Kinder, die sich zu sehr am Bild des normal entwickelten Kindes orientieren, neigen dazu, zu viel zu erwarten, wenn sie dem Kind etwas Neues beibringen. Stellt sich das erhoffte Ergebnis dann nicht bald ein, so verlieren sie die Geduld und glauben, dass alle Bemühungen sinnlos seien.

Gar nicht selten machen allerdings auch Eltern gesunder Kinder diesen Fehler, wenn sie keine Erfahrung mit Kleinkindern haben. Gerade beim Sprechen lernen kann man derart hohe Erwartungen oft beobachten.

_____ **Beispiel** _____

Der einjährige Markus läuft hinter der Mutter her und brabbelt: „Mamamam!" Die anwesende Großmutter freut sich: „Schau, er sagt schon Mama!" Doch die Mutter ist skeptisch, da er nicht klar und deutlich „Mama" sagte: „Na ich weiß nicht! Glaubst Du wirklich? Der meint doch nicht mich damit!"

Dabei ist es völlig unerheblich, ob der Kleine mit seinen Lauten schon bewusst die Mutter bezeichnet. Wichtiger ist, dass er die Silbenfolge „Mama" produziert, die Mutter sie gezielt auf sich beziehen kann und ihm dies durch ihre erfreute Reaktion auch zu verstehen gibt. Nur so werden Bedeutungen gelernt.

!
Ganz wichtig: Wenn Ihr Kind etwas Neues lernt, muss es das nicht sofort perfekt können!

Bringt man einem autistischen Kind etwas Neues bei, so wird das produzierte Verhalten anfangs noch sehr wenig Ähnlichkeit mit dem gewünschten Endergebnis haben. Das Kind wird außerdem noch sehr viel Unterstützung vom Erwachsenen benötigen. Aber jede noch so vage Annäherung an das Ziel muss freudig begrüßt und belohnt werden. Wenn das Kind die Aufgabe dann mit der Zeit immer besser erledigen kann, darf der Erwachsene anspruchsvoller werden.

_____ **Beispiel** _____

Robert, ein 5-jähriger Autist, kann noch nicht sprechen. Schwerpunkt der Entwicklungsförderung bildet daher das Sprachtraining. In den Einzelstunden übt die Psychologin mit Robert das Sprechen von einzelnen Lauten und einfachen Wörtern. Dazu zeigt sie ihm Bilder mit bekannten Gegenständen, die sie benennt, z.B. Ball, Haus, Banane. Zuerst gelingt es Robert nur, die Wortmelodie nachzuahmen, in der die Psychologin gesprochen hat. Einzelne Buchstaben oder Silben sind nicht herauszuhören. Doch auch dieses Imitieren der Wortmelodie, eigentlich eine Form der autistischen Echolalie, wird belohnt, weil es ein Schritt in die richtige Richtung ist! Einige Übungsstunden später ist Robert immerhin schon im Stande, Teile der Wörter zu flüstern: „Nane" statt „Banane" – ein großer Erfolg, der wiederum entsprechende Anerkennung findet. Mit zunehmender Übung gelingt es Robert immer besser, die gezeigten Bilder zu benennen. Entsprechend wachsen auch die Ansprüche der Psychologin: Für deutlich gesprochene Wörter gibt es eine Belohnung, das bloße Nachahmen der Wortmelodie oder ein undeutliches Flüstern reichen nun nicht mehr aus!

10.5.1 Handführung und andere Hilfen für das Kind

Autistische Kinder benötigen in den Anfangsphasen des Entwicklungstrainings meist sehr viel Unterstützung vom Erwachsenen. Vor allem jüngere Kinder, aber auch solche, die sehr spät mit dem Förderprogramm begonnen haben und daher noch stark in ihren Stereotypien und ihrem Rückzugsverhalten verfangen sind, müssen richtiggehend gesteuert werden, damit sie die notwendigen Handbewegungen auch tatsächlich ausführen.

Von sich aus würden autistische Kinder z.B. kaum einen Baustein in eine Schachtel legen. Dazu muss der Erwachsene erst die Hand des Kindes umfassen, damit den Baustein ergreifen, die Hand des Kindes samt Baustein über die Schachtel führen und es dafür loben. Oft ist es sogar noch nötig, die Finger des Kindes sanft vom Baustein zu lösen, damit dieser in die Schachtel fällt. Diese massive Unterstützung muss nach und nach zurückgenommen werden, denn das Kind soll schließlich lernen, die Tätigkeiten selbst auszuführen. Muchitsch (1990) beschreibt detailliert die einzelnen Schritte, wie die Handführung des Erwachsenen langsam gelockert und ausgeblendet wird:

- Die Hand des Therapeuten gibt die Hand des Kindes frei, sobald es den Baustein ergriffen hat, und lässt seine Hand nur noch locker auf dem Handrücken des Kindes liegen. Dies ist sehr wichtig, weil die meisten Kinder versuchen, den Baustein unterwegs fallen zu lassen oder wegzuschleudern. (…)
- Das Kind wird nur noch am Handgelenk geführt.
- Das Kind wird nur noch am Unterarm, dann am Ellbogen gehalten (Hebelwirkung!).
- Das Kind wird nur noch durch leichte Berührungen am Ellbogen und Unterarm gesteuert (in Gang gesetzt).
- Das Kind arbeitet allein, nur mit verbaler Hilfestellung und Zeigen.
- Das Kind arbeitet allein nur mit verbaler Hilfestellung: „Nimm und gib hinein!"
- Das Kind arbeitet vollkommen selbstständig. (Muchitsch, 1990, S. 31)

Bei jedem Schritt muss das Kind liebevoll gelobt werden!

Die freie Hand des Kindes (also die Hand, die es nicht zum Hantieren benötigt) sollte auf dem Tisch liegen, damit sie nicht für Hand- und Fingerstereotypien verwendet wird. Bei sehr unruhigen Kindern ist es notwendig, dass der Erwachsene die unbeschäftigte Hand des Kindes festhält. Dies geschieht entweder, indem er seine Handfläche auf die des Kindes legt oder die Hand des Kindes unter dem Tisch sanft hält.

> **!** Noch ein Tipp: Handführung und Ruhighalten der freien Hand sollten Sie gut üben, bevor Sie sie in der Spielsituation anwenden!

Beim Zeichnen ist es anfangs günstiger, wenn Sie sich hinter das Kind stellen. Umfassen Sie seine Schreibhand mit Ihrer Hand und führen Sie die Hand des Kindes. So können Sie das genaue Nachzeichnen einer Linie oder das Verbinden von Punkten besser steuern. Lockern Sie dabei Ihre Handführung nach und nach, wie es oben beschrieben ist. Wenn Sie feststellen, dass das Kind von sich aus beginnt, die Zeichenaufgabe auszuführen, können Sie sich wieder an Ihren gewohnten Platz am Tisch setzen.

Auch bei einigen grobmotorischen Übungen müssen Sie hinter dem Kind stehen und seine Armbewegungen durch Handführung kontrollieren, so etwa beim Werfen und Fangen eines Balls.

> **!** Natürlich dürfen das Halten und die Handführung nicht in einen Ringkampf zwischen Erwachsenem und Kind ausarten!

Beide Maßnahmen sollen dem Kind **Hilfe** und **Unterstützung** geben, keinesfalls sind sie zur Disziplinierung oder Bestrafung des Kindes gedacht. Damit sie wirkungsvoll eingesetzt werden, muss der Erwachsene die Handgriffe schnell und sicher beherrschen. Die Übungsaufgabe muss so gewählt sein, dass das Kind sie gut erfüllen kann. Danach wird die Hand sofort freigegeben und das Kind belohnt!

10.5.2 Wie reagiert man auf stereotypes Verhalten?

Autistische Kinder entwickeln charakteristische stereotype Bewegungsabläufe und Verhaltensweisen, die sie stundenlang ausführen, wenn sie nicht daran gehindert werden. Sie wirken dabei völlig entrückt und zufrieden; Unterbrechungen empfinden sie als grobe Störung, die nicht selten mit Wutanfällen, selbstschädigendem Verhalten oder Angriffen gegen den „Eindringling" beantwortet werden.

Eltern und Erzieher stehen diesen Stereotypien meist ratlos gegenüber: Einerseits erleben sie das ununterbrochene Auf- und Abdrehen des Lichtschalters, Öffnen und Schließen von Türen, das stereotype Abspielen der ewig gleichen Platte oder das monotone Im-Kreis-Laufen des Kindes als enorm belastend; andererseits haben sie die Erfahrung gemacht, dass sie dieses Verhalten nur mit Gewalt – und auch dann nicht immer zuverlässig – unterbinden können. Ein resigniertes Gewährenlassen des Kindes ist in vielen Fällen die Konsequenz.

───────── **Beispiel** ─────────
So fanden wir bei unseren Hausbesuchen einen autistischen Buben fast immer vor dem Plattenspieler, auf dem sich ständig dieselbe Platte drehte. Der Bub hockte in sich zusammengekauert vor dem Gerät und wippte zur Musik rhythmisch auf und ab. Die Mutter sah sich außerstande, das Kind aus diesem autistischen Rückzug herauszuholen. Sie hatte sich mit der Situation nicht nur abgefunden, sondern sogar Überlegungen angestellt, dass Musikhören eine sinnvolle Beschäftigung sei. Es war ihr nicht bewusst, dass ihr Sohn nicht aktiv zuhörte, sondern sich gegen die Außenwelt abschottete. Die vielen Stunden, die er so verbrachte, waren besonders schlecht genützte Zeit, weil er in diesen Phasen nichts aufnehmen oder lernen konnte.

Was sollen Eltern und Erzieher also tun? Muss stereotypes Verhalten doch verhindert werden? Auch dazu ein Beispiel aus unseren Erfahrungen:

───────── **Beispiel** ─────────
Armin, ein 9-jähriger autistischer Bub, hatte es sich zur Angewohnheit gemacht, den Kassettenrekorder zu holen, um seine bevorzugte Musikkassette einzulegen. Während das Band lief, betrachtete er fasziniert die Drehbewegungen der beiden Spulen. Dazu flatterte er mit den Armen und stieß immer wieder hohe, quietschende Laute aus. Als es den Eltern zu viel wurde, versuchten sie, Armin durch gutes Zureden zu bewegen, den Rekorder abzuschalten. Armin reagierte nicht darauf. Schließlich schaltete der Vater das Gerät ab. Der Bub war kurz irritiert, drückte aber sofort wieder auf „Play" und setzte sein Armflattern fort. Beim nächsten Versuch des Vaters, das Gerät abzuschalten, stürzte sich Armin mit einem hohen durchdringenden Ton auf den Rekorder. Es begann ein richtiger Kampf um das Gerät, in dessen Verlauf sich der Bub immer mehr in sein Schreien und Quietschen hineinsteigerte, bis sich die Eltern verzweifelt und resigniert zurückzogen.

Auf diese Weise lässt sich autistisches Verhalten nicht beeinflussen. Frau M. dagegen, die Mutter eines autistischen Jungen, hatte schon sehr früh eine Methode entdeckt, das stereotype Verhalten ihres Sohnes **sinnvoll** für ihre erzieherischen Bemühungen einzusetzen:

───────── **Beispiel** ─────────
Der Junge war zu dem Zeitpunkt im Vorschulalter und sollte verhaltenstherapeutisch auf den Schuleintritt vorbereitet werden. Frau M. führte die vorgesehenen Übungen gewissenhaft durch. Zur Belohnung verwendete sie Joghurt. Dennoch war es ein ständiger Kampf, weil der Sohn lieber stereotyp Türen in der Wohnung auf- und zumachte, als mit ihr an einem Tisch zu sitzen und Punkte zu senkrechten Strichen zu verbinden. Außerdem mochte er das Joghurt nicht immer. Süßigkeiten wollte sie ihm aus gesundheitlichen Gründen nicht geben. „Da habe ich eine Idee gehabt", erzählte sie uns später. „Ich habe ein Haus aus Legosteinen gebaut, mit vielen Türen." Dieses Haus setzte Frau M. nun ganz gezielt ein: Nach einem bestimmten, vorher vereinbarten Übungspensum durfte der Sohn nach Herzenslust die Türen des Lego-Hauses auf- und zumachen. Sie belohnte den Buben also damit, dass sie ihm seine Stereotypien zu gewissen Zeiten erlaubte!

Um den richtigen Umgang mit Stereotypien zu lernen, muss man sich erst einmal vergegenwärtigen, welche Bedeutung dieses Verhalten für das autistische Kind hat.

In vielen Fällen stellen stereotype Verhaltensweisen ein Mittel zur Entspannung, zum **Erregungsabbau** dar. Autisten reduzieren ihr ständig hohes Aktivierungsniveau durch solche wiederkehrenden Bewegungen. Sie kapseln sich damit gegen Umwelteinflüsse ab, beruhigen und entspannen sich. Das erklärt, warum sie in diesen Phasen so zufrieden, in sich eingesponnen und glücklich wirken. Zugleich gibt das stereotype Verhalten durch seine Monotonie und Vorhersehbarkeit eine gewisse **Sicherheit.**

Wie schon in > Kapitel 3.12 ausgeführt, sind Stereotypien oft auch Bewältigungsformen für Situationen, die ursprünglich Angst auslösend waren: Der Angst vor dem Wasser wird mit stereotypem Pritscheln begegnet, der Angst vor der Dunkelheit durch das Lichtschalterspiel. Autisten neigen dazu, Kompetenzen, die sie sich einmal angeeignet haben, in weiterer Folge stereotyp anzuwenden. Um es in einem Bild auszudrücken: Hat ein autistisches Kind eine Stufe erreicht, so bleibt es, beglückt über diese Leistung, darauf stehen – es sei denn, ein freundlicher Erwachsener sorgt dafür, dass es auch die nächste Stufe in Angriff nimmt.

Wir haben in unseren Untersuchungen festgestellt, dass eine stabile Bindung und eine freundliche Beziehung zwischen dem autistischen Kind und einem verantwortlichen Erwachsenen (Eltern, Erzieherin etc.) unbedingte Voraussetzungen für den Aufbau des Erkundungssystems darstellen. Das Bestrafen oder gewaltsame Unterbinden der Stereotypien beeinträchtigt aber die Qualität dieser Beziehung und wirkt sich damit langfristig negativ auf die Entwicklung des Kindes aus. Genauso ungünstig ist es, das Kind einfach in seinen Stereotypien verharren zu lassen, weil es auf diese Art keine neuen Kompetenzen erwirbt.

Frau M. hatte mit dem Einsatz von Stereotypien als Belohnung die Lösung für ein Problem gefunden, das Autismustherapeuten schon lange beschäftigt. Unter dem Titel **„Verstärkerproblem"** nahm es in der einschlägigen Literatur lange Zeit breiten Raum ein. In der Verhaltenstherapie wird ein häufigeres Auftreten erwünschten Verhaltens nämlich unter anderem dadurch erreicht, dass man das Verhalten durch Belohnungen verstärkt. Der Erfolg dieser Methode hängt unter anderem davon ab, wie groß der Anreiz der in Aussicht gestellten Belohnung, des gewählten Verstärkers ist. Üblicherweise werden entweder materielle Verstärker (Geld, Süßigkeiten) oder soziale Verstärker (Zuwendung, Lob, Lächeln) verwendet. Bei autistischen Kindern ergibt sich nun das Problem, dass sie infolge ihrer Kontaktstörung auf Lob oder Zuwendung zunächst einmal nicht reagieren. Süßigkeiten oder andere Essverstärker haben den Nachteil, dass sie sehr leicht zu stereotypen Gewohnheiten werden. Viele Autisten essen ohnedies unmäßig viel und leiden deshalb an Übergewicht.

Die oben geschilderte Strategie, stereotypes Verhalten als Belohnung für erwünschtes Verhalten zu erlauben, gibt Eltern und Erziehern die Möglichkeit, ihr autistisches Kind wirkungsvoll zu belohnen.

Involvierungstherapie

In den letzten Jahrzehnten haben verschiedene Therapeuten und Autismusforscher die Methode der Belohnung durch das gezielte Erlauben der Stereotypien entdeckt und beschrieben (z.B. Sugai & White, 1986; Schopler, Lansing & Waters 1987; Muchitsch, 1990; Poustka et al., 2008). Dies ist besonders in der Anfangsphase der Therapie wichtig. Sobald das Kind durch das von uns entwickelte Interaktionstraining gelernt hat, auf soziale Zuwendung zu reagieren, tritt das Belohnen mit Stereotypien in den Hintergrund.

Muchitsch (1990) etwa hat auf dieser Grundlage die „Involvierungstherapie" entwickelt. Sie unterscheidet **drei Ebenen von Stereotypien:**

- Zu Ebene 1 zählen alle selbst-stimulatorischen Handlungen, wie Fingerwedeln oder Armflattern, aber auch stereotype Laute, die Autisten von sich geben.
- Unter Ebene 2 fasst sie die stereotypen Bewegungsabläufe im Raum zusammen: im Kreis laufen, von einer Wand zur anderen laufen und sie beklopfen u.Ä.
- Ebene 3 beinhaltet stereotype Handlungen mit Objekten, wie z.B. das Beriechen von Gegenständen, das Auf- und Abdrehen von Lichtschaltern oder das Spiel mit Schlüsseln und Jalousien. Die letzte Gruppe, die so genannten objektgerichteten Stereotypien, stellen die autistische Form der Auseinandersetzung mit der Umwelt dar. Sie sind der Zugang, den das autistische Kind zu unserer Welt gefunden hat.

Bemerkenswert ist, dass Autisten bei ihren Stereotypien durchaus imstande sind, genaue Wahrnehmungen mit komplizierten Handlungsfolgen zu verbinden, auch wenn sie sonst nicht auf Reize zu reagieren und handlungsunfähig zu sein scheinen. Sie sind oft erstaunlich geschickt im Drehen und Kreiseln unterschiedlichster Gegenstände, gibt man ihnen aber einen Baustein in die Hand, so können sie ihn kaum festhalten.

Mit der Involvierungstherapie versucht Muchitsch dieses **Handlungsrepertoire des autistischen Kindes therapeutisch sinnvoll einzusetzen.** Sie schaltet sich in das autistische System des Kindes ein, indem sie es kurz berührt, während es mit einer objektgerichteten Stereotypie beschäftigt ist: „Während Andreas, der vorher bei jeder Berührung wegzuckte und schrie, den Schlüssel drehte, wehrte er sich kaum dagegen, er lässt es zu, dass ich seinen Arm, seine Hand berühre und mit seiner Hand den Schlüssel drehe." (a.a.O., S. 21) Zugleich bahnt die Therapeutin auch **Blickkontakt** an. Ziel dieser Phase ist es, dass das Kind den Kontakt mit der ihm nicht vertrauten Therapeutin erträgt, ohne einen Schrei- oder Wutanfall zu bekommen.

Der nächste Schritt besteht im **Vorschalten einer sinnvollen Tätigkeit.** Das Kind, das zuerst nur den Schlüssel gedreht und weggeworfen hat, muss eine sinnvolle Handlung ausführen, bevor es wieder drehen darf. Es lernt etwa, den weggeworfenen Schlüssel aufzuheben und ins Schloss zu stecken. Die sinnvollen Handlungen werden zeitlich nach und nach ausgeweitet, so dass das Kind immer länger durchhalten lernt, bis es wieder seinen Stereotypien nachgehen darf.

Schließlich wird das **stereotype Verhalten verlagert** (der Schlüssel, der zuerst am Boden gedreht wurde, darf nur mehr auf dem Tisch gedreht werden) oder auf bestimmte Bedingungen eingeengt (es darf z.B. nur mit der Jalousie in einem bestimmten Zimmer gespielt werden, aber nicht überall in der Wohnung).

Muchitsch hält es für besonders wichtig, dass das Kind nicht vorzeitig aus der Situation davonläuft. Der Erwachsene muss das Signal zum Aufstehen vom Tisch geben. Damit dieses Prinzip eingehalten werden kann, müssen die Anforderungen vor allem bei sehr schwierigen Kindern anfangs möglichst gering gesetzt werden: „Andreas durfte, nachdem zwei Bausteine in die Schachtel befördert waren, aufstehen. Er sprang vor Vergnügen und ging gleich wieder zu seiner Jalousie. In der ersten derartigen Übungsstunde machten wir zwanzig Übungsdurchgänge. In der nächsten Übungssitzung hatte Andreas bereits verstanden (dass er erst aufstehen durfte, wenn ihm die Therapeutin dies erlaubte)" (a.a.O., S. 27).

Das Belohnen durch gezieltes Erlauben der Stereotypien nach einer erfolgreichen Aufgabenbewältigung ermöglicht noch einen weiteren wichtigen Schritt: **Abkehr von der ursprünglichen, die Stereotypie auslösenden Situation.**

Durch die Einbeziehung des Lego-Hauses anstelle der Türen in ihrer Wohnung gelang es der Mutter in dem oben dargestellten Beispiel, ihren Sohn an den Arbeitstisch zu gewöhnen und ihn dort zu halten. Dieser Lernprozess ist ein ganz entscheidender, ermöglicht er doch die Hinführung des Kindes zu konzentrierter Beschäftigung und schulischem Lernen.

So beschreibt etwa auch Muchitsch, dass sie das Lichtschalterspiel durch ein Schalterbrett mit Lampen in den Farben Rot, Grün, Gelb und Blau ersetzen konnte. Das Schalterbrett wurde von den Kindern nach kurzem Kennenlernen gut als Verstärker angenommen und unterstützte außerdem die Übungen zur Farbunterscheidung.

Schopler empfiehlt ebenfalls ein derartiges schrittweises Vorgehen für die Ablösung stereotyper Tätigkeiten mit Gegenständen. Er geht in seiner Darstellung von folgendem Problem aus: Jan, ein autistisches Kind, konnte sich nicht von einem bestimmten Gegenstand, einem Spielzeug-Lastwagen, trennen. Er trug ihn daher immer mit sich herum. Schoplers Ratschläge:

„Stellen Sie ein rotes Tablett oder ein viereckiges Stück rotes Papier auf den Tisch an Jans Platz und eine Dose mit Seifenblasen an Ihren. Bringen Sie ihm dann schrittweise bei, seinen Lastwagen auf dem roten Feld abzustellen, bevor er Seifenblasen fangen darf.

1. Führen Sie seine Hand mit dem Lastwagen sanft zu dem roten Feld und halten Sie sie dort fest, während Sie Seifenblasen erzeugen, die er mit der Hand platzen lässt.
2. Lassen Sie seine Hand nun los, während er mit der anderen Hand die Öse mit der Seifenlauge hält und Sie blasen lässt.
3. Schieben Sie das rote Tablett ein Stück fort, so dass es ca. 10 cm vom ursprünglichen Platz ent-

fernt steht, während Sie weiterhin Seifenblasen erzeugen.
4. Schieben Sie das rote Tablett mit dem Lastwagen schließlich 20 cm weit fort, so dass es außerhalb des „Arbeitsplatzes" steht. Geben Sie Jan eine kurze Aufgabe und – sobald er sie beendet hat – schieben Sie den Lastwagen zurück in seine Reichweite. (Schopler u. a., 1987, S. 240)

Auf diese Weise konnte Jan sich langsam daran gewöhnen, auf seinen Lastwagen zu verzichten.

> **!**
> Stereotypien sind Verhaltensweisen, die Autisten gerne und freiwillig ausführen. Werden sie nicht verboten oder bestraft, sondern als Belohnung nach einer Lernanstrengung bewusst zugelassen, so signalisiert der verantwortliche Erwachsene, dass er das Kind und seine Besonderheiten versteht und akzeptiert.

Diese positive Einstellung macht es auch den Eltern und Erziehern leichter, stereotypes Verhalten zu ertragen, weil sie es sinnvoll verwerten können. Zugleich stärkt sie aber auch die Beziehung zum Kind, das sich besser verstanden fühlt.

Nicht alle Stereotypien, die ein autistisches Kind anbietet, eignen sich als Verstärker. Als Faustregel gilt: Es sollte möglichst ein stereotypes Verhalten mit Gegenständen sein, weil das schon eine einfache Form der Auseinandersetzung mit der Umwelt darstellt. Es sollte außerdem ein Verhalten sein, das sich auf bestimmte Situationen beschränken oder an den Tisch verlegen lässt. Das Jalousienspiel z.B. lässt sich auf eine bestimmte Jalousie in der Wohnung eingrenzen. Das Kind lernt, dass es sein Spiel spielen darf, wenn es eine Übung bewältigt hat, gleichzeitig lernt es aber auch, dass nicht alle Jalousien, sondern nur eine ganz bestimmte dafür zur Verfügung steht.

Einige Stereotypien lassen sich gut auf den Tisch transferieren, wie z.B. das Kreiseln von Gegenständen oder das Rollen von Bleistiften.

Stereotypien, die nur der Selbststimulation dienen, sind weniger gut geeignet. Beim rhythmischen Wippen, Wiegen oder Armflattern schließt das Kind die Umwelt völlig aus. Das kann entspannend sein; man kann es auch zeitweise tolerieren, aber es sollte nicht als Belohnung für eine Lernanstrengung gewählt werden.

10.5.3 Blickkontakt und modulierte Sprache: So wird das Kind lernbereit

Solange ein autistisches Kind nur mit stereotypem Verhalten beschäftigt ist oder gar nichts tut, weil es sich in sein „Schneckenhaus" zurückgezogen hat, kann es Informationen von außen nicht aufnehmen. Eine weitere wichtige Regel für die Arbeit mit autistischen Kindern lautet daher:

> **!**
> Bevor Sie eine Aufforderung an das Kind richten, sollten Sie sich vergewissern, dass es aufmerksam ist.

Um die Aufmerksamkeit des Kindes auf die Spielsituation zu lenken, stellen Sie am besten **auf nette Weise Blickkontakt** her, wobei Sie vor allem auf einen **freundlichen Tonfall** und **liebevolle Mimik** achten sollten.

Das Kind sollte Sie ansehen, bevor Sie ihm ein Spiel erklären oder mitteilen, was Sie von ihm wollen. So kann das Kind hören, was Sie sagen, zugleich aber auch Ihre Mundbewegungen wahrnehmen: Die Botschaft wird sozusagen auf zwei Kanälen gleichzeitig gesendet.

Der Blickkontakt hat aber auch noch eine andere wichtige Funktion. Er signalisiert dem Kind, dass ein vertrauter Erwachsener da ist, keinerlei Gefahr besteht und es sich ohne Angst an die Erkundung seiner Umwelt wagen darf. Das bedeutet natürlich, dass Sie sehr darauf achten müssen, auf welche Weise Sie Blickkontakt herstellen. Wir haben die abenteuerlichsten Varianten erlebt:

Bei Menschen, die keine Erfahrung mit autistischen Kindern haben, ist der militärische Kommandoton besonders häufig und weit verbreitet: „Anschauen!" Das wird laut und monoton wiederholt, auch wenn der Erfolg sich offensichtlich nicht einstellen will. In einigen Fällen wurde dieses Kommando durch eine schraubstockartige Umklammerung ergänzt. Das Kind wurde am Kopf gepackt und mit Gewalt in die gewünschte Richtung gedreht. „Jetzt schau mich endlich an!" Dazu kräftiges Beuteln am Kinn – und dergleichen mehr.

Solch autoritäre Maßnahmen ergreifen Menschen meist dann, wenn Sie sich hilflos fühlen. Sie haben den Eindruck, dass alle ihre Bemühungen vergebens sind. Wer erlebt hat, wie mühsam der Umgang mit einem autistischen Kind sein kann, wird diese resignierte, verzweifelte Haltung gut nachempfinden können. Zur Nachahmung wird sie allerdings nicht empfohlen!

Wie soll man es denn machen? Autistische Kinder bieten von sich aus immer wieder Blickkontakt an, der jedoch vom Erwachsenen sehr oft nicht wahrgenommen wird, da er mit Zeitverzögerung erfolgt. Damit wird der Blick vom Erwachsenen auch nicht erwidert, wie wir in unseren Videoanalysen feststellen konnten.

Daher ein erster Hinweis: **Lassen Sie dem Kind Zeit!** Schaffen Sie eine angenehme Atmosphäre und beobachten Sie in Ruhe die Kontaktangebote Ihres Kindes. Reagieren Sie möglichst auf jeden noch so verstohlenen Blick mit einem freundlichen Lächeln.

Für die Übungseinheiten kann man außerdem ein sprachliches Signal verwenden, sozusagen einen Code, der den Beginn der Übung ankündigt und die Aufmerksamkeit des Kindes darauf lenkt: „Michael, schau mich an!" Dieser Signalsatz muss mit freundlicher Betonung gesprochen werden. Er kann auch in einer Art Sprechgesang vorgebracht werden, denn viele Autisten reagieren gut auf gesungene Anweisungen.

Sobald das Kind Sie ansieht, ist es bereit, am Spiel teilzunehmen: Nun können Sie die Spielanweisungen geben. Versuchen Sie dabei, **in kurzen, einfachen Sätzen** und **moduliertem Tonfall** zu sprechen! Komplizierte Formulierungen verstehen Autisten nicht (z.B.: Sagen Sie nicht: „Ich möchte, dass Du aus allen diesen Bausteinen sämtliche roten Steine heraussuchst!", sondern einfach und klar: „Gib mir bitte die roten Bausteine!").

Obwohl die Sätze einfach sein sollen, müssen sie grammatikalisch korrekt sein, damit das Kind richtig sprechen lernt. Manche Erwachsene verwenden die Nennform, weil sie glauben, eine verstümmelte Ausdrucksweise mache sie besser verständlich. Etwa so: „Anziehen! Pauli Schuhe anziehen!" Die geforderte Tätigkeit wird dann oft noch monoton wiederholt: „Anziehen! Anziehen! Anziehen! Anziehen!" Günstiger wäre aber: „Pauli zieht die Schuhe an."

Beispiel

Ein autistischer Junge sitzt neben seiner Mutter und klopft stereotyp zwei Bausteine aneinander. Die Mutter will, dass er mit den Bausteinen einen Turm baut. „Spielen! Spielen! Tu schön spielen!", sagt sie monoton zu ihm und hofft, dass ihre Anweisung zu dem gewünschten Ergebnis führt. Der Junge hat aber keine Ahnung, was die Mutter mit „spielen" meint, also verlegt er sich auf seine stereotypen Verhaltensweisen, die ihm Sicherheit geben. Eine genaue Spielanleitung wäre günstiger: „Wir bauen einen Turm!" „Jakob nimmt einen Stein." (Mit Handführung unterstützen, wenn das Kind es noch nicht selbst kann) „Wir legen den Stein auf den Tisch." „Jetzt nimmt Jakob noch einen Stein. Den tun wir da drauf.", usw.

Kompliziertes, monotones Gerede bildet nur eine unangenehme Geräuschkulisse, gegen die sich das autistische Kind abschotten muss. Klare und einfache Sprache dagegen, mit freundlicher Betonung gesprochen, erreicht die Aufmerksamkeit des Kindes. Es kann das Gesagte wahrnehmen und verstehen.

10.5.4 Belohnung muss sein!

Bei erfolgreicher Bewältigung einer Übungsaufgabe muss das Kind belohnt werden. Wie wir schon im ➤ Kapitel 10.5.2 („Wie reagiert man auf stereotypes Verhalten?") ausgeführt haben, bewährt sich gerade bei Autisten die Methode der **Belohnung mit Stereotypien.** Das Kind darf eine bestimmte, vorher festgesetzte Zeit mit seiner bevorzugten stereotypen Tätigkeit verbringen (z.B. Lichtschalter betätigen, Kreisel drehen, Türen auf- und zumachen). So können Stereotypien, die für die Eltern oft lästig und enervierend sind, zum Kompetenzerwerb eingesetzt werden.

Wenn das Kind durch unser Interaktionstraining gelernt hat, auf Zuwendung zu reagieren, belohnt man besser mit so genannten **sozialen Verstärkern.** Dazu gehören z.B. ein freundliches Wort oder die gemeinsame Freude von Erwachsenem und Kind über ein Arbeitsergebnis (z.B.: „Das ist aber schön geworden! Super!").

„Muss ich ihn/sie denn jedes Mal loben, wenn er/sie etwas gekonnt hat? Auch dann, wenn es ganz leicht war?", fragen Eltern oft in der Beratung. Vielen fällt es schwer, in Begeisterung zu verfallen, weil das Kind eine Aufgabe gelöst hat, die ihnen sehr einfach erscheint. Die Antwort kann nur sein: „Ja!"

Das Beispiel eines Betreuers, der an unserem Video-Interaktionstraining teilnahm, ist typisch für

10.5 Wie spielt und lernt man mit einem autistischen Kind?

diese Schwierigkeit: Als wir uns mit ihm gemeinsam eine Videoaufnahme einer Hausaufgabensituation anschauten, fanden wir sehr bald heraus, dass er ausschließlich Fehler kritisierte, aber niemals eine richtige Lösung lobte. Die Aufnahme war sehr eindrucksvoll: Jedes Mal wenn er „Nein, das ist falsch!" sagte, biss sich das Kind in die Hand, schlug mit dem Kopf gegen die Wand oder riss sich an den Haaren. Dieser Zusammenhang war so offensichtlich, dass er auch dem Betreuer auffiel.

Wir vereinbarten für die nächste Trainingssitzung, dass er stärker auf gelöste Aufgaben achten und diese loben sollte. Doch es wollte zunächst nicht so recht klappen, das besprochene Lob kam nicht über seine Lippen. Ein weiteres Gespräch brachte schließlich die Erklärung: Die Aufgaben erschienen ihm zu einfach, ihre Bewältigung war in seinen Augen keine Leistung! „Ich kann ihn doch nicht loben, wenn er zu 24 eins oder zwei dazuzählt", meinte er. „Das muss er doch in seinem Alter schon längst können!" Er verglich das Kind mit gleichaltrigen Kindern, deren Leistungsstandard in Rechnen es natürlich noch nicht erreicht hatte. Dabei übersah der Betreuer aber, dass das Kind sich langsam verbesserte, an manchen Tagen sogar fehlerlose Rechen-Übungsblätter vorweisen konnte.

> **!**
> Das Leistungsmaß für autistische Kinder ist nicht die Gruppe der Gleichaltrigen, sondern das, was das Kind dazugelernt hat, anders ausgedrückt, der individuelle Fortschritt des einzelnen Kindes!

Mit dieser neuen Sichtweise gelang es dem Betreuer schließlich, eine Strategie für das Loben zu entwickeln, mit der er sich anfreunden konnte: Er lobte zwar nicht das Dazuzählen von 1 oder 2, aber wenn das Kind 3, 4 oder mehr richtig addierte, gab es ein dickes Lob!

Es ist erstaunlich, wie gut autistische Kinder – trotz ihrer Kontaktstörung – nach einem entsprechenden Training auf solche sozialen Verstärker ansprechen. Sind sie erst einmal daran gewöhnt, so warten sie schon darauf, dass sich der Erwachsene über eine gute Leistung freut und sie lobt. Bei Kindern, die schon länger in Betreuung sind, kann man beobachten, dass sie beginnen, sich selbst zu loben – ein wichtiger Schritt, um unabhängig von anderen Leistung zu erbringen.

Bei Personen, die ihnen vertraut sind, reagieren autistische Kinder aber nicht nur auf sprachliches Lob. Ist einmal die Bindung hergestellt, mögen sie es zur Überraschung so mancher Experten auch, wenn sie zur Belohnung gestreichelt oder getätschelt werden.

Auch andere Formen **körperlicher Zuwendung,** wie z.B. freundliches Kitzeln, erfreuen sich großer Beliebtheit. Ein 12-jähriger Autist mochte es besonders gern, wenn der Betreuer mit ihm eine Kissenschlacht veranstaltete. Mit der Aussicht auf dieses Vergnügen ließ er sich sogar an Tagen zum Arbeiten überreden, an denen er überhaupt keine Lust auf Hausaufgaben oder Lernen hatte.

Bei älteren Kindern kann man mit so genannten **Gutscheinprogrammen** arbeiten: Für eine erfolgreich bewältigte Aufgabe gibt es einen Bonus in Form von Sternchen, Chips oder lustigen Stempeln. Eine bestimmte Anzahl dieser Gutscheine (etwa 5 oder 10) darf dann gegen ein Geschenk oder eine Vergünstigung (Eis, Schwimmen gehen, oder was das Kind sonst gerne mag) eingetauscht werden. Die Gutscheinprogramme haben den Vorteil, dass für eine angenehme Sache eine längerfristige Anstrengung unternommen werden muss. Das Kind lernt, die Bonuspunkte zu sammeln und für ein erwünschtes Ziel zu sparen. Selbstverständlich muss der „Wechselkurs" so gewählt werden, dass die Belohnung in einer **überschaubaren Zeit** (d. h. in einigen Tagen) erreicht werden kann. Wenn es Wochen dauert, bis das Kind genügend Gutscheine beisammen hat, verliert das Programm seinen belohnenden Effekt.

Die folgende Schilderung eines Praktikanten zeigt, wie ein solches – schon recht ausgefeiltes – Gutscheinprogramm im Sonderkindertagesheim der Stadt Wien für autistische Kinder eingesetzt wird:

Beispiel

„An einer großen Pinnwand im Gruppenraum sind vertikal die Namen der Kinder auf Kärtchen geschrieben, horizontal die Wochentage. Jedes Kind hat nun jeden Tag Gelegenheit, bis zu 4 verschiedenfarbige Pins (Stecker) zu sammeln. Den 1. Stecker erhält es für ordentliches Benehmen beim Mittagessen, den 2. für eine sorgfältig gemachte Hausaufgabe, den 3. für eventuell bearbeitete Übungsblätter und den 4. für problemloses Verhalten in der Freizeit. Ob

einem Kind ein Pin zugesprochen wird oder nicht, liegt im Ermessen der Erzieherin. (…) Ein Kind hat die Möglichkeit, bis zu 19 Pins pro Woche zu sammeln; 19 deshalb, weil der Freitag von der sonstigen Routine ausgenommen und aufgabenfrei ist. An Freitagen steht meist etwas Außergewöhnliches auf der Tagesordnung. Beispielsweise gingen wir einmal in ein nahegelegenes Lokal, zweimal waren wir im Hallenbad schwimmen und vor Weihnachten besuchten wir den Christkindlmarkt.
Bedingung für die Teilnahme an diesen sehr beliebten Ausflügen ist ein Minimum von 10 gesammelten Pins in der abgelaufenen Woche. Kann ein Kind dieses Limit nicht erreichen, muss es im Tagesheim bleiben. Aus diesem Beweggrund setzen die Kinder natürlich alles daran, die erforderlichen zehn Stecker zu schaffen; ein Blick auf die Pinnwand genügt, um zu wissen, was noch zu tun ist." (Sattler 1992, S. 14)

Zusätzlich konnten die Kinder für besonders gut erledigte Aufgaben Chips verdienen, die sie am Ende der Woche gegen diverse Gegenstände (Bonbons, kleine Spielzeuge etc.) eintauschen durften. Die Kinder lernten auf diese Weise, angenehme Konsequenzen durch ihr eigenes Verhalten aktiv herbeizuführen.

10.5.5 Hilfen bei Leistungstiefs und anderen Rückschlägen

Autisten benötigen viele Übungsdurchgänge, um etwas zu erlernen, wobei man immer wieder auf Rückschläge gefasst sein muss, die mit der Tagesverfassung zusammenhängen. Dann kann es vorkommen, dass das Kind selbst bei schon gut eingeübten Spielen versagt. Das bedeutet aber **nicht,** dass das Kind alles verlernt hat, sondern nur, dass es ihm an diesem Tag nicht so gut geht. Der verantwortliche Erwachsene sollte in solchen Fällen das Spiel etwas **vereinfachen** (z.B. weniger Bildpaare beim Memory, ein Puzzle mit 12 statt 15 Teilen) und liebevolle Unterstützung geben, damit scheinbar Verlerntes wieder aktiviert werden kann.

An solchen Tagen ist es besonders wichtig, die Übung in möglichst **kleine Teilschritte** zu zerlegen.

Wenn notwendig, erhält das Kind für jeden Schritt Unterstützung, sei es durch Handführung oder durch sprachliche Anleitung, was als Nächstes zu tun ist:

Beispiel

Peter etwa ist manchmal so in sich zurückgezogen und lethargisch, dass er sogar zu essen vergisst. Dann sitzt er bei Tisch vor dem vollen Teller und träumt vor sich hin. Seine Mutter kommentiert dann alles, was er tun soll, freundlich: „Der Peter nimmt das Brot in die Hand", „Peter beißt ab", „Peter kaut sein Brot", „Peter schluckt hinunter."

Ältere autistische Kinder übernehmen diese Art des Kommentierens und beginnen, sich selbst Anweisungen zu geben, mit denen sie ihr Verhalten steuern. Martin, ein recht gut begabter autistischer Bub, ermahnt sich selbst gerne: „Hol jetzt Deine Schultasche", fordert er sich auf und marschiert in die Garderobe hinaus. Als er mit der Schultasche auf den Knien beim Tisch sitzt, sagt er sich: „Nimm Dein Heft heraus!" Er holt das Heft heraus und beginnt zu schreiben. Eine Weile ist nichts von ihm zu hören. Plötzlich hält er inne, betrachtet das Geschriebene und meint: „Schreib schöner!"

Etwas Wichtiges ist in diesem Zusammenhang zu beachten: Bei Martin ist gut zu sehen, dass er sich tatsächlich Anweisungen gibt, da er sie dann auch ausführt. In anderen Fällen kann das Kommentieren ein bloßes stereotypes Sprachverhalten sein. Die Sätze sind dann leere Floskeln ohne verhaltenssteuernde Funktion.

Das war z.B. bei Benni der Fall, der seine Übungen immer wieder unterbrach, ins Leere starrte und dazu mit hoher, monotoner Stimme wiederholte: „Warum muss ich die Aufgabe machen? Dass ich gescheit werde!" Ohne Unterstützung durch einen Erwachsenen, der Bennis Aufmerksamkeit wieder auf die Aufgabe lenkt, würde er in diesem autistischen Rückzug verharren und die Sätze endlos wiederholen (autistischer Pseudodialog).

Die Methode der kleinen Schritte bewährt sich auch gut bei der Bewältigung schulischer Anforderungen. Bernhard, der die 4. Klasse einer Sonderschule besucht, macht zwar bei Diktaten wenig Fehler, doch das Auswendiglernen von Gedächtnisübungen bereitet ihm große Schwierigkeiten. Heute geht es wieder besonders schlecht: Als er auch nach vielen Wiederholungen die einzelnen Sätze noch immer nicht richtig wiedergeben kann, wird er aufgeregt und zornig. Die Erzieherin beruhigt ihn mit freundlichen Worten und streichelt ihm den Rücken. Nach einer kurzen Pause setzt sie das Einlernen fort, verlangt aber nur mehr den ersten Satz, den Bernhard auch bald richtig wiederholen kann. Den Rest der Aufgabe wird er sich zu einem späteren Zeitpunkt vornehmen.

10.5.6 Anstrengungsvermeidung bei autistischen Kindern

Eltern und Erzieher autistischer Kinder neigen nicht selten dazu, solche Leistungseinbrüche, die durch die Tagesverfassung bedingt sind, als Nichtwollen des Kindes zu interpretieren. Natürlich finden sich bei Autisten, so wie bei anderen Kindern auch, immer wieder Situationen, in denen sie einfach keine Lust zum Lernen und Üben haben. Vor allem ältere autistische Kinder verfügen oft über ein bemerkenswertes Repertoire an Strategien, um einer unangenehmen Anforderung auszuweichen. Es gelingt den Kindern erstaunlich gut, beim fordernden Erwachsenen Resignation und Hilflosigkeit zu erzeugen. Anstrengungsvermeidung, wie Rollett dieses Verhalten nennt, muss aber sehr sorgfältig vom oben beschriebenen, tagesbedingten Nichtkönnen autistischer Kinder unterschieden werden.

Wie viel Erfahrung und Geschick es erfordert, um derartige Situationen rechtzeitig zu erkennen und gegenzusteuern, zeigt das folgende Beispiel:

─────── **Beispiel** ───────

Toni soll in sein Heft Wörter schreiben, bei denen er häufig Fehler macht. Er schreibt und bricht dabei absichtlich den Bleistift ab. Es ist zu sehen, wie er sich Mühe gibt und seine ganze Kraft aufwendet, damit die Spitze bricht. „Abgebrochen, Spitzer holen", sagt er zur betreuenden Psychologin, die neben ihm sitzt. Er steht auf, holt den Spitzer, spitzt den Bleistift, trägt den Spitzer wieder zurück auf seinen Platz. Beim nächsten Wort, das er schreibt, bricht er wieder absichtlich die Bleistiftspitze ab. Dieses Spiel wiederholt sich einige Male, bis die Psychologin den Spitzer zum Tisch holt. Den nächsten abgebrochenen Bleistift spitzt sie kommentarlos selbst. Toni schreibt daraufhin seine Wörter, ohne den Stift abzubrechen. Nach einer Weile hört er zu schreiben auf und wirft den Bleistift auf den Boden. „Bleistift runterfallen!", sagt er. Die Psychologin steht auf, holt einen ganzen Becher voller Bleistifte und gibt ihm davon einen. Toni wirft noch fünf weitere Bleistifte auf den Boden, erhält aber als Ersatz jedes Mal einen aus dem Becher. Schließlich stellt er das Werfen ein und widmet sich seinem Rechtschreibtraining.

─────────────────────────

Anstrengungsvermeidung ist bei normal entwickelten Kindern ein gut untersuchtes Problem, für das es ein eigenes Therapieprogramm gibt.

Eine wichtige Verhaltensmaßnahme, die sich auch für autistische Kinder eignet, ist die **freundlich-konsequente Haltung** des Erwachsenen. Die Vermeidungsstrategien des Kindes werden beharrlich, aber wohlwollend ignoriert, wie dies in dem oben beschriebenen Beispiel der Fall war, die begonnene Aufgabe muss zu Ende geführt werden. Die vielen anderen Beschäftigungen, die Kindern in solchen Situationen der Unlust einfallen, kann man freundlich auf die Zeit nach der Aufgabe verschieben, sie vielleicht als Belohnung in Aussicht stellen. Selbstverständlich muss dieses Versprechen dann auch wirklich eingehalten werden!

Eine weitere sehr wirksame Methode, autistische, aber auch andere Kinder zu motivieren: **Machen Sie ein Spiel aus der ungeliebten Aufgabe!**

Etwa so wie im folgenden Beispiel:

─────── **Beispiel** ───────

Christoph bemüht sich meistens bei seinen Hausübungen. An manchen Tagen fällt es ihm jedoch sehr schwer, sich zu konzentrieren. Immer wieder versucht er, von den Rechnungen abzulenken. Er grimassiert, treibt Unfug mit seiner Füllfeder, rutscht unter den Tisch. Die Betreuerin geht nicht darauf ein, so dass er bald den Spaß daran verliert. Aber die Hausaufgabe will trotzdem nicht so recht vorangehen. Um ihm die Übung etwas schmackhafter zu machen, erfindet sie schließlich ein Spiel. „Lass Dich überraschen!" heißt es. Dabei dreht sie sich zur Seite, während Christoph einige Beispiele selbständig ausrechnet. Nach einer Weile schaut sie wieder in sein Heft und zeigt sich sehr überrascht, wie tüchtig er in der Zwischenzeit gearbeitet hat. Das Spiel gefällt Christoph so gut, dass er die Betreuerin schon mit dem Wort „Überraschen!" begrüßt, wenn er aus der Schule kommt. Die lästige Aufgabe ist auf diese Weise zu einem ganz privaten, lustigen Spiel zwischen Christoph und seiner Erzieherin geworden, auf das er sich schon freut.

10.6 Spiele und Übungen zur Entwicklungsförderung

Im Folgenden werden Spiele und Übungen beschrieben, die zur Förderung der Entwicklung autistischer Kinder besonders gut geeignet sind. Wir haben uns bei der Auswahl der Übungen an unseren eigenen Erfahrungen mit autistischen Kindern orientiert, aber uns ebenso bemüht, Erfahrungen aus anderen, bereits gut erprobten Förderprogrammen mit einzubeziehen, so z.B. das Programm TEACCH von Schopler und Mitarbeitern und den Ratgeber von Powers. Die von H. Sinnhuber veröffentlichte Spielesammlung „Spielmaterial zur Entwicklungsförderung" ist zwar nicht speziell für autistische Kinder zusammengestellt, sie liefert aber doch wertvolle, weiterführende Anregungen für Eltern und Erzieher, die in unser Entwicklungstraining bereits gut eingearbeitet sind und die hier angeführten Prinzipien schon auf neues Material übertragen können.

Bei der Integration autistischer Kinder in Normalschulklassen stellt das Spiel eine wichtige Brücke dar. Eine praktische Einführung in die Einbeziehung von Spielmaterialien in den Grundschulunterricht gibt das Buch von Hartmann u. a. „Spiel und elementares Lernen".

Die Angaben, welches Spielzeug für welches Alter geeignet ist, beziehen sich in der Regel auf normal entwickelte Kinder. Autistische Kinder können in ihrer Entwicklung aber meist nicht mit gesunden Kindern mithalten. Daher eine wichtige Regel für die Auswahl der Spiele:

> **!** Spiele und Übungen müssen nach dem Entwicklungsstand und den Fähigkeiten des Kindes gewählt werden, nicht nach seinem tatsächlichen Alter!

Beispiel

Dazu ein Beispiel: Karli ist ein 6-jähriger autistischer Junge. Er spricht nicht, sitzt am liebsten in einer Ecke und klopft mit dem Handrücken gegen sein Kinn. Gibt man ihm etwas in die Hand, macht er alle Muskeln so schlaff, dass ihm der Gegenstand sofort aus der Hand fällt. Karlis Eltern wollen gutes Spielzeug kaufen, um die Handgeschicklichkeit ihres Sohnes zu fördern. Sie orientieren sich erst einmal am Lebensalter: Konstruktionsbaukästen und einfaches Werkzeug zum Bearbeiten von Holz werden für 6-Jährige empfohlen. Der Vater ist gleich begeistert: Holzarbeiten sind sein Hobby, und mit dem Baukasten könnte er einen tollen Kran für Karli bauen. Doch bald kommen den Eltern Zweifel. Die Bausteine sind ja viel zu klein für Karli und das Werkzeug würde ihm sicher aus der Hand fallen. Aber hier, die großen, bunten Holzklötze, die für Kleinkinder gedacht sind, die könnten passen! Damit kann Karli lernen, wie man sicher zugreift und Bausteine aufeinander türmt.

> **!** Ein zweiter Gesichtspunkt für die Auswahl der Übungen ist der der allseitigen Förderung des Kindes.

Ein Entwicklungstraining für autistische Kinder muss alle Bereiche berücksichtigen, in denen das Kind Lernfortschritte erzielen soll, um sich in der Familie, unter Gleichaltrigen, in der Schule und später in einem Beruf zurechtzufinden:

- Im Bereich der **motorischen Entwicklung** muss einerseits die Grobmotorik gefördert werden, also die Koordination der Körperbewegungen, andererseits die feinmotorische Geschicklichkeit. Für viele Tätigkeiten des Alltags, aber auch für das Schreiben ist vor allem das geschickte Zusammenspiel von Auge und Hand notwendig.
- Die **Wahrnehmungsfähigkeit** muss geschult werden, damit das Kind genau sehen und hören lernt. Es muss visuelle und akustische Eindrücke unterscheiden lernen – Personen, Gegenstände,

Farben, Formen und Größen ebenso wie Geräusche, Töne, Laute und Wörter.
- **Gedächtnis** und **Merkfähigkeit** sind notwendig, damit das Kind aus seinen Erfahrungen lernen und eine sichere Wissensbasis aufbauen kann.
- Ein wichtiger Bereich ist die **Sprache**: Hier muss die Fähigkeit ausgebildet werden, Sprache zu verstehen und selbst zu produzieren. Gute sprachliche Fähigkeiten sind für die weitere Denkentwicklung ebenso unerlässlich wie für die Entwicklung der Beziehungen zu anderen Menschen.
- Im Bereich der **Intelligenz** ist es wichtig, die Einsicht in kausale Zusammenhänge und das Verständnis für logische Gesetzmäßigkeiten auszubilden.
- Für autistische Kinder im Schulalter sind Übungen notwendig, die das Erlernen der **Kulturtechniken Lesen, Schreiben** und **Rechnen** erleichtern.
- Im **sozialen Bereich** muss auf die Förderung der Selbständigkeit und der Kommunikationsfähigkeit des Kindes besonderer Wert gelegt werden.

Die hier beschriebenen Übungen sind jeweils so angeordnet, dass innerhalb eines Bereichs der Schwierigkeitsgrad von Übung zu Übung ansteigt. Auch innerhalb einer Übung sind zuerst einfache Spielvarianten beschrieben und dann Hinweise angefügt, wie die Schwierigkeit der Übung gesteigert werden kann.

!

Eine gute psychologische Diagnose des Entwicklungsstandes und der besonderen Stärken und Schwächen des Kindes ist daher die Voraussetzung für einen sinnvollen Aufbau des individuellen Trainingsprogramms für ein autistisches Kind!

Die Entwicklungsdiagnose sollte von einer psychologischen Fachkraft, die Erfahrung mit autistischen Kindern hat, mit Hilfe eines allgemeinen Entwicklungstests erstellt werden. Ein allgemeiner Entwicklungstest (wie z.B. der Wiener Entwicklungstest) überprüft die oben genannten Entwicklungsbereiche und liefert wichtige Hinweise für die Planung der Entwicklungsförderung. Dabei sollte das gesamte Betreuerteam, also Eltern sowie pädagogische und psychologische Fachkräfte in die Planung mit einbezogen werden, damit die Förderung nach einem sinnvollen Gesamtkonzept erfolgt.

Beginnen Sie immer mit einer Spielvariante, die das Kind gut beherrscht. Wenn es die Anforderung tatsächlich gut bewältigt, können Sie zur nächstschwierigeren Stufe übergehen. Es ist nicht zielführend, wochenlang eine einzige Fähigkeit zu üben! Kombinieren Sie bei den täglichen Übungen besser Spiele aus verschiedenen Bereichen: Mit dem Bilderlotto können Sie z.B. erst die Bildkarten zuordnen, damit schulen Sie die visuelle Wahrnehmung. Danach lassen Sie sich zur Übung des Sprachverständnisses einzelne Karten geben („Gib mir den Ball, das Haus etc."). Anschließend üben Sie mit den Bildkärtchen das Sprechen von Lauten oder Wörtern mit dem Kind.

10.6.1 Übungen zur Förderung der Kommunikationsfähigkeit

Blickkontakt

Der fehlende Blickkontakt, eines der auffälligsten Symptome des frühkindlichen Autismus, lässt sich durch ein gezieltes Training meist recht gut beeinflussen. Wie wir schon an anderer Stelle ausgeführt haben (➤ Kap. 10.5.3), bieten autistische Kinder gelegentlich spontan Blickkontakt an und reagieren auf Blickkontaktangebote – wenn auch mit Zeitverzögerung.

Versuchen Sie daher zunächst, diese verzögerten, oft auch sehr kurzen Blicke Ihres Kindes bewusst wahrzunehmen und freundlich zu erwidern. Das bei Säuglingen und Kleinkindern so beliebte „Guck-guck-da-da"-Spiel begünstigt die Aufnahme von Blickkontakt. Halten Sie ein Tuch vor das Gesicht Ihres Kindes, so dass es Sie nicht sehen kann. Rufen Sie dazu: „Guck, guck!" Ziehen Sie dann das Tuch weg, schauen Sie das Kind freundlich an und sagen Sie: „Da, da!" Zeigen Sie besondere Freude, wenn das Kind Ihren Blick erwidert.

Bevor Sie dem Kind etwas mitteilen, fordern Sie es auf, Sie anzusehen: „Schau mich an!" Verlangen Sie auch, dass es Sie anschaut, wenn es etwas von Ihnen möchte, eine Frage oder Bitte an Sie richtet. Reagieren Sie in solchen Fällen erst, wenn zumindest kurzzeitig Blickkontakt vorhanden ist. Schopler empfiehlt, das Kind durch eine Geste daran zu erinnern, dass es den Gesprächspartner ansehen soll: Tippen Sie mit dem Zeigefinger leicht an die Wange Ihres Kindes. Wenn nötig, kombinieren Sie diese Berührung mit der Aufforderung „Schau mich an!".

Einen gemeinsamen Aufmerksamkeitsfokus herstellen

Die Kommunikation mit autistischen Kindern ist vor allem deshalb so schwierig, weil sie nicht imstande sind, ihre Aufmerksamkeit und ihr Interesse an einer Sache anderen mitzuteilen bzw. zu verstehen, dass der Kommunikationspartner an einer Sache interessiert ist. In der Fachdiskussion zählt diese mangelnde Fähigkeit zur **Joint Attention** (gemeinsamer Aufmerksamkeitsfokus, ➤ S. 222 ff.) zu den frühen Diagnosemerkmalen des frühkindlichen Autismus. Schon im Säuglingsalter fällt bei autistischen Kindern auf, dass sie nicht versuchen, durch Gesten die Aufmerksamkeit ihrer Bezugspersonen auf Gegenstände zu lenken, die ihr Interesse erregen. Sie können zwar mit Gesten ausdrücken, dass sie etwas haben wollen, setzen aber Gestik und später Sprache nicht zu kommunikativen Zwecken ein und verstehen entsprechende Signale des Kommunikationspartners auch nicht.

Für eine gezielte Entwicklungsförderung ist eine gemeinsame Ausrichtung der Aufmerksamkeit aber unerlässlich.

Gehen Sie zunächst auf das ein, was die Aufmerksamkeit des Kindes erregt: Setzen Sie sich so, dass Sie sich in **Augenhöhe mit dem Kind** befinden. Verfolgen Sie seinen Blick, zeigen und kommentieren Sie, was das Kind vermutlich sieht („Da drüben ist ein schöner, roter Ball. So ein schöner Ball, mit dem kann man gut spielen. Oh, der ist aber weit weg. Sollen wir den Ball holen?").

Lenken Sie die Aufmerksamkeit des Kindes auf **interessante Gegenstände und Situationen.** Verbinden Sie damit aber erst einmal keine Übungsaufgabe. Wichtig ist nur, dass das Kind den Gegenstand oder die Situation **wahrnimmt**. Das erkennen Sie daran, dass es hinblickt, durch Gesten oder Laute zu verstehen gibt, dass es Ihren Aufmerksamkeitsfokus teilt. Diese Übung empfiehlt sich schon im Säuglingsalter: Tragen Sie das Kind durch die Wohnung und „besichtigen" Sie dort interessante Orte (ein Bild, ein Mobile, eine Blumenvase mit bunten Blumen). Spielzeug mit lustigen Effekten (Rassel, Glocke, Quietschtiere, Schlüsselbund, Taschenlampe, Hampelmann, Trödelspielzeug, siehe auch Spielzeugliste) bietet eine gute Ergänzung.

Imitieren

Normal entwickelte Kinder eignen sich viele Fähigkeiten einfach dadurch an, dass sie andere Menschen beobachten und ihre Handlungen imitieren. Autistischen Kindern fällt das nicht so leicht. Man muss erst gezielt mit ihnen üben, einzelne Bewegungen und ganze Verhaltensmuster nachzuahmen.

Sie werden auch in anderen Bereichen des Entwicklungstrainings Übungen finden, bei denen Sie etwas vorzeigen und das Kind es nachmachen soll. So spielt das Imitieren beim Sprechen lernen und beim Erwerb motorischer Fertigkeiten eine große Rolle.

Beginnen Sie schon möglichst früh mit Spielen, bei denen Sie Bewegungen und Laute des Kindes nachahmen. Ermuntern Sie das Kind immer, auch das zu imitieren, was Sie vorzeigen. Dabei fördern Sie nicht nur die Fähigkeit zur Nachahmung, sondern setzen auch schon erste gemeinsame Spiele in Gang.

Hier sind einige Vorschläge für Imitationsspiele:
- Händeklatschen
- Sie streicheln das Kind über die Wange, sagen dazu „Ei, ei". Dann nehmen Sie seine Hand und lassen diese über Ihre eigene Wange gleiten.
- Armbewegungen vorzeigen (z.B. beide Hände hochnehmen, die Fingerspitzen bewegen lassen, zur Faust ballen, usw.)
- Symbolische Gesten wie „bitte, bitte", winken, „Wie groß ist der Peter? Soooo groß!" (Das Kind streckt die Arme ganz hoch)
- Einfache Alltagsroutinen vorzeigen (z.B. kämmen, Hände waschen, aus einem Becher trinken)
- Im Sand „Kuchen backen"
- Mit Plastilin oder anderer Knetmasse vorzeigen, wie man daraus Kugeln und Schlangen formt. Wenn das gut klappt, können Sie auch schwierigere Gebilde versuchen.
- Fingerspiele (z.B. „Das ist der Daumen, der schüttelt die Pflaumen…").

Literaturhinweise für Fingerspiele sind in der Spielzeugliste in ➤ Anhang 3 aufgeführt.

Grüßen / Verabschieden

Bringen Sie Ihrem Kind einen einfachen, in Ihrer Familie gebräuchlichen Abschiedsgruß bei (z.B. tschüs, baba, adieu). Zeigen Sie dem Kind, wie man winkt, und lassen Sie es das nachahmen, wenn nötig mit Handführung. Bitten Sie die übrigen Familienmitglieder um ihre Mithilfe. Jedes Mal, wenn einer von Ihnen die Wohnung verlässt, soll er sich mit Winken und einem Gruß verabschieden. Ermuntern Sie Ihr Kind, den Abschiedsgruß zu erwidern. Kommentieren Sie, was vor sich geht: „Schau, Axel! Der Papa geht ins Büro! Tschüs, Papa!" Winken Sie dazu. Wenn Sie mit dem Kind weggehen, verabschieden Sie sich ebenfalls von den anderen Familienmitgliedern.

Sobald das Verabschieden im Familienkreis gut funktioniert, bringen Sie Ihrem Kind bei, auch andere Leute zu grüßen. Es ist günstig, wenn die Betreuer in Schule und Kindergarten Sie dabei unterstützen. Gehen Sie folgendermaßen vor: Geben Sie dem Betreuer die Hand und grüßen Sie einander („Guten Tag" bzw. „Auf Wiedersehen"). Auf diese Weise hat Ihr Kind ein Modell, wie es sich verhalten soll. Danach nimmt der Betreuer die Hand des Kindes, versucht kurz Blickkontakt herzustellen und grüßt das Kind. Erwidert das Kind den Gruß nicht spontan, so ermuntern Sie es dazu. Sagen Sie ihm nochmals vor, wie es grüßen soll. Blenden Sie Ihre Hilfe langsam aus: Der Betreuer streckt dem Kind seine Hand hin, wartet aber, dass es selbst zugreift; Sie flüstern die Grußworte nur noch, anstatt sie laut vorzusagen.

Auf Fragen antworten

Material: Gegenstände, die das Kind kennt und benennen kann.

Anleitung: „Ja/Nein": Legen Sie einige Gegenstände auf den Tisch und stellen Sie dazu Fragen, die eindeutig mit „ja" oder „nein" zu beantworten sind („Ist das ein Ball?" „Ist das Auto rot?" „Kann man den Apfel essen?"). Geben Sie die Antwort selbst, wenn das Kind sie nicht sagt oder nur durch Kopfschütteln bzw. -nicken zum Ausdruck bringt. „**Ja!** Das ist ein Ball!" „**Nein!** Das Auto ist **nicht** rot, es ist blau!"

„Entweder/oder": Stellen Sie Entscheidungsfragen, indem Sie dem Kind etwa einen blauen Ball zeigen und fragen: „Ist das ein **Ball** oder eine **Puppe**?" „Ist der Ball **rot** oder **blau**?" Um zu verhindern, dass das Kind bloß echolalisch den letzten Teil Ihrer Frage wiedergibt, sollte die richtige Antwort abwechselnd an erster und zweiter Stelle genannt werden.

Formulieren Sie in weiterer Folge Fragen, auf die das Kind mit einem Wort antworten kann: Nehmen Sie z.B. das Auto in die Hand und fragen Sie: „Was ist das?" Reagiert das Kind nicht, so ergänzen sie: „Ein Auto! Das ist ein Auto!". Antwortet es bereits mit einem Wort, so loben Sie es dafür. Sie können aber nun darangehen, den ganzen Satz zu verlangen („Das ist ein Auto!"; siehe auch die Übungen zur Sprachförderung, ➤ Kap. 10.6.8).

Das Beantworten von Fragen muss unbedingt auch im Alltag geübt werden. Denken Sie daran, dass Sie das Kind dabei ansehen und direkt mit freundlicher, modulierter Stimme ansprechen müssen!

Etwas verlangen, bitten und danken, „Bitte" und „Danke" sagen

Autistische Kinder haben häufig die Angewohnheit, ihre Bedürfnisse nicht sprachlich, sondern durch Gesten zu äußern. Oft zeigen sie nicht einmal selbst auf das, was sie haben möchten, sondern nehmen die Hand des Erwachsenen und deuten damit. Wird der Wunsch nicht erkannt oder bewusst nicht erfüllt, dann schreien und toben sie, wie das sonst nur bei Kleinkindern im Trotzalter üblich ist.

> **!** Ein wichtiger Lernschritt für das autistische Kind besteht daher darin, ihm beizubringen, wie es seine Bedürfnisse auf angemessene Weise ausdrücken kann. Es muss lernen, Bitten und Wünsche, aber auch Dank sprachlich zu äußern.

Beobachten Sie alltägliche Situationen und nützen Sie diese gezielt: Wenn Sie bemerken, dass Ihr Kind von etwas mehr haben möchte, erfüllen Sie diesen Wunsch nicht schon beim ersten Hinzeigen. Bringen Sie ihm bei, „mehr" zu sagen. Etwa so, wie im folgenden Beispiel:

――――― **Beispiel** ―――――

Jonas mag gerne Bonbons. Die Mutter hat ihm eines aus der Dose gegeben, das er aber bereits aufgegessen hat. Nun steht er vor der Dose, klopft darauf und jammert. Die Mutter fragt: „Möchte Jonas mehr Bonbons?" Jonas nickt. Die

Mutter wiederholt: „Mehr! Mehr Bonbons!" Ein zaghaftes „Meme" ist zu hören, also lobt sie Jonas und gibt ihm ein Bonbon.

Auf ähnliche Weise bringen Sie dem Kind bei, etwas zu verlangen. Fragen Sie, was es haben möchte. Wenn es weiterhin nur deutet, stellen sie ihm zwei Alternativen, wovon eine der (vermutliche) Wunsch des Kindes sein sollte. Ein Beispiel: Reinhold zeigt auf eine Packung Orangensaft. Die Mutter: „Was möchte Reinhold haben?" „Möchte Reinhold essen oder trinken?"

Sobald das Kind gelernt hat, mit einem Wort seine Wünsche auszudrücken, ermuntern Sie es, „Bitte" zu sagen, etwa: „Bitte, ein Zuckerl!" Verwenden Sie selbst auch „Bitte", wenn Sie etwas von Ihrem Kind verlangen, und bedanken Sie sich anschließend, wenn es das Gewünschte gebracht hat.

Nach und nach können Sie dem Kind beibringen, in ganzen Sätzen zu fragen. Solange es sich selbst noch nicht mit „Ich" bezeichnet, verwenden Sie den Vornamen des Kindes (z.B. „Willi hat Hunger!" „Anja möchte Schokolade haben, bitte").

Gemeinsames Spiel

Material: Ball, Auto, Bausteine, Steckspiel.

Anleitung: Setzen Sie sich dem Kind gegenüber und rollen Sie einen Ball oder ein Auto zu ihm. Bitten Sie jemanden aus der Familie, Sie zu unterstützen, indem er sich hinter das Kind stellt. Der Helfer führt die Hand des Kindes, so dass es den Ball zu Ihnen zurückrollen lässt. Kommentieren Sie das Wechselspiel: „Einmal die Mama, einmal der Jürgen!"

Suchen Sie aus dem Steckspiel rote und blaue Stecker heraus und legen Sie sie nach Farben getrennt in zwei flache Schachteln. Das Steckbrett stellen Sie zwischen sich und das Kind, die Schachtel mit den roten Steckern platzieren Sie so, dass sie für das Kind gut erreichbar sind. Stecken Sie nun abwechselnd rote und blaue Stecker auf das Brett, wobei Sie die blauen, Ihr Kind die roten Stecker einsetzen soll. Helfen Sie ihm anfangs mit Handführung, bis es beginnt, selbst nach dem Stecker zu greifen. Zeigen Sie dann nur mehr auf das Loch und sagen Sie: „Jetzt kommt Rot, dann wieder Blau!" Nach und nach können Sie auch die sprachliche Aufforderung weglassen. Vergisst das Kind, dass es an der Reihe ist, so fragen Sie nur: „Wer kommt jetzt?"

Regelspiel

Material: farbige Bausteine; Farbwürfel; Colorama; Tempo, kleine Schnecke; Steckspiele; Brettspiele (z.B. „Mensch, ärgere Dich nicht").

Anleitung: Wenn dem Kind das gemeinsame Spielen vertraut ist, können Sie beginnen, Spiele mit einfachen Regeln einzuführen. Mit bunten Bausteinen können Sie z.B. folgende Variante ausprobieren: Sie würfeln und legen einen Baustein in der gewürfelten Farbe auf den Tisch, dann soll das Kind würfeln. Bringen Sie ihm bei, den Würfel hochzuheben und loszulassen. Nun soll es den zur Würfelfarbe passenden Baustein suchen und auf den ersten Stein legen. Danach sind Sie wieder an der Reihe. Ziel ist es, einen möglichst hohen Turm zu bauen.

Klappt das gut, können Sie eine zweite Regel einführen: Wer rot gewürfelt hat, darf noch einmal würfeln. Sie können auch ein Wettspiel daraus machen: Jeder erhält 10 Bausteine; wem gelingt es nun als Erster, aus allen Steinen einen Turm fertig zu bauen?

Nach diesem Prinzip sind eine Reihe von Brettspielen aufgebaut, wie z.B. „Tempo, kleine Schnecke". Den Zahlenwürfel sollten Sie erst einführen, wenn das Kind sicher bis zehn zählen kann und Mengen zumindest bis fünf erkennt.

Rollenspiel

Material: Handpuppen, Puppen mit Ausstattung (Gewand, Fläschchen, Bürste, Puppenbett), Einkaufstasche, leere Packungen von Lebensmitteln zum „Einkaufen" spielen.

Anleitung: Während autistische Kinder durchaus im Stande sind, Spiele mit klaren Regeln zu spielen, bereitet ihnen das Rollenspiel auch dann noch Schwierigkeiten, wenn sie in anderen Entwicklungsbereichen bereits gute Fortschritte gemacht haben. Dennoch sollten auch diese spielerischen Aktivitäten nicht vernachlässigt werden. Im Rollenspiel erfährt das Kind viel über seine Umwelt, darüber, wie man sich in bestimmten Situationen verhält.

Schon bei jüngeren autistischen Kindern kann man im Spiel mit einer Puppe oder einem Teddy verschiedene einfache Handlungen ausprobieren: Zeigen Sie dem Kind, wie man die Puppe füttert, wäscht, kämmt, schlafen legt. Kommentieren Sie diese Handlungen mit kurzen Sätzen; lassen Sie das Kind Ihr Tun nachahmen.

Spielen Sie mit dem Kind „So-tun-als-ob": Wir tun, als ob wir schliefen, äßen etc. Für diese Spiele benötigen Sie kein Material. Versuchen Sie durch Gesten, die Ihr Kind imitieren soll, die jeweilige Tätigkeit darzustellen.

Wenn Ihr Kind mit diesen einfachen Formen symbolischen Spiels vertraut ist und Spaß daran findet, gehen Sie dazu über, auch Gespräche einzubeziehen. Lassen Sie die Puppe sprechen, indem Sie Ihre Stimme verstellen. Für dieses Spiel sind Handpuppen besonders gut geeignet. Sie sollten eher klein und leicht sein, damit sie auf die Hand des Kindes passen. Geben Sie den Puppen einfache Namen und spielen Sie kleine Dialoge, wobei Sie dem Kind anfangs noch zuflüstern müssen, was es sagen soll.

Versuchen Sie, kleine Alltagsszenen mit dem Kind nachzuspielen: Einkaufen, Kochen, Besuch kommt, die Familie macht eine Reise. Sie können dabei auch Themen aufgreifen, die das Kind erlebt hat, oder es auf zukünftige Ereignisse vorbereiten (z.B. Was werden wir tun, wenn wir in Urlaub fahren).

Erkennen von Gesichtsausdruck

Material: Fotos von Menschen, die fröhlich, traurig oder ärgerlich sind.

Anleitung: Schauen Sie mit Ihrem Kind gemeinsam Fotos von fröhlichen, traurigen bzw. ärgerlichen Menschen an und besprechen Sie diese Bilder: Was machen die Personen? Sie lachen, freuen sich; sie weinen, sind traurig; sie schauen böse drein, ärgern sich. Imitieren Sie den entsprechenden Gesichtsausdruck und ermuntern Sie das Kind, es auch zu versuchen. Wie ist das, wenn man lacht? Worüber freut sich das Kind, die Mutter, worüber sind sie traurig? Wie kann man erkennen, ob jemand fröhlich, traurig oder verärgert ist?

Jemandem helfen

Wenn sich Gelegenheit dazu ergibt, bitten Sie Ihr Kind, etwas für Sie zu tun. Achten Sie darauf, dass Sie nur Tätigkeiten und Handgriffe verlangen, die es gut beherrscht.

Hier einige Vorschläge: Bitten Sie das Kind, einen Löffel, eine Serviette etc. vom Esstisch in die Küche zu tragen. Geben Sie ihm nach dem Einkauf etwas in die Hand und bitten Sie es, das für Sie nach Hause zu tragen.

Loben Sie das Kind immer und bedanken Sie sich für die Hilfe: „Danke! Da hast Du mir aber tüchtig geholfen!" Auch die übrigen Familienmitglieder können bei dieser Übung mitmachen. Bedenken Sie aber, dass es sich in erster Linie um eine Übung für das Kind handelt, die Ihnen vorerst keine echte Entlastung bringen kann. Sie sollten das Kind daher nur dann zum Helfen auffordern, wenn Sie nicht in Eile sind und der Hilfsdienst auch längere Zeit in Anspruch nehmen darf, ohne dass Sie ungeduldig werden.

Botschaft übermitteln

Vereinbaren Sie mit einer zweiten Person eine kurze Botschaft, die das Kind überbringen soll. Der Helfer hält sich im Nebenzimmer auf, während Sie das Kind informieren: „Sag dem Papa: Das Essen ist fertig!" Lassen Sie das Kind wiederholen, was es sagen soll, schicken Sie es dann los. Der Adressat der Botschaft soll dem Kind mit Fragen weiterhelfen, wenn es die Mitteilung nicht von selbst weitergibt: „Sollst Du mir etwas sagen?"

Strukturierte Unterhaltung

Schaffen Sie eine angenehme Atmosphäre und suchen Sie für sich und Ihr Kind einen bequemen Sitzplatz. Wichtig ist, dass Sie Blickkontakt aufnehmen können. Beginnen Sie damit, Ihrem Kind Fragen zu stellen, die es mit ja oder nein beantworten kann. Hier einige Beispiele:

Beispiel

„Warst Du heute schwimmen?", „Hat es Dir gefallen?", „War Deine Freundin auch mit?" usw.

Als Nächstes ermuntern Sie Ihr Kind, zu „ja" oder „nein" jeweils noch eine Zusatzantwort zu geben: z.B. „Warst Du heute schwimmen?" – „Ja, ich war schwimmen."

„Hat es Dir gefallen?" – „Ja, es war lustig!"

„War Deine Freundin auch mit?" – „Nein, Lisa ist krank."

Zunächst werden Sie dem Kind noch helfen müssen, eine passende Zusatzantwort zu finden. Wenn es bereits selbständig ausführlicher antworten gelernt hat, versuchen Sie einen weiteren Schritt: Das Kind soll im Anschluss an seine Antwort eine Frage an den Gesprächspartner richten: z.B. Frage: „Warst Du heute schwimmen?" Antwort und Gegenfrage: „Ja, ich war im Hallenbad. Und was hast Du heute gemacht?"

Auf diese Weise entstehen Dialoge, an denen das Kind aktiv beteiligt ist. Versuchen Sie nun, auch andere Personen in die Gespräche einzubeziehen, damit das Kind lernt, sich mit verschiedenen Gesprächspartnern zu unterhalten.

10.6.2 Übungen zur Förderung der Selbständigkeit

Selbständig essen

Material: Löffel, (Kinder-)Gabel, Tafelmesser, Becher, Tasse.

Anleitung: Bringen Sie Ihrem Kind zunächst bei, mundgerecht zugeschnittene Bissen mit den Fingern aufzunehmen und in den Mund zu stecken. Zerteilen Sie etwas, das es gerne isst, in kleine Stücke (z.B. eine Schnitte Brot, einen Apfel oder ein Stück Kuchen). Greift das Kind nicht selbst zu, so unterstützen Sie es mit Handführung, die Sie nach und nach wieder ausblenden.

Als Nächstes soll es lernen, mit einem Löffel zu essen. Dazu verwenden Sie am besten breiartige, nicht zu flüssige Speisen (z.B. Grießbrei, Kartoffelpüree, Pudding). Achten Sie in der Lernphase besonders darauf, dass Sie etwas wählen, was dem Kind gut schmeckt. Geben Sie ihm den Löffel und führen Sie seine Hand zum Teller, um etwas Brei zu fassen, danach zum Mund.

Lassen Sie das Kind selbständig den Löffel eintauchen und helfen Sie nur noch, den vollen Löffel zum Mund zu führen. Auch diese Unterstützung verringern Sie in der Folge, indem Sie statt der Handführung den Arm leicht berühren.

Bei Tisch machen Sie das Kind aufmerksam, dass auch alle anderen Familienmitglieder mit einem Löffel essen. Zeigen Sie ihm vor, wie man feste Nahrung mit einer Gabel aufspießt. Dem Kind geben Sie vorerst aber eine Kindergabel in die Hand, damit es sich nicht verletzen kann. Sobald es mit einem Löffel und einer gewöhnlichen Besteckgabel sicher umgehen kann, können Sie ihm beibringen, mit Messer und Gabel zu essen.

Machen Sie Ihrem Kind vor, wie man aus einem Becher trinkt. Gießen Sie ein wenig von seinem Lieblingsgetränk in einen unzerbrechlichen Becher. Geben Sie ihm das Gefäß in beide Hände und führen es an seine Lippen. Kontrollieren Sie die Neigung des Bechers, so dass gerade etwas Flüssigkeit in seinen Mund rinnt. Setzen Sie den Becher ab, bis es hinuntergeschluckt hat. Wiederholen Sie den Vorgang einige Male und loben Sie das Kind immer wieder. Blenden Sie Ihre Hilfestellung langsam aus, indem Sie nicht mehr die Hand führen, sondern es nur noch am Ellenbogen berühren, zuletzt helfen Sie nur bei Bedarf mit.

Ein **Tipp:** Lassen Sie das Kind schon frühzeitig an den gemeinsamen Mahlzeiten teilnehmen. Von einem Hochstuhl aus kann es auf diese Art miterleben, wie man sich bei Tisch benimmt. Eltern und Geschwister übernehmen dabei Modellfunktion für ansprechende Tischsitten.

An- und ausziehen

Wählen Sie die Kleidung für Ihr Kind so aus, dass sie leicht an- und auszuziehen ist. Wenn das Kind noch sehr ungeübt ist, kaufen Sie Hosen mit Gummizug am Bund anstelle von Reißverschlüssen oder Knöpfen. Ebenso können Sie das An- und Ausziehen der Schuhe zunächst erleichtern, wenn diese Klettverschlüsse statt Schuhbänder aufweisen.

Üben Sie mit dem Kind das Öffnen und Schließen verschiedener Arten von Verschlüssen. Anleitungen dazu finden Sie unter den Übungen zur Feinmotorik (➤ Kap. 10.6.4).

Lassen Sie das Kind beim Ausziehen mithelfen: Es darf die Hose ausziehen, den Klett- oder Reißverschluss öffnen. Sie ziehen ihm einen Jackenärmel aus, den zweiten soll es selbst ausziehen. Zeigen Sie ihm, wie es am Ärmel anfassen und ziehen muss, damit er vom Arm rutscht. Ist das Kind daran gewöhnt, so erweitern Sie seine Mithilfe.

Beim Anziehen gehen Sie ähnlich vor. Sie ziehen dem Kind z.B. die Jacke an, schließen den Reißverschluss, den es selbst hochziehen soll. Als Nächstes helfen Sie ihm in einen Ärmel, halten die Jacke und lassen es selbst den zweiten Ärmel anziehen. Dann kann es versuchen, in beide Ärmel zu schlüpfen, wobei Sie zur Unterstützung die Jacke halten.

Manche Kinder beherrschen zwar die Handgriffe zum An- und Ausziehen, benötigen aber sehr viel Zeit dafür. Das führt vor allem morgens zu unnötigen Szenen, wenn die Eltern in Zeitdruck geraten und ungeduldig werden. Führen Sie stattdessen ein Belohnungssystem ein: Gelingt es dem Kind, sich innerhalb von 10 Minuten anzuziehen, gibt es einen Gutpunkt; wenn nicht, helfen Sie mit. Selbstverständlich erhält das Kind dann keinen Gutpunkt, es wird aber auch nicht getadelt! Am Ende der Woche werden die gesammelten Punkte gegen eine Belohnung eingetauscht (zum Gutscheinprogramm, ➤ Kap. 10.5.4).

Toilettentraining

Material: Töpfchen, Kindertoilettensitz.

Anleitung: Ob Sie bei Ihrem Kind mit dem Toilettentraining beginnen können, hängt zunächst von seinem körperlichen Entwicklungsstand ab. Die bewusste Kontrolle der Ausscheidungsorgane wird nämlich erst möglich, wenn bestimmte Nervenfasern ausgereift sind. Üblicherweise sind Kinder zwischen 2 und 3 Jahren so weit.

Azrin und Foxx (1981) empfehlen dazu folgenden einfachen Test: Stellen Sie fest, ob Ihr Kind längere Zeit trocken bleiben kann (2–3 Stunden). Dies wäre ein Hinweis darauf, dass es bereits beginnt, seine Blase zu kontrollieren. Achten Sie außerdem darauf, ob es sich schon an- und ausziehen kann und Ihre Anweisungen versteht. Fällt der Test positiv aus, können Sie mit dem Training beginnen, wenn nicht, geben Sie Ihrem Kind einfach noch einige Wochen Zeit. In der Zwischenzeit können Sie das An- und Ausziehen üben und die Kommunikationsfähigkeit fördern.

Wie bei vielen Lernaufgaben ist auch bei der Sauberkeitserziehung das Lernen durch Beobachtung wichtig. Sie sollten Ihrem Kind daher erlauben, zu beobachten, dass die übrigen Familienmitglieder regelmäßig die Toilette benützen. Auch ein Rollenspiel mit einer Puppe, die trinkt und Wasser lässt, und einem Töpfchen kann das Imitieren unterstützen.

Kinder, die einnässen, haben mitunter das Problem, dass sie sich auf der Toilette nicht genügend entspannen können, um ihre Blase völlig zu entleeren. Bei autistischen Kindern findet man diese Schwierigkeit besonders häufig, weil diese Kinder durch ihr hohes Aktivierungsniveau ständig unter Spannung stehen. Es ist daher wichtig, dass das Toilettentraining in einer **angenehmen, entspannten Atmosphäre** stattfindet. Das WC selbst sollte ein gemütlicher, wohltemperierter Aufenthaltsort sein (Sie können es auch mit dem Kind gemeinsam mit Bildern verschönern). Denken Sie auch daran, dass Sie das Kind belohnen müssen, sobald es erste Ansätze in die richtige Richtung zeigt.

Erstellen Sie zunächst eine Liste, zu welchen **Zeiten** Ihr Kind auf die Toilette muss. Anhand dieser Aufzeichnungen können Sie den richtigen Zeitpunkt ersehen, zu dem Sie es auf die Toilette setzen müssen. Wenn es ins WC gemacht hat, loben Sie es. Ist die Hose voll, so übergehen Sie das. Es ist besonders wichtig, dass Sie in diesem Fall nicht ärgerlich reagieren, sondern einfach die Hose wechseln, ohne Missfallen zu äußern.

Bei älteren Kindern hat das Einnässen oft auch Protestcharakter oder ist eine Reaktion auf Belastungen. Ein Streit in der Familie, Angst vor neuen Situationen oder zu starker Leistungsdruck können solche Auslöser sein. Ist das der Fall, so muss die Ursache erkannt und behoben werden. Die nasse Hose sollte nur als kleines Malheur aufgefasst werden, um das weiter kein Aufheben gemacht wird.

Waschen / Zähneputzen

Händewaschen: Halten Sie Ihre Hände unter den Wasserstrahl und fordern Sie Ihr Kind auf, dasselbe zu tun. Wenn seine Hände nass sind, seifen Sie sie ein. Dann ermuntern Sie das Kind, den Seifenschaum selbst abzuwaschen. Hält es die Hände bloß unters Wasser, so zeigen Sie ihm, dass es die Handflächen reiben soll. Ist der Schaum entfernt, sagen Sie: „Fertig! Abtrocknen!" Geben Sie ihm ein kleines Handtuch und zeigen Sie ihm wieder, wie es die Hände trocken reiben soll. Anfangs werden Sie dabei noch mithelfen müssen.

Bringen Sie dem Kind auch bei, sich selbst einzuseifen. Dazu eignen sich flüssige Seifenspender besonders gut. Sie sind mit einem Druck zu bedienen und portionieren die Seife. So kann es nicht passieren, dass das Seifenstück davonrutscht. Das Kind muss nur lernen, die Hände zu reiben, damit Schaum entsteht.

Erklären Sie dem Kind die Funktion der Wasserhähne: „Blau" für kaltes Wasser, „Rot" für warmes Wasser. Lassen Sie es an den Hähnen drehen und die richtige Temperaturregelung üben.

In der Badewanne gehen Sie ähnlich vor: Erst soll das Kind nur den Seifenschaum abwaschen, als Nächstes soll es sich auch selbständig einseifen und abtrocknen. Dann bringen Sie ihm bei, sein Badewasser selbst einzulassen.

Zähneputzen: Schopler empfiehlt, zunächst mit ein wenig Zahnpasta auf dem Finger das Zahnfleisch des Kindes zu massieren, um es an den Geschmack zu gewöhnen. Verwenden Sie auf jeden Fall eine milde Zahnpasta. Sollte das Kind sehr geschmacksempfindlich sein, müssen Sie ein wenig probieren, bis Sie die richtige finden.

Stellen Sie sich mit dem Kind vor einen Spiegel und zeigen Sie das Zähneputzen vor. Das Kind sollte Ihr Tun im Spiegel mitverfolgen. Dann geben Sie ein wenig Zahnpasta auf eine Kinderzahnbürste und führen die Hand Ihres Kindes. Wieder soll es im Spiegel beobachten, was vor sich geht. Lockern Sie die Handführung, wenn es die Putzbewegungen selbst auszuführen beginnt. Eine elektrische Zahnbürste kann das Zähneputzen erleichtern.

Autistischen Jugendlichen sollte man nach und nach auch andere Bereiche der Körperhygiene übertragen: Waschen und Trocknen der Haare, Nagelpflege sowie ein maßvoller Gebrauch von Pflegemitteln müssen in diesem Alter erlernt werden.

Wichtig ist, von Beginn an auf regelmäßige Körperpflege zu achten: Waschen, Zähneputzen morgens und abends, Hände waschen vor dem Essen bzw. nach dem Gang auf die Toilette sollten gut eingeübte Routinen sein.

Ordnung halten

Gewöhnen Sie Ihr Kind schon frühzeitig daran, seine Spielsachen mit Ihnen gemeinsam aufzuräumen. Eine wichtige Hilfe stellt dabei ein übersichtliches Aufbewahrungssystem dar, wie wir es in ➤ Kapitel 10.1 beschrieben haben. Planen Sie täglich vor dem Schlafengehen eine Viertelstunde Zeit ein, in der Sie mit dem Kind das Spielzeug einsammeln, das es tagsüber verwendet hat.

Bei älteren Kindern können Sie auch Gutscheinprogramme einsetzen. Für selbstständiges Aufräumen der Spielsachen oder des eigenen Zimmers gibt es Gutpunkte. Müssen Sie mithelfen, so entfällt der Bonus. Drücken Sie aber dennoch Ihre Anerkennung aus, etwa so: „Heute ist Dir das Aufräumen sehr schwer gefallen! Fein, dass Du trotzdem mitgemacht hast!"

Einkaufen

Nehmen Sie das Kind zum Einkaufen mit, aber nur wenn Sie genügend Zeit haben. Bringen Sie ihm bei, wo bestimmte Lebensmittel in Ihrem Geschäft zu finden sind. Sie können daraus ein Orientierungsspiel machen: Wo finden wir das Brot, das Obst, die Kasse etc. Besuchen Sie gelegentlich auch Läden, die Ihr Kind noch nicht kennt, und helfen Sie ihm, sich dort zu orientieren.

Wenn Ihr Kind schon zählen und addieren kann, machen Sie es zunächst zu Hause mit Geld vertraut. Zeigen Sie ihm Münzen und Scheine und lassen Sie sich jeweils bestimmte Beträge geben: „Gib mir 10 Euro. Gib mir 24 Euro. – Was brauchst Du dazu?" (Das Kind gibt Ihnen einen 20-Euro-Schein und vier einzelne Euromünzen.) Sie fragen: „Wie könntest Du mir das noch geben?" – Mit zwei 10-Euro-Scheinen, 4 einzelnen Euromünzen usw. Üben Sie das Bezahlen im Rollenspiel: Sie sind an der Kasse, das Kind sagt, was es gekauft hat, Sie nennen einen Betrag und lassen sich das Geld geben.

Klappt das im Rollenspiel gut, so können Sie es im Geschäft ausprobieren. Geben Sie dem Kind einen Geldbetrag und lassen Sie es eine Kleinigkeit aussuchen, die es gerne haben möchte, z.B. einen Schokoladenriegel. Begleiten Sie das Kind, lassen Sie es aber alles selbst tun. Auch an der Kasse unterstützen Sie nur, wenn es unbedingt notwendig ist.

Üben Sie das mit verschiedenen Artikeln, bis das Kind es ohne Schwierigkeiten in Ihrer Gegenwart beherrscht. Schicken Sie das Kind dann alleine los, während Sie am Eingang des Geschäftes warten (evtl. in der Nähe der Kasse!). Entfernen Sie sich langsam immer mehr: Zuerst warten Sie noch vor dem Geschäft, dann an der Straßenecke, schließlich soll es alleine von zu Hause losgehen.

Einfache Mahlzeiten zubereiten

Zeigen Sie Ihrem Kind, wie es sich ein Brot belegen soll. Schneiden Sie dazu Brotschnitten ab und stellen Sie alles Nötige auf den Tisch (Butter, Wurst, Aufstriche; was immer Ihr Kind gerne mag) Demonstrieren Sie, wie man Butter aufstreicht, Wurst auf das Brot legt etc. Lassen Sie das Kind versuchen und helfen Sie mit Handführung.

Bringen Sie ihm bei, Getränke, z.B. Kakao, herzustellen. Üben Sie gemeinsam, Milch aus der Flasche oder Packung in einen Becher zu gießen, Kakaopulver dazuzugeben und zu verrühren. Wichtig ist, dass das Kind eine große **Vielfalt an Tätigkeiten** kennenlernt und oft wiederholt. Gießen, rühren, aufstreichen, abschneiden und vieles mehr. Diese Fertigkeiten bilden die Grundlage für ausgefeiltere Kochkünste: Autistischen Jugendlichen können Sie beibringen, sich selbst kleine Mahlzeiten zuzubereiten. Gut geeignet sind Tiefkühl- und Instantgerichte. Zeigen Sie aber auch, wie man Kartoffeln, Reis oder Nudeln kocht, ein Stück Fleisch oder ein Ei brät oder einen Salat zubereitet.

Öffentliche Verkehrsmittel benützen

Für diese Übung benötigen Sie einen Helfer. Wählen Sie dazu eine Person aus, die dem Kind vertraut ist (z.B. Großeltern oder andere Verwandte). Vereinbaren Sie einen Besuch, auf den Sie das Kind auch vorbereiten: Erzählen Sie, dass Sie die Oma besuchen und dazu mit dem Bus (der Straßenbahn, U-Bahn etc.) fahren werden. Die Strecke sollte nur einige wenige (2 – 3) Stationen weit sein, ohne dass Umsteigen notwendig ist. Sie können mit dem Helfer auch einen attraktiven Treffpunkt ausmachen (Schwimmbad, Eissalon o. Ä.). Fahren Sie einige Male mit dem Kind gemeinsam, zählen Sie die Stationen und lesen Sie die dazugehörigen Bezeichnungen. Wenn Sie das ein paar Mal geübt haben, lassen Sie das Kind sagen, wann Sie aussteigen müssen. Klappt das gut, so kann es eine Fahrt alleine probieren, der Helfer wartet am Treffpunkt. Fahren Sie anfangs mit dem nächsten Bus nach, um sicher zu sein, dass das Kind gut angekommen ist. Üben Sie auch andere Strecken, die Sie öfter benützen.

Telefonieren / jemanden um Auskunft fragen

Material: Spieltelefon, -handy.
Anleitung: Üben Sie an einem Spielzeugtelefon, einen Anruf entgegenzunehmen. Bringen Sie dem Kind bei, „Hallo" zu sagen und seinen Namen zu nennen. Bitten Sie Verwandte, zu einer vereinbarten Zeit anzurufen. Lassen Sie dann das Kind den Anruf entgegennehmen und sich melden. Schopler rät, kleine Bilder von Mund und Ohren an den entsprechenden Stellen des Hörers eines Festnetzapparates anzubringen, damit das Kind ihn richtig in die Hand nimmt.

Der Anrufer soll einige einfache Fragen stellen, die das Kind gut beantworten kann. Vereinbaren Sie das schon vorher, damit Sie mit ihm üben können. Anschließend soll der Anrufer das Kind bitten, jemanden aus der Familie ans Telefon zu holen. Auch das spielen Sie mit dem Kind im Rollenspiel mehrmals durch. Bringen Sie ihm auf diese Weise bei, „Moment, bitte" zu sagen und den Namen desjenigen zu nennen, der am Telefon gewünscht wird.

Ältere autistische Kinder können auch das Anrufen erlernen, doch sollten Sie beachten, dass das leicht eine stereotype Gewohnheit werden kann. Wir kannten einen autistischen Buben, der von zu Hause mehrmals täglich seine Hortbetreuerin anrief und dabei ständig dieselben stereotypen Floskeln verwendete. Günstig ist aber in jedem Fall, dem Kind die Bedienung eines Handys zu erklären und ihm zu zeigen, wie es in Notfällen zu Hause anrufen kann.

Autistische Jugendliche müssen lernen, auch von ihnen fremden Personen eine Auskunft zu erfragen. Üben Sie wieder im Rollenspiel einige typische Situationen (z.B.: Wo ist die nächste Haltestelle? Wie spät ist es? Nach dem Weg fragen, in einem Geschäft fragen, was eine Ware kostet usw.). Wenn das Kind gut damit zurechtkommt, machen Sie einen Versuch in einer realen Situation: Gehen Sie mit dem Kind in ein Geschäft und lassen Sie es um eine Auskunft fragen, die Sie vorher vereinbart haben. Anfangs sollten Sie Personen wählen, die dem Kind zumindest vom Sehen bekannt sind (eine Verkäuferin, eine Nachbarin etc.).

10.6.3 Übungen zur Förderung der Grobmotorik

Wenn Eltern über die ersten Lebensjahre ihrer autistischen Kinder berichten, dann erzählen sie in der Regel, dass die körperliche Entwicklung ganz normal verlaufen sei. Das Kind habe sitzen, krabbeln und gehen gelernt – und das meist zum richtigen Zeitpunkt. Oft sind es sogar diese offensichtlichen Fortschritte, die die Eltern anfangs beruhigen und sie über die anderen Probleme hinwegsehen lassen: den fehlenden Blickkontakt, den Widerstand gegen Berührungen, das Desinteresse an sozialen Kontakten.

Tatsächlich weisen die meisten autistischen Kinder im Bereich der Körpermotorik geringere Entwicklungsrückstände auf. Ihre Bewegungsentwicklung verläuft einigermaßen altersentsprechend, wenn auch eine gewisse Ungeschicklichkeit, mangelnder Tonus und Probleme in der Bewegungskoordination zu bemerken sind. Eine Störquelle stellen auch die oft sehr ausgeprägten motorischen Stereotypien dar, wie Im-Kreis-Laufen, Armflattern und -wedeln, stereotype Fingerspiele u.Ä.

Übungen und Spiele zur Förderung der Grobmotorik dürfen dennoch in einem Entwicklungstraining für autistische Kinder nicht fehlen. Die Fähigkeit, sich geschickt und sicher in der Umwelt zu bewegen, unterstützt nämlich die Entwicklung in anderen Bereichen: Sie ermöglicht ein Erkunden der Umwelt und wirkt sich damit positiv auf die Raumorientierung, allgemein auf Lernen und Intelligenz aus. Sie fördert die Selbstständigkeit, weil Eltern und Erzieher dem Kind auch zutrauen können, etwas ohne Verletzungsgefahr selbst zu bewältigen. Wer z.B. das Gleichgewicht halten kann, kann auch auf eine Trittleiter steigen, um sich selbst ein Spiel aus einem oberen Regal zu holen. Wer gelernt hat, Gegenstände ohne zu stolpern zu tragen, kann sich auch ein Glas mit Saft holen, wenn er Durst hat. So wird das Kind unabhängig von anderen und lernt, für sich selbst zu sorgen.

Die wichtigste Regel für die Förderung der Bewegungsentwicklung lautet:

> **!**
> Geben Sie Ihrem Kind Raum und Möglichkeit, sich zu bewegen! Unterstützen Sie alle Ansätze, die das Kind zeigt, aber erzwingen Sie nichts!

Die motorischen Fertigkeiten, die in den ersten Lebensjahren erworben werden (also Sitzen, Krabbeln, Gehen) sind so genannte Reifephänomene. Sie entwickeln sich bei allen Kindern mit funktionstüchtigem Nervensystem und gesunder Muskulatur auch **ohne** Zutun von außen. Das Kind wird zu laufen beginnen, wenn es seine motorische Entwicklung erlaubt und die Umwelt dies nicht verhindert (z.B. weil das Kind immer in einem engen Bettchen festgebunden wird). In den ersten Jahren ist es daher besonders wichtig, dass das Kind genügend Bewegungsfreiraum erhält.

Ein Kind, das den ganzen Tag im Gitterbett oder im Laufstall verbringen muss, mag zwar leichter zu beaufsichtigen sein, es hat allerdings kaum Möglichkeit herauszufinden, wie man sich im Raum bewegen muss, um von einem Ort an den anderen zu gelangen. Demgegenüber hat ein Kind große Vorteile, dem – natürlich entsprechend gesichert – die ganze Wohnung zur Verfügung steht. Es kann verschiedene Techniken und Geschwindigkeiten beim Fortbewegen ausprobieren; es erfährt, wie groß ein Türspalt sein muss, damit es noch hindurchpasst. Es wird auch schnell lernen, wie man sich zum Stehen hochzieht, und dann bald die ersten Schritte wagen.

Sobald das Kind erste Ansätze zu neuen Bewegungsmustern zeigt, kann die Bewegungsförderung gezielter einsetzen, um Kraft, Ausdauer, Gleichgewichtsgefühl und Geschicklichkeit zu schulen. Die folgenden Übungen sollen dazu Anregungen geben.

Kriechen / Krabbeln

Material: (Krabbel-)Decke, Flickenteppiche etc., beliebige Spielgegenstände, die für das Kind attraktiv sind, Süßigkeiten.

Anleitung: Um günstige Vorbedingungen zu schaffen, sollte das Kind häufig auf einer Krabbeldecke oder sonstigen dicken Decke auf den Bauch gelegt werden.

Achten Sie darauf, dass auch der Boden in der Umgebung der Decke für das Krabbeln gut geeignet ist: Er sollte rutschfest sein und sich angenehm anfühlen. Empfindliche Kinder schrecken vor allzu rauen und borstigen Teppichen zurück und verzichten dann lieber auf den Erkundungsgang. Bei zu glatten Flächen (z.B. Parkett) besteht die Gefahr, dass Arme und Knie immer wieder wegrutschen und so das Fortbewegen erschwert wird. Wenn der Boden in Ihrer Wohnung nicht „krabbelfreundlich" sein sollte, behelfen Sie sich am besten mit Flickenteppichen aus Baumwolle. Damit können Sie Spielflächen und „Krabbelstraßen" anlegen.

Legen Sie ein besonders **attraktives Spielzeug** (oder auch ein Stück Keks) so auf den Boden, dass das Kind es sehen, aber mit ausgestreckten Armen gerade nicht mehr erreichen kann. Lenken Sie die Aufmerksamkeit des Kindes auf das Spielzeug (siehe dazu ➤ Kap. 10.6.1, Übung: „Einen gemeinsamen Aufmerksamkeitsfokus herstellen"). Dies kann mit Worten geschehen („Schau, der Teddy!") oder indem Sie das Spielzeug hin und her bewegen. Wenn das Kind nicht vorwärtskommt, geben Sie ihm Unterstützung an den Fußsohlen. Sobald es krabbelt, können Sie die Entfernung des Spielzeugs langsam vergrößern (es muss aber in Sichtweite des Kindes bleiben!).

Einige autistische Kinder überspringen allerdings das Krabbeln in ihrer motorischen Entwicklung. Sie beginnen zu gehen, ohne vorher eine Phase des Krabbelns durchgemacht zu haben, wie das für Babys sonst typisch ist.

Gehen / Laufen

Material: Holzstab, Seil, Spielzeug als Anreiz, Rutschauto

Anleitung: Legen Sie das Lieblingsspielzeug Ihres Kindes auf den Boden. Die Entfernung sollte so gewählt werden, dass Sie es mit zwei Schritten erreichen können. Achten Sie außerdem darauf, dass die Strecke frei von Hindernissen ist: Es darf nichts herumliegen, worüber das Kind stolpern könnte.

Ziehen Sie es nun an beiden Armen in den Stand hoch. Halten Sie das Kind an beiden Händen und gehen Sie mit ihm auf das Spielzeug zu. Bewegt Ihr Kind nicht von selbst die Beine, so können Sie es vom Boden ein wenig abheben und nach vorne schwingen lassen, so dass es ein Stück weiter in Richtung Spielzeug wieder zum Stehen kommt. Meist lässt sich die Gehbewegung schon durch sanftes Ziehen, abwechselnd am linken und rechten Arm, in Gang setzen. Wenn nötig, gönnen Sie dem Kind zwischendurch eine kurze Pause im Stehen. Hat es das Ziel erreicht, loben Sie es tüchtig und geben ihm das Spielzeug zur Belohnung.

Nach und nach können Sie die Strecke erweitern, die das Kind an Ihrer Hand zurücklegt. Machen Sie kleine Wanderungen durch die Wohnung, die Sie zu richtiggehenden Entdeckungsreisen umgestalten: In der Küche wartet ein feiner Happen zum Essen; im Bad darf ein wenig geprischelt werden; im Wohnzimmer gibt es eine Zimmerpflanze zu bestaunen, die zu blühen begonnen hat; im Kinderzimmer liegt ein interessantes Spielzeug, mit dem Sie anschließend gemeinsam spielen, etc.

Sobald das Kind sicherer und geübter geworden ist, halten Sie es nur noch an einer Hand. Blenden Sie Ihre Hilfestellung dann folgendermaßen langsam aus (vgl. Schopler et al., 1987): Erst reichen Sie dem Kind einen Holzstab, den es mit einer Hand ergreift. Sie legen Ihre Hand über die Hand des Kindes. Nach und nach wandert Ihre Hand den Stab entlang und entfernt sich so von der Hand des Kindes. Es erhält nur noch indirekt Unterstützung durch den Stab, an dem Sie sich beide festhalten. Sind Sie am Stabende angelangt, so können Sie den Holzstab durch ein Seil ersetzen, das Sie gemeinsam anfassen.

Ein Rutschauto unterstützt die Laufübungen und hilft dem Kind ebenfalls, selbständig zu gehen: Es hält sich an der Lehne des Autos fest und schiebt es beim Gehen vor sich her.

Hindernislauf

Material: Kissen, Matten, Decken, Kisten, Dosen u.Ä., beliebiges Spielzeug.

Anleitung: Wenn das Kind auf ebener freier Strecke gelernt hat zu laufen, ohne sich festzuhalten, können Sie den Hindernislauf ausprobieren. Damit schulen Sie das Gleichgewichtsgefühl und die Sicherheit in der Bewegung.

Geben Sie Ihrem Kind Gelegenheit, auf verschiedenartigem Untergrund zu gehen und zu laufen:

Wie muss man sich auf glatten Flächen bewegen? Wie läuft es sich auf weichem Boden, z.B. auf einem Kissen, einer Schaumgummimatte? Im Freien bieten sich dafür viele Übungsmöglichkeiten an: Gras, Sand, Schotter, Asphalt u.Ä. Bleiben Sie in der Nähe, um Ihr Kind zu unterstützen, bis es die nötige Sicherheit erlangt hat.

Legen Sie Hindernisse in den Weg, auf oder über die das Kind steigen soll: Kartons, ein Kissen, ein Telefonbuch, einen Stein. Zeigen Sie dem Kind mit deutlichen Bewegungen vor, was es machen soll. Ermuntern Sie es dann, mit Ihnen gemeinsam die Hindernisse zu bewältigen.

Nach und nach lässt sich so ein richtiger Hindernisparcours anlegen: unter den Tisch klettern, auf eine Fußbank hinauf- und hinuntersteigen, durch einen engen Türspalt durchklettern, über einen Karton steigen etc.

Im Freien üben Sie mit dem Kind, über eine schiefe Ebene zu gehen: Nehmen Sie es bei der Hand und gehen Sie mit ihm gemeinsam ein paar Schritte auf einen flach ansteigenden Hügel hinauf und wieder hinunter. Auf gut ausgebauten Kinderspielplätzen werden Sie ebenfalls Übungsmöglichkeiten finden: Viele Kletterburgen haben Rampen, über die man laufen kann.

Treppensteigen

Material: Schemel, trittfeste Spielkisten, Leitern.

Anleitung: Zeigen Sie Ihrem Kind, wie man auf einen Schemel steigt: Machen Sie die Bewegung deutlich vor und sagen Sie dazu: „**Auf** den Schemel!" Dann fordern Sie das Kind auf, dasselbe zu tun. Klopfen Sie dabei auf die Schemeloberfläche: „Hannes steigt **auf** den Schemel!" Wenn das Kind die Aufforderung nicht selbst befolgt, heben Sie es hoch und stellen es auf den Schemel. Vergessen Sie nicht, das Kind auch dafür zu loben, dass es sich hat auf den Schemel heben lassen! Zeigen Sie besondere Freude über erste Ansätze des Kindes, selbst auf den Schemel zu klettern.

Wenn ihm das gelingt, können Sie ihm beibringen, wie man auf Treppen steigt. Dazu heben Sie es nicht wie oben beschrieben hoch, sondern setzen nur seinen rechten Fuß auf den Schemel. Dann ziehen Sie es hoch, so dass es auf der Schemeloberfläche steht. Diese Übung können Sie bereits auf einer breiten Treppe ausprobieren. Stellen Sie sich neben Ihr Kind, setzen Sie Ihren rechten Fuß auf die erste Stufe und sagen Sie: „**Auf** die Stufe!" Nun ermuntern Sie das Kind, Sie nachzuahmen. Wenn notwendig, helfen Sie nach. Sobald es mit beiden Beinen auf der ersten Stufe steht, können Sie die nächste in Angriff nehmen.

Beherrscht das Kind das Treppensteigen an Ihrer Hand sicher, so blenden Sie Ihre Unterstützung langsam aus. Wie beim Gehen können Sie dazu erst einen Stab, dann ein Seil verwenden (vgl. auch Schopler et al., 1987). Manchen Kindern reicht es auch, wenn sie sich am Zeigefinger des Erwachsenen festhalten können. Zuletzt bleiben Sie nur in der Nähe, um dem Kind dadurch Sicherheit zu geben.

Vom Treppensteigen mit Nachstellen eines Beines gehen Sie schließlich zum Wechselschritt über: Zeigen Sie es dem Kind wieder deutlich vor. Fordern Sie es dann auf, den rechten Fuß auf die erste Stufe zu stellen, während der linke noch am Absatz bleibt (leicht festhalten, wenn nötig!). Zeigen Sie dann auf die zweite Stufe und führen Sie den linken Fuß dorthin.

> **!**
> Wichtig ist vor allem, dass Sie dem Kind Zeit und Gelegenheit geben, diese neu erworbene Fertigkeit auch anzuwenden.

Lassen Sie es die Treppen in Ihrem Wohnhaus, im Kindergarten usw. selbständig bewältigen, ohne zu drängen und zu nörgeln! Tragen Sie es nur dann über die Treppen, wenn Sie es sehr eilig haben. Planen Sie für Wege, die Sie mit dem Kind erledigen, mehr Wegzeit ein, so dass Sie möglichst nicht unter Zeitdruck geraten!

Gegenstände halten und tragen

Material: Schachteln, Bälle, Gefäß (möglichst unzerbrechlich).

Anleitung: Legen Sie eine Schachtel auf den Boden und fordern Sie das Kind auf, sie aufzuheben. Wenn es nicht weiß, was es tun soll, stellen Sie sich hinter das Kind, umfassen seine Hände und führen sie zur Schachtel. Lockern Sie Ihre Handführung, sobald Sie merken, dass es die Schachtel mit den Händen festhält. Entfernen Sie sich einige Schritte und ermuntern Sie das Kind, Ihnen die Schachtel zu bringen: „Elmar, bring mir die Schachtel!"

Diese Übung lässt sich im Alltag in unzähligen Varianten spielen. Anfangs sollten Sie sich eher große, leichte Gegenstände bringen lassen, die nicht zerbrechen können, z.B. Bälle, Kissen, Kleidungsstücke. Wenn das Kind geübter ist, können Sie dazu übergehen, ein Gefäß mit Inhalt tragen zu lassen, etwa einen Becher, dessen Boden mit Wasser bedeckt ist. Füllen Sie nach und nach mehr Wasser ein, bis das Kind gelernt hat, ein volles Gefäß sicher durch den Raum zu tragen. Bringen Sie ihm dann bei, einen gefüllten Teller (z.B. mit einem Apfel darauf), ein beladenes Tablett oder Ähnliches zu tragen. Achten Sie darauf, dass sich das Kind nicht verletzen kann, wenn es stolpern sollte (also keine heißen Flüssigkeiten einfüllen, keine zerbrechlichen oder spitzen Gegenstände, wie Gläser, Messer verwenden!).

Springen

Material: Schwamm, Bonbons, Schnur.

Anleitung: Hängen Sie einen Schwamm oder einen anderen Gegenstand an einer Schnur so an der Decke auf, dass Ihr Kind ihn durch Hochspringen erreichen kann. Als besonderen Anreiz können Sie auch Bonbons verwenden (oder etwas anderes, was Ihr Kind gerne mag). Zeigen Sie vor, wie man springt, um den Gegenstand zu berühren. Dann soll das Kind es Ihnen nachmachen. Gelingt ihm dies nicht, so können Sie es ein wenig hochheben. Lassen Sie es mehrmals springen, bis es müde ist, und loben Sie jeden Versuch. Am Ende erhält es das Bonbon als Belohnung.

Stellen Sie einen Schemel auf und legen Sie eine Matte davor. Zeigen Sie, wie man beidbeinig vom Schemel springt. Halten Sie das Kind an beiden Händen, wenn es sich nicht herunterhüpfen traut. Sie können die Schwierigkeit ein wenig steigern, indem Sie es von einem Sessel auf eine weiche Matte springen lassen.

Ball fangen und werfen

Material: großer Ball, Tennisball.

Anleitung: Eine gute Vorübung für das gemeinsame Ballspiel ist das Hin- und Herrollen eines Balles. Setzen Sie sich Ihrem Kind gegenüber auf den Boden und machen Sie es auf sich aufmerksam: „Anna, schau mich an!" Rollen Sie einen großen Ball zum Kind und ermuntern Sie es, den Ball zurückzurollen. Die Übung lässt sich besser durchführen, wenn eine zweite Person dem Kind dabei mit Handführung hilft.

Wenn das Hin- und Herrollen gut klappt, können Sie die folgende Übung versuchen: Stellen Sie sich vor das Kind und legen Sie ihm den Ball in die Hände. Wie beim Rollen sollte auch hier eine zweite Person mitspielen, die hinter dem Kind steht und, falls notwendig, seine Arme führt. Fordern Sie das Kind auf, Ihnen den Ball zuzuwerfen, wobei der Abstand zwischen Ihren Händen und denen des Kindes anfangs nur wenige Zentimeter betragen soll. Der Helfer regt nun durch Handführung eine leichte Wurfbewegung an, so dass der Ball in Ihre Hände fällt. Sobald das Kind gelernt hat, den Ball in Ihre Richtung zu befördern, vergrößern Sie den Abstand langsam.

Auch beim Fangen ist ein Helfer von Vorteil. Er steht wieder hinter dem Kind und führt dessen Arme so, dass es den Ball zu fassen bekommt. Üben Sie zuerst mit einem großen, leichten Ball, den das Kind gut in beiden Armen halten kann. Beherrscht es damit das Werfen und Fangen, so können Sie auch kleinere Bälle verwenden.

Auf dieselbe Weise können Sie dem Kind beibringen, wie man den Ball aufprallen lässt. Der Ball muss dabei einmal am Boden aufkommen, bevor er gefangen werden darf.

Mit einem Tennisball, den das Kind gut mit einer Hand greifen kann, lässt sich das einhändige Werfen üben. Ist das Kind sehr geschickt, können Sie auch das Fangen mit einer Hand ausprobieren.

Gleichgewicht halten

Material: Packpapierstreifen (2 m lang, 10 cm breit), Holzleiste (10 cm breit), Ziegelsteine, Reifen, Holzklötze, Halbkugeln aus Holz oder Plastik, Seil.

Anleitung: Das Gleichgewichtsgefühl autistischer Kinder lässt sich mit verschiedenen Hüpf- und Balancierspielen verbessern. Legen Sie ein Seil (oder eine andere Markierung) auf den Boden und zeigen Sie vor, wie man beidbeinig darüber springt. Ermuntern Sie das Kind, dasselbe zu tun. Folgt keine Reaktion, so heben Sie es kurz hoch und lassen es über das Seil schwingen. Auch ein Reifen eignet sich gut für dieses Spiel: Das Kind soll von außen hinein- und wieder hinausspringen. Als Anreiz können Sie ein Bonbon in die Mitte legen.

Stecken Sie eine Strecke von 1 bis 1,5 m ab; markieren Sie Anfang und Ende mit Klebestreifen, Holzklötzen o. Ä. Das Kind soll diese Strecke nun durch beidbeiniges Hüpfen bewältigen. Am Ziel winkt eine kleine Belohnung. Probieren Sie auch andere Varianten der Fortbewegung im Hüpfen: auf einem Bein, Froschhüpfen, in der Hocke ohne Aufstützen der Arme. Zeigen Sie dem Kind immer deutlich vor, was es machen soll, und unterstützen Sie es, soweit es notwendig ist.

Balancieren: Das Kind soll auf einem 10 cm breiten Packpapierstreifen vorwärts gehen, ohne daneben zu treten. Diese Übung lässt sich auch mit einem Holzbrett durchführen, das am Boden liegt. Ist das Kind schon geübter, können Sie das Brett auf mehrere Ziegelsteine legen, so dass es sich einige Zentimeter über dem Boden befindet. Halten Sie das Kind an der Hand, bis es sich sicher genug fühlt, allein über das Brett zu balancieren.

Eine andere Übungsvariante: Legen Sie mit Ziegelsteinen oder großen Holzklötzen eine Strecke. Die Abstände zwischen den Steinen müssen so gewählt werden, dass das Kind leicht von einem zum anderen steigen kann. Die Trittfläche muss genügend Platz für den Fuß des Kindes bieten. Zeigen Sie vor, wie man von Stein zu Stein steigt. Danach soll das Kind die Übung versuchen. Geben Sie ihm anfangs Halt, bis es die nötige Sicherheit erreicht hat. Mit Halbkugeln aus Holz oder Plastik kann man die Übung dann noch anspruchsvoller gestalten.

Im Freien gibt es viele Möglichkeiten, das so geübte Balancieren anzuwenden. So finden sich auf Spielplätzen oft umgelegte Baumstämme oder Balken, über die man laufen kann. Beim Spazierengehen oder Wandern führt der Weg an einem kleinen Bach vorbei, den man auf Steinen überqueren kann etc. Denken Sie aber daran, dass diese Situationen für das Kind neu sind und deshalb möglicherweise Angst auslösen. Sie müssen wie bei einer völlig neuen Übung vorgehen: Zeigen Sie vor, wie es gemacht wird, ermuntern Sie das Kind, es selbst auszuprobieren, geben Sie so viel Hilfestellung als notwendig und loben Sie es anschließend tüchtig für seine Mühe!

Koordinationsübungen

Neben Kraft, Ausdauer und Gleichgewichtsgefühl muss bei autistischen Kindern vor allem die Koordination von Arm- und Beinbewegungen geübt werden.

Beginnen Sie mit einfachen Übungen für Arme und Beine: Das Kind soll im Kreis laufen und dazu klatschen, die Arme seitlich schwingen, über den Kopf strecken etc. Steigern Sie dann die Anforderung, indem Sie schwierigere Bewegungen einführen (z.B. auf den Zehenspitzen gehen, große Schritte machen, hüpfen). Wichtig ist, dass die Bewegungen der Arme und Beine erst einzeln gut eingeübt werden und dem Kind vertraut sind. Erst dann sollen Sie zur Verbesserung der Koordinationsfähigkeit kombiniert werden.

Hier zwei Beispiele für schwierigere Übungen:

Hopserlauf: Üben Sie mit dem Kind zuerst, beim Laufen die Knie möglichst hoch zu heben. Achten Sie dabei noch nicht auf die Armbewegungen! Erst wenn es das gut beherrscht, zeigen Sie ihm, wie man die Arme gegengleich mitschwingt, also: rechtes Knie hoch – linker Arm schwingt nach vorn, rechter Arm nach hinten. Schließlich soll das Kind nicht nur abwechselnd das Knie hochheben, sondern gleichzeitig mit dem anderen Bein hüpfen.

Hampelmann: Diese Übung erlernt das Kind am leichtesten, wenn Sie sich gegenüber aufstellen und jede Bewegung deutlich vorturnen. Heben Sie die Arme über den Kopf, so dass sich die Handflächen mit einem Klatschen berühren. Wenn das Kind Sie nicht spontan nachahmt, führen Sie seine Arme über dem Kopf zusammen. Ist die Armbewegung so gut eingeübt, dass das Kind sie alleine ausführen kann, bringen Sie ihm die Beinbewegungen bei: hochspringen – mit gegrätschten Beinen landen – wieder hochspringen – Beine schließen. Wenn diese Bewegungsfolge klappt und das Kind sie mehrere Male hintereinander selbständig vorzeigt, kombinieren Sie Arm- und Beinbewegungen zum Hampelmannsprung.

Sport treiben

Gerade für autistische Schulkinder und Jugendliche ist es sehr günstig, wenn Sie eine gängige Sportart beherrschen. Schwimmen, Eislaufen oder Rad fahren verbessern nicht nur den körperlichen Allgemeinzustand der Kinder, sondern helfen auch bei der Kontaktaufnahme mit Gleichaltrigen. Sportliche Betätigung ermöglicht ihnen außerdem, ihre Freizeit sinnvoll zu gestalten. Ziel ist dabei nicht, dass das Kind besondere sportliche Leistungen erbringt, sondern dass es die Sportgeräte einigermaßen beherrscht und Spaß an der Bewegung hat.

Die bereits beschriebenen motorischen Übungen fördern das Bewegungsgefühl und die Sicherheit des Kindes und bilden damit eine gute Grundlage für das Erlernen einer Sportart. Darüber hinaus muss das Kind aber noch in spielerischer Weise mit den für den jeweiligen Sport typischen Bewegungsfolgen und Fertigkeiten vertraut gemacht werden.

Gemeinsame Besuche im Schwimmbad z.B. sollen die Angst vor dem Wasser nehmen und Freude am Plantschen und Bewegen im Wasser vermitteln. Solange das Kind noch nicht schwimmen kann, muss es durch gute Schwimmhilfen gesichert werden.

Mit Rutschauto und Schaukelpferd lernt das Kind, im Sitzen Gleichgewicht zu halten, auch ohne sich mit den Beinen am Boden abzustützen. Auf dem Dreirad kann es das Treten der Pedale üben – das sind wichtige Vorübungen für das Rad fahren. Es ist aber erst im Schulalter sinnvoll, ein Fahrrad anzuschaffen.

Viele Sportarten können in einer Gruppe erlernt und ausgeübt werden. In Kindergärten und Schulen sind daher Turn- und Sportstunden fixer Bestandteil der Bildungspläne; oft werden sogar darüber hinaus Kurse durchgeführt. Informieren Sie sich über solche Angebote und nützen Sie diese auch. Achten Sie aber immer darauf, ob genügend Betreuer vorgesehen sind und ob darunter auch jemand ist, der Erfahrung im Umgang mit autistischen Kindern hat.

10.6.4 Übungen zur Förderung der Feinmotorik

Feinmotorische Geschicklichkeit erwirbt das Kind beim Hantieren mit unterschiedlichen Materialien: beim Aus- und Einräumen der Stapelbecher, beim Turmbauen oder beim Zusammenstecken von Legobausteinen. Holzpuzzles oder Legeleisten aus Holz haben meist einen Griff, der sich gut zum Üben des Pinzettengriffs (das Zugreifen mit Daumen und Zeigefinger) eignet. Das Auffädeln von Perlen erfordert eine sehr feine Koordination von Auge, Hand und Fingern.

Normal entwickelte Kinder bilden Handgeschicklichkeit aus, wenn man ihnen entsprechendes Material zur Verfügung stellt und ihre Bestrebungen, etwas selbst machen zu wollen, nicht behindert. Dagegen benötigen autistische Kinder sehr viel Unterstützung. Aus eigenem Antrieb hantieren sie bloß stereotyp mit dem Material, erreichen dabei allerdings oft eine verblüffende Fingerfertigkeit und Geschicklichkeit.

Beispiel

So konnten wir bei einem 9-jährigen Autisten beobachten, dass er imstande war, jeden kleineren Gegenstand in Drehbewegungen zu versetzen. Er verfolgte dann interessiert das Kreiseln. Zugleich hatte er aber große Probleme, die Lotto-Bildkärtchen auf die richtige Stelle am Tisch zu legen oder ein einfaches Puzzle zusammenzusetzen. Bei diesen Aufgaben benötigte er Handführung, sein Blick schweifte ständig ab, anstatt die eigenen Finger- und Handbewegungen zu kontrollieren.

Es ist daher besonders wichtig, die **Aufmerksamkeit** des Kindes **auf das Spielmaterial** zu lenken. Wenn Sie bemerken, dass das Kind autistisch in die Leere starrt oder im Raum herumschaut, unterbrechen Sie das Spiel. Erst nachdem Sie erneut Blickkontakt mit dem Kind hergestellt haben, ist es sinnvoll, die begonnene Aufgabe fortzusetzen.

Gegenstände betasten

Material: Streichelspiel, Tastspiel, Gegenstände aus unterschiedlichem Material; z.B. Plüschtier, Holzwürfel, Steine, Schlüssel aus Metall, Nadelfilz.

Anleitung: Stellen Sie dem Kind Spielzeug zur Verfügung, das aus verschiedenartigen Materialien gefertigt ist: etwas Glattes, etwas Weiches, einen Gegenstand mit rauer Oberfläche usw. Spiele wie das Streichelspiel oder das Tastspiel, die im Handel erhältlich sind, eignen sich ebenfalls. Durch Betasten der Oberfläche lernt das Kind, wie sich Materialien und Gegenstände unterschiedlicher Beschaffenheit anfühlen. Nehmen Sie die Hand Ihres Kindes und lassen Sie seine Finger über das Spielzeug gleiten. Benennen Sie dabei die Eigenschaft: „Weich! Ein weicher Teddy!" Betasten Sie auch die Konturen und Einzelheiten des Gegenstandes: Kopf, Bauch, Arme und Beine des Teddys, die Knopfaugen usw. Auf diese Art beginnt Ihr Kind die Umwelt im wörtlichen Sinn zu „begreifen". Durch das gleichzeitige Benennen fördern Sie außerdem auch das Verständnis für Eigenschaftsbegriffe.

Wenn das Kind bereits sprechen kann, können Sie folgende Spielvariante ausprobieren: Legen Sie drei Gegenstände, die Sie mit dem Kind gemeinsam genau befühlt und angesehen haben, unter eine Decke. Führen Sie nun seine Hände darunter und lassen Sie es einen Gegenstand betasten. Das Kind soll, ohne nachzusehen, erraten, welches Spielzeug es in den Händen hält.

Elastische Gegenstände drücken

Material: Wattebausch, Wollknäuel, Kissen, Schwamm, weicher Gummiball oder -tier, Wäscheklammern.

Anleitung: Diese Übung eignet sich gut zur Stärkung der Finger- und Handmuskulatur, die bei autistischen Kindern oft sehr schlaff ist. Beginnen Sie mit möglichst weichen Dingen, die sich leicht zusammendrücken lassen: Wattebausch, Wollknäuel, Polster o. Ä. Das Kind soll den Wattebausch in die Hand nehmen und drücken. Unterstützen Sie mit Handführung, soweit das notwendig ist. Gehen Sie nach und nach zu Materialien über, die etwas mehr Widerstand bieten, aber immer noch elastisch genug sind, dass man sie zusammenpressen kann. Ein Badeschwamm oder ein weicher Gummiball eignen sich dafür. Besonders zu empfehlen sind **Gummitiere, die einen Quietschton von sich geben,** wenn man sie drückt.

Bringen Sie Ihrem Kind auch bei, wie man mit Daumen und Zeigefinger Druck ausübt. Schopler empfiehlt dazu die Verwendung von Wäscheklammern, die man an einem Schachtelrand, später auf einer gespannten Schnur aufstecken lassen kann. Das Kind muss die Klammer mit Daumen und Zeigefinger anfassen und drücken, damit sie sich öffnet. Wieder helfen Sie mit Handführung, die Aufgabe zu bewältigen, wenn das Kind alleine nicht zurechtkommt.

Aufheben – Hinlegen – Einräumen

Material: Beliebige Spielgegenstände, die das Kind gut mit der ganzen Hand greifen kann (z.B. Bausteine, Stöpsel des Farbensteckbrettes, Holzperlen), Schachteln, Dosen, Eierwaben.

Anleitung: Stellen Sie zwei flache Schachteln vor das Kind auf den Spieltisch. In eine der beiden Schachteln legen Sie einige Bausteine, die andere bleibt leer. Führen Sie nun die Hand des Kindes zu einem der Steine und unterstützen Sie das Kind beim Zugreifen. Der Stein wird hochgehoben und die Hand zur leeren Schachtel geführt. Nun soll das Kind loslassen, so dass der Stein in die Schachtel fällt. Muchitsch empfiehlt die Verwendung einer Blechdose oder einer Schachtel mit hartem Boden, damit der Aufprall des Bausteins gut hörbar ist.

Der Schwierigkeitsgrad dieses Spiels lässt sich steigern, indem man kleinere Gegenstände verwendet, z.B. Perlen, die das Kind in die Vertiefungen einer Eierwabe legen soll.

Genaues Platzieren von Gegenständen: Zeichnen Sie Kreise (etwa in der Größe eines 2-Euro-Stücks) in die 4 Ecken eines Zeichenblattes oder Kartons. Das Kind soll nun, zuerst mit, später ohne Handführung, je einen Baustein auf einen gezeichneten Kreis setzen.

Türme bauen

Material: Pappschachteln, Dosen, Würfel aus Schaumstoff, Stapelbecher, bunte Baubecher, Bausteine.

Anleitung: Beginnen Sie das Spiel mit zwei geschlossenen Pappschachteln. Legen Sie eine Schachtel vor das Kind. Nun führen Sie die Hand des Kindes zur anderen Schachtel und unterstützen es beim Zugreifen. Gemeinsam legen Sie die Schachteln aufeinander: Ein Turm aus zwei Bauelementen ist entstanden. Wenn das Kind diesen Vorgang des Aufeinanderstapelns ohne Handführung beherrscht, können Sie mehr Elemente verwenden. Gehen Sie dann zu Stapelbechern, Baubechern und Bausteinen über.

Steckspiele

Material: Farbensteckbrett, diverse Steckspiele.

Anleitung: Mit diesem Spiel können Sie erst beginnen, wenn Ihr Kind die Übungen zum Einräumen, genauen Platzieren von Gegenständen und Bauen von Türmen bereits ohne Handführung beherrscht.

Wählen Sie als einfache Spielvariante das **Farbensteckbrett**: Das leere Steckbrett steht vor dem Kind, die Stöpsel liegen in einer Schachtel daneben. Das Kind soll nun die Stöpsel in die entsprechenden Vertiefungen stecken.

Steckspiele werden zur Steigerung des Schwierigkeitsgrades eingesetzt. Üben Sie zuerst das gezielte Einsetzen der Stecker, danach können Sie auch Muster oder Reihen vorlegen, die das Kind nachmachen soll.

Auffädeln

Material: Ringpyramide, große Perlen, Knöpfe, Pfeifenreiniger, Schnüre.

Anleitung: Lassen Sie das Kind zuerst die Ringe auf die Ringpyramide in beliebiger Reihenfolge aufstecken. Verwenden Sie dann große Holzperlen und ein Stäbchen, das Sie auf einer Unterlage befestigen (z.B. auf einem Holzbrett). Das Kind soll die Perlen nun auf das Stäbchen aufstecken.

Wenn das Kind diese Handgriffe gut beherrscht, kann es die Perlen erst auf Pfeifenreiniger, später auch auf Schnüre auffädeln.

Knöpfen / Knoten

Material: Übungsrahmen zum Knöpfen (Befestigen Sie an einem Holzbrett oder Karton links und rechts je einen Streifen Stoff. Die Stoffstreifen sollen so breit sein, dass sie sich auf dem Brett übereinander klappen lassen. Rechts nähen Sie Knöpfe an, in den linken Streifen schneiden Sie Knopflöcher. Auf dieselbe Art können Sie Übungsrahmen zum Schnüren, Binden einer Schleife, Schließen von Druckknöpfen und Reißverschlüssen herstellen).

Lernbär: Teddybär mit verschiedenen Verschlüssen (Knopfloch, Schuhbänder, Reißverschluss, Klettverschluss, Druckknopf, Schnalle). Teddy oder Puppe mit Jäckchen, das sich zuknöpfen lässt.

Anleitung: Beginnen Sie mit großen Knöpfen (mindestens 2 cm Durchmesser). Führen Sie eine Hand des Kindes zum Knopf, die andere zum Knopfloch, und zwar so, dass es jeweils nur mit Daumen und Zeigefinger zugreift. Nun soll es – anfangs mit Handführung – den Knopf durch das Knopfloch stecken, bis es diese Übung gut beherrscht. Dann kann es auch kleinere Knöpfe schließen, z.B. an einem Puppenjäckchen.

Zeigen Sie Ihrem Kind, wie man aufknöpft. Diese Fertigkeit lässt sich gut an Kleidungsstücken des Kindes üben, etwa an einer Jacke mit großen Knöpfen.

Auf ähnliche Weise bringen Sie ihm das Öffnen und Schließen eines Reißverschlusses bei: Zuerst verwenden Sie einen Übungsrahmen, dann den Lernbär oder Jacken für eine Puppe, schließlich beziehen Sie auch die Kleidung des Kindes in die Übung mit ein.

Schleife binden: Basteln Sie nach dem oben beschriebenen Prinzip einen Übungsrahmen, wobei Sie an jedem der beiden Stoffstreifen je ein Band von ca. 30 cm Länge befestigen. Wählen Sie unterschiedliche Farben für die beiden Bänder (z.B. links blau, rechts rot). Zeigen Sie Ihrem Kind zuerst, wie man einen Knoten macht, wobei Sie wie folgt vorgehen:
1. Die Bänder ordnen. Jede Farbe liegt für sich.
2. Die Bänder kreuzen. Dabei liegt immer das rechte Band oben.
3. Es wird ein ‚Tor' gebildet, indem die (gekreuzt) liegenden Bänder hochgehoben werden. Durch dieses Tor wird mit der linken Hand das rechte Band geführt und der Knoten gebildet.

Beherrscht das Kind diese Handgriffe, können Sie ihm das Binden einer Schleife beibringen:
1. Nach dem Knoten wird mit dem Band in der linken Hand eine Schlaufe gebildet.
2. Das rechte Band wandert um die Schlaufe herum, wird doppelt in einer Schlaufe durch das kleine ‚Tor' durchgesteckt, und beide Schlaufenenden werden fest zugezogen. Die Schleife ist fertig."
(Sinnhuber, a.a.O., S. 91)

Schneiden

Material: Kindersichere Schere, (Zeitungs-)Papier, Karton, Buntpapier.

Anleitung: Zeigen Sie Ihrem Kind, wie man eine Schere halten muss, um damit zu schneiden. Geben

Sie ihm die Schere so in die Hand, dass Daumen und Zeigefinger in den Haltegriffen liegen. Führen Sie nun die Hand des Kindes und schneiden Sie dabei in ein Blatt Zeitungspapier. Wenn es das Prinzip beherrscht, bereiten Sie einen Papierstreifen vor, das Kind soll davon Stücke abschneiden.

Der nächste Lernschritt besteht darin, an einer vorgezeichneten Linie zu schneiden. Zeichnen Sie auf einen Streifen Papier mit Filzstift dicke Linien. Zeigen Sie dem Kind, dass es genau auf der Linie schneiden soll, und führen Sie, falls nötig, seine Hand. Klappt das gut, so können Sie die Übung schwieriger gestalten, indem Sie nur noch dünne Linien zeichnen. Schließlich soll das Kind lernen, Kreise und Rundungen auszuschneiden. Verwenden Sie Buntpapier, dann können Sie aus den Kreisen und Papierstückchen, die dabei entstehen, anschließend ein Bild kleben (z.B. eine Blume).

Vorübungen zum Zeichnen

Material: Sand, flacher Teller mit Grieß, Sandwanne, dicke Filzstifte, große Bögen Packpapier, weiche Kreiden, Tafel.

Anleitung: In der Sandkiste lässt sich das Zeichnen gut anbahnen: Nehmen Sie den Zeigefinger Ihres Kindes und malen Sie Striche, Kreise, Muster in den Sand. Achten Sie darauf, dass das Kind dabei zusieht. Wischen Sie die Fläche immer glatt, bevor Sie eine neue Figur zeichnen. Wenn Sie keine Sandkiste in der Nähe haben oder die Übung zu Hause durchführen wollen, verwenden Sie am besten einen flachen Teller, auf den Sie Grieß streuen. Darauf lässt sich ebenso gut zeichnen wie im Sand. Im Handel erhältlich sind auch Sandwannen.

An einer Wandtafel oder auf großen Papierbögen, die Sie an der Wand befestigen, kann Ihr Kind den Umgang mit verschiedenen Schreib- und Zeichenmaterialien lernen. Stifte und Kreiden müssen anfangs sehr weich sein, so dass sie schon bei zaghafter Berührung mit der Zeichenfläche Farbe abgeben. Autistische Kinder sind nämlich oft nicht im Stande, mit dem nötigen Druck auf das Papier zu kritzeln. Die produzierten Linien sind dann nur schwach sichtbar und bieten nicht genug Anreiz, das Zeichnen fortzusetzen.

Verbinden von vorgezeichneten Punkten

Material: A4-Zeichenkarton, dicke Filzstifte.

Anleitung: Zeichnen Sie zwei deutlich sichtbare Punkte im Abstand von etwa 5 cm untereinander. Geben Sie Ihrem Kind einen Filzstift in die Hand und umschließen Sie diese mit Ihrer Hand so, dass Sie sie führen können. Am besten stellen Sie sich zu Beginn hinter den Sessel des Kindes; so können Sie die Strichführung gut steuern. Setzen Sie nun die Filzstiftspitze auf den oberen der beiden Punkte und lassen Sie Ihr Kind mit Handführung einen Strich bis zum unteren Punkt ziehen.

Wenn Sie das einige Male geübt haben, können Sie folgende Arbeitsblätter vorbereiten (> Abb. 13a).

Gewöhnen Sie Ihr Kind an das Bearbeiten dieser Blätter in der Schreibrichtung, also von links nach rechts. Sollte das Kind Schwierigkeiten mit dem Absetzen des Striches haben, so führen Sie ein Signal ein: Immer wenn es den unteren Punkt erreicht hat, sagen Sie „Stopp" („Halt", „Aus").

Ergänzen Sie das Zeichnen durch Übungsblätter für waagrechte und schräge Linien (> Abb. 13b und c).

Kreise und Figuren zeichnen

Material: A4-Zeichenkarton, Filzstifte.

Anleitung: Zeichnen Sie einen punktierten Kreis vor, den das Kind nachziehen soll. Die Punkte werden als Hilfestellung nach und nach ausgeblendet, indem ihre Anzahl verringert wird, sie schwächer gezeichnet werden etc. (> Abb. 14a). Nach derselben Methode können auch andere geometrische Figuren, Buchstaben und einfache Zeichnungen erarbeitet werden (siehe die Beispiele in > Abb. 14b und c).

Ausmalen einer kleinen Umrissform

Material: Zeichenpapier, Malbücher, Buntstifte, Filzstifte, Wachsmalkreiden.

Anleitung: Das Ausmalen einer Fläche oder einer Figur, deren Umrisse vorgezeichnet sind, fällt autistischen Kindern sehr schwer, weil sie Mühe haben, die Begrenzung einzuhalten. Wenn sie dies lernen

10.6 Spiele und Übungen zur Entwicklungsförderung

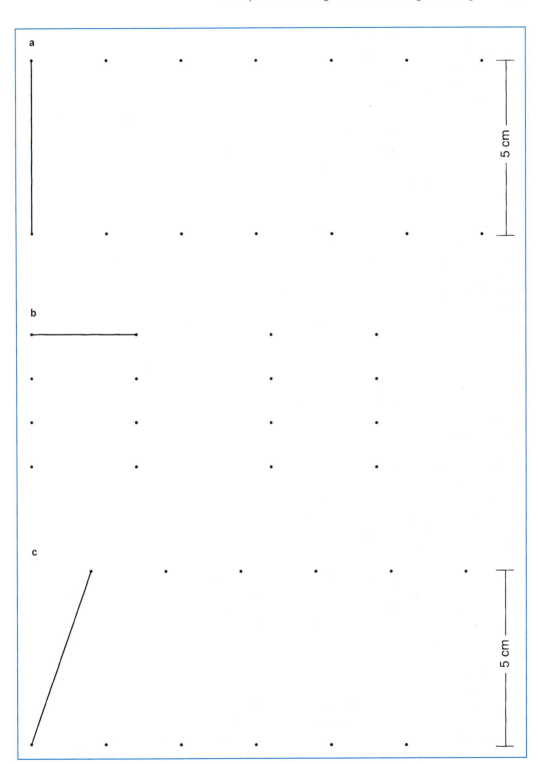

Abb. 13 a–c Übungsblätter „Verbinden von vorgezeichneten Linien".

98 10 Aufbau der kognitiven Fähigkeiten beim autistischen Kind

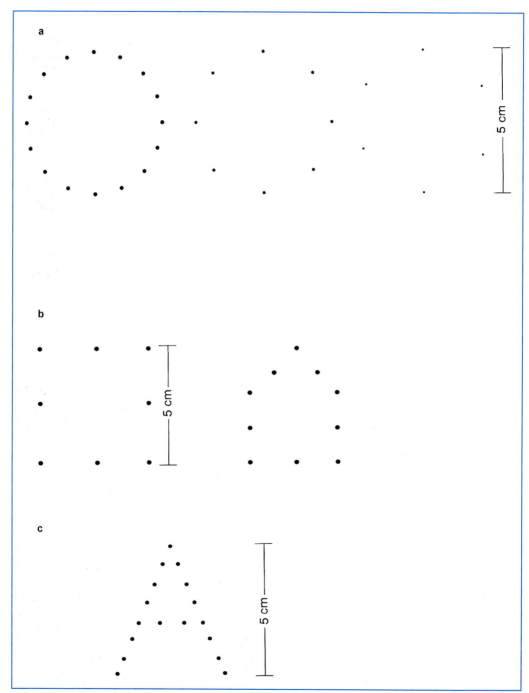

Abb. 14 a–c Übungsblätter „Kreise und Figuren zeichnen".

10.6 Spiele und Übungen zur Entwicklungsförderung

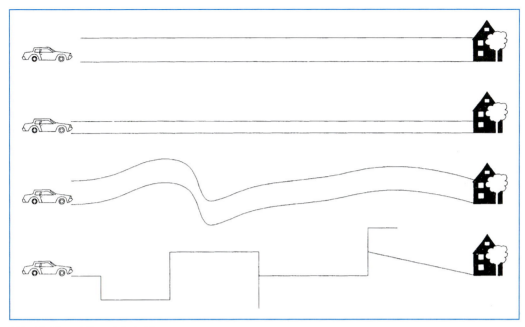

Abb. 15 Übungsblätter „Labyrinth".

sollen, darf die auszumalende Fläche nicht zu groß sein, sonst artet das Hin-und-her-Bewegen des Malstiftes in ein stereotypes Verhalten aus. Das Kind kontrolliert nicht mehr, was es tut, sondern führt den Stift in monotoner Bewegung übers Papier.

Die Umrisse müssen anfangs sehr deutlich gezeichnet sein. Zusätzlich geben Sie ein sprachliches Signal, wenn das Kind über die Umrandung hinausgerät: „Halt! Nicht über den Rand!" Dabei führen Sie seine Hand wieder in das Innere der Figur. Beschränkt sich das Kind darauf, nur in der Mitte der Umrissform zu malen, so helfen Sie ebenfalls mit Handführung nach und malen die schwierigen Randbereiche gemeinsam aus.

Labyrinthe

Material: A4-Zeichenkarton, Filzstifte.

Anleitung: Zeichnen Sie eine 1 cm breite, gerade Straße auf. Am linken Ende malen Sie ein Auto, rechts ein Haus. Lassen Sie das Kind nun mehrmals mit dem Zeigefinger, dann mit dem Filzstift den Weg des Autos zum Haus fahren. Unterstützen Sie so lange mit Handführung, bis das Kind den Weg selbständig einzeichnen kann, ohne über die Begrenzung zu malen. Sie können die Straße dann schmäler machen, Kurven und Sackgassen einbauen (> Abb. 15).

10.6.5 Übungen zur Förderung der akustischen Wahrnehmung

Auf Geräusche reagieren

Material: Glocke, Rassel, Pfeifchen oder ähnliche klangerzeugende Gegenstände.

Anleitung: Beobachten Sie, welche Tätigkeiten Ihr Kind besonders gerne mag. Das kann z.B. der tägliche Spaziergang oder das abendliche Baden sein. Kündigen Sie das Baden durch Läuten der Glocke an und sagen Sie dazu: „Baden." Wiederholen Sie diese Ankündigung jedes Mal vor der gewählten Tätigkeit, jedoch so, dass das Kind die Glocke nicht sehen kann. Nach einigen Malen sollten Sie an der Reaktion Ihres Kindes erkennen, dass es den Glockenton als Signal wahrnimmt und versteht: Es läuft ins Badezimmer, beginnt sich schon auszuziehen etc.

Akustische Signale unterscheiden

Verbinden Sie Tätigkeiten, die das Kind gerne mag, mit einfachen lautmalerischen Bezeichnungen. Wenn Sie das Kind streicheln, sagen Sie „ei, ei" dazu; zum Plantschen im Badewasser „plitsch-platsch", zum Klatschen der Hände „patsch, patsch" usw. Verwenden Sie gelegentlich nur das Wort und achten Sie auf die Reaktion Ihres Kindes: Streckt es Ihnen etwa auf Ihr „patsch, patsch" die Hände entgegen, so lässt es erkennen, dass es auf Ihre Ankündigung auch das Klatschen der Hände erwartet. Bleibt die Reaktion aus, dann klatschen Sie die Hände des Kindes zusammen und wiederholen freundlich „patsch, patsch".

Geräuschquellen unterscheiden

Material: Paare von Gegenständen, die Geräusche erzeugen; z.B. 2 Glocken, 2 Rasseln, 2 Trommeln.
Anleitung: Legen Sie 2 oder 3 Paare von Geräuschquellen vor das Kind und beginnen Sie mit dem Läuten einer Glocke. Dann führen Sie die Hand des Kindes zur zweiten Glocke und lassen es mit Ihrer Hilfe die Glocke läuten. Wiederholen Sie das Spiel abwechselnd mit den verschiedenen Geräuschquellen. Blenden Sie die Handführung langsam aus, sobald das Kind zu erkennen gibt, dass es mit dem Spielablauf vertraut ist.

Geräuschfolgen wiedergeben

Klopfen Sie mit der Handfläche zweimal auf den Tisch. Dann nehmen Sie die Hand des Kindes und lassen es das Klopfen nachahmen. Helfen Sie so lange mit Handführung mit, bis das Kind Ihr Klopfen selbständig zu imitieren beginnt. Sie müssen in jedem Fall darauf achten, dass das Klopfen nach den zwei Schlägen unterbrochen wird und das Kind nicht einfach stereotyp weitermacht. Bedecken Sie die Hand des Kindes mit Ihrer Hand und loben Sie es: „Fein, jetzt hat Peter genauso geklopft wie Mama!"

Dieses Spiel erlaubt eine Menge von Variationen: lautes und leises Klopfen, kurze und lange Pausen ergeben interessante und lustige Rhythmen. Achten Sie jedoch unbedingt darauf, dass die Folgen nicht zu lange geraten. 2 oder 3 Elemente genügen für den Anfang. Als Faustregel gilt: Der Klopfrhythmus sollte niemals mehr Elemente umfassen, als Ihr Kind unmittelbar im Gedächtnis behalten kann. Diese so genannte unmittelbare Gedächtnisspanne Ihres Kindes können Sie mit den Übungen zur Gedächtnisförderung leicht feststellen (➤ Kap. 10.6.7).

10.6.6 Übungen zur Förderung der visuellen Wahrnehmung

Gegenstände fixieren und mit dem Blick verfolgen

Material: Taschenlampe mit schwachem Lichtstrahl, auffällige (Spiel-)Gegenstände (z.B. rote Rassel, Schlüsselbund, roter Ball).
Anleitung: Setzen Sie sich Ihrem Kind gegenüber und bringen Sie die Taschenlampe in sein Gesichtsfeld: „Schau, Roland!" Wenn das Kind nicht reagiert, schalten Sie die Lampe mehrmals aus und wieder ein, um seine Aufmerksamkeit darauf zu lenken (siehe auch die Übung „Einen gemeinsamen Aufmerksamkeitsfokus herstellen" in ➤ Kap.10.6.1). Bewegen Sie die Lampe zur Seite und beobachten Sie, ob es das Licht mit den Augen verfolgt. Versuchen Sie diese Übung auch mit anderen Gegenständen zu wiederholen, z.B. mit einer roten Rassel oder mit einem Schlüsselbund: Sobald das Kind die Rassel fixiert, legen Sie sie langsam auf den Tisch. Machen Sie das Kind auf einen Schlüsselbund aufmerksam, der bereits auf dem Tisch liegt. Verändern Sie dann seine Lage, indem Sie ihn verschieben. Wichtig ist, dass das Kind den Gegenstand zumindest einige Sekunden anschaut und zusieht, wie Sie ihn vor seinen Augen bewegen. Loben Sie es anfangs schon für einen kurzen Blick! Zeigt es Interesse für das Spielzeug, so überlassen Sie es ihm anschließend zum Spielen.

Gegenstände erkennen und zuordnen

Material: Für dieses Spiel eignen sich Gegenstände aus dem Alltag, die in jedem Haushalt vorhanden sind. Suchen Sie jeweils zwei gleiche Objekte aus: zwei Löffel, zwei rote Bausteine, zwei Bleistifte, zwei Knöpfe etc.
Anleitung: Legen Sie einen Teil jedes Paares auf den Spieltisch vor das Kind, wobei Sie mit zwei oder

drei Paaren beginnen sollten. Den jeweils anderen Teil der Paare geben Sie in eine Schachtel. Betrachten Sie nun mit dem Kind gemeinsam die Gegenstände auf dem Tisch; benennen Sie sie bei dieser Gelegenheit. Dann sichern Sie sich erneut die Aufmerksamkeit des Kindes (Blickkontakt!) und zeigen ihm einen Gegenstand aus der Schachtel, den Sie in Augenhöhe halten. Sie benennen den Gegenstand und legen ihn dann mit dem Kind gemeinsam zu dem passenden Gegenstand auf den Tisch. Wiederholen Sie das Spiel, bis das Kind die Zuordnung alleine vornehmen kann. Erst dann darf die Anzahl der Paare erhöht werden.

Achten Sie besonders darauf, dass Sie die Gegenstände nicht immer in derselben Reihenfolge anordnen bzw. zuordnen lassen (also nicht immer: Löffel, Knopf, Baustein, Bleistift)! Autistische Kinder prägen sich nämlich die Reihenfolge ein und ordnen zu, ohne die Richtigkeit durch Hinschauen zu überprüfen.

Größen sortieren und zuordnen

Material:
- Die Stapelbecher bestehen aus mehreren verschieden großen Bechern, die zu einem Turm aufeinander gesetzt oder ineinander gestülpt werden können.
- Nach demselben Prinzip sind die bunten Baubecher gestaltet; die einzelnen Elemente sind Hohlwürfel.
- Die Ringpyramide besteht aus einem Stab, der auf einer Scheibe befestigt ist; darauf werden Scheiben unterschiedlicher Größe gesteckt.
- Farbensteckbrett: In ein Holzbrett mit 25 Vertiefungen werden Rundstäbe in fünf verschiedenen Größen und fünf verschiedenen Farben gesteckt.
- Legeleisten: Motive aus Holz in verschiedenen Größen müssen in passende Vertiefungen eingefügt werden.

Anleitung: Beginnen Sie mit dem größten und kleinsten Element der Stapelbecher. Zeigen Sie dem Kind, wie man die beiden Becher bzw. Hohlwürfel übereinander stellt bzw. den kleineren in den größeren einräumt. Dann wiederholen Sie das Spiel mit dem Kind gemeinsam, wobei Sie durch leichte Handführung Unterstützung geben können. Nach und nach erweitern Sie das Spiel um jeweils einen Becher (oder Hohlwürfel), bis es dem Kind gelingt, aus dem ungeordneten Bechersatz einen Turm zu bauen und die Becher anschließend wieder einzuräumen.

Beim Spiel mit der Ringpyramide braucht das Kind einige Übung, bis es das Aufstecken der Scheiben beherrscht (siehe auch Übungen zur Förderung der Feinmotorik). Die genaue Koordination von Auge und Hand, die man dazu benötigt, fällt autistischen Kindern besonders schwer, weil sie ihre Handlungen selten visuell kontrollieren. Üben Sie daher zuerst das Aufstecken, bevor Sie die Scheiben nach ihrer Größe sortieren lassen. Auch hier sollten Sie unbedingt mit einigen wenigen Scheiben von deutlich unterschiedlicher Größe beginnen.

Wählen Sie nur die fünf längsten und fünf kürzesten Stäbe aus dem Farbensteckbrett aus und legen Sie sie in eine flache Schachtel, die Sie direkt vor das Kind stellen. Stecken Sie einen langen Stab in die oberste Reihe des Steckbretts, einen kurzen Stab in die unterste Reihe. Das Kind soll nun – anfangs mit Handführung – die übrigen vier kurzen und vier langen Stäbe richtig dazustecken. Die Schwierigkeit des Spiels lässt sich durch Hinzunahme der Stäbe mit mittlerer Größe steigern.

Formen zuordnen

Material:
- Formenwürfel: großer Hohlwürfel, dessen Seitenflächen verschiedene Öffnungen aufweisen, durch die entsprechend geformte Teile zu stecken sind.
- Formensteckbrett: Holz- oder Plastikbrett mit Vertiefungen, in die geometrische Formen (Kreis, Viereck, Dreieck) eingepasst werden müssen.
- Holz-Puzzle: Das Gestaltungsprinzip ähnelt dem Formensteckbrett, anstelle der geometrischen Figuren werden jedoch Bilder von Tieren, Verkehrsmitteln u.ä. eingesetzt.
- Rahmenpuzzle: Die Konturen der Puzzleteile sind auf der Spielunterlage eingekerbt und erleichtern das Zusammensetzen des Bildes.

Anleitung: Beim Spiel mit Formenwürfel, Formensteckbrett und Holz-Puzzle soll das Kind die Teile in die entsprechend geformten Vertiefungen bzw. Öffnungen stecken. Die Schwierigkeit des Formenwürfels kann durch Zukleben einzelner Öffnungen reduziert werden.

Puzzles gibt es mit einer unterschiedlichen Anzahl von Teilen. Als Einstieg eignen sich Bilder, die in 4 oder 6 Teile zerlegt sind.

Farben sortieren und zuordnen

Material:
- Bausteine in verschiedenen Farben: Die Bausteine sollten in den Grundfarben (rot, blau, gelb und grün) bemalt und in größeren Mengen vorhanden sein.
- Farbensteckbrett (Beschreibung siehe „Größen zuordnen")
- Colorama: Spielunterlage mit verschieden gefärbten und geformten Vertiefungen. Die dazugehörigen Spielsteine müssen nach Form und Farbe eingepasst werden.
- Steckspiele: Verschiedenfarbige Steckknöpfe können auf einer gelochten Unterlage zu Mustern gesteckt werden. Da das Material sehr klein ist, sollte es jüngeren autistischen Kindern nicht zum freien Spiel überlassen werden!
- Klecksolino: Farbige Plättchen müssen auf einer Farbpalette den richtigen Farben zugeordnet werden.
- Tempo, kleine Schnecke: Schnecken in verschiedenen Farben laufen auf einem Spielplan um die Wette. Mit einem Farbwürfel wird die Schnecke bestimmt, die als nächste ziehen darf.

Anleitung: Farben sortieren: Bausteine, Steckknöpfe, Rundstäbe oder Scheiben können nach Farben sortiert werden. In der einfachsten Spielvariante werden zwei flache Behälter (Schachteln) vor das Kind auf den Spieltisch gestellt. Dann legen Sie einen roten Baustein in den einen Behälter, einen blauen in den anderen und fordern das Kind auf, die übrigen Bausteine in die entsprechende Schachtel zu legen. Als zusätzliche Hilfestellung können die Schachteln in der Farbe der Bausteine bemalt oder beklebt werden (z.B. eine rote Schachtel für die roten Bausteine, eine blaue für blaue Steine). Nach und nach wird die Anzahl der Farben erhöht.

Wenn das Kind diese Übung gut beherrscht, können Sie beginnen, farbgleiche Reihen auf dem Farbensteckbrett herzustellen. Es empfiehlt sich, beim Sortieren die Farben auch immer zu benennen, damit sich der Begriff einprägt.

Zuordnen: Das Spiel **Klecksolino** enthält unterschiedlich gefärbte Farbplättchen sowie Farbpaletten mit Farbfeldern. Sie legen eine Farbpalette vor das Kind und suchen die farblich passenden Kärtchen. Nun stellen Sie Blickkontakt mit dem Kind her und halten ein Kärtchen in Augenhöhe, so dass das Kind es sehen kann. Nachdem Sie ihm das Kärtchen übergeben haben, führen Sie seine Hand zum entsprechenden Feld auf der Farbpalette, wo das Kärtchen abgelegt wird. Mit einer ausreichenden Zahl von Wiederholungen lernt das Kind, die Aufgabe ohne Hilfe zu bewältigen.

Das Zuordnen nach Farbe und Form kann auch mit dem Spiel **Colorama** geübt werden. Wählen Sie einen Spielstein aus und suchen Sie mit dem Kind gemeinsam die entsprechende Vertiefung auf dem Spielplan. Wenn das Kind das Zuordnen der Spielsteine schon gut beherrscht, können Sie den Farbwürfel ins Spiel bringen. Lassen Sie das Kind würfeln und die gewürfelte Farbe benennen. Nun sucht es einen Spielstein in dieser Farbe und legt ihn richtig auf den Spielplan. Der Formwürfel wird ebenso wie der Farbwürfel zuerst einzeln verwendet (würfeln, Spielstein in der passenden Form suchen und in die richtige Vertiefung legen), bevor beide Würfel kombiniert werden. Bei Kindern, die schon sehr geübt sind im Umgang mit Colorama, kann als zusätzlicher Anreiz ein Wettspiel veranstaltet werden: Kind und Erwachsener erhalten jeweils die Hälfte der Spielsteine und würfeln abwechselnd. Sieger ist, wer seine Spielsteine zuerst auf dem Spielplan untergebracht hat.

Bilder zuordnen

Material:
- Memory: Empfehlenswert sind Memory-Spiele mit einfach gezeichneten und gut erkennbaren Motiven aus der Umwelt des Kindes.
- Bilderlotto: Bildtafeln mit neun Feldern, die jeweils ein Motiv enthalten.

Anleitung: Das Zuordnen von Bildern wird mit Memory-Kärtchen eingeübt. Anfangs werden nur zwei oder drei Paare verwendet, mit zunehmender Übung kann man die Anzahl der Bilder erhöhen und schließlich zum Bilderlotto übergehen. Die Vorgangsweise ist ähnlich wie beim Zuordnen von Gegenständen: Eine Serie von Bildern liegt auf dem Tisch, die korrespondierenden Kärtchen werden gut gemischt und dem Kind einzeln in Augenhöhe präsentiert. Es soll nun das Kärtchen auf den „Zwilling" am Tisch legen. Das Benennen der abgebildeten Gegenstände, während das Bild gezeigt wird, festigt zusätzlich die Begriffsbildung. Bei manchen Lottospielen sind auf der Rückseite der Kärtchen und der Legetafel die Gegenstände im Schattenriss abgebildet. Dadurch kann die Schwierigkeit des Spiels noch weiter gesteigert werden.

Erfassen von Einzelheiten (optisches Differenzieren)

Material:
- **Lottospiele** mit ähnlichen Bildern, bei denen jeweils ein oder mehrere Details variieren (z.B.: „Differix", „Konzentration")
- **Bilderbücher** (z.B. von Ali Mitgutsch).

Anleitung: Die Legespiele basieren auf dem Lottoprinzip und werden daher auch entsprechend gespielt (vgl. die Anleitung zu „Farben zuordnen" bzw. „Bilder zuordnen"). Die einzelnen Felder enthalten ein Motiv, bei dem Details in der Raum-Lage variieren (z.B. das Blatt am Stiel eines Apfels zeigt einmal nach rechts, einmal nach links) oder in unterschiedlicher Ausprägung vorhanden sind (z.B. die Lokomotive hat einmal nur einen Rauchfang, dann wieder zwei, statt einer Glocke eine Hupe). Das Kind muss sehr genau prüfen, welche Bildvariante mit seinem Kärtchen übereinstimmt.

Aus den Bilderbüchern suchen Sie ein Bild mit vielen Details und lassen das Kind nach Einzelheiten suchen (z.B. „Zeig mir das rote Auto, die Frau mit dem Einkaufskorb" etc.).

Reihenfolgen bilden

Material: Bausteine in verschiedenen Farben, bunte Holzperlen zum Auffädeln, Steckspiele; Bildgeschichten: Bildkärtchen werden zu einer sinnvollen Geschichte gelegt.

Anleitung: Bilden Sie aus Bausteinen in zwei Farben ein Muster: roter Stein, blauer Stein usw., und setzen Sie diese Reihe mit dem Kind gemeinsam fort. Das Spiel wird schwieriger, wenn Sie mehrere Elemente für das Muster verwenden (z.B. rot-gelb-blau). Nach demselben Prinzip können auch Reihen mit dem Steckspiel gebildet oder Perlen auf Schnüre aufgefädelt werden (Anleitungen zum Üben des Auffädelns finden Sie bei den feinmotorischen Übungen, ➤ Kap. 10.6.4).

Mit dem Legen von Bildgeschichten wird das Erfassen einer zeitlichen Abfolge geübt. Sortieren Sie mit dem Kind gemeinsam die einzelnen Bilder, so dass sich eine sinnvolle Reihenfolge ergibt. Jedes Bild kommentieren Sie zusätzlich mit einem kurzen prägnanten Satz (siehe auch Übungen zur Sprachförderung, ➤ Kap. 10.6.8 bzw. zur Förderung der kognitiven Fähigkeiten, ➤ Kap. 10.6.9).

10.6.7 Übungen zur Gedächtnisförderung

Gegenstände wiederfinden

Material: Schachteln, Dosen, Joghurtbecher, Decke, verschiedene Gegenstände, die sich unter den Schachteln, Dosen oder Joghurtbechern verstecken lassen; Memory.

Anleitung: Verstecken Sie vor den Augen Ihres Kindes einen besonders attraktiven Spielgegenstand unter der Decke, z.B. den Teddy. Fragen Sie: „Wo ist der Teddy?", und lassen Sie das Kind nach dem Teddy suchen.

Unter zwei gleich aussehende, umgestülpte Schachteln legen Sie je einen Gegenstand, wobei Sie darauf achten, dass Ihr Kind Ihnen zusieht. Benennen Sie die Gegenstände dabei (z.B. „Auto", „Ball"). Fragen Sie nach einem der versteckten Gegenstände („Wo ist das Auto?"). Wenn das Kind zwei Gegenstände sicher im Gedächtnis behalten und wiederfinden kann, beziehen Sie einen dritten in das Spiel mit ein usw. Auf diese Weise steigern Sie langsam die Gedächtnisspanne Ihres Kindes.

Sie können das Spiel auch abwandeln, indem Sie Memorykärtchen verwenden: Legen Sie die Kärtchen auf, benennen Sie die abgebildeten Gegenstände und drehen Sie dann die Bildseite nach unten. Das Kind soll auf Befragen das richtige Bild wiederfinden.

Memory

Material: Memory.

Anleitung: Bei geübteren Kindern, denen das Wiederfinden keine Probleme bereitet, kann Memory in der Originalanleitung gespielt werden. Verwenden Sie zu Beginn nicht das gesamte Spiel, sondern nur 3 Bildpaare (= 6 Karten), die Sie mischen und im Rechteck (2 × 3 Karten) mit dem Bild nach unten auslegen. Decken Sie nun mit dem Kind gemeinsam 2 Karten nacheinander auf. Ergibt sich ein Paar, so legen Sie die Karten auf die Seite; wenn nicht, benennen Sie die beiden Gegenstände, um ihre Position einzuprägen, und drehen die Karten wieder um. Decken Sie eine weitere Karte auf und überlegen Sie mit dem Kind, wo der passende Paarling liegen könnte. Ist das Prinzip gut eingeübt, dann erhöhen Sie die Anzahl der Paare. In weiterer Folge kann Memory auch als Wettspiel gespielt werden.

Aufträge ausführen

Ein gutes Sprachverständnis vorausgesetzt, können Sie die Merkfähigkeit ihres Kindes auch im Alltag spielerisch fördern. Geben Sie dem Kind kleinere Aufträge mit ein oder zwei Details, die es sich merken und ausführen soll (z.B. „Geh bitte ins Badezimmer und bring mir das rosa Handtuch." „Trage den Teller in die Küche und stell ihn ins Spülbecken."). Natürlich müssen Sie dabei darauf achten, dass Ihr Kind aufmerksam ist. Stellen Sie Blickkontakt her, und geben Sie den Auftrag in freundlichem, moduliertem Tonfall.

Gedichte, Geschichten und Lieder merken

Material: Bilderbücher, Bücher mit Kinderreimen und -liedern.

Anleitung: Beim Vorlesen und Vorsingen ergeben sich vielfältige Möglichkeiten der Gedächtnisförderung: Das Kind soll sich kleine Verse und Lieder merken und mit Ihnen wiederholen. Wenn Sie eine Geschichte erzählen, fragen Sie immer wieder nach Einzelheiten, um sicherzustellen, dass das Kind den Inhalt auch im Gedächtnis behalten und verstanden hat.

Eigene Erlebnisse erzählen

Sprechen Sie mit dem Kind über Begebenheiten, die es selbst erlebt hat, z.B. „Was haben wir heute alles eingekauft?" „Was haben wir auf dem Spielplatz gemacht?" Auf diese Weise werden nicht nur das Erinnerungsvermögen, sondern auch die sprachlichen Fähigkeiten und das Verständnis für zeitliche Abläufe geschult.

10.6.8 Übungen zur Sprachförderung

Sprachverständnis

Material:
- Bilderbücher: Die Zeichnungen müssen deutlich erkennbar sein. Anfangs sollten Bilderbücher ohne Text gewählt werden, die auf jeder Seite nur einen Gegenstand, möglichst aus dem Erfahrungsbereich des Kindes zeigen (z.B. „Meine ersten Sachen", „Meine allerliebsten Tiere", „Erste bunte Bilder"). Sie können nach und nach durch Bilderbücher mit komplexeren Darstellungen (z.B. von Ali Mitgutsch) und wenig Text ergänzt werden.
- Bilderlotto, Memory.

Anleitung: Die folgenden Übungen können auch mit Kindern gemacht werden, die noch nicht sprechen können, aber bereits Sprache verstehen. Legen Sie einige Memory- oder Lottokärtchen in einer Reihe auf dem Spieltisch auf. Nun nehmen Sie den Zeigefinger Ihres Kindes (den rechten Zeigefinger bei Rechtshändern, den linken bei Linkshändern) und deuten damit auf das erste Kärtchen. Sie benennen den abgebildeten Gegenstand, wobei Sie auf einen freundlichen Tonfall achten. Sobald Sie auf diese Weise alle Bilder benannt haben, nehmen Sie wieder Blickkontakt mit dem Kind auf und fordern es auf, Ihnen eines der Bilder zu geben (z.B. „Bitte, gib mir den Apfel! Wo ist der Apfel?"). Bei den ersten Spieldurchgängen wird das Kind das Bild nur mit Handführung finden. Um unerwünschte Lerneffekte zu vermeiden, muss auch bei diesem Spiel die Reihenfolge variiert werden, in der die Bilder abgefragt werden.

Das Benennen und Suchen der Kärtchen lässt sich gut mit dem Zuordnen von Bildern kombinieren

10.6 Spiele und Übungen zur Entwicklungsförderung

(siehe Übungen zur Förderung der visuellen Wahrnehmung): Zuerst ordnet das Kind die Memorypaare oder Lottokarten zu. Dann werden die Lotto-Legetafel bzw. eine Serie der Memorykärtchen weggeräumt und die verbleibenden Bilder zur Übung des Wortverständnisses verwendet.

Beim Durchblättern der Bilderbücher ergeben sich ebenfalls vielfältige Möglichkeiten, Gegenstände zu benennen, die Sie sich vom Kind zeigen lassen.

Laute des Kindes nachahmen

Bereits im Säuglingsalter ist es wichtig, zur Sprachanbahnung Lautäußerungen des Kindes genau wahrzunehmen und zu wiederholen. Halten Sie Ihr Kind auf dem Schoß oder suchen Sie sich eine andere bequeme Sitzposition, die es Ihnen erlaubt, mit Ihrem Kind Blickkontakt aufzunehmen. Sprechen Sie mit Ihrem Kind in der bereits beschriebenen Art: freundlicher, modulierter Tonfall, freundlicher Gesichtsausdruck, einfache kurze Sätze. Lassen Sie dazwischen immer wieder Raum für Pausen, die dem Kind Gelegenheit geben, selbst Laute zu produzieren. Greifen Sie die Laute des Kindes auf und imitieren Sie diese.

Mundbewegungen nachahmen

Material: Seifenblasen.

Anleitung: Vor allem jüngere autistische Kinder können ihre Mundmotorik nur schlecht kontrollieren. Ihr Mund ist meist leicht geöffnet, die Muskulatur schlaff. Oft nehmen diese Kinder nur breiartige Nahrung zu sich, weil ihnen das Kauen zu viel Mühe bereitet. Die mangelhafte Beherrschung der Muskeln im Mund- und Kieferbereich wirkt sich in weiterer Folge auch auf das Sprechenlernen ungünstig aus. Ein spielerisches Stimulieren dieses Bereichs ist daher besonders wichtig.

Suchen Sie wieder eine angenehme Sitzposition und stellen Sie Blickkontakt mit Ihrem Kind her. Sie können dazu das Kind sanft am Kinn fassen oder Ihre Hände auf seine Wangen legen und seinen Kopf vorsichtig in Ihre Richtung drehen. Ihre Bewegungen dürfen aber keinesfalls heftig oder ungeduldig ausfallen! Sobald das Kind in Ihre Richtung schaut, machen Sie verschiedene Bewegungen mit Mund und Kiefer vor, die es nachahmen soll. Hier nur einige Anregungen:
- Aufeinanderklappen der Zähne (das Geräusch sollte gut hörbar sein)
- Verschieben des Unterkiefers nach links und rechts
- Öffnen und Schließen des Mundes (Sagen Sie laut „aaah" dazu)
- runder Mund („oooh")
- Spitzen der Lippen (Imitieren Sie einen Kuss)
- Schnalzen der Zunge.

Wenn das Kind diese Bewegungen nachahmen kann, lässt sich mit Seifenblasen das Anblasen gut üben. Zeigen Sie Ihrem Kind vor, wie man eine Seifenblase macht. Lassen Sie es anschließend selbst in den Ring blasen.

Laute und Worte nachahmen

Material: Bilder von Haustieren (Kuh, Katze, Hund, Huhn), Bilderlotto, Memory, Bilderbücher.

Anleitung: Sobald das Kind Ihren Blickkontakt erwidert, halten Sie ein Bild einer Kuh in Augenhöhe und sagen dazu mehrmals „Muuh". Nun soll das Kind den Laut nachahmen, wobei Sie anfangs die Lautbildung unterstützen können, indem Sie mit Daumen und Zeigefinger die Lippen des Kindes sanft zusammendrücken. Sagen Sie dazu betont „mmmm…" und ergänzen Sie „…uuuh", nachdem Sie die Lippen wieder losgelassen haben.

Von den Tierbildern können Sie zu Abbildungen von bekannten Gegenständen übergehen (z.B. aus Bilderlotto, Memory), wobei einfache Worte, die aus ein oder zwei Silben bestehen, für den Anfang günstig sind: Ball, Apfel, Auto etc. Zeigen und benennen Sie das Bild, wie es oben beschrieben ist. Bei autistischen Kindern, die noch nicht sprechen, muss jede Äußerung, die entfernt ähnlich klingt, gelobt und belohnt werden (z.B. beim Wort Apfel ein „A…" oder ein zaghaftes „bibi" statt „Birne").

Erweiterung des Wortschatzes

Material: Bilder von bekannten Gegenständen, Bilderlotto, Memory, Bilderbücher.

Anleitung: Mit zunehmender sprachlicher Kompetenz des Kindes sollen die Anforderungen langsam steigen: Es können nun längere Wörter verwendet werden (Eisenbahn, Luftballon, …), das Vorsprechen des Wortes kann in ein Abfragen umgewandelt werden (Sie heben das Bild hoch und fragen: „Was ist das?"). Das Hauptwort wird mit einem Artikel ergänzt („ein Apfel") und schließlich ein kurzer Satz daraus gebildet („Das ist ein Apfel").

Neben Abbildungen in Bilderbüchern bieten auch Gegenstände aus der Umwelt des Kindes und alltägliche Erlebnisse Gelegenheit, den Wortschatz des Kindes zu erweitern. Das Prinzip bleibt gleich: Sichern Sie die Aufmerksamkeit des Kindes, und lenken Sie seinen Blick auf den jeweiligen Gegenstand oder die Tätigkeit, die Sie benennen wollen. (Das Kind darf aber nicht gerade mit etwas anderem beschäftigt sein!) Nennen Sie das Wort, und ermuntern Sie das Kind, es zu wiederholen. Loben Sie anfangs alles, was ähnlich klingt (z.B. Mutter: „Die Mami holt den Staubsauger. Den Staubsauger. Was ist das?" Peter: „sausau." Mutter: „Ja richtig! Ein Staubsauger!"). Es bedarf vieler Wiederholungen, bis die Verbindung zwischen Begriff und Gegenstand sicher verankert ist.

Wenn Sie einen Tätigkeitsbegriff auf diese Weise neu eingeführt haben, verwenden Sie ihn, sooft sich Gelegenheit dazu ergibt. Hier einige Beispiele: Der jüngere Bruder hält einen Mittagsschlaf; der Teddybär wird ins Bett gelegt usw. Üben Sie immer nur zwei bis drei Tätigkeiten gleichzeitig. Beginnen Sie mit alltäglichen Begriffen, wie essen, trinken, sitzen, gehen, schlafen, und erweitern Sie das Repertoire des Kindes nach und nach.

Eigenschaften: Das Erlernen von Eigenschaftsbegriffen lässt sich gut mit anderen Übungen kombinieren. Beim „Gegenstände betasten" (➤ Kap. 10.6.4) benennen Sie die Eigenschaft des jeweiligen Gegenstandes, beim „Farben sortieren und zuordnen" (➤ Kap. 10.6.6) machen Sie das Kind mit den Bezeichnungen für die Grundfarben vertraut.

Beginnen Sie mit dem Gegensatz „groß – klein". Legen Sie einen großen und einen kleinen Baustein vor das Kind und sagen Sie dazu: „Ein **kleiner** Stein! Ein **großer** Stein!" Deuten Sie dabei auf den betreffenden Stein und ermuntern Sie das Kind, das zu wiederholen. Nützen Sie, so wie bei den Tätigkeitsbegriffen, die Möglichkeiten, die sich im Alltag bieten, um die gelernten Eigenschaftsbegriffe anzuwenden.

Tätigkeiten / Eigenschaften

Material: Abbildungen von Personen, die gut erkennbare, einfache Tätigkeiten ausführen (Zeichnungen, Fotos, Bilder aus Bilderbüchern oder Bildgeschichten, z.B. Reihe „Kennst du das?", „Ein Tag mit Flo"); Gegenstände mit unterschiedlichen Eigenschaften (z.B. groß – klein, hart – weich, rot – blau – grün – gelb).
Anleitung:
Tätigkeiten: Zeigen Sie dem Kind ein Bild mit einer ihm bekannten Tätigkeit, z.B. ein Bild mit einem schlafenden Buben. Sagen Sie dazu: „Schau! Der Bub schläft! – Er schläft!" Wenn das Kind nicht spontan wiederholt, fragen Sie: „Was macht der Bub?" Lassen Sie dem Kind Zeit, die Antwort selbst zu geben.

Es wird häufig vorkommen, dass das Kind nur echolalisch den letzten Teil wiedergibt: „… schläft!" Loben Sie vor allem zu Beginn auch diese Ansätze, aber ermuntern Sie es immer – ohne Kritik –, den ganzen Satz zu sprechen! Sollte es gar nicht reagieren, bieten Sie ihm den Satzanfang als Hilfestellung und lassen es ergänzen: „Der Bub …".

Ortsbegriffe

Material: Kleine Schachtel oder Becher (z.B. Stapelbecher); Gegenstände, die unter die Schachtel bzw. den Becher passen (z.B. Baustein, Spielzeugauto, Keks).

Anleitung: Bringen Sie Ihrem Kind jeweils nur ein oder zwei neue Ortsbegriffe bei; beginnen Sie mit dem Gegensatzpaar „auf – unter". Drehen Sie einen Becher oder eine kleine Schachtel um, so dass die Öffnung nach unten zeigt. Nachdem Sie sich vergewissert haben, dass das Kind aufmerksam ist und Ihnen zusieht, legen Sie ein Spielzeug, z.B. ein kleines Auto (eventuell aber auch ein Bonbon oder einen Keks), auf die Schachtel: „Schau! **Auf** der Schachtel! Das Auto ist **auf** der Schachtel!"

Ermuntern Sie das Kind, den Satz, zumindest aber das Wort „auf" nachzusprechen, indem Sie fragen: „Wo ist das Auto?" – Pause, damit das Kind Zeit zu antworten hat. Erfolgt keine Reaktion, ergänzen Sie „**Auf** der Schachtel!".

Stellen Sie das Auto vor das Kind und fordern Sie es auf, es nun selbst auf die Schachtel zu legen. Führen Sie dazu seine Hand, wenn es die Aufgabe nicht alleine bewältigen kann. Vergessen Sie nicht, die Handlung zu kommentieren: „Hannes legt das Auto **auf** die Schachtel!"

Spielen Sie diese Übung einige Male durch; führen Sie dann den Begriff „unter" auf ähnliche Weise ein, indem Sie das Auto unter der Schachtel verstecken. Beherrscht das Kind „auf" und „unter" gut, d. h. kann es die Wörter verstehen und selbst richtig verwenden, so können Sie weitere Ortsbegriffe erarbeiten:
- „in": Sie legen einen Gegenstand in die Schachtel, in den Becher etc.
- „neben": Das Auto liegt neben dem Becher.
- „herum": Das Auto fährt einen Kreis um den Becher herum, usw.

Es ist wichtig, dass die neu gelernten Ortsbegriffe auch in anderen Übungen und im Alltag häufig verwendet werden, damit sie sich einprägen. Dazu sind besonders die motorischen Aufgaben gut geeignet: Beim „Hindernislauf" etwa (> Kap. 10.6.3) geben Sie die Anweisung, auf einen Sessel zu steigen, unter den Tisch zu klettern, in den Reifen zu springen o. Ä. In der Küche können Sie ein Fragespiel erfinden: „Wo liegt das Brot?", „Wo steht die Milchflasche?" etc.

Mengen und Zahlen

Material: Bausteine, Perlen, Knöpfe, 2 flache Behälter (z.B. Teller, Schachteldeckel), Papier, Stifte.

Anleitung: Zunächst soll das Kind die Begriffe „ein – viele" lernen. Dazu legen Sie in einen Teller eine Perle, in einen zweiten Teller viele Perlen. Zeigen Sie auf den Teller mit einer Perle und sagen Sie: „Schau! **Eine** Perle!" Lassen Sie das Kind das nachsagen, zeigen Sie dann auf den anderen Teller: „**Viele** Perlen!" Wiederholen Sie das Spiel mit anderen Objekten, z.B. Bausteinen, Knöpfen, Keksen, bis das Kind den Gegensatz „ein – viel" verstanden hat.

Teilen Sie dann Zeichenblätter in zwei Hälften; in die eine Hälfte zeichnen Sie jeweils nur einen Gegenstand, in die andere viele davon. Wählen Sie Dinge, die dem Kind vertraut sind und die es auch benennen kann, also etwa Auto, Ball, Blume, Apfel. Zeigen Sie auf den Ball und fragen Sie: „Was ist das?" Antwortet das Kind nur mit „Ball", so ergänzen Sie: „**Ein** Ball!" Deuten Sie dann auf die Zeichnung mit vielen Bällen und fragen Sie wieder danach. Wenn das Kind es nicht weiß, geben Sie selbst die vollständige Antwort, ohne zu kritisieren.

Bringen Sie dem Kind zunächst bei, bis fünf zu zählen. Gehen Sie dabei schrittweise vor: Erst soll es die Zahlen 1 und 2 lernen. Legen Sie einen Baustein auf den Tisch und sagen Sie dazu: „Eins!" Dann legen Sie einen zweiten Stein dazu und zählen: „Zwei!" Lassen Sie das Kind nun mit Handführung auf die Steine deuten und zählen: „Eins, zwei!" Wenn das ohne Hilfe klappt, erweitern Sie auf 3, 4 und 5 Bausteine.

Legen Sie fünf Steine auf den Tisch und verlangen Sie: „Gib mir drei!" Falls nötig, führen Sie die Hand des Kindes. Lassen Sie es erst einen Stein, dann den zweiten und dritten nehmen und zählen Sie mit: „Eins, zwei und …" Für den Anfang genügt es, wenn das Kind „drei" ergänzt, später soll es selbst zählen.

Fertigen Sie Kärtchen an, auf die Sie bis zu fünf Gegenstände zeichnen. Das Kind soll nun sagen, wie viele Dinge auf einem Kärtchen abgebildet sind. Erkennt es das nicht auf einen Blick, so zählen Sie gemeinsam die Anzahl. Versteht das Kind die Zahlen 1 bis 5 und wendet sie richtig an, so können Sie auf 10, dann auf 15, 20, 30 usw. erweitern.

Auch im Alltag werden Sie viele Gelegenheiten vorfinden, die Zahlen- und Mengenbegriffe zu üben, z.B.: Im Supermarkt stehen viele Milchflaschen im Kühlregal, das Kind soll eine davon in den Einkaufswagen legen; es soll zwei Tassen in die Küche tragen; es soll vier Messer und vier Gabeln neben die vier Teller auf den Esstisch legen; es soll beim Treppensteigen mitzählen usw.

Zeitbegriffe

Material: Karton, Styropor oder Pinnwand aus Kork; bunte Stifte; Bilder und Zeichnungen, die Tätigkeiten aus dem Alltag des Kindes symbolisieren; Kalender; Bücher (z.B. „Die Jahreszeiten", „Die Uhr und die Zeit"); Spiele (z.B. „Ein Tag mit Flo").

Anleitung: Um Begriffe wie „heute", „gestern" und „morgen" verständlich zu machen, ist ein Wochenplan gut geeignet (vgl. Schopler u. a. 1987). Ein großer Karton, eine Styroporplatte oder eine Pinnwand wird in 7 Spalten unterteilt – eine für jeden Wochentag. Wie aus > Abbildung 16 ersichtlich, werden kleine Bilder auf dem Plan befestigt, die symbolisieren, was das Kind am betreffenden Tag tun wird. Das Kärtchen „heute" sollte beweglich sein, so dass man damit den jeweils aktuellen Wochentag kennzeichnen kann.

Stellen Sie sich täglich mit dem Kind vor dem Plan auf und besprechen Sie mit ihm, was es den Tag über zu erledigen hat. So z.B.: „Schau! **Heute** gehst Du in den Kindergarten, der Papa holt Dich ab, er kauft Dir **heute** ein Eis!" Fragen Sie das Kind auch: „Was wirst Du **heute** sonst noch tun?"

Wenn der Begriff „heute" gut eingeübt ist, fertigen Sie ein Kärtchen für „gestern" an und gehen auf ähnliche Weise vor. Besprechen Sie mit dem Kind, was es **heute** tun wird, und was es **gestern** gemacht hat. Erweitern Sie die Übung dann auf „morgen".

Tageszeiten: Malen Sie kleine Kärtchen mit Tätigkeiten, die für den Morgen, Mittag und Abend typisch sind, also z.B. Aufstehen, Mittagessen, Schlafengehen. Sie können dieselben Abbildungen verwenden, mit denen Sie Ihrem Kind die Tätigkeitsbegriffe beigebracht haben (➤ Kap. 10.6.8). Zeigen Sie dem Kind die Kärtchen und besprechen Sie die Abbildung. Formulieren Sie dazu einen kurzen Satz, der die entsprechende Zeitangabe enthält: „**Am Morgen** steht Otto auf!" „**Zu Mittag** isst er seine Suppe!" „**Am Abend** geht er schlafen!" Auch für die Begriffe „Vormittag", „Nachmittag" und „Nacht" können Sie solche Kärtchen mit typischen Tätigkeiten herstellen. Achten Sie außerdem darauf, dass auf dem Wochenplan die Aktivitäten des Kindes ebenfalls in der zeitlich richtigen Reihenfolge angeordnet sind.

Wochentage: Mit Hilfe des Wochenplans können Sie dem Kind auch die Namen der Wochentage beibringen. Sobald es „heute", „gestern" und „morgen" richtig verwendet, beziehen Sie in Ihre tägliche Planung den Wochentag folgendermaßen ein: Stellen Sie sich vor den Wochenplan und sagen Sie: „Heute ist **Montag**! Welcher Tag ist heute?" „Was wirst Du heute tun?" „Morgen ist **Dienstag**! Was machst Du am **Dienstag**?", usw.

Jahreszeiten: Besprechen Sie mit Ihrem Kind anhand von Büchern und Abbildungen die Charakteristika der einzelnen Jahreszeiten, z.B. Im Winter schneit es; im Frühling bekommen die Bäume Blüten und Blätter; im Sommer ist es heiß, da gehen wir ins Schwimmbad; im Herbst sammeln wir Kastanien.

Bei Kindern im Schulalter, die Tageszeiten, Wochentage und Jahreszeiten schon richtig benützen können, kann man das Verwenden von Datumsangaben üben. Dafür eignen sich Abreißkalender bzw. Kalender mit beweglicher Markierung für den jeweils aktuellen Tag.

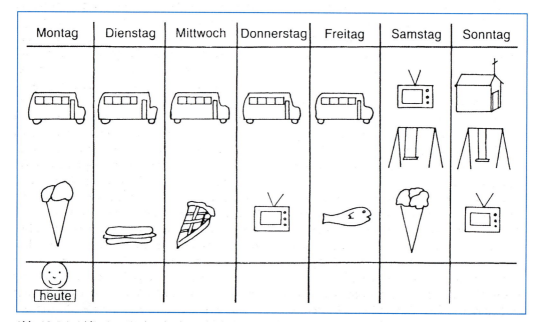

Abb. 16 Beispiel für einen Wochenplan (aus Schopler u. a., 1987).

Sprachlicher Ausdruck

Material:
- **Bilderbücher:** Die Geschichten sollen realitätsbezogen und gut verständlich Begebenheiten aus dem Alltag erzählen. Phantastische oder absurde Geschichten eignen sich für autistische Kinder weniger gut, weil sie keine Metaphern verstehen.

Beispiel

Ein 8-jähriger autistischer Bub, der die Volksschule besuchte, sollte eine Geschichte mit dem Titel „Ein Koffer voll Sonne" lesen. Die Erzählung handelte von einer Familie, die eben einen Koffer „voll Sonne" aus dem Urlaub mitbrachte. Der Bub war zwar imstande, die Sätze vorzulesen, aber der Inhalt war ihm völlig unverständlich: Wie kann man die Sonne in den Koffer packen? Ein anderes Beispiel von Muchitsch: Ein autistischer Junge antwortete auf die Frage, was ihn auf die Palme bringe: „Wenn mich jemand auf den Baum hinaufwirft." Er hatte die Redewendung im wörtlichen, nicht im übertragenen Sinn verstanden.

- **Sachbilderbücher:** Das oft stark ausgeprägte Interesse autistischer Kinder für technische oder biologische Sachverhalte lässt sich für den Ausbau des Wortschatzes und der sprachlichen Ausdrucksfähigkeit nützen. Wählen Sie Bilderbücher über Sachthemen, die das Kind interessieren (Tiere, Pflanzen, Autos etc.).
- **Kinderlexika** erweitern und ergänzen den Bestand an sprachlichen Kenntnissen.
- **Spiele,** z.B.: Bildgeschichten, die in der richtigen Reihenfolge aufgelegt werden müssen, „Kofferpacken": Bildkärtchen mit Gegenständen des persönlichen Gebrauchs.

Anleitung: Beim gemeinsamen Betrachten der Bilderbücher wird das Kind zum Erzählen angeregt. Stellen Sie interessiert Fragen zu den Bildern, und ermuntern Sie das Kind, nicht nur mit einzelnen Wörtern, sondern in kurzen, aber vollständigen Sätzen zu antworten. Wenn Sie ein Bilderbuch vorlesen, müssen Sie nach jedem Absatz nachfragen, was das Kind verstanden hat. Die Sprache des Erwachsenen sollte einfach, gut verständlich und stimmlich moduliert sein, um die Aufmerksamkeit des Kindes zu erhalten.

Das Spiel „Ein Tag mit Flo" eignet sich zum Üben von Bildbeschreibungen, aber auch zum Erzählen zusammenhängender Geschichten. Zuerst wird für jedes Teilbild der Bildgeschichte ein prägnanter Satz formuliert, so dass sich ein Handlungsgerüst ergibt, das nach und nach ausgeschmückt wird.

Beim Spiel „Kofferpacken" werden die abgebildeten Gegenstände benannt und nach bestimmten Kriterien sortiert (z.B.: Was gehört in den Koffer, was nicht? Welche Gegenstände nimmt der Vater mit, welche die Mutter, welche das Kind?).

10.6.9 Übungen zur Förderung der kognitiven Fähigkeiten

Durch ihre stark eingeschränkte Fähigkeit, die Umwelt zu verstehen und aus Erfahrungen zu lernen, haben autistische Kinder meist auch Probleme im Bereich des Denkens und der Intelligenz. Autismus geht zwar nicht zwingend mit herabgesetzten intellektuellen Fähigkeiten einher – Asperger identifizierte sogar eine Sondergruppe sehr gut begabter autistischer Menschen –, im Regelfall behindern aber die Kontaktscheu, die Angst vor Veränderungen und die Wahrnehmungsprobleme autistischer Kinder eine altersentsprechende Denkentwicklung.

Aus diesem Grund muss ein umfassendes Entwicklungstraining auch Übungen zur Förderung kognitiver Fähigkeiten beinhalten. Denken und intelligentes Handeln bauen auf grundlegenden anderen Bereichen der Entwicklung auf: Wahrnehmung, Gedächtnis und Sprache müssen gut funktionieren, um höhere kognitive Leistungen zu ermöglichen. So sind etwa das Zuordnen und Sortieren von Farben, Größen und Formen wichtige Vorübungen für komplexere Aufgaben, wie das Erkennen von Gemeinsamkeiten und zugrunde liegenden Prinzipien. Mit der Beherrschung der Sprache wird es dem Kind zugleich auch möglich, sich eine innere Welt an Gedanken aufzubauen. Damit kann es für ein Problem mehrere Lösungswege durchdenken, ohne dass es jeden einzelnen erst ausprobieren muss. Oft hängt eine intelligente Problemlösung aber davon ab, dass man in einem bestimmten Sachgebiet über ein entsprechendes Wissen verfügt: Man muss Sachverhalte und Regeln im Gedächtnis speichern, um bei Bedarf darauf zurückgreifen zu können.

In den vorhergehenden Kapiteln wurden Übungen zur Förderung der Motorik, der Wahrnehmung, des Gedächtnisses und der Sprache beschrieben. Sie bilden die Grundlage für die nun folgenden Anleitungen zur Verbesserung der kognitiven Fähigkeiten, wobei besonderes Augenmerk auf das Verständnis für Gemeinsamkeiten und Gegensätze, das logische Denken und das Erkennen von Wirkungszusammenhängen gelegt wird.

Oberbegriffe bilden

Material:
- **Gegenstände** bzw. **Abbildungen von Gegenständen,** die sich nach Eigenschaften oder Funktion zu Gruppen einteilen lassen (z.B. Haushaltsgegenstände, Spielzeug, Kleidung, Möbel, Obst)
- **Spiele,** die die Kategorienbildung fördern (z.B. „Kofferpacken", „Was gehört zusammen")
- **Puzzle** mit bestimmten Themen (z.B. auf dem Bauernhof, im Straßenverkehr, im Laden)
- **Bilderbücher** mit Themenschwerpunkten (z.B. Fahrzeuge, Tiere auf dem Bauernhof).

Anleitung: Mit den Sprachübungen haben Sie den Wortschatz Ihres Kindes aufgebaut und erweitert. Es kennt bereits Bezeichnungen für viele alltägliche Dinge. Nun soll es lernen, dass sprachliche Begriffe nicht nur einen konkreten Gegenstand, sondern eine Kategorie von ähnlichen Objekten bezeichnen. „Tisch" meint zwar den Tisch in der Wohnung, den das Kind gut kennt. Darüber hinaus kann man damit eine Vielzahl von Dingen benennen, die als Tisch Verwendung finden, auch wenn sie ganz unterschiedlich gestaltet sind: rund, viereckig, mit einem, drei oder vier Beinen, aus Holz, Glas, Metall usw.

Es ist wichtig, die neu gelernten Wörter im Alltag häufig anzuwenden, damit das Kind den Begriff richtig verstehen lernt. Aber auch einfache Sortierübungen sind gut dafür geeignet: Legen Sie zwei Gruppen von Gegenständen ungeordnet auf den Tisch, z.B. einige Buntstifte und einige Bausteine. Stellen Sie zwei Schachteln dazu und geben Sie einen Buntstift in die eine, einen Baustein in die andere Schachtel. Nennen Sie jeweils den Begriff dazu. Nun soll das Kind die übrigen Gegenstände am Tisch richtig zuordnen. Anfangs werden Sie noch mit Handführung unterstützen müssen, später können Sie sich auf sprachliche Hilfestellung beschränken, indem Sie z.B. fragen: „Was ist das?" „Richtig, ein Baustein! Wo gehört der Baustein hin?"

Als Nächstes soll das Kind lernen, Dinge nach ihrer Funktion zu ordnen: Legen Sie einige Spielgegenstände und Früchte auf den Tisch. In eine Schachtel wird nun alles sortiert, was zum Spielen ist, auf einen Teller alles, was zum Essen ist.

Gehen Sie zu Abbildungen über, so können Sie eine größere Vielfalt von Kategorien üben. Bringen Sie Ihrem Kind immer auch die **Oberbegriffe** bei (z.B. Spielzeug – zum Spielen, Obst – zum Essen).

Das Zuordnen zu Kategorien lässt sich auch mit Bilderbüchern und Spielen fördern. Lassen Sie sich auf einer Bilderbuchseite Dinge zeigen, die zusammengehören, z.B. alle Tiere, die abgebildet sind. Viele Bücher haben einen Themenschwerpunkt und erlauben so eine vertiefte Auseinandersetzung mit einem bestimmten Bereich (Fahrzeuge, Blumen, Tiere, Bauernhof).

Aus Werbeprospekten und Kaufhauskatalogen kann man auf sehr preiswerte Weise Übungsmaterial herstellen. Lassen Sie das Kind Dinge zu einem Oberbegriff suchen und mit Filzstift einkreisen oder mit einer Schere ausschneiden (das Ausschneiden muss vorher geübt werden!).

Gelingt dem Kind das Zuordnen gut, so können Sie folgende Spielvarianten ausprobieren: Legen Sie einige Gegenstände auf den Tisch, die zueinander passen, und einen, der nicht passt (z.B. Apfel, Birne, Banane, Teddy). Fragen Sie: „Was passt nicht?" Wenn das Kind nicht spontan das Richtige herausfindet, zeigen Sie auf jeden Gegenstand und sagen dazu: „Ein Apfel ist zum Essen. Eine Birne ist zum Essen. Eine Banane ist zum Essen. Ein Teddy ist nicht zum Essen! Der Teddy passt nicht!" Sie können dazu auch Übungsblätter anfertigen, indem Sie zusammengehörige Dinge und ein nicht passendes Element zeichnen (oder Bilder aufkleben). Das Kind soll anstreichen, was nicht passt.

Eine weitere Übung: Legen Sie drei Bilder mit Gegenständen einer Kategorie auf den Tisch. Das Kind soll einen Oberbegriff oder einen gemeinsamen Verwendungszweck dafür finden (z.B.: Apfel, Birne, Banane – Obst, zum Essen; Teddy, Ball, Puzzle – Spielzeug, zum Spielen).

Gegensätze

Material:
- Gegenstände mit gegensätzlichen Eigenschaften (groß – klein, voll – leer, leicht – schwer, süß – sauer)
- Bilder, die Gegensätze zeigen (Tag – Nacht, Bub – Mädchen)
- Spiele (z.B. „Picco Contrario")
- Bilderbücher (z.B. „Entdecke die Gegensätze").

Anleitung: Vorübungen zum Erfassen von Gegensätzen finden Sie beim „Betasten von Gegenständen" (➤ Kap. 10.6.4) und bei den Sprachübungen („Tätigkeiten / Eigenschaften", ➤ Kap. 10.6.8). Bereiten Sie einige Gegenstände mit gegensätzlichen Eigenschaften vor (z.B. runde und eckige Dinge). Stellen Sie zwei Schachteln auf den Tisch, wobei Sie eine mit der Aufschrift „rund", die andere mit „eckig" versehen. Nehmen Sie nun einen runden Gegenstand, etwa einen Ball, und legen Sie ihn in die entsprechende Schachtel. Kommentieren Sie Ihre Handlung: „**Rund!** Der Ball ist **rund!**"

Nehmen Sie dann einen eckigen Gegenstand, z.B. eine Streichholzschachtel: „Die Schachtel ist nicht rund! Sie ist **eckig!**" Lassen Sie das Kind die Kanten und Ecken mit den Fingern entlang fahren. Danach soll es die übrigen Dinge in die jeweils passende Schachtel sortieren und die Eigenschaft dazu nennen. Auf diese Weise können Sie auch andere gegensätzliche Eigenschaften erarbeiten.

Mit Bilderbüchern und Spielen, die sich mit Gegensätzen befassen, können Sie das Verständnis Ihres Kindes für solche Begriffe vertiefen.

Bilder ordnen

Material:
- Bilder, die ein Kind bei häufig wiederkehrenden Tätigkeiten zeigen (aufstehen, waschen, essen, spielen etc.)
- Bildergeschichten unterschiedlicher Länge (3 bis 5 Einzelbilder aus einem Bilderbuch, Fotos etc.)
- Spiel „Ein Tag mit Flo".

Anleitung: Wählen Sie drei Bilder mit Tätigkeiten aus, die Ihr Kind täglich ausführt, also z.B. essen, spielen, schlafen. Legen Sie die Bilder nacheinander auf den Tisch und kommentieren Sie jedes mit einem einfachen Satz: „**Zuerst** isst Manfred. **Dann** spielt er. **Zuletzt** geht er schlafen." Ermuntern Sie das Kind zu wiederholen, was auf den einzelnen Bildern vor sich geht. Vermischen Sie danach die Bilder und lassen Sie das Kind die Geschichte selbst richtig ordnen. Helfen Sie mit Fragen: „Was macht Manfred zuerst?"

Ähnlich gehen Sie mit den Bildgeschichten vor: Erzählen Sie eine kurze Geschichte und zeigen Sie dem Kind die passenden Bilder, wobei Sie anfangs nicht mehr als drei Einzelbilder verwenden sollten. Erst wenn das gut klappt, können Sie die Länge langsam steigern. Gut geeignet sind auch selbst hergestellte Fotoserien, z.B. die Mutter bäckt einen Kuchen; dazu gibt es drei Fotos, auf denen Sie den Teig rühren, danach den Kuchen in die Backröhre schieben, zuletzt ist der fertige Kuchen zu sehen. Das Kind soll die Bilder richtig legen und die Geschichte nacherzählen.

Erkennen logischer Gesetzmäßigkeiten

Material: Magnetische Holzklötzchen, Steckspiele, Papier, Stifte.

Anleitung: Wenn das Kind die Übung „Reihenfolgen bilden" (➤ Kap. 10.6.6) gut beherrscht, können Sie zu komplizierteren Folgen und Mustern übergehen, denen ein logisches Prinzip zugrunde liegt. Die „magnetischen Holzklötzchen" eignen sich besonders gut dafür. Legen Sie eine Reihe auf den Tisch, die aus drei Elementen besteht, z.B. Quadrat, Kreis, Dreieck. Damit das Kind das Prinzip erkennen kann, müssen Sie mindestens zwei vollständige Musterfolgen auflegen, also etwa: Quadrat, Kreis, Dreieck, Quadrat, Kreis, Dreieck … Fragen Sie dann das Kind, welche Form als nächste drankommt. Weiß es die Antwort nicht, so helfen Sie ihm. Zeigen Sie ihm, dass nach dem Dreieck wieder ein Quadrat folgen muss. Zeichnen Sie solche Reihenfolgen auf Papier und lassen Sie das Kind das nächstfolgende Element ergänzen.

Auch mit so genannten „Matrizen" können Sie das logische Denkvermögen fördern. Teilen Sie ein Quadrat in vier Felder. Legen Sie in die obere Reihe einen grünen Kreis und ein grünes Quadrat. In das Feld unter dem grünen Kreis legen Sie einen roten Kreis. Das Kind soll nun die Figur suchen, die in das

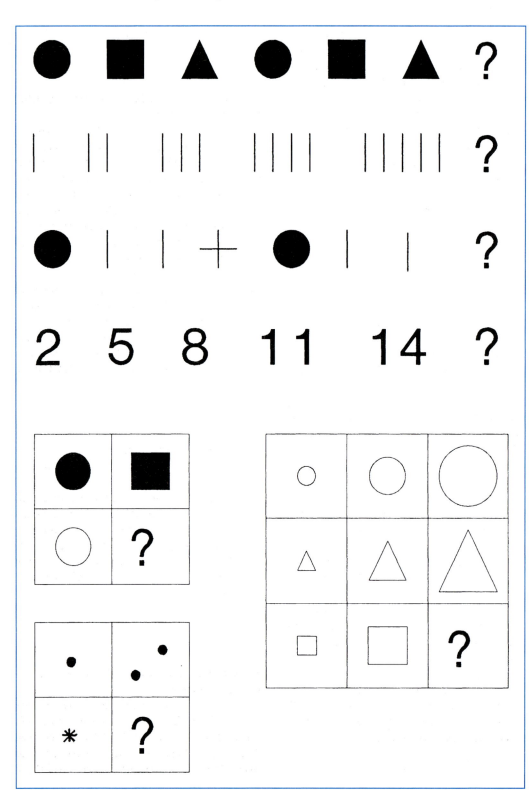

Abb. 17 Übungsblätter „Erkennen logischer Gesetzmäßigkeiten".

letzte Feld passt, nämlich ein rotes Quadrat. Die Übung wird schwieriger, wenn Sie die Matrize in 3 × 3 Felder teilen. In > Abbildung 17 finden Sie einige Anregungen, wie Sie solche Reihen und Muster gestalten können.

Bei Kindern im Schulalter, die schon mit den Grundrechnungsarten vertraut sind, kann man logische Reihen auch aus Zahlen bilden. Ist das Kind schon sehr geübt im Erkennen solcher Gesetzmäßigkeiten, so können Sie ihm die Aufgabe stellen, selbst ein Muster zu erfinden, das Sie ergänzen müssen.

Verständnis für kausale Zusammenhänge

Das Verständnis für den Zusammenhang zwischen Ursache und Wirkung lässt sich in vielen alltäglichen Situationen fördern. Viele autistische Kinder verstehen einfachere Kausalzusammenhänge im technischen Bereich. Besonders im Rahmen ihrer stereotypen Tätigkeiten sind sie imstande, Schalter an Lampen und anderen technischen Geräten zu bedienen. Da sie ihre Umwelt aber nicht aktiv erkunden, wie das normal entwickelte Kinder tun, bleibt ihr Wissen um Kausalbeziehungen meist auf diesem sehr niedrigen Niveau.

Hier einige Anregungen, wie Sie das Interesse Ihres autistischen Kindes an Experimenten und Erkundungen wecken können:
- Wenn Sie Kuchen backen, zeigen Sie dem Kind, wie der Teig entsteht, wie daraus in der Backröhre der fertige Kuchen wird etc.
- Auch die Badewanne ist ein gutes Experimentierfeld: Wenn der Stöpsel eingesteckt ist, bleibt das Wasser in der Wanne, wenn man ihn herauszieht, rinnt es aus; mit einem Becher kann man Wasser schöpfen, wenn er aber ein Loch hat, geht das nicht so gut. Manche Dinge schwimmen auf dem Wasser, manche gehen unter; woran kann das liegen?, usw.
- Pflanzen Sie gemeinsam Grassamen in einen Blumentopf und beobachten Sie das Wachstum. Was passiert, wenn man zu viel, zu wenig gießt, wenn die Pflanze kein Licht bekommt usw.

10.6.10 Buchstabentraining

Buchstaben benennen

Material: Plastikbuchstaben (bzw. selbst angefertigte Buchstabenkärtchen aus Karton).

Anleitung: Beginnen Sie mit den Buchstaben A und M. Legen Sie die entsprechenden Plastikbuchstaben auf den Tisch. Halten Sie das A in Augenhöhe hoch und sprechen Sie „Aaa". Das Kind soll den Laut nun nachsagen. Wiederholen Sie denselben Vorgang mit dem M (beim Benennen müssen Sie darauf achten, dass Sie nicht „emm" sagen, sondern nur „mm!" „Mm" und „aa" lassen sich in weiterer Folge wesentlich leichter zur Silbe „ma" zusammenziehen als ein eingelerntes „emm" und „aa").

Halten Sie einen Buchstaben hoch und fragen Sie nun: „Was ist das?" Danach können Sie das Kind alle A's suchen lassen, die auf dem Tisch liegen.

Nach demselben Prinzip erweitern Sie das Buchstabenrepertoire schrittweise. Wählen Sie zuerst Buchstaben, die häufig vorkommen (z.B. E, L, D, I, T, B …).

Silben und einfache Wörter lesen

Material: Plastikbuchstaben.

Anleitung: Wenn das Kind einige Buchstaben gut kennt und sicher benennen kann, legen Sie „MA" auf den Tisch. Lesen Sie die Silbe betont vor. Lassen Sie das Kind nun die beiden Buchstaben in rascher Folge benennen, so dass sich daraus ein Zusammenziehen der Laute ergibt. Erweitern Sie „MA" auf „MAMA". Aus den Buchstaben, die das Kind schon kennt, bilden Sie kurze ein- oder zweisilbige Wörter für das Lesetraining.

Wörter zusammensetzen

Material: Plastikbuchstaben, Bildkärtchen (z.B. aus Bilderlotto, Memory).

Anleitung: Legen Sie ein Bildkärtchen vor das Kind und lassen Sie den Gegenstand benennen (z.B. Auto, Ball, Blume). Mit den Plastikbuchstaben legen Sie das entsprechende Wort unter das Bild. Das Kind soll das Wort buchstabieren, lesen und anschließend nachlegen, wobei wieder jeder Buchstabe benannt werden muss.

Mit zunehmender Übung kann das Kind schließlich ohne Ihre Hilfe die Buchstaben, die es benötigt, selbst heraussuchen und zusammensetzen.

Die Verwendung von Plastikbuchstaben hat den großen Vorteil, dass das Buchstabieren von Wörtern unabhängig vom Schreiben – und damit unabhängig von den feinmotorischen Fähigkeiten des Kindes – gelernt werden kann. Fehler sind schnell korrigierbar, so dass sich falsche Wortbilder nicht so leicht einprägen. Das Schreiben der Buchstaben wird parallel dazu geübt (siehe auch die graphischen Übungen, > Kap. 10.6.4). Wenn das Kind beide Bereiche beherrscht, kann es zum Schreiben von Wörtern übergehen.

Die hier angeführten Übungen sind selbstverständlich nur als Vorbereitung und Ergänzung des Lesen- und Schreibenlernens in der Schule gedacht. Auf die Grundschuldidaktik wird an dieser Stelle nicht näher eingegangen. Im Anhang finden sich aber Hinweise für den Einsatz von Spielmitteln in der Grundschule, die die Integration eines autistischen Kindes erleichtern. Außerdem werden auch Materialien aufgelistet, die sich beim Lese-, Schreib- und Rechenunterricht bewähren.

KAPITEL 11

B. A. Rollett

Die Integration des autistischen Kindes in Kindergarten und Schule

11.1 Einführung in die Problematik und Konsequenzen für die Förderarbeit

Die Bemühungen um die Integration behinderter Kinder in das normale Kindergarten- und Schulsystem haben gezeigt, dass sowohl gesunde als auch behinderte Kinder davon profitieren können, wenn sie gemeinsam spielen und arbeiten. Für die Gesunden bedeutet dies, dass sie Verantwortung und prosoziales, fürsorgliches Verhalten lernen können, wenn man ihnen entsprechende Anleitungen gibt; für die behinderten Kinder stellt es die beste Chance dar, ihre Kompetenzen zu entwickeln und nicht in eine Außenseiterrolle gedrängt zu werden.

> **!**
> Autistische Kinder profitieren besonders von der Integration in normale Kindergärten und Schulklassen, da sie dort von anderen Kindern lernen können, wie man Kontakte in der Gruppe aufnimmt und gemeinsam spielt und arbeitet. Eine Voraussetzung ist natürlich, dass bereits gewisse grundlegende Kompetenzen im Rahmen einer vorausgehenden Einzeltherapie erworben worden sind.

Völlig abzulehnen ist es, Spezialschulen und Kindergärten nur für autistische Kinder einzurichten, da dort die Modelle für gesundes Kontakt- und Lernverhalten fehlen. Integrative Formen haben sich daher viel besser bewährt.

Allerdings sind dazu bestimmte organisatorische Voraussetzungen notwendig, die unbedingt gegeben sein müssen. Das wichtigste Erfordernis stellt eine **ausreichende Betreuung durch Spezialkräfte** dar. Es muss daher eine zweite Kindergärtnerin bzw. ein zusätzlicher Stützlehrer oder eine Stützlehrerin vorhanden sein, die fachlich für die besondere Behinderungsform des Integrationskindes ausgebildet sind:

Es würde die Kindergärtnerin, den Klassenlehrer oder die Klassenlehrerin zeitlich auf die Dauer überfordern, wenn er/sie neben der regulären Betreuung auch noch die intensive Einzelarbeit mit dem behinderten Kind allein gestalten müsste.

Oft fehlt den regulären Lehrkräften auch die sonderpädagogische Spezialausbildung, die notwendig ist, um das behinderte Kind optimal zu fördern. Dafür sollten Fachkräfte zur Verfügung stehen, die wissen, wie man mit spezifischen Lernbehinderungen, Sinnesbehinderungen oder besonders schwierigen Symptomen, wie sie autistische Kinder zeigen, umgeht. Sonst kann es leicht geschehen, dass das Integrationskind nicht genügend gefördert wird.

Ein gehörloses Kind muss z.B. das Lippenlesen erlernen, wenn es in Normalschulen eine Chance haben soll. Das Lippenlesen erlernt man jedoch nicht „von selbst", man benötigt dazu einen Spezialunterricht. Nur wenn dies gewährleistet ist, kann der oder die Betreffende von der Integration profitieren. So studierte z.B. eine gehörlose Frau an unserem Institut Psychologie. Sie saß immer in der ersten Reihe und konnte problemlos der Vorlesung folgen. Als Vortragende musste man nur darauf achten, dass man ihr das Gesicht zuwandte.

Ähnliches gilt für die Integration blinder Kinder: Sie müssen die Blindenschrift und später auch den Gebrauch des Spezialcomputers von einer Fachkraft lernen können, um dem Unterricht in Normalschulen folgen zu können.

Bei autistischen Kindern sind besondere Fachkenntnisse über das Störungsbild notwendig, um ein Gelingen der Integration zu sichern: Wie überwinde ich die Kontaktschranke des autistischen Kindes? Wie schränke ich das Informationsangebot so ein, dass es das Kind bewältigen kann? Wie baue ich die notwendigen Basisfertigkeiten auf? Wie erreiche ich es, dass das Kind am Gruppenleben teilnehmen kann? – und Vieles andere mehr.

Autistische Kinder verstehen z.B. zunächst nicht, **dass auch sie mit der Arbeit anfangen sollen,** wenn die Kindergartenpädagogin oder Lehrerin der ganzen Klasse einen Auftrag erteilt. Dies hat nichts mit „Unfolgsamkeit" zu tun, sondern ist ein Symptom der autistischen Behinderung. Sie brauchen daher noch lange Zeit eine persönliche Aufforderung und sehr oft auch noch zusätzliche Hilfen, um mit einer Aufgabe beginnen zu können. Auf der anderen Seite erkennen sie auch nicht, **wenn sie mit einer Arbeit fertig sind.** Sie machen stereotyp weiter, bis jemand dem ein Ende setzt: Auch das **„Stoppsignal"** muss daher zunächst von außen gesetzt werden.

Das Ziel ist jedoch, dass das Kind es schließlich von sich aus schafft, anzufangen und aufzuhören. Man sollte die Hilfen daher langsam zurücknehmen, indem man z.B. nicht, wie zu Beginn, ruft: „Fang an, Peter", sondern nur mehr freundlich „Peter" sagt und sich, sobald auch dies sicher funktioniert, auf einen auffordernden Blick beschränkt, der schließlich auch wegfallen kann. Jedes erfolgreiche Anfangen muss natürlich gelobt werden!

Dies ist nur ein Beispiel für viele, das zeigt, dass es eingehender Fachkenntnisse bedarf, um autistische Kinder im Kindergarten und in der Schule richtig fördern zu können.

> **!**
> Wegen dieser intensiven Förderarbeit darf die Kinderanzahl in der Gruppe oder Klasse nicht zu groß sein: Maximal 10–15 Kinder im Kindergarten, 15–20 Kinder in Schulklassen. Weniger ist immer besser! Im günstigsten Fall sollte außerdem pro Gruppe oder Klasse nur ein Integrationskind vorhanden sein, um eine gute Betreuung zu sichern.

Ebenso wichtig ist es, sich über das **Hauptziel der Integration** klar zu sein:

> **!**
> Das behinderte Kind soll vor allem etwas lernen – und es soll daran auch Freude haben.

Die häufigsten Missverständnisse bei der Integration behinderter Kinder sind die Folgenden: Man gibt sich einfach damit zufrieden, dass das Integrationskind von seinen Kameraden „gut angenommen" wird, resigniert aber, was das Spielen und Lernen, das Lesen, Schreiben, Rechnen, die Mitarbeit im Sachunterricht und in allen anderen Fächern betrifft. Zwar mag das Kind eine schöne Zeit erleben, eine gute Vorbereitung auf ein späteres, selbständiges Leben als Erwachsener erhält es jedoch nicht. In so einem Fall wäre das behinderte Kind in einem geeigneten Sonderkindergarten oder einer Sonderschulklasse mit spezieller Förderung weit besser aufgehoben!

Wenn keine Lernfortschritte bei einem Integrationskind (mehr) zu beobachten sind, muss daher eine genaue Diagnose durchgeführt werden, um die Ursachen zu ermitteln und sie möglichst rasch abstellen zu können. Keinesfalls darf man die Dinge einfach laufen lassen, da sonst kostbare Förderzeit verspielt wird!

Im Kindergarten geht es vor allem darum, ein gutes Sozial- und Spielverhalten aufzubauen und eine Basis an Vorkenntnissen für den Unterricht in der Grundschule zu schaffen, indem man Schreibvorübungen macht und ein erstes Verständnis für Formen, Mengen und Zahlen aufbaut. Dabei ist es wichtig, sich mit der künftigen Grundschule abzusprechen, damit man nicht etwas einlernt, was in der Grundschule in anderer Form gefordert wird.

Auch für gesunde Kinder ist das Umlernen viel schwerer als das Neulernen. Für Autisten stellt es ein fast unüberwindliches Hindernis dar. Wenn das Kind z.B. im Kindergarten gelernt hat, die Zahl 7 mit einer Wellenlinie zu beginnen, in der Schule aber ein gerader Strich verlangt wird, kann dies zu erheblichen, für den uninformierten Lehrer unverständlichen Schwierigkeiten und Blockaden bei einem autistischen Kind führen.

In der Grundschule stellt der „normale" Lehrplan die Maximalziele für die Förderung dar, von denen je nach den Lernmöglichkeiten des autistischen Kindes Abstriche zu machen sind, um ein passendes Angebot zusammenstellen zu können. Dieses sollte dann mit viel Verständnis für die besondere Situation des Kindes in einer zugewandten, liebevollen Form, aber doch mit großer Konsequenz erarbeitet werden.

Ein zweites Missverständnis besteht darin, dass man glaubt, es reiche aus, das Kind nur „zuhören" zu lassen oder es mit einfachen Übungen zu beschäftigen, die es allein durchführen kann, während die Klasse dem normalen Unterricht folgt. Im ersten Fall lernt das Kind nichts, im zweiten Fall entstehen Motivationsprobleme, da es sich vom Unterrichtsgeschehen ausgeschlossen fühlt und unter Umständen wegen der Monotonie der Übungsaufgaben sogar einen Widerwillen gegen alles aufbaut, was nach Schule aussieht. Wir konnten diesen Effekt sogar bei normalen Vorschulkindern feststellen, wenn sie zu lange mit langweiligen schriftlichen „Vorschulübungsaufgaben" beschäftigt wurden. Unter diesen Umständen entwickelt sich eine so genannte „Anstrengungsvermeidungsmotivation" (vgl. Rollett und Bartram, 1998), die zur Folge hat, dass die Kinder jede schulische Anstrengung mit allen ihnen zur Verfügung stehenden Mitteln verweigern, ein bei Autisten häufig zu beobachtendes Verhalten.

Das Ziel einer echten Integration in Kindergarten und Schule lässt sich dagegen wie folgt charakterisieren:

> **!**
> Das Integrationskind soll genauso individuell und sachkundig gefördert werden, wie dies in der speziellen Sondereinrichtung, die für seine Behinderung zuständig wäre, der Fall gewesen wäre. Es soll aber zusätzliche Chancen durch die vielfältigen Anregungen im Kontakt mit seinen gesunden Mitschülern und Mitschülerinnen erhalten.

Ein besonders wichtiger Bereich besteht im **Aufbau der sozialen Kompetenzen.** Hier kann nur immer wieder betont werden, dass Autisten keine Selbstlerner sind. Man kann daher nicht darauf vertrauen, dass sie von selbst erkennen, welche Regeln in einer Gemeinschaft gelten, sondern muss ihnen diese in kleinen Schritten beibringen. Die Anlässe, die zeigen, dass bei dem autistischen Kind in einer sozialen Situation ein störendes Lerndefizit besteht, können sehr unterschiedlich sein.

Die zwei allgemeinsten Regeln für den Aufbau eines angemessenen Sozialverhaltens bei autistischen Kindern und Jugendlichen im Kindergarten und in der Schule lauten daher: Wenn immer ein Verhaltensproblem auftaucht, sollte man sich Folgendes fragen:
1. Was könnte das autistische Kind **nicht verstanden haben** und was muss ich mit ihm daher **neu erarbeiten,** um derartige Situationen in Hinkunft zu vermeiden?
2. Welches **stereotyp verfestigte Verhalten** des Kindes **stört oder verhindert die Problemlösung** und muss daher **abgebaut werden?**

Dazu ein Beispiel:

Beispiel

In dem im nächsten Kapitel abgedruckten ersten Elternbrief des Fallbeispiels „Bernhard" wird darauf eingegangen, dass das Kind am Spielplatz die Gewohnheit hatte, andere Kinder zu „kicken". Ihm fehlte einerseits das Verständnis dafür, dass dies absolut nicht geht, wenn man mit anderen Kindern zusammen sein will (was bei ihm bereits der Fall war), andererseits hatte sich bereits eine fest eingefahrene Gewohnheit gebildet, auf Kinder mit Kicken zu reagieren. Die neue Verhaltensregel, die es zu lernen galt, hieß daher „Ich darf nicht kicken". Um dorthin zu gelangen, dass er dies auch befolgen konnte, musste erst das falsche Verhaltensmuster abgebaut werden. Dafür wurde die verhaltenstherapeutische Methode der „Reaktionsverhinderung" gewählt: Bernhard durfte nur so lange mit anderen Kindern zusammen sein, solange er das „Kicken" **nicht** zeigte, und musste sofort für kurze Zeit weggeführt werden, wenn er dazu ansetzte. Gleichzeitig wurde ihm in freundlicher, aber bestimmter Form die Regel vorgesprochen „Nein, du darfst nicht kicken." Die Formulierung einer solchen Regel muss bei Autisten immer in gleicher Form erfolgen. Das Verhalten soll ja zu einer neuen, positiven Stereotypie werden. Da Bernhard sich bereits für die Kinder interessierte (für einen Autisten eine sehr positive Entwicklung), hatte er ein Bedürfnis, wieder mit ihnen zusammen zu sein. Nach einer kurzen Auszeit durfte er daher wieder zur Gruppe zurückkehren, aber nur so lange, bis sich der nächste „Kickanfall" andeutete. Diese Übung wurde fortgesetzt, bis das Kicken nicht mehr auftrat. Es ist klar, dass eine derartig zeitintensive Intervention sich nur dann lohnt, wenn es sich um ein falsches Verhalten handelt, dessen Abbau für die weitere Entwicklung des Kindes und seine Integration in die Kindergartengruppe oder Schulklasse sehr wichtig ist. (Auch aus diesem Grund ist eine zusätzliche Betreuungsperson unbedingt notwendig).

Autisten brauchen verlässliche Strukturen. In Kindergärten und Klassen mit autistischen Integrationskindern kommt es daher besonders darauf an, dass die Klassenlehrkraft ihre **Führungsposition in guter Weise wahrnimmt.** Am besten hat sich hier der autoritative Führungsstil** (Baumrind, 1971) bewährt: **keine** bloße Machtausübung wie beim autoritären Stil, sondern **Freundlichkeit, gepaart mit Festigkeit und der Bereitschaft, sofort in positiver Weise helfend einzugreifen,** wenn es Probleme gibt.

Völlig verfehlt ist ein „Laissez-faire-Stil", d.h. ein Führungsverhalten, das vor allem durch Nicht-eingreifen gekennzeichnet ist. Leider gab es eine „pädagogische Mode", die diesen sogar empfahl, da man sich auf die Selbstorganisationsfähigkeit der Gruppe verließ und glaubte, dadurch die Verantwortungsübernahme für das gemeinsame Zusammenleben und -lernen bei den Kindern zu stützen.

Bei älteren Kindern hat dies gelegentlich sogar Erfolg, aber nur deshalb, weil eines der Kinder anstelle der Lehrperson die Führungsfunktion übernimmt und auch nur dann, wenn es die schulbezogenen Werte vertritt. Viel häufiger geschieht es, dass die selbsternannte informelle Führungskraft die Klasse darin bestärkt, möglichst wenig zu tun und durch destruktive Aktionen für allgemeine Unterhaltung zu sorgen, wie Unterrichtsbeobachtungen in „Problemklassen" immer wieder zeigen. Es leuchtet ein, dass autistische Kinder, die so sehr auf eine strukturierte, sichere Lernumwelt angewiesen sind, durch ein derartiges Klassenklima völlig überfordert sind.

Die wichtigste Regel für eine erfolgreiche Kindergarten- und Schullaufbahn autistischer Kinder und Jugendlicher lässt sich wie folgt formulieren: Sie brauchen eine **gut strukturierte Lernumgebung,** in der ihnen die Möglichkeit geboten wird, durch sorgfältig geplante, kleinschrittige Lernprogramme ihre **sozialen Kompetenzen** zu erweitern und ihr **Wissen** aufzubauen.

11.2 Das autistische Kind im Klassenverband

Sehr hilfreich kann es sein, alle Eltern bei einem Elternabend (zu dem natürlich die Eltern des autistischen Kindes anwesend sein sollten) auf die Tatsache vorzubereiten, dass ein autistisches Integrationskind die Klasse besuchen wird, und um Verständnis und Unterstützung zu bitten. So ist es z.B. von großem Vorteil, wenn sich Eltern bereit erklären, das autistische Kind (wenn notwendig zusammen mit seiner Mutter oder einer anderen Bezugsperson) gelegentlich einzuladen, natürlich nur, wenn sich ihr eigenes Kind mit ihm gut verstehen sollte und auch die Eltern „gut miteinander können". Hier kann man als Lehrkraft bei dem Elternabend für die „Initialzündung" sorgen.

Wichtig ist weiterhin, dass die Lehrkraft das Kind gleich zu Beginn, wenn es neu in die Klasse kommt, in positiver Form vorstellt und sagt, dass es aus bestimmten Gründen besondere Unterstützung benötigt. Auch hier ist es von Vorteil, wenn es gelingt, von allen Schülern ein „Commitment" zu erreichen, die Verantwortung für das Integrationskind mit zu übernehmen. Vor allem muss klargestellt werden, dass seine Sonderbarkeiten nicht Anlass für Hänseleien oder Aggressionen sein dürfen. Am besten ist es, wenn die Klassenlehrkraft dafür eine ganze Stunde vorsieht, die dem sozialen Lernen und hier vor allem der Verpflichtung zur **gegenseitigen Rücksichtnahme** gewidmet ist, ein Verhalten, dass allen in der Klasse etwas bringt, da die Schule dann zu einem erfreulichen Ort wird. (Wenn später neue Schüler in die Klasse kommen, müssen auch diese in das Commitment eingebunden werden). Die Schüler müssen auch darauf vorbereitet werden, bei unangemessenem Verhalten des autistischen Kindes nicht selbst zu reagieren, sondern Hilfe bei den Lehrkräften zu holen.

Wichtig ist, dass die Mitschüler in der Klasse verstehen, dass das autistische Kind sie nicht ärgern will, wenn es sich so anders verhält, sondern dass dies mit seiner Behinderung zusammenhängt und dass es vor allem darauf ankommt, dem Kind dabei zu helfen, mit der Welt besser zurechtzukommen. Unter Umständen finden sich auch Kinder in der Klasse, die bereit sind, sich als freiwillige Helfer besonders um das autistische Kind kümmern. Dies ist allerdings nur in höheren Klassen möglich: Man darf nicht vergessen, dass auch viele Erwachsene mit autistischen Kindern und Jugendlichen überfordert sind. Eine derartige Helferfunktion muss daher immer auf Freiwilligkeit beruhen. Die Kinder und Jugendlichen, die sie ausführen, brauchen außerdem eine verlässliche sachkundige Begleitung und vor allem auch emotionale Unterstützung durch die Lehrkräfte.

11.3 Strukturierung des Schulalltags

Autistische Kinder würden am liebsten isoliert von allen anderen Kindern sitzen. Dies ist aber für ihre Entwicklung nicht vorteilhaft. Je nachdem wie der Sitzplan in der Schulklasse aussieht (Hufeisen oder Reihen), gibt es günstigere und ungünstigere Plätze. Es gilt einen Kompromiss zwischen den besonderen Bedürfnissen des Kindes, den pädagogischen Erfordernissen und den vorhandenen Rahmenbedingungen zu finden. Sein Platz sollte am besten ungefähr zwei bis drei Sitzreihen vom Lehrerpult entfernt in der Mitte des Raumes sein. Damit ist gesichert, dass es ohne großen Aufwand gut beobachtet werden kann. Aus demselben Grund ist bei einer hufeisenförmigen Aufstellung ohne Mittelreihe z.B. der vierte Platz links von der Lehrkraft besonders geeignet. Keinesfalls darf der Sitzplatz häufig gewechselt werden. Wenn einmal der ideale Platz für das Kind in der Klasse gefunden ist, soll es sich darauf verlassen können, dass ihm dieser erhalten bleibt. Wenn irgend möglich, sollte dies auch für die Sitznachbarn gelten.

Die Sitznachbarn sollten so ausgesucht werden, dass sie mit dem Kind gut zurechtkommen. Lebhafte Kinder oder Kinder, die dazu neigen, andere Kinder zu hänseln oder zu stören, sind absolut ungeeignet. Wegen ihrer sozialen Probleme können sich Autisten auch nicht an solche Kinder „gewöhnen". Derartige Sitznachbarn verstärken nur die autistischen Rückzugstendenzen. Am vorteilhaftesten ist es anfangs, wenn das Kind keinen unmittelbaren Sitznachbarn hat, solange sein autistisches Verhalten im Klassenverband noch sehr ausgeprägt ist. Die Hufeisenaufstellung ist daher weniger günstig, da es sich kaum machen lässt, dass das Kind ohne Nachbarn sitzen kann.

Durch geduldige Anleitung muss dafür gesorgt werden, dass der **Arbeitsplatz immer übersichtlich und aufgeräumt ist.** Dies gilt auch für den des Sitznachbarn. (Am besten ist es natürlich, wenn man diese Norm für die ganze Klasse einführt). Da Autisten keine Selbstlerner sind, genügen Ermahnungen nicht, um das zu erreichen. Man muss mit dem Kind das Einhalten der Ordnung Schritt für Schritt einüben (auch aus diesem Grund ist es wichtig, dass eine Stützlehrkraft vorhanden ist). Wie wir bereits erwähnt haben, muss jeder Arbeitsauftrag anfangs dem Kind speziell mitgeteilt und dafür gesorgt werden, dass es damit anfängt. Dies gilt auch für die Beendigung der Arbeit.

Sehr wichtig ist weiterhin, dass für das Kind ein **Plan für die Pausen** erstellt wird, da die meisten Autisten sich nicht selbst organisieren können. Dazu gehört der Zeitpunkt für das Aufsuchen der Toilette (der Toilettengang samt anschließendem Händewaschen muss mit neu Eingeschulten extra eingeübt bzw. zumindest kontrolliert werden, ob sie damit allein zurechtkommen). Ebenso ist festzulegen, wann das Pausenbrot gegessen wird. Für manche Kinder ist es besser, wenn sie an ihrem Platz sitzen bleiben dürfen, für andere müssen ruhige Plätze am Gang oder auf dem Schulhof gefunden werden, wohin sie sich in der Pause zurückziehen können. Es ist ein Zeichen von gelungener Eingliederung, wenn diese Maßnahmen nicht immer bzw. nicht mehr notwendig sind.

Da Autisten mit Veränderungen sehr schlecht umgehen können, ist es notwendig, sie auf jede absehbare Veränderung vorzubereiten. Wenn z.B. das Klassenzimmer renoviert wird und ein anderer Raum benützt werden muss, sollte man dies nicht nur der ganzen Klasse, sondern dem autistischen Kind noch extra mitteilen. Klassenausflüge oder andere Unternehmungen müssen sehr sorgfältig geplant und von den Lehrpersonen und den Eltern vorbereitet werden. Vor allem ist zu überprüfen, ob das autistische Kind schon so weit ist, mit entsprechender Unterstützung mitzumachen.

In Diskussionen mit Lehrkräften und Eltern wird häufig die Frage gestellt, ob es nicht wichtig sei, autistische Kinder und Jugendliche in Entscheidungsprozesse einzubeziehen, die sie betreffen, oder auch das Aushandeln von Kompromissen einzuüben. Als Fernziel ist dies sicher anzustreben. Da autistische Heranwachsende zunächst aber über keine „Theory of Mind" (d.h. ein Verständnis dafür, was der andere wissen kann und denkt) verfügen und kaum Zugang zu den Gefühlen anderer Menschen haben, sind sie damit überfordert. Dazu kommt, dass sie über ihre eigenen Gefühle und Wünsche nicht nachdenken, sondern sie nur einfach (zum Teil sehr heftig) verspüren und entsprechend kompromisslos äußern. Sie können aber auch nicht verschiedene Handlungsalternativen überlegt gegeneinander abwägen, sondern wählen einfach diejenige aus, die für sie im Augenblick emotionell am verlockendsten ist. Die oft beklagte „Sturheit" von Autisten hat hier ihre Wurzeln.

> **!** Alle wichtigen Entscheidungen müssen daher in der Anfangsphase zwar die Bedürfnisse des autistischen Kindes und seine Handlungsmöglichkeiten berücksichtigen, aber von der Erziehungsperson kommen.

Wenn Autisten etwas hartnäckig verweigern, ist es daher meist sinnlos zu fragen, was sie stattdessen wollten, in der Hoffnung, dass sie von sich aus einen anderen Vorschlag machen. Man greift stattdessen besser auf die Regel „Anderes Angebot machen" zurück (> Kap. 9.2.5). Dasselbe gilt, wenn Autisten Forderungen stellen, die sich nicht erfüllen lassen. Eine gute Autismustherapie beinhaltet immer ein umfangreiches Programm, um die Abhängigkeit von Gefühlen abzubauen und um den Weg zur Entscheidungs- und Verhandlungsfähigkeit zu eröffnen.

Kann das Integrationskind dem Unterricht gut folgen und die Lernziele der jeweiligen Klassenstufe erreichen, verläuft die Integration unproblematisch, wenn die geschilderten unterstützenden Rahmenbedingungen gegeben sind. Schwierigkeiten treten jedoch auf, wenn gravierende Lernbehinderungen vorhanden sind, die sehr viel Einzelförderung notwendig machen. Um die Förderung des Integrationskindes optimal planen zu können, ist daher eine genaue, auch Tests einschließende **Diagnose der Lernvoraussetzungen** des Kindes notwendig. Nur so kann die Förderung richtig geplant und durchgeführt werden. Für jeden Teilbereich sollte man einen individuellen Förderplan aufstellen, nach dem die neuen Kompetenzen erarbeitet werden können, wobei klar geregelt werden sollte, welche Aufgaben die Klassenlehrkraft und welche die Stützlehrkraft übernimmt.

Eine wesentliche Unterstützung für den Unterricht in Integrationsklassen kann die Einbeziehung des **Spiels** als pädagogisches Mittel in das Curriculum darstellen (vgl. Rollett, 1987). Spielendes Lernen hat besonderen Wert. Hinzu kommt, dass es für eine positive Motivation sorgt. Hartmann u. a. erstellten bereits 1988 ein Handbuch für die Praxis, das ausführliche Hinweise für die Einbeziehung des Spiels in den Primarklassenunterricht gibt. Die pädagogisch erprobte Spielzeugliste, die dabei Verwendung findet, ist im Anhang wiedergegeben.

Wichtige Hinweise für die konkrete pädagogische Arbeit mit einem autistischen Integrationskind im ersten Schuljahr finden sich in dem folgenden Praxisbericht.

11.4 Lern- und Förderbereiche im ersten Schuljahr: Ein Beispiel aus der Praxis

Der folgende Zeugnisbericht des als Stützlehrer für das autistische Integrationskind fungierenden Heilpädagogen zeigt anschaulich, wie eine gelungene Integration eines autistischen Kindes im ersten Schuljahr sich in Leistungen niederschlägt. Es handelt sich um das Kind, dessen Therapie in > Kapitel 12 ausführlich dargestellt wird. Die Therapie begann, als der Junge 5 Jahre alt war. Damals konnte er sich bis auf einige stereotype Redewendungen sprachlich noch nicht ausdrücken. Nach zwei vorbereitenden Jahren als Integrationskind in einem normalen Kindergarten, unterstützt durch Einzeltherapie, konnte er in eine Integrationsklasse der zuständigen Grundschule aufgenommen werden. Der Förderplan umfasste die folgenden Bereiche:

- **Wohlbefinden**
- **Sprache** (Sprachverständnis, mündlicher Ausdruck, Beteiligung beim Lehrer-Schüler-Gespräch, kommunikative Kompetenzen im Umgang mit Erwachsenen und im Umgang mit Kindern)
- **Lesen** (Merkwörter, Lesen neuer Wörter, Sinnerfassung, Lesen im Einzelunterricht und im Klassenverband, Aufmerksamkeitsspanne beim Lesen, Lesemotivation)
- **Schreiben** (Buchstaben, Wörter)
- **Mathematik** (vornumerische Operationen, natürliche Zahlen, Zahlenraum bis zehn, Operationen, Raumorientierung und räumliche Beziehungen, Umgang mit Geld, Geometrie)
- **Musische Fächer** (Singen, Turnen, Schwimmen, Zeichnen/Malen, Handarbeiten)
- **Persönlichkeitsentwicklung**

Zumindest in den Anfangsjahren ist eine ausführliche **individuelle verbale Beurteilung** des Integrationskindes wesentlich günstiger und informativer als eine Ziffernbenotung, wie der folgende Bericht anschaulich zeigt.

BERNHARD – ZEUGNISBERICHT FÜR DAS 1. SCHULJAHR

K. Hess

Vorbemerkungen

Bernhard besuchte im Schuljahr 1988/89 die erste Primarklasse. In den musischen Fächern, in der Sachkunde, im Lesen und Schreiben nahm er am regulären Klassenunterricht teil. Im Lesen und im Schreiben bot ihm der Schulische Heilpädagoge (SHP) im Klassenverband besondere Hilfestellung an. In Mathematik wurde mit Bernhard ein individuelles Förderprogramm durchgeführt: Während zwei Wochenlektionen besuchte er anstelle des Klassenunterrichts eine heilpädagogische Einzelförderung.

Berichterstattung

Der Bericht ist aus den unterrichtsbegleitenden Beobachtungen der Klassenlehrerin und des SHP entstanden. Die Darstellung der individuellen Lernfortschritte wird im Hinblick auf die Richtziele des Lernplans vorgenommen.

(1) BERNHARDS WOHLBEFINDEN

Bernhard kommt gerne zur Schule, und er fühlt sich in der Klasse wohl. Wenn er am Morgen das Schulzimmer betritt, begrüßt er die Lehrerin und den Heilpädagogen mit einem strahlenden Gesicht. In der heilpädagogischen Einzelförderung spricht er häufig davon, dass er zu den Kindern in die Schule möchte. Nach der Turnstunde am Freitagnachmittag (letzte Lektion der Woche), die er allein mit dem SHP absolviert, äußert er jeweils den Wunsch: „Komm, wir gehen in die Schule!" Am Montagmorgen braucht Bernhard eine lange Anlaufzeit. Er wirkt an diesem Morgen sehr unruhig und gähnt besonders häufig. Er kann sich zu Beginn der Woche nur langsam wieder auf den Schulbetrieb umstellen. Im Allgemeinen ist er aber in den ersten Morgenlektionen aufnahmefähiger geworden.

Bernhard kann nicht so lange am selben Unterrichtsgegenstand verweilen wie seine Kameraden. Seiner kürzeren Aufmerksamkeitsspanne wird mit einer engeren Unterrichtsrhythmisierung entsprochen. Die festen Strukturen, die ihm der SHP in der Einzelarbeit vorgibt, sind für den Knaben manchmal unangenehm. Er zeigt aber Freude, wenn er durch diese Hilfestellung eine geforderte Leistung auch tatsächlich erbringen kann.

(2) SPRACHE

(2.1) Sprachverständnis

Bernhard scheint die im Unterricht verwendete Sprache zu verstehen. Es ist aber unklar, welchen Informationsteil er aus dem Sprach- und Situationskontext erschließen muss (Gestik und Mimik der Lehrperson, Bilder, Gegenstände, Handlungen der Kameraden etc.). Arbeitsanweisungen, die die Lehrerin an das ganze Kollektiv richtet, führt er in der Regel korrekt aus. Wenn er eine Arbeit ausführen soll, orientiert er sich vorwiegend an seinen Kameraden.

(2.2) Mündlicher Ausdruck

Bernhard bildet im Dialekt und in hochdeutscher Sprache korrekte Sätze. Er besitzt einen reichen Wortschatz mit differenzierten Adjektiven und Verben. Wenn er seinen Kameraden aus einem Bilderbuch oder von eigenen Erlebnissen erzählen darf, tragen seine schön intonierten Sätze aber nur wenig Mitteilungscharakter. Vor der ganzen Klasse spricht er zu leise. Die Beschreibungen sind rein akustisch nicht verständlich und die geäußerten Sinneinheiten ergeben zusammen keine logische Reihenfolge.

Einen einfachen, klaren und eindeutigen Sachverhalt kann Bernhard akustisch und logisch verständlich ausdrücken. Er wird von seinen Kameraden und von den Lehrpersonen häufig dazu aufgefordert: „Bernhard, sag es noch einmal, ich habe Dich nicht verstanden!" Es scheint, als ob er in sog. kontrollierten Situationen eine große Überwindung braucht, sich laut und deutlich auszudrücken. In entspannten Situationen artikuliert er sich verständlich.

(2.3) Beteiligung im mündlichen Unterricht (Sachkunde)

Zu Beginn des Schuljahres war Bernhard sehr stark auf die Unterstützung des Heilpädagogen angewiesen. Der Heilpädagoge war für ihn eine wichtige Bezugsperson, die ihm Sicherheit gab. Ohne diese Hilfe war es für ihn schwierig, sich im sozialen Verband mitzuteilen.

Im 2. Semester des Schuljahres wurden in der Sachkunde die Themen „Igel", „Arche Noah" und „Indianer" behandelt. Bernhard hat eine große Freude an Tieren. Er zeigte in diesen Stunden ein großes Interesse und beteiligte sich phasenweise sehr aktiv am mündlichen Unterricht. Die Anzahl seiner Beiträge ist aber im Vergleich zum ersten Semester gesunken. Er hat gelernt, dass er sich vorbereiten muss, bevor er seine Hand aufhalten darf. Die Qualität seiner Beiträge hat sich dadurch erhöht. Auf geschlossene Fragen gibt er überwiegend adäquate Antworten (z.B. Was frisst der Igel? Wie heißt die Frau des Indianers?, etc.). Bernhard überrascht manchmal mit einem Sachwissen, das die anderen Schüler nicht haben. Mit offenen Fragen weiß er allerdings wenig anzufangen. Auf Fragen nach vergangenen Erlebnissen (Sonntagserlebnisse, Geburtstagsfest, Theaterbesuch etc.) gibt er entweder keine Auskunft oder er weicht ihnen aus. Seine Beiträge bestehen meistens nur aus Einwortsätzen. Wenn er dazu angehalten wird, formuliert er auch Mehrwortsätze.

(2.4) Kommunikative Kompetenzen

… im Umgang mit Erwachsenen

Bernhard tritt von sich aus in Interaktion. Er verkehrt mit der Lehrerin häufig über eine spielerische Interaktionsform. Er ruft „Berni, Berni" o. Ä. und tippt sie gleichzeitig am Oberkörper an. Solche Spiele zwischen ihm und der Lehrerin sind häufig zu beobachten. Der Junge benutzt viele Gelegenheiten für einen spontanen Austausch mit ihr. Er ruft sie, wenn er ihr etwas zeigen oder mitteilen möchte. Auf dem Lehrausflug gibt er ihr von sich aus die Hand.

Bei der Aneignung neuer Lerninhalte nehmen Bernhards enge Beziehungen zum Heilpädagogen eine wichtige Funktion ein. Die vom Heilpädagogen klar vorgegebenen Strukturen geben Bernhard Sicherheit und bilden die Voraussetzung für ein konzentriertes Aufnehmen neuer Inhalte und für die Bewältigung komplexer Situationen. Die Beziehung zum Heilpädagogen bildet für Bernhard einen „Schonraum", in welchem neue Verhaltensweisen gelernt und soweit gefestigt werden, bis sie ihm auch außerhalb des Schonraumes verfügbar sind. Wenn er durch neue Situationen verunsichert wird, sucht er die Nähe des Heilpädagogen.

Bernhards Mitteilungen an seine Lehrperson sind im Verlauf des Jahres zahlreicher und differenzierter geworden. Sie beinhalten neben sachlichen Informationen auch Bewertungen (z.B. das ist schön) und Gefühle (z.B. ich habe Angst). Wenn Bernhard mit der Bewältigung einer Situation überfordert ist (z.B. wegen Müdigkeit oder zu hoher Leistungsanforderung), gibt er „Antworten" in Form von Echolalie (z.B. Frage: Welche Zahl ist größer? – Bernhards Antwort: Welche Zahl ist größer!). Seine „Mitteilungen" beschränken sich dann auf dieselben immer wiederkehrenden stereotypen Sätze oder gestellte Fragen, die er auch selber beantworten könnte.

In der Einzelförderung kann Bernhard einem längeren Dialog folgen. Er sucht dabei einen spontanen Blickkontakt. Zu Beginn des Schuljahres musste der Blickkontakt immer wieder konsequent gefordert werden, damit er aufmerksam zuhörte. Inzwischen ist er auch fähig, seinen Blick auf eine Aufgabe zu richten und gleichzeitig Aufgabeninstruktionen entgegenzunehmen.

… im Umgang mit Kindern

Bernhard sucht beim Fangenspielen auf dem Pausenplatz gerne Körperkontakte zu seinen Kameraden. Er findet allerdings nicht immer die angepasste Form. Im Morgenkreis sitzt er meistens neben denselben vier oder fünf Kindern, die eine regelmäßige Kontaktaufnahme zu ihm suchen. Diese Kameraden spricht er auch von sich aus an. Bernhard bemerkt es jedes Mal, wenn ein Kind fehlt. Er fragt dann nach, wo es ist.

Während des mündlichen Unterrichts im Morgenkreis sind unter den Kindern zahlreiche nonverbale Interaktionsformen zu beobachten. Bernhard ist daran aktiv beteiligt. Es fällt ihm jedoch schwer, einem Kind zuzuhören und zu ihm einen Blickkontakt zu finden. Einzelne Schüler in der Klasse haben gelernt, eine Botschaft so an ihn heranzutragen, dass es ihm möglich ist, die Information aufzunehmen und adäquat darauf zu reagieren. Bevor sie ihm etwas mitteilen, verlangen sie „Bernhard, schau mich an!". Dabei halten sie ihn an der Schulter und schauen ihm bewusst in die Augen.

In einer Gruppenarbeit kann Bernhard einen aufgabenbezogenen Beitrag leisten. Dieser entsteht allerdings nicht in der Interaktion mit den Kameraden. Bernhard nimmt sich eigenständig eine Teilaufgabe heraus und bearbeitet sie für sich alleine.

Einzelne Schüler unternehmen immer wieder den Versuch, mit ihm zu lesen oder ihm beim Rechnen zu helfen. Leider sind sie mehrheitlich enttäuscht, dass Bernhard auf ihre Hilfestellung mit einer totalen Leistungsverweigerung reagiert. Damit er sich von seinen Kameraden helfen lässt, ist die Anwesenheit des Heilpädagogen notwendig. Bernhard wurde in diesem Schuljahr von einigen Kindern zum Geburtstagsfest eingeladen. Er hat an jedem Fest ohne eine besondere Begleitung teilgenommen.

(3) LESEN

(3.1) Buchstaben und Buchstabenverbindung

Bernhard kennt alle Buchstaben des Alphabets und einige Buchstabenverbindungen (ei, ch, sch, ck, pf, au, eu). Manchmal verwechselt er die Buchstaben „b" und „d". Er kann sie phonetisch richtig aussprechen. Es muss aber bewusst darauf geachtet werden, dass die Laute f, w, m, b, p, s mit der korrekten Zahn- und Lippenstellung gebildet werden. Die Zahnstellung der oberen Schneidezähne muss vermutlich korrigiert werden.

(3.2) Merkwörter

Die Merkwörter „ist, in, im, mit, um, am, vor, nur, bei, und, was, wo" erkennt und liest er als Worteinheit.

(3.3) Lesen neuer Wörter

Neue Wörter mit ca. 4–5 Buchstaben (z.B. Fest, Auto, Motor, Fisch) kann er lesen. Für das sukzessive Erlesen eines Wortes in der Leserichtung braucht Bernhard aber eine Hilfestellung. Häufig errät er ein Wort, sobald er einen oder zwei Buchstaben erkennt. Die Synthese von Buchstaben zu einem Wort gelingt ihm sicher, wenn er einen **Lesepfeil** zu Hilfe nehmen darf.

(3.4) Sinnerfassung

Bernhard versteht den Sinn der gelesenen Wörter. Er beantwortet Fragen über ihre Bedeutung richtig. Vier bis fünf nacheinander gelesene Wörter kann er als Sinneinheit verstehen.

(3.5) Lesen im Einzelunterricht/im Klassenverband

Wenn Bernhard der ganzen Klasse vorlesen soll, gelingen ihm manchmal die einfachsten Wörter nicht. In dieser Anforderungssituation wirkt er sehr gehemmt und überfordert. Bernhard zeigt wesentlich bessere Leseleistungen im Einzelunterricht.

(3.6) Aufmerksamkeitsspanne beim Lesen

Die Texte, die in der Klasse gelesen werden, sind für Bernhard zu umfangreich und häufig zu schwierig. Er kann sich bei diesen Texten nur schwer auf das sukzessive Erlesen eines einzelnen Wortes konzentrieren. Mit dem Lesepfeil wird ihm diese Leistung ermöglicht. Seine Aufmerksamkeitsspanne beim Lesen eines neuen Textes im Einzelunterricht reicht für etwa 10–15 Wörter.

(3.7) Lesemotivation

Bernhard zeigt seit kurzem ein spontanes Leseverhalten. Im Allgemeinen muss ein Text von einem Erlebnis oder einem Bild ausgehen, damit die Wörter selber für ihn einen Aufforderungscharakter zum Lesen haben.

(4) SCHREIBEN

(4.1) Buchstaben

Bernhard kann alle großen und kleinen Buchstaben in Druckschrift lesbar schreiben. Der Schreibfluss ist bei den meisten Buchstaben automatisiert. Es bereitet ihm aber Schwierigkeiten, sich an Linien zu halten und Buchstaben oder Zahlen in konstanter Größe zu schreiben. Der Bleistiftstrich ist sehr zaghaft und unpräzise.

Bernhard gibt sich meistens nicht mit der ersten Fassung eines geschriebenen Buchstabens zufrieden. Gerne wird ein Buchstabe 2- bis 3-mal ausradiert und noch einmal neu versucht. Mit anderen Schreibwerkzeugen (Filzstift, Pinsel oder Kreide) ist er mutiger, gibt mehr Schreibdruck und lässt eine erste Fassung des Geschriebenen stehen.
Wenn er müde ist, schreibt er einige Buchstaben spiegelbildlich verkehrt (z.B. s/ƨ, a/ɒ, m/m, n/n).

(4.2) Wörter

Bernhard kann kurze Wörter selbständig und korrekt von der Wandtafel abschreiben. Er versteht, dass Phoneme durch Schriftzeichen kodiert werden. Die Schriftumsetzung von diktierten Wörtern gelingt ihm erst ansatzweise, jedoch bereits bei der rein auditiven Vorgabe (ohne dass er die Lautbildung am Mund des Lehrers ablesen kann). Dafür müssen die Wörter langsam vorgesprochen und die Vokale und Konsonanten markant herausgehoben werden.

(5) MATHEMATIK

(5.1) Vornumerische Operationen

Die vornumerischen Operationen (Reihenbildung, Klassifikation, Zuordnungen, Volumen- und Zahlerhaltung etc.) beherrscht Bernhard ausreichend für das Erlernen der mathematischen Operationen wie der Addition und der Subtraktion. Zur Festigung von sicheren Basisvoraussetzungen werden sie aber weiterhin als ergänzender Bestandteil im Förderungsprogramm beibehalten.

(5.2) Natürliche Zahlen

Bernhard kann von 1 bis 20 zählen. Von 1 bis 10 zählt er vorwärts und rückwärts. Er kann diese Zahlen lesen und schreiben. Er hat die Strategie des Weiterzählens von 10 bis 20 verstanden. (Bevor die Namen elf und zwölf eingeführt wurden, zählte er ein-zehn, zwei-zehn, drei-zehn ...) Die Bedeutung des Stellenwertes der Ziffern ($17 = 10 + 7$) kennt er noch nicht.

(5.3) Zahlenraum

In diesem Schuljahr haben wir uns vor allem im Zahlenraum von 0 bis 10 bewegt.
Bernhard
- kann ungeordnete Zahlenkarten von 0 bis 20 in der korrekten Reihenfolge legen
- findet heraus, welche Zahl (bei ungeordneten Zahlen von 0 bis 10) fehlt
- kann von jeder Zahl den Vorgänger und den Nachfolger nennen und aufschreiben
- weiß, dass jeder Vorgänger/Nachfolger um genau 1 kleiner/größer ist
- macht korrekte Größer-/Kleiner-Vergleiche, z.B. $7 > 5$, $5 < 7$
- erfasst Mengen bis 3 simultan
- kennt die Würfelbilder und kann ihnen die richtige Zahl zuordnen
- besitzt einen Mengenbegriff bis 6.
- Häufig verweigert Bernhard eine Aufgabe, obwohl er sie lösen „könnte".
Wenn er müde oder wenig motiviert ist, kann ihm jede dieser Einzelleistungen misslingen.

(5.4) Operationen

Bernhard kann verschiedene Handlungen (auf der Treppe, mit der Waage, mit Gläsern, Steckkuben, Zahlenstreifen, etc.) mit Ziffern von 1 bis 10 und den Operationszeichen (+ / – / =) als Gleichung protokollieren. Umgekehrt versteht er es, eine einfache Gleichung auf verschiedene Handlungen zurückzuführen. Damit ihm abstrakte Operationen mit Zahlen gelingen, braucht er manchmal auch im Zahlenraum bis 10 noch Hilfsmittel. Es muss ihm immer wieder Gelegenheit gegeben werden, die Operationen auf der Handlungs- und Bildebene selber durchzuführen, damit die formalen Operationen auf einem sicheren Fundament aufgebaut werden können. Manchmal ist es schwierig, abzuschätzen, ob er Aufgaben auch ohne Hilfsmittel bewältigen könnte. Zahlreiche Beobachtungen deuten darauf hin, dass er fähig ist, Additionsaufgaben bis 10 auf abstrakter Ebene (ohne Hilfsmittel) zu bewältigen. Aus verschiedenen Gründen gelingt es ihm nicht immer. Entweder zeigt er eine Anstrengungsvermeidung (mit Hilfsmitteln ist es bequemer!), kann sich

nicht auf eine Aufgabe konzentrieren, oder die Leistung ist noch so schwer zu erbringen, dass sie ihm in einem Leistungstief nicht möglich ist.
Die Additionen, Subtraktionen und Ergänzungen mit +1 / +2 / − 1 / − 2 kann Bernhard im Zahlenraum bis 10 auf formaler Ebene auch ohne Hilfsmittel sicher lösen. Die verschiedenen Aufgabentypen müssen dabei nicht voneinander getrennt angeboten werden.
Beispiel:

$7 + 2 = \square$ $\quad$ $3 + 1 = \square$
$8 + \square = 9$ $\quad$ $9 - \square = 8$
$5 - \square = 3$ $\quad$ $4 + \square = 6$
$6 - 1 = \square$ $\quad$ $7 - 2 = \square$

Bernhard löst 20 bis 25 solcher Aufgaben ohne Unterbruch. Er muss aber von Beginn an informiert werden, welches „Pensum" er zu bewältigen hat. Von der festgelegten Anforderung wird in der Regel nicht abgewichen. Damit er sich in den Aufgaben nicht verliert, braucht er allerdings die Hilfestellung einer Lehrperson. Bernhard zeigt seine Arbeitsblätter jeweils mit großer Freude der Lehrerin.

(5.5) Raumorientierung und räumliche Beziehungen

Bernhard versteht und verwendet die Begriffe rechts – links, vorn – hinten, oben – unten, innen – außen, neben – zwischen.

(5.6) Umgang mit Geld

Er weiß die Namen der Münzen und Noten bis 20 Fr. Er versteht deren Wertordnung noch nicht (er ordnet die Münzen z.B. nach ihrer Materialgröße und nicht nach Wertgröße).

(5.7) Geometrie

Bernhard kann die geometrischen Grundfiguren Dreieck, Quadrat, Rechteck und Kreis sowie die Körper Würfel und Kugel richtig benennen. Er findet in seiner Umwelt selbständig entsprechende Figuren und Körper (Transfer).

(6) MUSISCHE FÄCHER

(6.1) Singen

Bernhard hat im ersten Semester höchst selten mitgesungen. Wenn er speziell dazu aufgefordert wird, singt er zaghaft mit. Seine Stimme ist sehr fein und leise.

(6.2) Turnen

Die Turnstunden werden von verschiedenen Lehrkräften erteilt. Beim Turnlehrer und bei der Klassenlehrerin setzt Bernhard einen starken Eigenwillen durch. Es gelingt ihm häufig, seinen eigenen Interessen abseits vom Klassenverband nachzugehen. In den Turnstunden, die der SHP erteilt, halten sich solche Ausbrechversuche in einem kleineren Rahmen.
Bernhard geht im Freispiel sehr geschickt mit dem Ball um. Seine Bewegungen im Fußballspiel sind gut koordiniert, sie wirken harmonisch. Er besitzt ein außerordentlich gutes Gleichgewicht. In Partnerübungen kann er den Ball kontrolliert fangen und werfen. Bernhard gibt sich gerne in Interaktionsspiele ein. Sie sind für ihn eine Gelegenheit, neue soziale Austauschformen zu lernen. Er macht vor allem gerne Bewegungen vor, die von der ganzen Klasse nachgeahmt werden.
In verschiedenen Gruppenspielen versteht er die Regeln noch nicht. Sie müssen mit ihm schrittweise erarbeitet werden, damit er adäquat an einem Spiel teilnehmen kann.

(6.3) Schwimmen

Bernhard hat in diesem Jahr schwimmen gelernt. Er kann im Brustgleichschlag 10–15 Meter weit schwimmen. Er springt vom Einmeterbrett.

(6.4) Zeichnen / Malen

Bernhard zeichnet und malt spontan und mutig. Er hat gelernt, auch zu einer vorgegebenen Thematik etwas darzustellen.

(6.5) Handarbeiten

Im handwerklichen Gestalten ist Bernhards Einsatz sehr unterschiedlich. Wenn er motiviert ist, arbeitet er selbständig. Seine Leistungen im Schneiden und Malen sind auch im Vergleich mit seinen Kameraden gut. Mit neuen Arbeitstechniken freundet er sich nur sehr langsam an (z.B. Kleistern). Arbeiten, bei denen die Hände schmutzig werden, gefallen ihm weniger.

(7) Zusammenfassung des Ist-Zustandes: Leistungsfortschritte und Persönlichkeitsentwicklung

Bernhard kommt gerne zur Schule und fühlt sich wohl in der Klasse. Er hat in diesem Schuljahr große persönliche Leistungsfortschritte erzielt. Im Rechnen löst er die ersten Operationen auf formaler Ebene. Er liest und versteht einfache Texte, wenn er dazu eine Hilfestellung erhält. Das Schreiben von Wörtern bereitet ihm noch Schwierigkeiten, gelingt ihm aber bereits bei der rein auditiven Vorgabe von kurzen Wörtern. Bernhard muss für das Erbringen dieser kognitiven Leistungen sehr stark geführt werden, was für ihn und die Lehrperson manchmal sehr anstrengend ist. Er zeigt aber selber jeweils Freude über seine erreichten Fortschritte.

Der Knabe hat sich in seiner Persönlichkeit in positiver Art weiterentwickelt. Er hat sich den Kameraden und den Lehrpersonen gegenüber geöffnet, teilt sich ihnen mit und meldet ihnen seine Bedürfnisse an."

Kommentar: Ein derartig ausführlicher Bericht leistet zweierlei: Er gibt genau über das Erarbeitete Auskunft und stellt eine gute Ausgangsbasis für die Entwicklung des Förderplans für das kommende Jahr dar. Gerade autistische Kinder brauchen eine **überlegte, verlässliche Struktur für ihre schulische Arbeit**. Auf Hektik, Inkonsequenz und Sprunghaftigkeit, ja selbst auf Spontaneität reagieren sie außerordentlich negativ. Sie wollen immer genau wissen, woran sie sind. Eine überlegte Planung ist daher die Grundvoraussetzung für die erfolgreiche schulische Arbeit mit ihnen.

11.5 Spielen und Lernen in der Gruppe: Praktische Hinweise für das Vorgehen bei der Integration autistischer Kinder

Eine wichtige Voraussetzung für das Gelingen der Integration ist die Reaktion der Kindergartengruppe bzw. Klasse auf die Fördermaßnahmen für das Integrationskind. Es soll ja verhindert werden, dass das Integrationskind als „dumm" angesehen wird oder dass Neidgefühle wegen seiner vermeintlichen Bevorzugung entstehen.

> **!**
> Integration ist dann erfolgreich, wenn die anderen Kinder lernen, verständnisvoll auf das Integrationskind einzugehen und die pädagogischen Maßnahmen der Lehrkraft oder der Kindergärtnerin mitzutragen. Dies geschieht jedoch nicht „von selbst", sondern erfordert eine entsprechende Erziehungsarbeit durch die Kindergärtnerin oder Klassenlehrerin.

Kinder nehmen zunächst ganz naiv an, dass größere Kinder mehr können als kleinere Kinder. Wer sich daher nicht seiner Altersnorm entsprechend verhält, gilt als „dumm". Dazu ein Beispiel:

Beispiel

In unserem an der Universität Wien eingerichteten Forschungskindergarten hatten wir ein sprachbehindertes Kind aufgenommen, das gewisse autistische Züge zeigte und daher viel Unterstützung benötigte. So hatte es nicht verstanden, dass man die schönen bunten Salzteigstücke im Kaufmannsladen nicht essen kann, und hatte sie alle angeknabbert. Als wir dies entdeckten, sagten zwei Kinder, die zufällig dabei waren, vorwurfsvoll: „Das hat der dumme Peter (Name geändert) gemacht!" Als wir ihnen erklärten, dass er nichts dafür könne, da er noch nicht verstanden habe, dass Salzteig nicht essbar ist, argumentierten sie: „Aber er ist doch schon so groß." Es bedurfte ausführlicher Erklärungen, um ihnen zu vermitteln, dass gelegentlich auch große Kinder etwas nicht begreifen; dass aber auch Peter eines Tages verstehen würde, was man essen kann und was nicht, und dass sich alle im Kindergarten besonders bemühen müssten, ihm dies beizubringen.

Für die anderen Kinder in der Gruppe bedeutet die Aufarbeitung eines solchen Ereignisses eine Chance, Verständnis zu entwickeln und Verantwortung für andere übernehmen zu lernen. Gespräche, in denen man ihnen die besonderen Probleme des Integrationskindes erklärt, können helfen, mehr Einfühlung in die Situation anderer zu wecken. Sicher kostet ein solches Vorgehen Zeit, aber es ist gut angelegte Zeit.

Es ist sehr wichtig, dass jede Äußerung von Kindern, die eine Abwertung des Integrationskindes beinhaltet, bei nächster Gelegenheit aufgegriffen und besprochen wird, um eine neue, verantwortungsvolle Einstellung zu entwickeln. Es hat sich nicht bewährt, derartige Äußerungen einfach zu übergehen: Schweigen der Erwachsenen wird in solchen Fällen von den Kindern als Zustimmung gedeutet. Solange es sich nur um einzelne Bemerkungen einiger Mitschüler und -schülerinnen handelt, lassen sie sich außerdem leicht im gemeinsamen Gespräch entkräften. Wenn daraus jedoch einmal eine von der ganzen Klasse geteilte Einstellung geworden ist, weil man die Dinge zu lange laufen ließ, lassen sich negative Haltungen nur noch schwer beeinflussen.

Die freiere Form der Kindergartenarbeit macht es leichter, die Anforderungen, die man an die gesunden Kinder stellt, unauffällig an die Bedürfnisse des Integrationskindes anzupassen, als dies später in der Schule möglich ist.

In der Schule ist es daher erforderlich, dass man der Klasse insgesamt immer, wenn dies notwendig ist, erklärt, weshalb das Integrationskind andere Aufgaben oder leichtere Fragen bekommt. Die Leitlinie sollte sein: „Wir wollen doch, dass unser Peter (oder wie auch immer das Kind heißen mag) gut vorankommt und etwas lernt!"

Zwei **Hauptregeln** sind bei einer echten Integration des Kindes in die Unterrichtsarbeit zu beachten:
- Es muss ständig in die Arbeit der Klasse eingebunden werden und
- es soll nur Aufgaben bearbeiten müssen, die es auch schaffen kann und bei denen es etwas lernt.

Bei **Lehrer-Schüler-Gesprächen** sollte man sich daher bereits bei der Unterrichtsplanung Fragen überlegen, die das Integrationskind sicher beantworten kann. Eine wichtige Regel ist die Folgende:

Das Integrationskind sollte etwa alle 10 Minuten drankommen, damit es nicht verleitet wird, entweder zu träumen oder Unsinn zu machen, während die anderen arbeiten. Man sollte außerdem beachten, dass das Kind eine längere Denkpause als die anderen bis zur Beantwortung benötigt, und ihm diese Wartezeit in einer ruhigen, freundlichen, aufmunternden Form gewähren. Auch hier ist es wichtig, dass die Klasse dies nicht als Bevorzugung des Integrationskindes auffasst, sondern als Hilfe für jemanden, für den man die Verantwortung übernommen hat und dem man diese Unterstützung gerne gewährt.

In einer Untersuchung über „Expertenlehrer", das heißt besonders kompetente Lehrkräfte, erhielten wir ein schönes Beispiel für eine solche positive, verantwortliche Haltung der Klassenkameraden (vgl. Rollett, 1992): Eine Lehrerin erzählte, dass sie sich durch fast vier Volksschuljahre hindurch besonders um einen Jungen bemüht hatte, der offenbar nicht in der Lage war, das Lesen zu erlernen. Im vierten Schuljahr passierte plötzlich Folgendes:

Während einer Leseübung nahm er das Buch und las laut einen Absatz völlig richtig vor! Was die Lehrerin besonders freute: Die ganze Klasse war erst verblüfft, dann begannen alle Beifall zu klatschen und zu rufen: „Unser Toni kann lesen!"

Bei **Diktaten** hat es sich bewährt, den Text, den die Klasse diktiert bekommt, dem Integrationskind als **Lückentext** vorzugeben. Es muss dann nur die Wörter einfügen, die für sein Lernniveau angemessen sind (eine zeitsparende Methode für die Erzeugung solcher Lückentexte besteht darin, dass man die gewünschten Wörter überklebt und den Text kopiert oder eine Computerversion erzeugt).

Am einfachsten ist es noch bei **Rechenaufgaben**, da man hier dem Kind Arbeitsunterlagen mit Aufgabenstellungen vorbereiten kann, die es schaffen kann. Je nach Grad der Behinderung ist beim Rechnen außerdem eine entsprechende Unterstützung durch intensive Einzelnachhilfe vorzusehen.

Bei Kindern, die große Schwierigkeiten haben, ein Verständnis für den Zahlenraum und die Rechenoperationen aufzubauen, hat sich ein von Galperin entwickeltes Verfahren bewährt. Es geht davon aus, dass abstrakte Denkleistungen ihren Ursprung in der „Verinnerlichung" einfacher Handlungen haben und dass zu jeder Handlung eine genau vorbereitete und eingelernte „Orientierungsgrundlage" notwendig ist. Diese Übungen müssen im Einzelunterricht durchgeführt werden.

Interventionsprogramm bei Rechenschwäche:
1. **Vorbereitung der Orientierungsgrundlage:**
Große Karten, die mit den Zahlen von 0 bis 10 beschriftet sind, werden auf die einzelnen Stufen einer Treppe (die mindestens 10 Stufen enthalten sollte) gelegt. Zur besseren Übersicht werden die 5 und die 10 in einer anderen Farbe gestaltet.

2. **Erarbeitung:** Das Kind wird aufgefordert, jede gestellte Additions- bzw. Subtraktionsaufgabe durch Hinauf- bzw. Hinuntergehen handelnd auszuführen. Jeder Rechenschritt und das Ergebnis sollte sofort laut mitgesprochen werden. Sobald das Kind sagt, dass es nicht mehr nötig sei, auf und ab zu laufen, und von sich aus anbietet, die Treppe nur mehr „anzusehen", ist bereits eine erste vorstellungsmäßige Verinnerlichung eingetreten. Nachdem auch diese Vorgangsweise durch Übung gefestigt ist, kann man dem Lernenden anbieten, eine Zeichnung der Treppe anzufertigen und die Rechenaufgaben mit ihrer Hilfe am Schreibtisch durchzuführen. Die Rechenschritte müssen aber noch immer laut ausgesprochen werden. Wenn dies sicher beherrscht wird, werden die Rechenschritte leise und schließlich nur mehr „innerlich" ausgesprochen. Ist diese Stufe erreicht, kann das Integrationskind wieder am regulären Rechenunterricht in der Klasse teilnehmen. Durch weitere Übungen wird der Rechenvorgang so automatisiert, dass für die betreffenden Rechenaufgaben keine Anschauungshilfen mehr notwendig sind.

Beim **Aufsatzschreiben** kann man dem Kind gestatten, bestimmte Szenen auch als Zeichnung auszuführen. Auf diese Weise lassen sich komplexe Inhalte wiedergeben, ohne dass das Kind überfordert wird.

Beim **Lesen** ist es besonders wichtig, dass auch das Integrationskind immer wieder ein Wort oder einen kleinen Satz lesen darf, durch den es nicht überfordert wird. Auch dies macht natürlich eine entsprechende Vorbereitung notwendig, die am besten gemeinsam mit der Stützlehrkraft durchgeführt wird, die eine **Kartei** mit den Wörtern führen sollte, die das Kind bereits lesen kann bzw. an deren Erarbeitung es gerade ist.

Es ist dabei besonders darauf zu achten, dass sich das Kind beim Lesen die entsprechenden Szenen **bildhaft vorstellt**, und nicht nur mechanisch Worte plappert, da nur so das sinnverständige Lesen gefördert wird. Dies geschieht am besten dadurch, dass man alle Kinder in der Klasse (und natürlich besonders das autistische Kind) anregt, sich gelesene Geschichten selbst weiter auszumalen. Ein Grund dafür, dass manche Kinder lesefaul sind, besteht nämlich darin, dass sie beim Lesen nur Buchstaben und Wörter, aber keine bunten Bilder und Szenenfolgen „sehen".

Es ist daher sehr wichtig, die Entstehung dieses „Kinos im Kopf" zu fördern. Man lässt sie z.B. erzählen, wie die Prinzessin aus der gelesenen Geschichte in ihrer Vorstellung wohl aussehe. Dazu können Fragen wie die folgenden dienen: „Wer hat sie sich blond, wer hat sie sich dunkelhaarig vorgestellt?", „Steht etwas darüber in der Geschichte?", „Welches Kleidchen hat sie wohl an?", „Wie sieht ihr Schloss aus?" usw. Oft führt diese Vorgangsweise zu spannenden Diskussionen, wer mit seiner Vorstellung von den geschilderten Szenen wohl Recht hat. Dies kann zu einer kleinen Textinterpretationsübung benützt werden, indem man mit den Kindern nachliest, welche Hinweise einem der Autor des Lesestückes zur Szenengestaltung und zu den dargestellten Personen gibt. Bei vielen autistischen Kindern ist es allerdings notwendig, als Vorbereitung die innere Vorstellung im Einzeltraining aufzubauen.

Wenn **neuer Stoff** durchgenommen werden muss, der das Integrationskind **klar überfordert,** hat es sich bewährt, diese Zeiten für die Einzelarbeit mit dem Stützlehrer zu nützen. Derartige schwierige Inhalte sind z.B. Grammatiklektionen oder komplexere Mathematikaufgaben. Falls man dem Kind eine andere Aufgabe für die Stillarbeit zuweist, sollte diese jedenfalls so attraktiv sein, dass keine Motivationseinbrüche entstehen. Bietet man dem Kind keine Arbeitsalternativen an, sondern erwartet, dass es stumm dabeisitzt, während die anderen arbeiten, besteht die Gefahr, dass es den „einsamen Entschluss" fasst, überhaupt nicht mehr mitzumachen, da es ohnehin nichts verstehen kann.

Wenn das Integrationskind Fragen stellt oder Befürchtungen äußert, die zeigen, dass es darunter leidet, weniger zu können und zu leisten als die anderen, muss ihm außerdem immer wieder erklärt werden, dass es eines Tages auch viele von diesen Dingen verstehen und können werde. Besonders überzeugend ist dies, wenn man ihm Beispiele bringt, die dies untermauern: „Schau, wie gut Du jetzt das ‚w' (oder was auch immer) schreiben kannst! Das hast Du früher nicht gekonnt. Du bist wirklich tüchtig!"

Bei der Aufgabe, die Motivation des Kindes aufrechtzuerhalten, kommt es besonders auf persönliche Zuwendung an. Häufiger Blickkontakt, gepaart mit einem Lächeln oder einem Lob, kann Wunder wirken (auch die anderen Kinder sind dafür dankbar). Nicht zuletzt aus diesem Grund ist es wichtig, dass eine Stützlehrkraft den Klassenlehrer oder die Klassenlehrerin entlastet, damit Zeit für ein solches individuelles Eingehen auf Einzelne bleibt.

Allgemein hat es sich gut bewährt, Kindern routinemäßig Hinweise zu geben, was sie schon erreicht haben und was sie als nächstes lernen würden: Wenn man den Kindern die geplanten **Lehr**ziele mitteilt, können diese leichter zu eigenen **Lern**zielen werden. Beispiel: „Die kurzen Wörter kannst Du schon sehr gut lesen. Jetzt wollen wir uns besonders anstrengen, damit Du auch etwas längere Wörter lesen lernst." Auf diese Weise kann die neue Lernaufgabe zu einer selbst verantworteten Zielsetzung werden. (Die sprachliche Formulierung muss daher natürlich an die Sprachkompetenz des Kindes angepasst werden.)

Solche Hinweise auf die nächsten Lernschritte sollte man bei verschiedensten Gelegenheiten im Gespräch mit dem Kind erwähnen. Besonders wirkungsvoll ist es, wenn man dies vor dem Kind auch anderen Personen gegenüber erwähnt. So kann man gelegentlich den Satz einflechten: „Peter lernt nämlich jetzt schon die längeren Wörter." Dies gibt dem Kind die Sicherheit, dass es auf dem richtigen Weg ist und dass dies auch allgemein anerkannt wird.

Zum Schluss möchte ich auf ein Problem eingehen, das leider beim Umgang mit autistischen Kindern häufig auftritt und im schulischen Kontext zu besonders nachteiligen Folgen führt: Da diese Kinder ihren Gesprächspartnern so wenig Hinweise geben, was in ihnen vorgeht, was sie denken und fühlen, haben manche Lehrkräfte Probleme beim Kontakt mit ihnen, da sie fürchten, sie zu sehr einzuschränken. Schließlich kann es geschehen, dass sie ganz darauf verzichten, das autistische Kind zur Mitarbeit zu motivieren – entweder aus falsch verstandener Rücksichtnahme auf seine Kontaktabwehr oder als Reaktion auf den oft heftigen Lernwiderstand. Dies kann leicht zur Folge haben, dass man dem Integrationskind zu wenig Führung und Anleitung anbietet.

Autisten sind am glücklichsten, wenn man sie in Ruhe ihren Stereotypien überlässt, und wehren sich zunächst gegen jede Interaktion und vor allem auch gegen jede Lernaufgabe, wobei sie bei den Abwehrmaßnahmen erstaunlicherweise recht erfinderisch sind: „So tun, als ob man nichts hört", „gezielt etwas anderes machen, als man soll" (siehe dazu den oben angeführten Zeugnisbericht!), jammern, Trotzanfälle mit Schreien und Toben (diese Form sollte allerdings möglichst in der vorbereitenden Einzeltherapie bereits weitgehend abgebaut worden sein) oder einfach passiver Widerstand.

Wir haben es z.B. erlebt, dass ein autistisches Integrationskind eine ganze Stunde lang beim Fenster stand und hinaussah, weil die Lehrerin aus Sorge, es zu verletzen, nicht wagte, es mit freundlichem Nachdruck wieder zu seinem Platz an seine Lernaufgabe zurückzuführen.

> **!** Auch autistische Kinder können jedoch sehr gut verstehen, dass die Schule zum Lernen da ist und nicht dazu, irgendetwas anderes zu machen.

> **!** Man muss ihnen dies nur entsprechend geduldig und freundlich, aber auch konsequent vermitteln und sich nicht durch ihre Abwehrmaßnahmen beirren lassen.

Auch durch Tobsuchtsanfälle, wenn sie gelegentlich noch vorkommen, sollte man sich nicht einschüchtern lassen. Sehr günstig ist es, wenn man einen Nebenraum zur Verfügung hat, in dem sich das Kind wieder beruhigen kann. In der Verhaltenstherapie wird dies als „Time-out"-Verfahren (Pausenverfahren) bezeichnet. Dem Kind sollte dies nicht als „Strafe" vermittelt werden, sondern als freundliche Hilfe, sein Gleichgewicht wiederzufinden. Auch dann, wenn diese Möglichkeit nicht besteht, sollte man für solche Zwischenfälle wenigstens eine Matratze in einer Ecke der Klasse vorsehen, wo das Kind sich hinlegen und wieder fassen kann. Sehr wichtig ist es, die Episode rasch zu beenden, und das Kind wieder auf seinen Platz zurückzuführen, da es sonst womöglich entdeckt, dass es nur zu schreien braucht, um sich gemütlich zurückziehen zu können. Selbstverständlich muss den anderen Kindern erklärt werden, dass das Integrationskind nicht „schlimm" ist, wenn es sich so benimmt, sondern noch ein Stück Selbstbeherrschung lernen muss, das die anderen in der Klasse oder Gruppe bereits können.

Die Integration in den ersten beiden Schuljahren erfordert zwar eine genaue Planung der Fördermaßnahmen, doch fallen eventuelle Minderleistungen des Integrationskindes noch nicht so auf, da immer einige langsamer Lernende in der Lerngruppe zu finden sind. Ab der dritten Schulstufe wird es in der

Regel schwieriger, da die anderen in der Klasse zu diesem Zeitpunkt die Kulturtechniken schon beherrschen und in den einzelnen Fächern bereits schwierigere Aufgaben vorgesehen sind, während viele Integrationskinder noch einen Nachholbedarf haben. Man muss daher seinen Unterricht besonders sorgfältig planen, um eine gute Förderung des Integrationskindes zu erreichen, ohne die anderen zu vernachlässigen.

Sicher brauchen viele Integrationskinder andere, leichtere Aufgaben als der Rest der Klasse, sie sollten aber in einem sinnvollen Bezug zu den Arbeitsaufgaben der ganzen Klasse stehen, um das Kind angemessen zu fördern und die erwähnten Motivationsprobleme zu vermeiden.

> **!**
>
> Ein gut strukturiertes, individuelles Arbeitsprogramm für alle Lernbereiche und ein klares Konzept für die Förderung der Persönlichkeitsentwicklung und des Sozialverhaltens des Kindes ist dafür die unabdingbare Voraussetzung. Nicht weniger wichtig ist eine gute, vertrauensvolle Zusammenarbeit zwischen Klassenlehrkraft und Stützlehrkraft, um sich gegenseitig bei der Unterrichtsarbeit wirksam unterstützen zu können.

KAPITEL 12
B. A. Rollett

Entwicklungstherapie bei autistischen Kindern: Ein Fallbeispiel

Zur Illustration des systemischen Vorgehens in der Entwicklungstherapie von autistischen Kindern soll im Folgenden die Entwicklung von Bernhard, dem autistischen Kind, dessen Zeugnisbericht wir oben abdruckten, ausführlicher dargestellt werden:

Als Bernhard als jüngstes von vier Geschwistern geboren wurde, freuten sich alle über den kleinen Nachzügler. Doch schon bald konnte man beobachten, dass er „anders" war als andere Kinder seines Alters. Es zeigten sich die ersten autistischen Züge: Kontaktverweigerung, Rückzugsverhalten, fehlendes Spielverhalten und anderes mehr. Zur Entlastung der Mutter verbrachte Bernhard viel Zeit mit einer Babysitterin. Erst später stellte es sich heraus, dass sie als einziges „Erziehungsmittel" Strafen anwandte. Die dadurch bei dem Kind ausgelösten Ängste verstärkten die immer dramatischer zu Tage tretenden autistischen Symptome, die jedoch zunächst, wie könnte es anders sein, als Entwicklungsverzögerung diagnostiziert wurden.

Die Belastung für die Familie durch Bernhard und sein extremes autistisches Verhalten wurde immer schlimmer. Mit fünf Jahren konnte Bernhard weder sinnvoll spielen noch sprechen. Gelegentlich verwendete er einige sinnentleerte Floskeln. Er saß stundenlang am Boden und ließ ein Auto Kreise ziehen. Er verweigerte die Nahrung, war noch nicht sauber und hatte extrem belastende Schreianfälle, bei denen er um sich schlug und durch nichts ansprechbar war.

Als erster Schritt der Intervention wurde, wie in ➤ Kapitel 8 dargestellt, im Herbst des Jahres 1986 eine „**Familienkonferenz**" einberufen, an der außer den Eltern auch die Geschwister teilnahmen. Ihr Ziel war es der Familie das Therapieprogramm zu erklären, und, falls sie sich dazu entschließen konnte, ein eindeutiges, alle zur Mitarbeit verpflichtendes „Commitment", d. h. ein bindendes Versprechen, zustande zu bringen.

Dazu war es notwendig, die jeweiligen Konsequenzen sowohl der Therapie als auch der im anderen Fall unter Umständen notwendigen Einweisung des Kindes in ein Pflegeheim klar zu formulieren und durchzusprechen. Den älteren Geschwistern wurde z.B. erklärt, dass sie, falls keine Therapie stattfände, damit rechnen müssten, dass Bernhard ein lebenslanger Pflegefall werden könnte und dass sie vom Gesetz her verpflichtet werden könnten, später für seinen Unterhalt aufzukommen.

Auf der anderen Seite wurde aber auch klar angesprochen, welch große Belastung die Therapie eines autistischen Kindes für die ganze Familie bedeutet: Die Verpflichtung, bei Schreianfällen und anderen Formen von unerwünschtem Verhalten nicht zu schimpfen oder gar zu schlagen, sondern als „Hilfstherapeut" mit Verständnis zu reagieren und dem Kind dabei zu helfen, sein Verhalten zu ändern; die Notwendigkeit, die Mutter mehr im Haushalt zu unterstützen, da sie als wichtigste Bezugsperson des Bruders die Hauptlast der Therapie zu tragen hat; es auf sich zu nehmen, dass die Eltern für die älteren Geschwister nicht immer so da sein könnten, wie sie es gerne wollten. Auch die Mühen, die das jahrelange Durchziehen des Förderprogramms für alle Beteiligten bedeutet, wurden ausdrücklich erwähnt sowie die lange Dauer der Intervention: Auch bei geglücktem therapeutischen Eingreifen im Sinne eines Abbaus ihrer Kontaktschranke müssen autistische Kinder bis zum Erwachsenwerden, d. h. mindestens bis zum 18. Lebensjahr, therapeutisch begleitet werden, da sie für die je nach Alter sich neu ergebenden Entwicklungsaufgaben gezielte Unterstützung benötigten. Nach genauem Abwägen aller Für und Wider entschied sich die Familie für das Therapieprogramm. Es konnte daher mit der Planung der Intervention begonnen werden.

Zunächst wurde eine genaue Analyse des Haushalts und der anderen für die Familie täglich anfallenden Arbeiten durchgeführt und Entlastungsmöglichkeiten besprochen, um die Gesamtbelastung der Familie zu reduzieren. In diesem Zusammenhang war es besonders wichtig, der Familie die große

Überlastung der Mutter durch den Haushalt und die Pflege des autistischen Kindes einsichtig zu machen und ihr mehr Unterstützung zukommen zu lassen.

Der wichtigste Schritt bestand darin, die Familie mit dem Kontakt- und Interaktionstraining (keine Strafen, sondern hilfreiche Rückmeldungen geben, Geduld, moduliertes Sprechen usw.) vertraut zu machen und es an Beispielen einzuüben, um Bernhard die Chance zu geben, eine neue Basis des Vertrauens zu seiner Familie und vor allem zu seiner Mutter als seiner wichtigsten Bezugsperson aufzubauen. Außerdem wurde beschlossen, die Aufenthalte bei Bernhards autoritärer Babysitterin sofort und vollständig aufzugeben, um diese Quelle ständig neuer Ängste zu verschließen. Die Sprachentwicklung war durch eine einfache, für die Mutter als Hauptbezugsperson aber recht stressreiche Methode gefördert worden: Sie wurde gebeten, **alle** ihre Aktivitäten durch (moduliertes) Sprechen zu begleiten, wenn Bernhard anwesend war.

Als weiterer Schritt wurde ein guter Kindergarten gesucht und gefunden, der bereit war, Bernhard aufzunehmen. Eine Fachkraft übernahm außerdem in diesem Rahmen die Einzelförderung des Kindes.

In regelmäßigen Abständen fanden in der Folge jeweils mehrtägige Hausbesuche bei der Familie statt, um den erreichten Entwicklungsstand zu diagnostizieren, neu aufgetretene Probleme zu notieren und die nächsten Therapieschritte zu planen. Bei diesen Gelegenheiten wurde auch Kontakt mit dem Kindergarten und später mit der Schule aufgenommen. In Anschluss an jeden dieser Besuche wurde für die Eltern ein **„Elternbrief"** geschrieben, in dem das Erreichte dargestellt und die nächsten Schritte erklärt wurden.

Der Gang der Therapie und die Entwicklung des Kindes soll im Folgenden anhand einiger dieser Briefe erläutert werden.

Die neue Form der Kontaktaufnahme mit dem Kind, wie sie durch die Regeln des Interventions- und Kontakttrainings vermittelt wurden, führten einige Monate nach Beginn der Intervention bereits zu Erfolgen, wie der erste Elternbrief ausweist.

---

(1) Elternbrief

20. Januar 1987

Der erste wichtige Schritt ist schon geschafft: Bernhard hat gelernt, **zu seiner Familie Vertrauen zu fassen.** Er kann auch schon gut Kontakte mit Leuten aufnehmen, die ihm sympathisch sind. Dies ist sehr wichtig, weil er dadurch für soziale Bekräftigungen zugänglich geworden ist. Diese muss man ihm nun geben.

Ihr müsst ihn **sehr viel loben,** und zwar besonders, wenn er ohne Aufforderung etwas Braves tut. Dies ist nicht ganz leicht, weil man dazu neigt, im Drang der Geschäfte solche „Bravheitsperioden" zu übersehen. Auffällig wird es erst, wenn dem Kind das viele Bravsein zu langweilig wird und es durch irgendeine Störaktion versucht, die Aufmerksamkeit auf sich zu ziehen.

Bernhard ist von seinen stereotypen ersten Sprachäußerungen schon weitgehend weg und kann sich in einfacher Form angepasst an die Situation ausdrücken. Dies ist ebenfalls ein großer Fortschritt! Als ich vor zwei Monaten bei Euch war, sagte er zum Beispiel stereotyp: „Mm, das ist gut", wenn ihm etwas schmeckte. Zu der damaligen Zeit war dies schon ein großer Fortschritt. Heute ist er aber noch viel weiter gekommen, da er verschiedene Wörter gebraucht, um seine Freude auszudrücken, wenn ihm etwas schmeckt.

(Als neues Problem war ein unerwünschtes Verhalten bei Bernhard aufgetreten: Er trat gelegentlich am Spielplatz nach anderen Kindern; in der Ausdrucksweise seiner Familie „kickte" er nach ihnen.): Das Problem bei allen „schwierigen" Kindern ist, **wie man unerwünschtes Verhalten angemessen einschränkt.** Aggressive Strenge würde das Kind wieder in seine selbstgewählte Isolation zurückdrängen. Ebenso wenig ist Laissez-faire-Erziehung, d. h. Nichteingreifen als Erziehungsprinzip, zweckmäßig, weil dadurch das unerwünschte Verhalten „überlernt", durch übermäßige Wiederholung besonders stark eingeprägt wird. Überlernte Verhaltensweisen sind jedoch sehr schwierig wieder abzubauen. Eine bewährte Regel besteht daher darin, dass man möglichst alle Gelegenheiten, unerwünschtes Verhalten zu zeigen, aus der Situation entfernt. Daher darf Bernhard z.B. gar nicht in die Nähe anderer Kinder kommen, wenn ihr feststellt, dass er wieder einmal das

Bedürfnis hat, sie zu „kicken". Falls dies nicht möglich ist, sollte man ständig ein wachsames Auge auf ihn richten, damit man schnell eingreifen und ihn aus der Situation entfernen kann, wenn er wieder einmal ein Kind treten möchte. In freundlichem, aber bestimmtem Ton sollte man dabei sagen: „Nein, Du darfst nicht kicken."

Ihr müsst euch außerdem bewusst sein, dass wir erst vor acht Wochen begonnen haben, Bernhard zu helfen, **einen Begriff von Vergangenheit und Zukunft aufzubauen,** indem ich euch riet, mit ihm beim Spielen darüber zu sprechen, was schon fertig und daher Vergangenheit ist und was im nächsten Schritt getan werden wird. Da ihm ein fester Begriff von Vergangenheit und Zukunft noch fehlt, wird Bernhard noch längere Zeit Schwierigkeiten haben, aus Erfahrungen zu lernen und die Folgen seiner Handlungen vorauszusehen. Gerechterweise muss man allerdings dazu sagen, dass dies auch für andere Kinder seines Alters nicht immer einfach ist. Selbst manche Erwachsene haben damit noch Probleme.

Ihr solltet daher weiter mit ihm über vergangene Erlebnisse, die er hatte, sprechen und auch alles, was Ihr vorhabt, mit ihm vorbesprechen. Eine wichtige Einschränkung gibt es hier allerdings: Die zukünftigen Ereignisse dürfen nicht zu weit voraus liegen und sie müssen ganz sicher eintreffen. So war es z.B. gut, dass ihr über die bevorstehende Reise vorbereitend mit ihm gesprochen habt, aber vielleicht etwas weniger günstig, ihn seine Sachen dafür zu früh packen zu lassen, da er den Zusammenhang mit der Reise nicht mehr herstellen konnte, die viel später erfolgte. Es wird noch eine geraume Zeit brauchen, bis er so etwas wie eine **Vorstellung von der Zeit** entwickeln wird.

Hier könnte man bereits mit der folgenden Übung beginnen: zwei große, schöne, bunte Uhren aus Pappe, auf denen die Ziffern groß und deutlich geschrieben sind. Eine soll für die Zeit von Mitternacht bis Mittag, die andere für die nächsten zwölf Stunden gelten. Auf jede kommt nur ein Zeiger, der Stundenzeiger, zum Verschieben. Zu jeder Zahl kommt ein Bildchen, das ein häufiges Ereignis darstellt, das zu dieser Zeit stattfindet (aufstehen, Kindergarten gehen etc.). Es sollte möglichst etwas Angenehmes oder zumindest etwas Neutrales sein, da man sich angenehme Dinge leichter merkt. Bernhard sollte man außerdem erklären, dass der Zeiger der dicke faule Zeiger ist, der nur ganz langsam weitergeht. Bereits am Morgen kann man dann mit Hilfe eines Weckers, der deutliche Ziffern hat, auf Bernhards Pappendeckeluhr die richtige Zeit einstellen und schauen, „was wir zu dieser Zeit tun". Es ist sehr wichtig, dass das Ganze als fröhliches Spiel aufgezogen wird. Bernhard wird noch lange Zeit sehr allergisch auf Druck jeglicher Art reagieren. Hartes, schulmäßiges Lernen ist derzeit noch keineswegs möglich.

Wie wir schon besprochen haben, sind **Sozialkontakte zu fremden Personen** im Augenblick noch nicht ein vorrangiges Lernziel. Mit diesen werden wir uns ganz am Schluss des Programms zu beschäftigen haben. Im Augenblick würden Kontakte zu Fremden Bernhard überfordern. Er hat ja gerade erst gelernt, mit gut bekannten Erwachsenen und Familienangehörigen, d. h. mit Leuten, die sich auf ihn einstellen, Kontakt aufzunehmen. Sich auf andere einzustellen, wie dies bei gleichberechtigten Partnerschaften notwendig ist, stellt ein sehr schwieriges Lernziel dar. Man muss dazu bereits sicher über die Sprache verfügen; dazu gehört auch, dass man „zwischen den Zeilen" lesen kann, d. h. herausfinden kann, was der andere meint. Dazu gehören viele Lernprozesse des Entschlüsselns von sozialen Signalen und der Kenntnis von Ursachen und Folgen. Wir sind aber gerade erst dabei, die Anfangsgründe dieser schwierigen Kunst mit Bernhard zu lernen. Sozialkontakte mit fremden Kindern und Erwachsenen werden unser letzter Programmpunkt bei der Entwicklung von Bernhards Sozialverhalten sein. Natürlich wäre es falsch, Bernhard nicht mit anderen Kindern zusammenzubringen. Wie sollte er nämlich ohne ständige Lerngelegenheiten in der schwierigen Kunst fortschreiten, sich auf andere einzustellen! Es müssen Kontakte da sein, aber **er braucht dazu noch die Aufsicht und die Regieanweisungen von kompetenten Erwachsenen,** die ihm helfen.

Das nächste, sehr umfangreiche und langwierige Programm betrifft den **Aufbau seiner kognitiven Fähigkeiten.** Manches davon geschieht im Kindergarten. Bernhard braucht aber noch einen Einzeltherapeuten oder besser -therapeutin, der/die gezielt mit ihm auf seinem Niveau arbeitet. Es muss unbedingt jemand sein, der es versteht, in lustiger und spielerischer Form mit ihm zu arbeiten, ohne Druck, aber mit viel Lob und Anerkennung. Eine Spielzeugliste habt ihr ja schon bekommen. Ein sehr gutes Lehrbuch für diese Art Arbeit ist Johnson, D.J., Myklebust, H.R. (1971). Lernschwächen. Stuttgart: Hippokrates Verlag. Dass wir jetzt schon daran gehen können, diesen Teil des „Entwicklungsprogrammes" zu beginnen, stellt eine sehr große Leistung von euch allen dar. Meistens dauert es viel länger, bis sich die emotionelle Basis und die Kommunikationsbereitschaft des Kindes so weit entwickelt haben, dass man mit einem Trainingsprogramm der kognitiven Fähigkeiten beginnen kann.

Vergesst bitte nicht, dass Bernhard in Belastungssituationen und auch, wenn er Angst hat, wieder in ein **„Wellental"** fallen kann und dann wieder manche der problematischen Verhaltensweisen zeigt, die er an und für sich bereits überwunden hat. Solche Wellentäler sind eine notwendige Krise, denn sie vermitteln Bernhard, dass seine Familie ihn wirklich lieb hat, auch wenn er sich einmal „unmöglich" benimmt. Auch Schüler erproben gelegentlich ihren Lehrer in dieser Weise. Besteht man die Prüfung, dann hat sich das Verhältnis auf einer höheren Ebene gefestigt, die Vertrauensbasis ist verlässlicher geworden.

Bei Kindern, die ähnlich erschreckenden Erfahrungen ausgesetzt waren, wie dies bei Bernhard bei seiner autoritären Kinderpflegerin der Fall war, muss man noch mit einer weiteren Störung rechnen. Irgendwann einmal ist die Aufarbeitung dieser Erfahrungen „dran". Der Zeitpunkt bestimmt sich nach dem Grad der Sicherheit, den das Kind in der Familie neu gewonnen hat. Wenn sich diese Angstbilder in sein Erleben hineinzudrängen beginnen, könnte es sein, dass er mit starken, emotionalen Schwierigkeiten reagiert. Diese unterscheiden sich von den einfachen „Wellentälern" sehr deutlich hinsichtlich ihrer Dramatik und Unverständlichkeit: Es gibt nämlich in der Regel keine unmittelbaren Anlässe für diese Art Krise. Tatsächlich stellt das Auftauchen solcher verdrängter Inhalte einen Indikator dafür dar, dass die Therapie sehr gute Fortschritte macht. Nur wenn das Innenleben Bernhards so weit stabilisiert ist, dass er sich seiner selbst einigermaßen sicher fühlt, werden diese Angstinhalte über die Schwelle des Bewusstseins treten. Es ist wichtig, dass sie dann gezielt im Spiel mit ihm bearbeitet werden.

Wenn es so weit ist, müsst Ihr Euch daher unbedingt melden! Bernhard braucht dann differenzierte Rückmeldungen und Hilfen. Vor allem braucht er die glaubwürdige Versicherung, dass er geliebt wird und dass man für seine Probleme Verständnis hat, auch wenn diese sich in einer sehr unangenehmen (aggressiven, destruktiven) Form äußern. Es muss ihm klar gemacht werden, dass er nicht böse, sondern arm und bedauernswert ist, dass man bereit ist, ihm zu helfen – und dass man ihm ganz sicher zutraut, mit dieser Krise fertig zu werden!

Noch etwas sehr Wichtiges: Ihr werdet sehen, dass jetzt gleichsam kleine **„Inseln" des guten und erwünschten Verhaltens** entstehen. Macht nicht den Fehler, daraus einen „Standard" zu machen, den Ihr von ihm erwartet. Wenn Kinder etwas Neues, das ihnen sehr schwer fällt, lernen, machen sie ähnliche Erfahrungen, wie es kein Geringerer als Goethe anlässlich der Entzifferung von schwierigen, alten Textstellen beschreibt: An einem guten Tag gelingt es ganz leicht, an schlechten Tagen quält man sich und bringt trotzdem nichts zustande. Habt Geduld mit Bernhard, wenn es einmal nicht so gut geht, dann wird auch Bernhard Geduld mit sich selbst lernen können. Entscheidend ist, dass ihr selbst – und Bernhard! – wisst, dass man ein Ziel, das man sich gemeinsam vorgenommen hat, auch sicher erreichen kann.

(2) Elternbrief

27. Juni 1987

Besondere Gratulation zu den guten Fortschritten, die Bernhard gemacht hat! Wenn man weiß, wie viel Arbeit und Geduld dazu notwendig war, kann man eure große Leistung erst so richtig einschätzen. Bernhard hat sich sprachlich in erstaunlicher Weise entwickelt, er kann differenziert und einfallsreich spielen, er ist in der Lage, zielgerichtet nachzuahmen, was autistischen Kindern besonders schwer fällt, er kann in guter Weise Kontakt aufnehmen, wenn man ihn nicht überfährt. Dies alles zeigt, dass ihr auf dem richtigen Weg seid.

Nun zu den nächsten Etappen in der Arbeit mit Bernhard: Dazu muss man wissen, dass autistische Kinder einige Besonderheiten zeigen, die man berücksichtigen muss, wenn man mit ihnen erfolgreich arbeiten möchte.

(2.1) Die Arbeit an den emotionalen Umstellungsschwierigkeiten autistischer Kinder

Schon bei Neugeborenen gibt es zwei Prozesse, die richtig zusammenspielen müssen, damit das Kind die Anpassung an seine Umgebung leisten kann. Sie sichern ihr seelisches Gleichgewicht in emotionaler Hinsicht.

Dazu gehört einmal **die Fähigkeit, eine zu hohe Stimulation abzubauen und sich zu beruhigen.** In emotional wenig belasteten Situationen geschieht dies automatisch, da wiederholte Reize eine immer geringere Reaktion auslösen. Der Neugeborenenforscher Brazelton nannte dies „to shut down". Erst dann, wenn der Reiz verändert wird, wird darauf wieder in voller Stärke reagiert. Die Fähigkeit, sich selbst zu beruhigen, wenn starke Gefühle auf einen einstürmen, wird jedoch erst ab etwa 4 Jahren entwickelt, wenn die Kinder gelernt haben, zu sich selbst zu sprechen. Ein gesichertes Ergebnis der Autismusforschung ist, dass viele autistische Kinder ein zu hohes Erregungsniveau zeigen. Es fällt ihnen daher äußerst schwer, ihre Gefühle in guter Weise unter ihre Kontrolle zu bringen. Sie sind daher ständig bemüht, sich durch Rückzugverhalten vor einem zu großen Informationsangebot von außen zu schützen, das ihren Gefühlszustand stören könnte, und lernen so nicht, sich selbst zu beruhigen.

Schon bei Neugeborenen gibt es einen antagonistisch dagegen wirkenden, zweiten Prozess, der im weiteren Leben immer weiter ausgebaut wird. Es handelt sich um das **Sich-selbst-aktivieren-Können,** um notwendige Anpassungs- oder Problemlösungsaufgaben optimal durchführen zu können. In vielen Situationen funktioniert dies ebenfalls automatisch: Ein plötzliches, lautes Geräusch führt z.B. zu einer raschen Aktivierung. Damit ist ein wacher Zustand erreicht, der bessere Voraussetzungen für aktives Handeln bietet, wenn es sich herausstellt, dass dies erforderlich ist. Bei autistischen Kindern kann man oft feststellen, dass diese Reaktion zu massiv ausfällt, so dass sie auf neue Anforderungen übererregt reagieren.

Auch bei nicht autistischen Kindern und Erwachsenen führt eine zu hohe Aktivierung dazu, dass man sich mehr mit der Reduzierung des unangenehmen Aufgeregtheitszustandes beschäftigt als mit der Lösung der entstandenen Probleme. Bei autistischen Kindern hat fast jede Stimulation zur Folge, dass an Stelle von Problemlöseverhalten nur zu Selbstberuhigungsmaßnahmen gegriffen wird. Ihr könnt daher ermessen, wie viel Bernhard schon gelernt hat, wenn ihr euch einfach anseht, wie oft er bereits angemessene Problemlösungen bringt, statt sich durch Rückzugsverhalten, Stereotypien oder durch Affektdurchbrüche emotionelle Erleichterungen zu verschaffen.

Bernhard braucht zwar immer noch Zeit, bis er eine **Umstellung seiner Gefühlswelt** geleistet oder sich auf eine neue Situation eingestellt hat; wenn man ihm hilft und ihm dies leicht macht, dann ist er dazu sehr wohl in der Lage. Um diese seine Fähigkeit zu festigen, solltet ihr folgende Regeln einhalten:

- Immer eine freundliche Vorwarnung geben, wenn irgendetwas Neues auf ihn zukommt. Dies muss rechtzeitig geschehen (was rechtzeitig ist, müsst ihr durch Erfahrung herausfinden!).
- Verlangt nicht, dass Bernhard immer kontrolliert und geordnet reagiert. Auch Erwachsene

können dies nicht ständig. Macht es vielmehr so, dass ihr ihn begeistert lobt, wenn es ihm gelingt; erklärt ihm, dass es zwar diesmal nicht geklappt habe, dass es aber nächstes Mal bestimmt klappen werde, wenn es ihm einmal nicht gelingt. Bernhard muss Geduld mit sich selbst lernen, damit er bei diesen schwierigen Aufgaben nicht entmutigt wird. Sorgt dafür, dass er möglichst gleich einen neuen Versuch (möglichst unter erleichterten Bedingungen) machen kann, der dann hoffentlich gelingt.

(2.2) Aufbau einer sprachlichen Welt

Alles, was Bernhard getan hat und tun wird, alles, was man mit ihm gemeinsam macht, sollte von euch **in einem freundlichen, begeisterten, interessierten Ton sprachlich begleitet** werden. Dadurch entsteht ein sprachliches Netz, das Bernhard hilft, eine kognitiv gut geordnete Konzeption von sich selbst und von seiner Umwelt zu entwickeln. Wie ich euch erklärte, reagiert das limbische System im Gehirn, das für die Gefühle und damit für das Interesse an der Außenwelt zuständig ist, besonders auf einen Stimmton, der ungefähr so klingt, wie man zu einer kleinen Katze sprechen würde, um sie herbeizulocken oder zu etwas anderem zu veranlassen. Im englischen Sprachraum nennt man die modulierte Sprechweise, mit der man durch die besondere Tonlage Aufmerksamkeit oder Beruhigung erzeugt, „motherese" oder „Mutterton". Wann immer man die Aufmerksamkeit für irgendetwas erzielen möchte, dann sollte man bei kleinen Kindern (und natürlich vor allem auch bei Kindern, die sich von allem zurückziehen möchten) die geschilderte Sprechmelodie einsetzen. Dabei muss man daran denken, dass Autisten sehr sensibel auf Überstimulation reagieren. Also: Nicht immer nur Aufmerksamkeit erregen wollen, sondern auch Pausen setzen, gelegentlich in beruhigendem „Mutterton" reden, der dann auch tiefer liegt. Man muss allerdings wissen, dass man durch diesen letzteren Tonfall wirklich nur Entspannung erzielen kann. Wenn es notwendig ist, Aufmerksamkeit zu erreichen, ist daher dieser beruhigende Tonfall unangemessen.

(2.3) Modifizieren stereotyper Spiel- oder Verhaltenssequenzen

Da Autisten dieses große Bedürfnis haben, sich vor Stimulation zu schützen, neigen sie dazu, stereotype Spielhandlungen oder Verhaltensweisen zu bevorzugen. Wenn man ihnen diese schroff verbietet, sind sie so gestört, dass sie ein noch größeres Bedürfnis entwickeln, sich durch Stereotypien zu beruhigen. Man muss daher einen anderen Weg gehen, um ihr Verhalten zu ändern: Am besten ist es auch hier, wenn man sprechend ihre stereotypen Handlungen begleitet. Um sich langsam in ihre Welt „einschleichen" zu können, um sie dann auf leicht veränderte, weniger stereotype Spielhandlungen zu lenken, ist eher ein beruhigender Ton notwendig. Dann führt man irgendetwas Neues in die Spielhandlung ein und sorgt für Interesse beim Kind, indem man den hohen Mutterton dabei verwendet. Greift das Kind die Anregung auf, ist es gut, wenn nicht, beginnt man erneut mit dem „Einschleichen". Sehr wichtig ist es, dass der Erwachsene nicht autoritär etwas völlig anderes durchsetzen will, als das Kind gerade macht (z.B. als Reaktion darauf, dass dieses nicht reagiert). **Man muss so lange leicht veränderte Spielangebote machen, bis eines davon angenommen wird.** Natürlich wird man ein so aufwändiges Programm nur durchführen, wenn man Zeit dazu hat. Eine solche Lektion im differenzierten Spielen kann man nicht nebenbei erledigen. Wir haben Mütter mit ihren autistischen Kindern beim Spielen gefilmt und dabei recht häufig feststellen können, dass Mutter und Kind nicht miteinander, sondern nebeneinander spielten. Es ist nämlich nicht leicht, immer wieder neue Spielangebote machen zu müssen, wenn sie vom Kind nicht gleich aufgegriffen werden. Hier heißt es einfach, den längeren Atem zu haben.

(2.4) Umgang mit Aggressionen

Bei allen schweren Interaktionsstörungen gibt es eine Phase, in der die Kinder ausprobieren wollen, ob es wirklich stimmt, dass die Erwachsenen ihnen liebevoll gesonnen sind. Durch Störverhalten versuchen sie, ihre Umgebung auf die Probe zu stellen. Auch hierfür gibt es einige Regeln:

Der erste Schritt besteht darin, **das unerwünschte Verhalten möglichst überhaupt nicht stattfinden zu lassen.** Daher dürfen z.B. körperliche Aggressionen, wenn irgend möglich, ihr Ziel nicht erreichen. Stichwort: „Aus der Schusslinie gehen." Einem um sich schlagenden Kind sollte man sich daher z.B. immer von hinten nähern, nie von vorn.

Es muss außerdem unbedingt vermieden werden, dass einem „die Hand ausrutscht", da dies das Kind nur in der Überzeugung bestärkt, dass körperliche Aggressionen eine zulässige Art des Verhaltens seien. Am besten ist es daher, mit beruhigender Stimme auf sie einzureden, ihnen zu sagen, dass man sie sehr lieb habe, dass es aber leider, leider nicht gehe, dass sie einen schlügen, weil dies weh tue, und dass man deshalb aus dem Zimmer gehen müsste (oder dass das Kind aus dem Zimmer gehen sollte). Wenn das Kind sprachlich dazu in der Lage ist, kann man hinzufügen: „Ruf mich, sobald du dich beruhigt hast!" Natürlich geht das nicht so einfach, wie das hier steht, sondern erfordert Geduld und Phantasie, um auf die verschiedenen Aktionen des Kindes richtig einzugehen.

Ein weiterer Tipp: Bewegung baut übermäßige Gefühle ab! Wenn man kräftig genug und das Kind noch klein genug ist, kann man auch einfach den kleinen Menschen schnappen und lachend spielerisch in die Luft werfen oder von hinten um die Brust fassen und sich drehen und mit ihm lustig „Ringelspielfahren" machen. Bei diesen Maßnahmen ist es wichtig, dass man den Zornausbruch erwischt, bevor er noch zu sehr hohen Stimulationsgraden geführt hat.

Eine wichtige Regel ist, dass man nicht erziehen kann, solange ein Kind in einem emotionellen Aufgeregtheitszustand ist. Man wartet, bis er abgeklungen ist und man mit dem Kind wieder vernünftig reden kann. Sehr oft verschwindet dann jeder Widerstand gegen die Wünsche der Erwachsenen von selbst. Bei Aggressionsdurchbrüchen sollte man sich **zunächst nur mit dem Beruhigen des Kindes befassen** und die **erzieherische Einwirkung auf später verlegen.** Sie muss dann aber auch erfolgen!

Oft kündigen Kinder eine beginnende Aggression an, indem sie kleinere Aggressionsakte zeigen oder ungeduldig reagieren. Wenn man darauf achtet, kann man sie in eine andere Stimmung bringen, indem man sie entweder ablenkt oder fragt, was los ist. Damit lässt sich mancher Aggressionsanfall ersparen. An diesem Beispiel seht ihr auch, weshalb das Erlernen des Sprechens und Verstehens eine wichtige Hilfe bei der Erziehung darstellt.

(2.5) Verhaltensmodifikation durch die Methode des „Monologisierens"

Da so viel durch Umstimmung des Kindes erreicht werden kann, ist die Methode des „Monologisierens" ein wichtiges Mittel in der Kindererziehung. Dabei redet man als Erzieher nicht zu dem Kind, sondern spricht neben dem Kind scheinbar zu sich selbst. Da das Kind sieht, dass man nicht zu ihm spricht, baut sich kein Widerstand auf. Auf der anderen Seite hört es das, was es hören soll.

Diese Methode könnt ihr zum Beispiel anwenden, um Bernhard langsam dazu zu bringen, die Katzen weniger zu malträtieren (Bernhard hatte begonnen, mit den Katzen der Familie in aggressiver Weise zu spielen). Ihr sprecht dabei scheinbar zu euch selbst: „Na, ich glaube, der Bernhard hat sich über die Katzen geärgert. Vielleicht will er die Katzen gar nicht mehr haben. Sonst würde der Bernhard die Katzen doch nicht so plagen. Sicher wird er sie nicht mehr wollen. Aber wer soll die Katzen jetzt nehmen? Vielleicht will die Oma die Katzen haben. Ich muss sie gleich anrufen und fragen. Der Bernhard will sicher die Katzen nicht mehr haben. Er hat sie ja jetzt so geplagt. Der mag die Katzen sicher gar nicht", usw., usw. Die Idee, die dabei übermittelt werden soll, ist: Wenn ich die Katzen plage, dann verschwinden sie eines Tages. Natürlich muss man dieses Monologisieren immer wieder neu durchführen, bevor es zu dauerhaften Wirkungen kommt. Was man aber in der Regel sofort erreicht, ist, dass das Kind auf neue Gedanken kommt und damit abgelenkt wird.

Sehr wichtig: Es darf sich nicht der leiseste aggressive oder sarkastische Ton in das Monologisieren mischen. Auch wenn das Kind das Gefühl bekommt, dass man gar nicht zu sich selbst spricht, sondern zu ihm, und dass man damit etwas erreichen möchte, wirkt das Monologisieren nicht mehr! Dies wären wieder einige Regeln für die Weiterarbeit. Man könnte sie selbstverständlich noch sehr viel genauer beschreiben. Aber ich meine, dass es besser ist, wenn wir dies im persönlichen Gespräch machen. Ruft also bitte an, wenn etwas nicht funktioniert!

(3) Elternbrief

10. Oktober 1987

Hier ist der versprochene „Bernhard-Brief". Ich kann nur wiederholen, was ich euch bei meinem Besuch schon gesagt habe: Ihr könnt auf Bernhards Fortschritte wirklich stolz sein. Er hat etwas ganz Entscheidendes erreicht: Er verfügt nun über eine Vergangenheit und eine Zukunft, d. h., **er stellt Beziehungen zwischen vergangenen Ereignissen und Zukünftigem her.**

Dass er z.B. unter den vielen Autos, die er hat, sofort das passende Auto zu dem Geschenkauto dazufand, das ich ihm mitgebracht hatte, ist eine wirklich große Leistung. Er kann sich bereits **Vorstellungsbilder von der Wirklichkeit** machen und sie in Gedanken miteinander vergleichen. Dass es sich dabei nicht um einen Zufallstreffer handelte, wird dadurch bewiesen, dass er außerdem, ohne zu zögern, zu dem richtigen Ort im Zimmer ging, wo ein passendes Männchen versteckt war, und es holte, als ich ihm vorschlug, doch jemand in das Auto hineinzusetzen.

Autistische Kinder zeigen zwar stereotype Verhaltensweisen, die oft als normales Spiel missverstanden werden, aber sie können zunächst nicht variabel und sinnvoll spielen. Auch diesen wichtigen Schritt hat Bernhard mittlerweile getan. Er zeigt, dass er zu **symbolischem Spiel und zu Phantasiespiel** in der Lage ist und Spaß daran hat: Die „leere Festung" seines Ichs ist nun ein bewohntes Haus geworden. Natürlich muss Bernhard noch viel fröhliches Spiel allein und mit anderen erleben dürfen, damit er die versäumte Zeit nachholen kann. Er ist aber auf dem guten Weg. Erstaunlich war auch, dass er ganz genau wusste, welche Dinge er das letzte Mal, als ich bei euch war, noch nicht gekonnt hatte, da er mir alles zeigen wollte, was er Neues gelernt hatte. Eine ganz große Leistung! Wie sicher er sich z.B. jetzt auf dem Fahrrad bewegt, ist unglaublich. Er ließ es sich auch nicht nehmen, das Fahrrad, das doch recht schwer ist, allein die Treppe zum Gartentor hochzutragen. Sehr viel Freude haben mir auch seine zwar kurzen, aber **ausdrucksvollen Erzählungen** gemacht. Mit der Entwicklung der Sprache scheint nunmehr alles so gut zu laufen, wie ihr euch dies nur wünschen könnt.

Die weiteren Schritte bestehen nun vor allem darin, dass das Erworbene gefestigt und ausgebaut wird. Bernhard soll viel Gelegenheit bekommen, mit Freunden zu sprechen und zu spielen. Besonders wichtig ist, dass ihr nicht vergesst, dass es die „Wellenbewegungen" in der Entwicklung gibt. Lasst euch durch ein Wellental nicht entmutigen! Gerade, wenn es eine Zeitlang sehr gut gegangen ist und Erstaunliches erworben wurde, neigt man dazu, sich der Hoffnung hinzugeben, dass nur mehr gute Zeiten folgen würden. Dies stimmt leider nicht, aber es ist ja so, dass auch Erwachsene ihre guten und schlechten Tage haben oder, mit anderen Worten, sich ein gelegentliches Wellental gestatten. Neuanpassungen kosten viel Energie, was dazu führt, dass die Kräfte nicht ausreichen, um den hohen Standard ohne Unterbrechung durchzuhalten. Habt also Geduld und vertraut auf die weitere gute Entwicklung.

Erinnern möchte ich euch auch an das, was wir als Regel zur Beherrschung unerwünschten Verhaltens besprochen haben: Die niederste Stufe ist, dass man dafür sorgt, dass **das Verhalten aus äußeren Gründen gar nicht stattfinden kann:** Dies ist wichtig, da jedes Auftreten eines unerwünschten Verhaltens auf dieses verstärkend wirkt. Da Bernhard im Augenblick zu anderen Kindern aggressiv ist, wenn er auf sich aufmerksam machen möchte, solltet ihr ihn zunächst einmal mit Kindern gar nicht zusammen spielen lassen, wenn er sie dabei plagt. Die nächste Stufe besteht darin, dass man versucht, **eine Variante der Situation zu finden, in der das unerwünschte Verhalten durch ein anderes ersetzt wird.** So waren meine Vorschläge gemeint, Bernhard irgendein attraktives Spielzeug, wie z.B. Seifenblasen, zu geben, das er den anderen Kindern zeigen kann, um das aggressive Verhalten zu unterbinden, da er so in guter Weise für die Kinder interessant wird. Klappt es, dann ist es gut, klappt es nicht, dann muss man sich etwas Neues einfallen lassen: z.B. gemeinsam Luftballons aufblasen oder den anderen Kindern einen schönen Sticker zeigen oder ihnen vielleicht sogar schenken usw. Also keine Angst vor Experimenten!

Diese **„experimentelle Einstellung"** werdet ihr in Zukunft noch sehr häufig brauchen, damit ihr herausfinden könnt, auf welche Weise Bernhard unmerklich in die richtige Richtung gelenkt werden kann. Diese Art des Vorgehens ist bei autistischen Kindern besonders wichtig, da sie immer die Neigung haben, „Negativismus" zu zeigen, d. h. sich aus Prinzip gegen Anforderungen der Außenwelt zur Wehr zu setzen. **Ablenken und Alternativen anbieten** ist daher im gegenwärtigen Zustand die richtige Erziehungsform. **Eine gelegentliche Übung im Ausführen eines Befehls** kann natürlich nicht schaden, doch sollte man darauf achten, dass dies nicht zu häufig geschieht, damit Bernhard nicht in den „prinzipiellen Negativismus" verfällt.

Die letzte Stufe besteht darin, dass man **neue Verhaltensvorschläge mit dem Kind vorher bespricht.** Dies ist natürlich erst dann möglich, wenn kein zu großes Bedürfnis mehr besteht, sich in der betreffenden Situation in unangemessener Weise zu verhalten. Die verbale Planung zukünftigen Verhaltens stellt eine sehr hochstufige Form dar und kann erst erfolgen, wenn in der betreffenden Situation keine eingefahrenen Verhaltensgewohnheiten mehr bestehen.

Dasselbe Modell könnt ihr natürlich bei jedem problematischen Verhalten anwenden. An ein Prinzip möchte ich noch erinnern: das „Leichtermachen" von Aufgaben. Stellt man fest, dass etwas nicht funktioniert, dann ist es oft möglich, durch kleine Variationen doch einen Erfolg zu erreichen. So wollte Bernhard bei meinem letzten Besuch z.B. noch weiter mit dem Fahrrad fahren, obwohl die Zeit schon etwas knapp geworden war. Als ich ihm sagte, dass wir nun zurück müssten, stellte er sich völlig taub. Als ich ihm sagte: „Aha, Bernhard, Du willst noch ein bisschen weiterfahren. Weißt Du was, zeig mir noch, ob Du schon Bogen fahren kannst. Dann gehen wir wieder nach Hause", war er kompromissbereit. Dadurch, dass er einerseits noch weiterfahren durfte und sogar etwas Besonderes zeigen konnte, war er andererseits bereit, eine Begrenzung zu akzeptieren.

(4) Elternbrief

6. Februar 1988

Hier ist der versprochene „Bernhard-Brief!" Ich habe mich wieder sehr über Bernhards Fortschritte gefreut. Er hat sich natürlich auch bemüht, mir alles, was er Neues dazugelernt hat, zu zeigen. Dies bedeutet aber auch, dass er begonnen hat, über seine eigene Entwicklung nachzudenken und sie bewusst zu erleben. Das ist eine sehr wichtige Voraussetzung für die Selbsterziehung: **Erziehung kann nur dann erfolgreich sein, wenn sie irgendwann einmal zur Selbsterziehung wird.** Kein Erwachsener kann ein Kind so vollständig kontrollieren, dass durch eine nur autoritäre, fremdgesteuerte Erziehung etwas Vernünftiges herauskommen könnte. Dies ist schon deshalb nicht möglich, weil man ja gar nicht immer mit dem Kind zusammen sein kann.

Solange autistische Kinder abgeschottet in ihrer „leeren Festung" sitzen, können diese wichtigen Prozesse nicht in Gang kommen. Dazu sind nämlich ein Ich-Bewusstsein, eine Vergangenheit und eine Zukunft notwendig, über die man in der Erinnerung, beim Plänemachen und im Vorausdenken verfügt. Alles dies hat Bernhard in den vergangenen 1¾ Jahren erreicht.

Darf ich euch nur noch schnell daran erinnern, dass selbstverständlich solche schwierigen, neuen

Entwicklungen Bernhard viel Kraft kosten. Ihr müsst daher weiter mit den **„Wellentälern"** rechnen, die immer dann auftreten, **wenn er eine besonders große Entwicklungsleistung vollbracht hat.** Für Eltern ist dies immer recht frustrierend, dass auf einen Wellenberg, der einem Hoffnung, Mut und Zutrauen gegeben hat, nun plötzlich wieder ein Wellental kommt.

Damit ihr selbst leichter durchhalten könnt, ist daher Gelassenheit notwendig, wenn wieder eine schwierige Zeit kommt. Diese Zeiten gehören mit zu dem Veränderungsprozess. Am besten lässt sich dies mit dem Schmieden von Roheisen vergleichen, das auch immer wieder neu erhitzt und gehämmert werden muss, um von allen Schlacken befreit zu werden. Jedes Wellental bedeutet, dass sich Bernhard weiter von seinen ersten, primitiven Anpassungsformen an eine für ihn unverständliche, chaotische Welt entfernt. Mit anderen Worten: **Der Prozess geht auch und gerade während des „Wellentals" weiter.**

Ganz erstaunlich war auch, zu erleben, wie gut Bernhard in die Kindergartengruppe integriert ist und wie er sich bemüht mitzumachen. Noch ein wichtiger Hinweis für die besonderen Regeln für den Umgang mit **autistischen Kindern in Kindergruppen:** Sie haben sehr lange noch Probleme dabei, mit einer Sache anzufangen, und genauso große Schwierigkeiten, mit dieser Sache auch wieder aufzuhören, wenn sie sich erst einmal damit befasst haben. Sie brauchen daher eine **Starthilfe** und freundliche **Stoppsignale.** Bei Bernhard reichen schon wenige Hinweise:

Als die Gruppe im Sitzkreis das Schneemannlied sang und dazu mit den Händen den Schneemann in die Luft malte, genügte es, ihn freundlich anzulächeln und auffordernd die gewünschten Bewegungen in der Luft zu machen, damit er verstand, dass auch er mitmachen sollte. (Diese Schwierigkeit, Aufforderungen, die an die ganze Gruppe gerichtet sind, auf sich selbst zu beziehen, haben übrigens auch gar nicht so wenige Erstklässler.)

Man kann das Anfangen und Aufhören natürlich auch vorbereitend üben: wenn ihr Kinder zu Besuch habt, dann seht zu, dass Spiele gespielt werden, bei denen irgendwelche Anleitungen an alle ergehen müssen, und gebraucht dabei folgende Formulierung: „Wenn alle Kinder... (die Hände heben, sich verstecken, zum Tisch kommen usw., usw.) sollen, dann heißt das auch, dass der Bernhard... (die Hände hebt, sich versteckt, zum Tisch kommt usw., usw.)" Bei dieser Übung ist es wichtig, dass man die gewünschte Handlung eindringlich so, wie hier dargestellt, doppelt ausdrückt: einmal für alle und einmal in Bezug auf den Bernhard. Unter Umständen ist sogar noch eine dritte und vierte Formulierung notwendig.

Bernhard hatte ja bis vor einem Jahr noch kein „Ich". Er hat daher noch immer Schwierigkeiten, sich als richtige Person mit Rechten und Pflichten aufzufassen. Er muss sich erst langsam daran gewöhnen, dass auch die anderen ihn nicht als „Möbelstück" ansehen, sondern als Subjekt.

Damit kommen wir gleich zum nächsten wichtigen Kapitel in der Bernhardentwicklung: das **Erlernen von moralischen und sonstigen Bewertungen.** Es handelt sich dabei um die Förderung seiner Entwicklung als Person. Wenn man selbst eine kleine Persönlichkeit wird, hat man auch das Recht, nicht nur sich selbst, sondern auch die anderen zu bewerten. Auch eigene Entscheidungen kann man nur treffen, wenn man zu solchen Bewertungsprozessen in der Lage ist.

Die Unterscheidung von richtig und falsch, gut und böse, vorteilhaft und ungünstig kann allerdings nur dann zu einer eigenen, moralischen Entwicklung führen, wenn das Kind diese Bewertungen selbst vorzunehmen lernt. Es leuchtet ein, dass es wenig nützt, wenn ein Kind nach der Regel lebt: „Bei jeder Entscheidung muss ich warten, bis meine Eltern sagen, was ich tun soll, da ich selbst nicht weiß, was gut und richtig ist." Es soll ja eines Tages in der Lage sein, in einer sehr komplizierten und sich ständig verändernden Welt zurechtzukommen. Dies heißt auch und vor allem, dass es neue Situationen selbständig bewerten darf und sinnvolle Entscheidungen selbst entwickeln lernt. Für Autisten ist dieser Lernprozess besonders schwierig. Autistische Kinder würden am liebsten wie kleine Automaten funktionieren, das heißt ein für alle Mal einprogrammiert bekommen, was sie zu tun und zu lassen haben. Dies setzt natürlich auch eine ständig gleiche, 100%ig vorhersagbare Umgebung voraus.

Zu den von den Autisten gewünschten, immer gleichen Ritualen gehört paradoxerweise auch, dass sie an immer denselben Stellen im Tageslauf ihr stereotypes Protestgeschrei loslassen können. Es ist daher ein großer Fortschritt, dass Bernhard beginnt, die Umgebung nicht mehr als absolut und unveränderlich aufzufassen, sondern verstanden hat, dass es einen Weg gibt, **sich selbst mit den Ereignissen wertend auseinanderzusetzen und sie aktiv zu beeinflussen.** Dies bedeutet einen Akt der Befreiung von den Diktaten der Situation und ihren Notwendigkeiten und eröffnet den Zugang zur Einwirkung auf Menschen.

Neben den Bewertungsprozessen spielen auch die **Entwertungsprozesse** eine entscheidende Rolle in dieser Entwicklung. Deshalb ist so wichtig, dass Kinder bei unangenehmen Ereignissen lernen, diese für sich zu entwerten. Bei Kleinkindern geschieht dies, indem sie sich z.B. selbst sagen, dass die Tischkante, an der sie sich gestoßen haben, „eine ganz blöde Kante ist". Dies hilft, sich der Situation nicht mehr so ausgeliefert zu fühlen, und gibt einem den Impuls, darüber nachzudenken, ob man etwas dagegen unternehmen könnte. Dabei hat man immer zwei grundsätzliche Möglichkeiten: Vielleicht lässt sich der Tisch mit der scharfen Kante woanders hinstellen (Veränderung der Umwelt) oder vielleicht sollte man, wenn das nicht geht, nicht so wild drauflosstürmen, wenn man in die Nähe dieser Ecke kommt (Veränderung der eigenen Verhaltensweise).

Das Erlernen selbständiger Bewertungen der Umwelt und der eigenen Person stellt eine unverzichtbare Voraussetzung dafür dar, dass aus Kindern selbstverantwortlich handelnde Menschen werden. Dies lässt sich alles sehr leicht üben, indem man mit Bernhard über gemeinsame Erlebnisse auch spricht und sie bewertet: „Das war gut", „Das war aber blöd, dass das Geschäft schon zu hatte", usw., usw. und ihn ermuntert, dasselbe zu tun. Diese Bewertungen können sich auf Objekte, Ereignisse, Handlungen von anderen Personen beziehen; auf Bernhard dürfen sie nur dann gemünzt sein, wenn es sich um etwas Positives handelt: Autisten sind selbst von ihrer Wertlosigkeit so überzeugt, dass es sie in der Entwicklung zurückwerfen würde, wenn man negativ von ihnen spräche. Wenn allerdings das Kind dies selbst tut, sollte man trachten, diese negativen Gefühle aufzuarbeiten **und in etwas Erfreulicheres zu verwandeln, indem man auf positive Seiten hinweist.**

Bernhard kann über seine negative Einstellung zu sich selbst zumindest schon verschlüsselt sprechen: Das erklärt seine große Vorliebe für die Aschenputtelgeschichte. Es bedeutet einen wichtigen Schritt zur Überwindung der negativen Gefühle sich selbst gegenüber, wenn ein Kind beginnt, seine diesbezüglichen Ängste durch ein passendes Märchen darzustellen und damit diskutierbar zu machen. Für Bernhard wäre es daher gut, wenn er gelegentlich etwas Schönes, Neues zum Anziehen bekäme und dies dann besonders bewundert würde. Aber auch wenn er seine normalen Sachen anhat, sollte man ihn häufig loben und bewundern, um sein Selbstwertgefühl aufzubauen. Dass er sich mit einer weiblichen Figur, dem Aschenputtel, identifiziert, bedeutet auch, dass man etwas unternehmen muss, um seine **Identifikation mit der männlichen Geschlechtsrolle zu verstärken.** Es ist z.B. sehr wichtig für ihn, ihn als „Junior" anzusprechen, da er schon versteht, was damit gemeint ist. Auch Sätze wie „Dafür braucht man einen Mann", wenn er bei irgendeiner Tätigkeit helfen kann, die in unserer Gesellschaft als „männlich" definiert ist, wäre sehr hilfreich.

Ganz großartig sind die Turnübungen für das Voltigieren, die seine Schwester mit ihm macht. Dafür ein ganz großes Kompliment! Gerade für die Bernhards dieser Welt ist es besonders wichtig, etwas zu können, was die meisten anderen nicht können. Wenn es gelingt, ihn für das Voltigieren zu begeistern, wäre dies eine große Hilfe für seine Entwicklung. Das Reiten hat sich allgemein bei Kindern mit Anpassungsschwierigkeiten bewährt. Man muss sich nämlich dabei flexibel auf das Pferd einstellen, wenn man Erfolg haben möchte. Aus diesem Grund ist das Voltigieren (aber auch viele andere sportliche Betätigungen) besonders günstig, da man dabei nicht in zu große Stereotypien hineinrutschen kann.

Noch ein Wort zum Umgang mit der **Neigung von Autisten, alles zur Stereotypie werden zu lassen:** Bei ihnen besteht immer die Gefahr, dass sie etwas, was sie gut können, zur Stereotypie machen. Es ist daher sehr gefährlich, sie einseitig zu trainieren, wie dies bei manchen Programmen für autistische Kinder der Fall ist. Jede flexible Anpassung ist Autisten zuwider. Wenn man sie daher z.B. für Musik begeistert (was im Prinzip gut und richtig ist), muss man aufpassen, dass sie nicht in eine stereotype Schleife hineinkommen. Bernhard hat zwar Freude daran, auf dem Klavier herumzuklimpern, aber es sind immer dieselben Tonverbindungen, die er erzeugt. Ermuntert Bernhard daher bitte, Melodien auf dem Klavier zu erfinden! Dasselbe gilt für das Puzzlespiel. An und für sich handelt es sich dabei um eine sehr gute Übung der visuellen Vorstellungen, die ihm sicher gut getan hat. Er braucht aber dringend neue Puzzles. Räumt daher Schritt für Schritt die alten Puzzles weg. Aus demselben Grund wäre eine Spende an den Kindergarten am Platz, damit man auch dort die alten Puzzles wegräumen und neue kaufen kann.

Ein weiterer Rat, über den wir ja schon gesprochen haben:

So mühevoll es sein mag, Bernhard zum Essen zu bringen, muss er doch unbedingt mehr und kräftiger essen. Bei ihm funktioniert es sehr gut, wenn man ihn mit **Spiel und Scherz zum Essen motiviert,** so wie man dies bei Kleinkindern macht. Diese Zeit solltet ihr euch nehmen.

Ein sehr, sehr gutes Zeichen ist, dass Bernhard **sich neuerdings so gerne vorlesen lässt.** Dies zeigt, dass er tatsächlich langsam seine eigene Entwicklung einholt und auf die altersgemäße Stufe des Sprachverständnisses kommt. Lest ihm daher recht fleißig vor. Allzu Angsterregendes solltet ihr aber auslassen. Ein Hauptauslöser für das autistische Verhalten ist der übergroße, angstvolle Spannungszustand dieser Kinder. Man sollte ihn nicht mutwillig erhöhen. Achtet auch bei seinen Kassetten darauf, dass es keine grausigen Erzählungen sind. Dasselbe gilt natürlich für den Fernsehkonsum.

Mir ist noch etwas aufgefallen: Bernhard hat offenbar die Neigung, lieber im Wohnzimmer zu sein als oben in seinem Zimmer. Dies ist ebenfalls eine sehr positive Sache, da autistische Kinder sich sehr viel lieber in die Einsamkeit zurückziehen, wo sie keiner stört. Nun hat er aber im Wohnzimmer keine Beschäftigungsmöglichkeiten. Dies bedeutet, dass er auf irgendwelche stereotypen Verhaltensweisen verfällt. Sehr schön wäre es daher, wenn man ihm eine Menge Papier und Buntstifte im Wohnzimmer zurechtlegen könnte, damit er malen kann. Falls er auf dem großen Tisch malen sollte, braucht er außerdem eine feste Unterlage (z.B. ein dünnes Sperrholzbrett u.Ä.). Es ist weniger günstig, wenn er jedes Mal das Tischtuch wegräumen muss (ganz abgesehen von dem Ärger der entstehen kann, wenn er es hinterher nicht wieder zurücklegt). Für Autisten bedeutet so ein Hindernis in der Regel, dass sie es gar nicht versuchen. Er sollte sich auch **nicht** angewöhnen, **auf dem Boden zu malen.** Gerade bei autistischen Kindern ist es sehr schwer, solche schlechten Arbeitsgewohnheiten wieder loszuwerden. Für die Schule muss er sich ja auch daran gewöhnen, an einem ordentlich aufgeräumten Arbeitsplatz zu lernen. (Habt ihr euch übrigens schon einen Platz für seinen Schulschreibtisch ausgedacht? Langsam müsste man dies ins Werk setzen.) Vielleicht fallen euch noch andere Spielmöglichkeiten ein, die für das Wohnzimmer geeignet wären, nicht zu viel Unordnung machen, leicht wegzuräumen sind und nicht zu sehr zu Stereotypien verleiten.

Wenn ihr gemeinsam mit Bernhard spielt, dann denkt gelegentlich daran, ein einfaches Memoryspiel zu verwenden. Dies ist eine ausgezeichnete Übung der Merkfähigkeit. Es ist klar, dass alle diese Spiele und Beschäftigungen mit viel Lachen und Lob durchgeführt werden müssen, damit Bernhard Freude daran hat und sie nicht als lästigen Zwang erlebt.

Ich habe mich sehr gefreut, von euch zu hören, dass Bernhard Spaß an den Sesamstraße-Videos hat. Ich habe damit ganz ausgezeichnete Erfahrungen bei Kindern gemacht, die lernen sollten, aus eigenem Antrieb die Grundlagen für die Schule zu erarbeiten. Ich hoffe, dass es mir gelingt, noch weitere Kassetten aufzutreiben.

(Im Schuljahr 1988/89 wurde Bernhard in eine Integrationsklasse eingeschult. Seine Fortschritte in diesem Jahr können aus dem im ➤ Kapitel 11.4 abgedruckten Zeugnisbericht entnommen werden. Auch im zweiten Schuljahr ging die Arbeit zügig weiter.)

(5) Elternbrief

18. November 1989

Über Bernhards Fortschritte in der Schule und zu Hause habe ich mich wieder sehr gefreut. Die Einzelarbeit mit seinem Stützlehrer, die ich im Video sehen konnte, ist beeindruckend. Besonders wichtig wäre es nun, dass das Integrationsprogramm mit seinem bisherigen Stützlehrer weitergeführt werden kann. Für einen Autisten ist es ohnehin sehr schwierig, sich auf einen neuen Klassenlehrer einzustellen, wie dies in der nächsten Klasse der Fall sein wird. Es ist extrem ungünstig, dass er sich auch noch gleichzeitig auf einen neuen Integrationslehrer einstellen muss. Der Erfolg wäre durch so einen Wechsel ernsthaft gefährdet. Dazu kommt, dass sein derzeitiger Stützlehrer im Umgang mit autistischen Kindern geschult ist. Vieles, was bei anderen Kindern gut wirkt, hat bei Autisten keinen Erfolg. Wenn jemand es noch so gut meint, wird er Fehler machen, wenn er Regeln aus der „normalen" Förderpädagogik auf den Umgang mit Autisten überträgt.

Der nächste wichtige Schritt ist für Bernhard nun die **Entwicklung seiner Kreativität und seiner Phantasie.** Die selbsterdachte Geschichte von der Maus, die ihr mit so viel Erfolg gemeinsam mit ihm erfunden habt, sollte daher unbedingt eine Fortsetzung finden. Selbstverständlich kann es auch irgendeine andere Phantasiegeschichte werden. Man sollte dazwischen öfter fragen: „Was glaubst Du wohl, wie die Geschichte weitergeht?" Was immer Bernhard dann als Fortsetzung vorschlägt, soll gelobt werden, und es soll gesagt werden: „Genauso ist es, Du hast es ganz richtig erraten." Diese Methode stammt übrigens von Frau Goethe, die ihrem kleinen Sohn auf diese Weise half, seine Phantasie zu entwickeln.

Beim Schlafengehen erzählte Märchen sollten immer damit enden, dass man Bernhard ermuntert, sich die Geschichte selber weiterzuerzählen: Tagträume haben nicht nur eine ganz bedeutende Entwicklungsfunktion, sie helfen auch beim Einschlafen.

Nicht vergessen sollte darauf werden, seine Identifikation mit der männlichen Rolle weiter zu unterstützen. Ich habe mich gefreut, festzustellen, dass er sich schon wesentlich mehr als Bub fühlt, als dies noch vor einem Jahr der Fall war. Autisten brauchen den Rahmen einer **nicht in Frage gestellten gesellschaftlichen Rollenzuweisung.** Sie haben es so schwer, ihre Mitmenschen zu verstehen, dass sie mit Ambivalenzen nicht fertig werden. Die Frage „Bist du ein Mädchen oder bist du ein Bub?", von einem Erwachsenen ausgesprochen, der auf diese Weise Kritik an einem seiner Meinung nach zu femininen Aussehen eines Buben üben möchte, stellt für einen Autisten eine arge Bedrohung dar. „Nicht wissen" bedeutet, die Situation nicht unter Kontrolle zu haben, und löst daher Ängste aus. Auch Erwachsene kennen solche Situationen: Sie verhalten sich vorsichtig, wenn sie eine Gruppe von Menschen neu kennenlernen, deren Spielregeln ihnen nicht vertraut sind. Je nach Temperament führt dies zu erhöhten Anzeichen von Unsicherheit, Schüchternheit, Rückzugsverhalten oder betont energischem Auftreten, das leicht als Aggression missverstanden werden kann. Dies sollte man Bernhard ersparen. Ein sehr gutes Zeichen dafür, dass Bernhard immer mehr an Selbstvertrauen gewinnt, stellt seine Freude über seine schicke Kleidung dar. Noch vor zwei Jahren war ihm sein Aussehen völlig gleichgültig. Dass er sich über die wirklich sehr schönen Schuhe, die ihr ihm gekauft habt, so gefreut hat, zeigt, dass er seinen „Aschenputtelkomplex" überwunden hat. Es war daher auch sehr verständnisvoll und lieb von euch, ihm zu gestatten, sich diese schönen Schuhe selbst auszusuchen. Die Schuhe sind von der Art und vom Zuschnitt her auch eher Schuhe von „großen" Buben, keine Kleinkinderschuhe. Offenbar hat er auch ein Bedürfnis, schon als großer Bub zu gelten. Dieses sollte man ebenfalls unterstützen, wenn sich die Gelegenheit dazu bietet.

Sehr spannend war, dass er das angeblich von ihm so wenig geliebte Flötenspiel mir zum Abschied noch vorführte. Offenbar handelt es sich nur um die autistische Abwehr von allem Neuen, wenn er sich gegen die Flötenstunden wehrt. Tatsächlich scheint er sehr stolz darauf zu sein, dass er schon einige Töne richtig herausbringt. **Lustige Spiele,** wie wir sie mit ihm gespielt haben, können seinen

Spaß am Flötenspiel unterstützen (Kuckuck, Namen melodisch untermalen, Fragen und Antworten mit der Flöte erfinden, „Die Feuerwehr kommt", Kennmelodien aus dem Fernsehen usw., usw.). Was natürlich auch sehr hilfreich ist, das sind Spiele mit „bildendem" Inhalt, die ihr mit ihm durchführen könnt. So kann man z.B. lustige Zählspiele u.Ä. mit Bernhard machen. Er darf aber nicht merken, dass es sich dabei um Lernen handeln könnte.

Es ist wichtig, dass Bernhard nun, da er bereits über eine innere Welt verfügt, auch einige **Regeln des Zusammenlebens lernt.** Am Anfang einer Autistenbehandlung ist man froh, wenn die Kinder überhaupt eine Reaktion auf ihre Umwelt zeigen, mag sie auch noch so unangemessen sein. Jetzt ist es an der Zeit, darauf zu achten, sich keinen kleinen Tyrannen zu erziehen. Wenn er sehr tobt und schreit, sollte man ihm daher in ruhiger, freundlicher Form sagen, dass es nicht richtig sei, so zu schreien, und ihm außerdem sagen, dass man vor die Tür ginge, bis er sich wieder erholt hätte. Man sollte durchaus auch ausdrücken, dass er zwar sehr arm sei, weil er sich so ärgern müsse, aber trotzdem in freundlicher Form deutlich machen, dass es so nicht gehe. (Eigentlich ist das auch die Art und Weise, wie man am besten mit Trotzphasenkindern fertig wird: Beim Trotzanfall liebevoll trösten, damit die Kinder keinen Beziehungsabbruch erleben, aber trotzdem anschließend, wenn sie sich beruhigt haben, klarmachen, dass bestimmte Regeln befolgt werden müssen).

Thema Fernsehen: Wie besprochen, sollte die Kassette „Alice im Wunderland" weggeräumt werden. Diese Geschichte verkörpert die wirre Welt des Autisten mit ihren Unsicherheiten und unverständlichen Verwandlungen. Diese Tatsache ist sicher auch der Grund, weshalb Bernhard gerade diesen Film so sehr mag. Er würde ihn aber nur auf einer Stufe festhalten, die wir längst überwunden haben, daher sollte der Film aus seinem Blickfeld verschwinden. Wenn er dazu Lust hat, kann er ohne weiteres den „Pumuckl" und andere harmlose, nicht aggressive Serien anschauen: Für Bernhard ist es wichtig, mehr von der Welt kennenzulernen. Die Videos geben ihm die Möglichkeit, sein Repertoire an Kenntnissen zu erweitern. Ihr solltet nur die Filme gelegentlich austauschen, damit er sich nicht immer nur dasselbe ansieht. Sehr wichtig: Wenn der Fernseher ausgeschaltet werden muss, solltet ihr ihn darauf vorbereiten, dass er z.B. in 5 Minuten aufhören muss. Eine große Küchenuhr mit Zahlen wäre dabei sehr hilfreich. Klebt jedes Mal Punkte auf das Zifferblatt, damit er selbst feststellen kann, dass die Fernsehzeit zu Ende ist, wenn der große Zeiger vom Anfangspunkt zum Endpunkt gewandert ist. Dies unterstützt ihn gleichzeitig dabei, sein **Zeitgefühl** zu entwickeln, da er damit noch immer Schwierigkeiten hat. Bernhard sollte auch möglichst nicht die Fernbedienung in der Hand haben, wenn er Fernsehen schaut oder sich ein Video ansieht, damit er nicht stereotyp dauernd herumschaltet. Auch dies erzeugt einen chaotischen Eindruck und ist daher ungünstig. Aus demselben Grund wäre es ganz nützlich, wenn ihr eine Möglichkeit finden könntet, den Fernseher auf eine Stellage zu stellen, damit Bernhard die Tasten nicht erreichen kann.

(6) Elternbrief

5. Februar 1990

Insgesamt hat sich Bernhard wieder sehr gut weiterentwickelt. Man kann mit ihm gelegentlich schon ganz normale Gespräche führen. Für einen Autisten bedeutet dies sehr viel an Lerngewinn. Es ist auch möglich, ihm Sachen zu erklären, so dass er sie versteht und nachfragt, wenn er etwas genauer wissen möchte. Dies bedeutet, dass er begonnen hat, sich selbst zu steuern. Diese Eigenschaft ist eine der wichtigsten Voraussetzungen für das Selbständigwerden.

Dass er – vor allem, wenn andere Kinder zu Besuch sind – manchmal sehr schnell und kaum verständlich vor sich hin spricht, ist ein bei Autisten häufiges Verhalten, das sich beim Übergang von den autistischen Sprachstereotypien zu normalen Gesprächen einstellt („**autistischer Scheindia-**

log"). Es ist dadurch bedingt, dass er noch nicht in der Lage ist, auf Kinder seines Alters angemessen zu reagieren. Kinder und Erwachsene, die das autistische Verhalten nicht kennen, erwarten, dass die Gesprächspartner auf sie eingehen. Damit ist Bernhard im Augenblick aber noch überfordert. Dazu gehört nämlich, dass er den Erwartungszustand der anderen richtig diagnostiziert und eine Strategie entwickelt, um ihn zu berücksichtigen. Bernhard hat aber noch genug damit zu tun, sich selbst richtig zu interpretieren und anderen zu vermitteln. Der Partnerunterricht in der Schule ist für ihn daher besonders wertvoll. Man sollte ihm daher gelegentlich Erklärungen über die **Bedeutung des Verhaltens anderer Personen geben,** damit er lernt, es richtig zu deuten. Ich hatte einmal einen kleinen Klienten, der unfähig war, festzustellen, wann sein sehr leicht erregbarer Vater dabei war, die Geduld zu verlieren. Wir konnten das Problem lösen, indem die Familie ihn bei entsprechenden Anlässen gezielt fragte, in welcher Stimmung sein Vater wohl sei, ob „schlimmes" Verhalten des Kindes noch möglich wäre oder ob es besser vermieden werden sollte, da der Vater am Ende seiner Geduld sei. Schwierigkeiten im Interpretieren von Stimmungen von anderen Personen sind besonders beeinträchtigend, da der andere immer glaubt, dass das Nichtverstehen auf ein Nichtwollen oder auf Bosheit zurückgehe, und entsprechende Sanktionen setzt.

Für Bernhard ist dieses schnelle Sprechen aber auch ein Nachahmen einer Unterhaltung zwischen Partnern, wie er sie erlebt. Das, was die anderen sagen, ist für ihn ein ähnlich unverständlicher Redestrom, unterbrochen von einigen verständlichen Satzfragmenten und Wortinseln. Wenn man mit ihm jedoch so spricht, wie ich es euch empfohlen habe („Muttertonfall", das heißt modulierte Sprechweise, ausdrucksvoll, eher hohe Stimmlage), hat er keine Schwierigkeiten, alles zu verstehen und darauf einzugehen. Auch die markante, gut modulierte Sprechweise seines Stützlehrers kommt gut bei ihm an.

Bernhards Verständnisschwierigkeiten bei „normal", das heißt relativ ausdruckslos Gesprochenem sind bei Kindern im Grundschulalter gar nicht so selten anzutreffen. Die Kinder verwenden diesen Tonfall oft auch selbst. Lehrer und Lehrerinnen gewöhnen es sich daher gelegentlich an, das, was Kinder bei freien Schülergesprächen in der Klasse sagen, noch einmal in ausdrucksvoller Form zu wiederholen, damit es alle in der Klasse verstehen. Manchmal kritisieren Lehrausbilder dies – zu Unrecht – als „Lehrerecho". Zur Erleichterung des Verständnisses ist das ausdrucksvolle Wiederholen eines Satzes, den ein Kind gesagt hat, aber eine gute Übung, die Bernhard helfen kann, die Sprache anderer Kinder oder Erwachsener zu verstehen.

Wie ihr richtig festgestellt habt, wäre es günstig, wieder verstärkt zu „monologisieren", um Bernhards Verständnis für Sachverhalte und Handlungsabläufe zu verbessern und ihm so zu ermöglichen, seine Gefühle besser zu steuern und seinen Wortschatz zu erweitern. Also, nur zu!

Bernhard braucht außerdem Unterstützung, um das **selbständige Spielen** weiter auszubauen. Er sollte neues Spielzeug bekommen, mit dem man sich längere Zeit alleine beschäftigen kann: eine Menge Lego, eine Garage mit Tankstelle und verschiedene Spielfiguren und Autos, um damit das von ihm so geliebte „Garagieren von Autos" und „Tanken" spielen zu können, weitere Teile für seine Eisenbahn u. Ä.

Eine gute Taktik ist es, sein Spielzeug in sieben Teile zu teilen und ihm jeden Tag nur einen Teil davon zu geben. Wenn er nach 7 Tagen wieder mit der ersten Serie anfängt, hat sie wieder Neuigkeitswert. Dies regt zum Spielen an. Spielzeug, von dem man sicher sein kann, dass er immer damit spielt, darf er allerdings auch jeden Tag haben (so genanntes „Lieblingsspielzeug"). Da er gerne mit den anderen Familienmitgliedern beisammen sein möchte (was bei einem Autisten sehr positiv ist und unterstützt werden muss) und auch bereits geordnet spielen kann, sollte man ihm nun eine eigene Ecke im Wohnzimmer zum Spielen einrichten.

Sehr wichtig ist weiterhin das **Geschichtenerzählen,** wobei man ihn dazwischen immer wieder fragen sollte, wie die Geschichte seiner Meinung nach wohl weitergehen würde. Seine Vorschläge sollten immer lobend aufgegriffen werden: „Sehr richtig, genauso ist es." Auf diese Weise entwickelt er seine eigene Phantasie. Daher sind auch selbsterfundene Geschichten wesentlich „bildender" als vorgelesene, da man sie leichter „umdichten" kann. (Anregung: Ihr könnt euch beim Erfinden an die Geschichten vom Pferd Fury halten, da er sie gerne mag).

Aufbau einer „Familienmoral": Damit Bernhard gewisse Richtlinien für sein Verhalten entwickeln kann, ist es notwendig, bestimmte Regeln für das rücksichtsvolle Benehmen in der Familie zu entwickeln. Sie müssen in feste Formen gegossen werden, die man ruhig, freundlich und bestimmt immer wieder wiederholt, wenn ein Anlass dazu da ist. Es dürfen aber damit keine Strafen verbunden sein: Die freundlich wiederholte Regel ist auf die Dauer viel wirksamer. Beispiele: „Das sagt man nicht zu seiner Mutti", „So behandelt man seine Schwester nicht" etc. Besonders wichtig: Ihr dürft Bernhard nicht mehr erlauben, einfach draufloszuschimpfen. Dies war als Zwischenstufe zwar notwendig, da Bernhard auf diese Weise lernen konnte, seine Gefühle auszudrücken. Jetzt geht es darum, diese neue Fähigkeit **zu sozialisieren.** Was Bernhard außerdem vermittelt werden muss, ist die Tatsache, dass es bestimmte Regeln gibt, die auch dadurch nicht außer Kraft gesetzt werden, dass sich jemand anderer in der Familie einmal nicht daran hält! Schlechtes Benehmen von irgendjemand sind Ausrutscher, sie bedeuten nicht, dass diese Sache nun erlaubt ist. Bitte nicht vergessen: Jede neue Regel braucht etwa 400 anlassbezogene Übungsmöglichkeiten, bis sie wirklich sitzt!

Sehr erfreulich ist, dass Bernhard jetzt viel mehr isst. Wenn man ihn längere Zeit nicht gesehen hat, fällt dies sehr auf. Gratuliere!

Zum leidigen Thema **„Sauber werden":** Bernhard drückt seinen Ärger über Anforderungen, vor allem schulischer Art, dadurch aus, dass er in die Hose macht. Er hätte am liebsten den ganzen Tag frei! Deshalb hat er damit auch wieder angefangen, als er in die Schule kam. Man könnte Folgendes versuchen, wie wir es ja schon besprochen haben: Es muss ihm sehr deutlich gemacht werden, dass nur kleine Kinder in die Hose machen. Natürlich wird er dann sehr böse. Dies ist jedoch kein Grund, diese Aussage zurückzunehmen. Man sollte ihm aber keinesfalls strafend oder spottend begegnen, sondern in einem Ton, der anzeigt, dass dies eben so in der Natur der Sache liegt: Kleine Kinder machen noch in die Hose, große tun dies nicht. Auf seinen Protest hin muss man ganz erstaunt tun und sagen: „Was, du bist schon groß, nein, das glaub ich nicht!", oder „Ja, wenn du schon groß bist, dann mach doch einfach nicht mehr in die Hose!" usw., usw. Die richtige Reaktion ist daher Ungläubigkeit, was sein „Großer-Bub-Sein" betrifft, an dem ihm sehr viel liegt. Es soll sein Ehrgeiz angestachelt werden, zu beweisen, dass er kein „Baby" mehr ist. Bei autistischen Kindern dauert das Sauberwerden meist sehr, sehr lange. Habt also Geduld!

Für Bernhard wird es sicher sehr schwierig sein, wenn er im nächsten Jahr einen neuen Klassenlehrer bekommt. Ich kann nur wiederholen, dass er als Einstiegshilfe unbedingt seinen derzeitigen Betreuungslehrer behalten sollte. Wenn Autisten sich überfordert fühlen (und jede neue Bezugsperson bedeutet eine große Überforderung), kommt es zu einem enormen Rückschritt. Nicht selten gelingt es dann nicht vollständig, nach der Regression wieder den Anschluss an die positive Entwicklung zu finden. Also bitte keine Experimente! Es wird sicher die Zeit kommen, wo er nicht mehr so viel Hilfe braucht. Für längere Zeit ist diese jedoch noch unverzichtbar.

Abschließende Bemerkungen zum Fall „Bernhard"

Die weitere Entwicklung Bernhards zeigte, dass seine Fortschritte anhielten. Besonders eindrucksvoll sind seine Leistungen im sozialen Bereich. In der Schule hatte er viele Freunde, die er gerne besuchte. Vor allem im Lesen waren seine Fortschritte gut, gewisse Probleme hatte er beim Rechnen, was unter anderem damit zusammenhing, dass ein Wechsel der Person des Einzelbetreuers, der ihn sehr gut zu motivieren verstand, nicht zu umgehen gewesen war.

Bernhard hat mittlerweile seine Schulzeit beendet, eine Lehre an einem geschützten Arbeitsplatz absolviert, an dem er noch immer erfolgreich tätig ist, und lebt in einer betreuten Wohngemeinschaft.

KAPITEL 13

B. A. Rollett

Autistische Kinder und Jugendliche mit guten bis sehr guten Fähigkeiten: Asperger-Autisten und Autisten auf hohem Funktionsniveau

Der Begriff „Asperger-Autismus" wurde von der Autismusforscherin Lorna Wing im Andenken an den Wiener Kinderarzt Hans Asperger geprägt, der das Störungsbild 1944 unter der Bezeichnung „autistische Psychopathen" beschrieb. Es zählt neben dem „High-functioning-Autismus" (Autismus auf hohem Funktionsniveau), der die begabtere Sonderform des frühkindlichen Autismus darstellt, zu jenen Formen des Autismus, die durch besondere intellektuelle Fähigkeiten der Betroffenen auffallen. Die beiden Störungsbilder sind diagnostisch nicht leicht zu trennen, wenn keine Intelligenztests vorgenommen wurden, da die sozialen und Verhaltensprobleme einander ähneln.

Im DSM-IV wird der Asperger-Autismus als „Asperger-Störung" bezeichnet, im ICD-10 als „Asperger-Syndrom" (> Kap. 2.2).

Trotz der guten Begabung der beiden Gruppen ist die landläufige Meinung, dass es sich bei vielen Autisten um eine verdeckte Hochbegabung handle, nicht richtig. Natürlich gibt es unter den Autisten auch gelegentlich Hochbegabte. Was aber häufiger vorkommt, sind so genannte Inselbegabungen, d. h. außergewöhnliche Begabungen in bestimmten Bereichen wie z.B. Mathematik, auf musischen Gebieten, im mechanisch-technischen oder im visuell-räumlichen Bereich oder bei ungewöhnlichen Gedächtnisleistungen.

13.1 Asperger-Autisten und Autisten auf hohem Funktionsniveau: Ein Vergleich

Die Asperger-Störung tritt nach Ehlers und Gillberg (1993) 28,5-mal unter 10 000 Kindern auf, wobei Jungen wesentlich häufiger betroffen sind als Mädchen. Der High-functioning-Autismus ist demgegenüber viel seltener. Die beiden Störungsbilder unterscheiden sich nicht in der Höhe der Gesamtintelligenz, wohl aber in ihrem speziellen Begabungsschwerpunkt, der bei ersteren im Bereich der sprachgebundenen Intelligenz liegt, bei letzteren bei der nichtverbalen Intelligenz. Dies ist sowohl für die Auswahl der Förderprogramme im Kleinkind- und Schulalter als auch für die spätere Berufswahl von großer Bedeutung.

Auch bezüglich ihrer besonderen Defizite lassen sich die beiden Gruppen unterscheiden (Klin et al., 1997): Asperger-Autisten haben Probleme mit der **Fein- und Grobmotorik,** sie wirken ungeschickt. Dies dürfte mit ein Grund sein, weshalb sie bei bestimmten nichtverbalen Intelligenztestaufgaben schlechtere Leistungen erbringen: Das Lösen von Puzzle-Aufgaben, wie sie z.B. der Untertest „Figurenlegen" des Hamburg-Wechsler-Intelligenztests für Kinder (HAWIK-IV) verlangt, erfordert auch eine gewisse Handgeschicklichkeit und Schnelligkeit in der Durchführung. Hier weisen Asperger-Autisten daher in der Regel schlechtere Leistungen auf.

Im Sportunterricht haben Asperger-Autisten durch ihre ungelenken, wenig koordinierten Bewegungen besondere Probleme. Außerdem ist bei ihnen die **visuomotorische Koordination,** d. h. das

Zusammenwirken von Sehen und Bewegung, gestört. Weitere Defizite bestehen in der **visuellen Raumwahrnehmung** und im **visuellen Gedächtnis**.

Ihre **nichtsprachliche Begriffsbildung** ist daher ebenfalls beeinträchtigt. Ein gutes, früh angebotenes Förderprogramm für Asperger-Autisten sollte daher besonders auf diese Funktionsbereiche hin ausgerichtet sein. Ihre **Sprachentwicklung** verläuft dagegen weitgehend normal, was das Sprachverstehen und das Selbstsprechen betrifft. Im Unterschied zu den High-functioning-Autisten fällt ihre Störung daher frühestens im dritten Lebensjahr auf. Viele Asperger-Autisten entwickeln sogar eine sehr elaborierte, gewählte Ausdrucksweise und eine überakzentuierte Aussprache (Remschmidt & Schulte-Körne, 2004, S. 355). Probleme treten jedoch bei beiden Gruppen bei der sogenannten **„Pragmatik"** auf, d. h. beim sinnvollen Einsetzen der Sprache, um damit bestimmte Auswirkungen bei den Gesprächspartnern zu erreichen. Auf diese Störung wird weiter unten noch ausführlicher eingegangen, da sie sich mit zunehmendem Alter immer deutlicher zeigt.

Häufig ist vor allem bei Asperger-Autisten die **Sprachmelodie** gestört, die Sprechweise wirkt seltsam mechanisch. Oft ist ihre Stimme zu laut. Bei älteren Kindern fällt z.B. auf, dass sie den Gesprächspartner mit einem Wortschwall überschütten, ohne sich darum zu kümmern, ob dieser an ihren Ausführungen interessiert ist. Dieses Verhalten zeigt sich auch bei Erwachsenen mit Asperger-Autismus: Sie sind von ihrem Thema so begeistert, dass sie ein überwältigendes Bedürfnis haben, darüber „ohne Punkt und Komma" zu sprechen, da sie dadurch in einem angenehmen, aufgeregten Zustand verbleiben können. Versuche der Gesprächspartner, etwas dazu zu sagen, werden einfach überhört. Werden diese zu drängend, kann es dazu kommen, dass Asperger-Autisten darauf mit einem Zornausbruch reagieren. Günstiger ist es in so einem Fall, wenn außerhalb einer derartigen Situation mit dem Betroffenen darüber gesprochen wird und Strategien entwickelt werden, damit umzugehen. So hat es sich z.B. bewährt, wenn der Betroffene lernt, zwischen Situationen zu unterscheiden, wo ein derartiger Monolog nicht stört oder sogar auf Interesse stößt, und anderen, bei denen dies nicht der Fall ist. In gemilderter Form findet sich dieses Verhalten im Übrigen auch bei gesunden Personen.

Charakteristisch ist weiter ihre Neigung zu **festgefahrenen Verhaltensabläufen**, die sich nur schwer beeinflussen lassen, da sie ihnen Sicherheit vermitteln. Diese Rituale unterscheiden sich durch ihre Komplexität von den einfachen stereotypen Wiederholungen wie z.B. Lichtschalter aus- und anknipsen oder Gegenstände drehen. So hatte ein 8 Jahre alter, schulisch gut förderbarer Autist ein wissenschaftliches Interesse daran entwickelt, herauszufinden, welches Geräusch entsteht, wenn man unterschiedliche Steinchen aus verschiedenen Höhen auf verschiedene Oberflächen fallen lässt. Zu Vergleichszwecken nahm er die Geräusche auf Tonband auf. War er einmal damit beschäftigt, ließ er sich durch nichts davon abbringen.

Derartige Sonderinteressen treten im Laufe der Entwicklung häufig auf. So sammelte z.B. ein Vierjähriger zwanghaft auf Spaziergängen Holzstücke, die er in seinem Zimmer stapelte und Tobsuchtsanfälle bekam, wenn die Mutter versuchte, ein Stück zu entsorgen. Eine Besonderheit von Asperger-Autisten besteht darin, dass sie oft über ein sehr gutes Gedächtnis verfügen, was in diesem Fall zu weiteren Schwierigkeiten führte: Der Junge kannte seine Sammlung ganz genau, so dass seine Mutter einige Holzstücke auch nicht heimlich wegräumen konnte, ohne einen Schreianfall auszulösen. Schließlich blieb den Eltern nichts anderes übrig, als Ausflüge in die freie Natur zu unterlassen. Erst durch ein verhaltenstherapeutisch aufgebautes Training gelang es, seine Holzsammelleidenschaft in angemessene Bahnen zu lenken. Bekannt sind Fälle von Asperger-Autisten, die das gesamte Verkehrsnetz einer Stadt samt Abfahrts- und Ankunftszeiten beherrschen und sich brennend dafür interessieren, die dahinterliegende Systematik zu entschlüsseln. Solche Sonderinteressen können so intensiv verfolgt werden, dass sich bei einer entsprechenden Begabung daraus hohe Kompetenzen in bestimmten Bereichen entwickeln können, die auch beruflich genutzt werden können.

High-functioning-Autisten haben im Unterschied zu Autisten mit Asperger-Syndrom Defizite in den Bereichen, in denen die Asperger-Autisten gute Leistungen aufweisen: Bei ihnen treten vermehrt Störungen der **sprachlichen Artikulation** und des **sprachlichen Ausdrucks** auf. Ihre **Hörwahrnehmung**, ihr **verbales Gedächtnis** und ihr **Wortschatz** können daher (nicht zuletzt als Folge davon) beeinträchtigt sein. Da eine gute Sprachbeherrschung das Denken, und hier vor allem das Ziehen von logischen Schlüssen erleichtert, haben sie auch im Bereich des logischen Denkens charakteristische Probleme, wenn sie es nicht schaffen, diese durch den Einsatz von Anschauungshilfen zu überwinden. Dazu ein Beispiel:

> **Beispiel**
>
> Die Aufgabe „Anna ist größer als Berta, Berta ist größer als Cecilie, wer ist am größten?" ist leicht lösbar, wenn man sich ein Bild der genannten Personen vorstellt. Auf diese Weise kann es den Betroffenen gelingen, ihre sprachlichen Defizite zu kompensieren.

Dennoch gilt natürlich, dass High-functioning-Autisten ein möglichst früh einsetzendes, gezieltes Training im sprachlichen Bereich erhalten sollten.

Ein Problem, mit dem Asperger-Autisten und Autisten auf einem hohem Funktionsniveau in gleicher Weise zu kämpfen haben, betrifft das Gebiet der so genannten **exekutiven Funktionen.** Dabei geht es um die für die Handlungsplanung unerlässliche, sinnvolle Integration von verschiedenen Informationen und ihre Bewertung sowie die Fähigkeit, darauf aufbauend Schlüsse zu ziehen, Entscheidungen zu treffen, Handlungen zu planen und nach diesem Plan durchführen zu können. Diese Beeinträchtigung findet sich bei allen autistischen Störungsbildern, sie fällt jedoch bei den beiden gut begabten Gruppen besonders auf, da man von ihnen auch in diesem Bereich gute Leistungen erwartet. Dasselbe gilt für eine weitere Störung, nämlich die der **„zentralen Kohärenz"** (Frith, 1989; Jacobson, 2005, S. 27 ff.): Autisten verarbeiten Reize aus der Außenwelt „kontextfrei", d. h. ohne den größeren Zusammenhang zu sehen. Bei Asperger-Autisten führt dies dazu, dass sie aufgrund ihrer guten sprachlichen Fähigkeiten zwar über viele Detailkenntnisse verfügen, aber nicht zwischen Wichtigem und Unwichtigem unterscheiden können. Verallgemeinerungen fallen ihnen äußerst schwer. Sie haben daher z.B. auch Probleme, die Handlung einer Geschichte kurz darzustellen. Da sie sprachlich so kompetent wirken, ist ihre soziale Umwelt nicht darauf vorbereitet, dass die betroffenen Kinder und Jugendlichen in ihrem Verständnis von komplexen Situationen beeinträchtigt sind. Oft wird dies als Absicht interpretiert. Die Betroffenen sehen sich dann mit Vorwürfen und Ärgerausbrüchen ihrer sozialen Umwelt konfrontiert, ohne zu verstehen, weshalb es dazu gekommen ist.

Weitere Probleme ergeben sich daraus, dass beide Gruppen wie alle Autisten über eine mangelhaft entwickelte Fähigkeit verfügen, eine so genannte **„Theory of Mind"** zu entwickeln. Wie bereits beschrieben wurde, handelt es sich dabei um Theorien darüber, was der Gesprächspartner weiß und fühlt. Korrekte Vorstellungen über den anderen stellen aber eine wesentliche Voraussetzung dar, um mit ihm in adäquater Weise umgehen und kommunizieren zu können. Die Beeinträchtigungen, die mit einer mangelhaften Theory of Mind zusammenhängen, erwecken bei den Sozialpartnern den Eindruck, dass das Kind oder der Jugendliche arrogant, verständnislos oder sogar absichtlich aggressiv sei. Wieder ist es der Gegensatz zwischen der guten sprachlichen Ausdrucksfähigkeit und dem großen Detailwissen der Asperger-Autisten auf der einen und ihrem fehlenden Einfühlungsvermögen auf der anderen Seite, der die Gesprächspartner zu einer besonders negativen Einschätzung veranlasst. Dazu kommt, dass Autisten Gesichtsausdrücke oft nicht richtig deuten können. Dies macht es ihnen zusätzlich schwer, auf ihre Gesprächspartner richtig einzugehen. Während im Kleinkind- und Schulalter noch eine gewisse Bereitschaft der Bezugspersonen besteht, die resultierenden Probleme zu tolerieren, erfahren die Betroffenen im Jugendalter immer mehr vorwurfsvolle Kritik, der gegenüber sie sich hilflos fühlen, da ihnen durch die ärgerlichen Reaktionen ihrer Gesprächspartner zwar zurückgemeldet wird, dass sie etwas falsch gemacht haben, aber keine Hilfe angeboten wird, wie sie es richtig machen können.

13.2 Gut bis sehr gut begabte Autisten in der Schule

Aufgrund der geschilderten Probleme bedeuten die Schuljahre daher auch für gut begabte autistische Kinder und ihre Eltern eine große Herausforderung. Wenn es gelungen ist, bereits im Kindergarten ein einigermaßen akzeptables Sozialverhalten des Kindes aufzubauen, und das Kind gut motivierbar ist, ist es günstiger, es nicht als Integrationskind mit der Diagnose Autismus einzuschulen. Diagnosen sind wichtig, um die richtige Förderung bereitzustellen. Sie können aber auch zur Stigmatisierung führen. Noch vor 30 Jahren wurden viele der Kinder, die man heute als gut begabte Autisten klassifizieren würde, einfach als sehr introvertierte Sonderlinge angesehen, die zwar intensivere pädagogische Maßnahmen erfordern, aber noch im Rahmen des normalen Spektrums liegen. Wenn sich das Kind daher in die Klasse relativ gut einfügen kann und mit den lernmäßigen Anforderungen zurechtkommt, stellt es nach wie vor einen guten Weg dar, das Kind normal einzuschulen.

Für beide Gruppen begabter Autisten gilt, dass die Eltern sie bei der Bewältigung des Schulalltags aufmerksam begleiten sollten, um bei Problemen rasch helfen zu können. Ein verlässlicher, guter Kontakt mit den Lehrpersonen bildet dafür eine wichtige Voraussetzung. Die Eltern sollten außerdem das Kind bei den Hausaufgaben und dem Lernen für die Schule in feinfühliger Weise unterstützen, um auch hier rechtzeitig eingreifen zu können, wenn dies notwendig ist. Falls bestimmte Dinge regelmäßig zu üben sind (z.B. Texte erlesen, das Einmaleins üben etc.), hat es sich bewährt, dafür ca. 10 Minuten am Morgen vor der Schule anzusetzen. Wenn nötig und möglich, sollte man für umfangreichere Trainingsaufgaben eine entsprechende Nachhilfe durch geschulte Kräfte organisieren. (In begründeten Fällen werden diese Kosten von Sozialeinrichtungen übernommen).

Hippler (2003) verglich die rückschauende Bewertung der Schuljahre durch erwachsene Asperger-Autisten mit jenen einer gesunden Kontrollgruppe (➤ Tab. 3). Es handelte sich dabei um jene Asperger-Autisten, die Asperger selbst und Lorna Wing als Kinder untersucht hatten. Obwohl positive Erinnerungen an Schulleistungen bei der Asperger-Gruppe etwas seltener auftraten als bei den gesunden Kindern, fällt dieser Unterschied statistisch nicht ins Gewicht. Bedeutend sind jedoch die Unterschiede auf der Beziehungsebene: Zu Eltern, Freunden und Lehrpersonen gab es bei der autistischen Gruppe in der Schulzeit weit schlechtere Beziehungen. Sehr auffällig ist, dass vor allem keine guten Erinnerungen an die Eltern berichtet wurden, während die Hälfte der gesunden Kinder solche angaben. Hier dürfte wohl der Leistungsdruck eine Rolle gespielt haben, der von Eltern ausgeübt wird, wenn sie feststellen müssen, dass ihr Kind trotz ihrer guten Intelligenz mit den Anforderungen der Schule nicht so, wie sie es erwarten, zurechtkommt. Hier muss eindringlich daran erinnert werden, dass der gute Kontakt zum Kind die Basis jeder erfolgreichen Förderung darstellt. Dass über die Hälfte der Autistengruppe (gegenüber nur 12% der gesunden Kontrollgruppe) angab, in der Schule isoliert gewesen zu sein, entspricht dem Störungsbild des Autismus.

Obwohl das Auftreten von – oft recht seltsamen – Sonderinteressen und Hobbys bei Asperger-Autisten typisch ist, zeigten die Ergebnisse, dass sie dabei viel weniger Freude empfanden als die anderen Kinder. Mit anderen Worten: Gerade Tätigkeiten, an denen sie besonders verbissen festhalten, machen ihnen sehr wenig Spaß. Man erweist ihnen daher einen Gefallen, wenn man sie vorsichtig von diesen Sonderinteressen und den damit verbundenen Aktivitäten abbringt und so den Weg für ein breiteres Interessenspektrum eröffnet.

Besonders wichtig – und leider ebenfalls typisch – ist, dass mehr als die Hälfte der autistischen Gruppe Opfer von Hänseleien und anderen Formen von „Bullying" waren, während dies nur bei 14% der Nichtautisten der Fall war (was natürlich auch bei diesen nicht hätte vorkommen dürfen). Ein wesentliches Anliegen der Arbeit mit autistischen Kindern und Jugendlichen muss es daher sein, gemeinsam mit den Lehrkräften derartige Vorkommnisse zum Anlass zu nehmen, auf die Täter einzuwirken und ihnen klare Grenzen zu setzen.

Ein bewährtes Programm stellt der klassische Ansatz von Olweus (1993) dar. Wesentlichster Ausgangspunkt ist dabei die Erfahrung, dass Gewalt in Schulklassen immer auch ein gruppendynamisches Geschehen darstellt: Die Mitläufer und die tatenlos Zusehenden spielen eine ebenso große Rolle wie die Täter selbst, wenn es in einer Schulklasse vermehrt zu Gewalt gegen einzelne Kinder kommt. Bullying lässt sich daher nur verhindern, wenn die gesamte Schulklasse in den Aufarbeitungsprozess einbezogen wird. Olweus empfiehlt dazu Gruppendiskussionen und „ernsthafte Gespräche", die neue Normen setzen. Der gemeinsame Diskurs sollte dazu führen, dass neue, gewaltfreie Regeln des Umgangs miteinander beschlossen werden und die Verantwortung für ihre Einhaltung von allen Schülern und Schülerinnen übernommen wird. Wie wir in ➤ Kapitel 11 berichtet haben, stellt die kompetente Übernahme der Führung der Klasse durch die Lehrenden eine unverzichtbare Voraussetzung für das Gelingen derartiger Gespräche dar.

Wie die ▶ Tabelle 3 zeigt, spielten negativ erinnerte Disziplinprobleme bei beiden Untersuchungsgruppen eine ähnliche, insgesamt aber eher untergeordnete Rolle. Unter den negativen Erinnerungen an die Schulzeit wurden aggressive Durchbrüche von der Autismusgruppe zwar signifikant häufiger genannt als von den gesunden Kindern (13% statt 3%); das mit 13% noch immer eher niedrige Ausmaß spricht jedoch dafür, dass aggressive Durchbrüche kein durchgängiges Problem darstellten. Einschränkend ist dazu natürlich anzumerken, dass es sich bei diesen Angaben um die Erinnerungen der Betroffenen selbst und nicht um Einschätzungen durch die Lehrpersonen handelt.

Hier noch einige Hinweise auf Besonderheiten des autistischen Verhaltens, die unter Umständen in der Schule zu Problemen und Missverständnissen führen können, wenn die Erziehungspersonen darüber nicht Bescheid wissen:

In sozialen Situationen treffen gut begabte Autisten aufgrund ihrer typischen Defizite auf besondere Schwierigkeiten: Wie alle Autisten haben auch sie Probleme damit, bildliche Ausdrücke (Metaphern) zu verstehen. Diese spielen aber in der Alltagssprache eine große Rolle: So sagte die Lehrerin in etwas burschikoser Weise zu einem 12-jährigen Autisten: „Mach dich auf die Socken." Sie war sehr ärgerlich, als der Betreffende begann, seine Schuhe auszuziehen, da er die Aufforderung wörtlich verstanden hatte, die Lehrerin aber glaubte, er wolle sich über sie lustig machen.

Eine weitere Schwierigkeit besteht darin, dass auch Autisten, die über gute intellektuelle Fähigkeiten verfügen, nur in jenen Gebieten „Selbstlerner" sind, die ihrem Interessenspektrum entsprechen, und auch dort eher Detailkenntnisse erwerben, als den Gesamtzusammenhang zu durchschauen. Sie brauchen daher noch lange Zeit Unterstützung dabei, Wichtiges von Unwichtigem zu trennen sowie die für den in Frage stehenden Problembereich passenden Schlüsse zu ziehen oder Verallgemeinerungen des Gelernten vorzunehmen. Ähnliche Schwierigkeiten treten auf, wenn es darum geht, Handlungsalternativen zu entwickeln und sich Kriterien zurechtzulegen, wann welche Vorgehensweise zur Problemlösung eingesetzt werden sollte.

Wie bereits erwähnt, haben Autisten besondere Schwierigkeiten beim richtigen Umgang mit den pragmatischen Funktionen der Sprache: Es fehlt ihnen der intuitive Zugang zum richtigen Einsatz sprachlicher Formulierungen in Alltagssituationen. Diese Problematik wird in dem folgenden in der Süddeutschen Zeitung vom 24./25.6.2000 abgedruckten Erfahrungsbericht der Susanne N. eindrucksvoll dargestellt (zitiert nach Dalferth, 2004):

„Wenn jemand zu mir ‚guten Morgen!' sagt, muss ich erst überlegen, bis mir einfällt, dass ich darauf mit ‚guten Morgen' antworten muss. Es gibt Situationen, in denen man antwortet: ‚danke, gleichfalls', oder ‚dir auch', aber das ist nicht immer so. Wenn jemand z.B. sagt ‚herzlichen Glückwunsch zum Geburtstag', ist ‚dir auch' nicht angebracht und man muss nur ‚danke' sagen. Bei ‚guten Appetit' ist es besonders kompliziert: da muss ich erst mal feststellen,

Tab. 3 Bewertung der Schuljahre

	Asperger-Autisten	Gesunde Kontrollgruppe	Signifikanz (Chi2)
Positive Aspekte:			
Gute Beziehung zu Freunden	29%	86%	ss
Gute Beziehung zu Eltern	–	49%	ss
Gute Beziehung zu Lehrpersonen	10%	38%	ss
Gute Leistungen in bestimmten Gegenständen	33%	48%	ns
Allgemeine gute Schulleistungen	25%	35%	ns
Freude an Interessensschwerpunkten und Hobbys	20%	54%	ss
Negative Aspekte:			
Isolation, Mangel an Integration	54%	12%	ss
Opfer von „Bullying"	48%	14%	ss
Disziplinprobleme	25%	18%	ns
Aggressivität, Zornanfälle	13%	3%	s

ss: sehr signifikant, s: signifikant, ns: nicht signifikant.
Quelle: Hippler, 2003

ob der, der das sagt, auch isst. Wenn ja, muss ich ihm auch guten Appetit wünschen, wenn nicht, hat es keinen Sinn, dann muss ich ‚danke' sagen."

Das Beispiel zeigt, welche Probleme selbst gut begabte, beruflich erfolgreiche Asperger-Autisten mit dem richtigen Einsatz der Sprache in Handlungssituationen haben, aber auch, wie sie ihre intellektuellen Fähigkeiten einsetzen können, um ihre Defizite beim spontanen Erfassen von sozialen und anderen Situationen auszugleichen.

Paula Jacobson (2005, S. 16) zitiert dazu einen Jungen, der sagte: „Ich finde mit dem denkenden Teil meines Gehirns heraus, was andere Leute mit dem fühlenden Teil ihres Gehirns herausfinden" („I figure out with the thinking part of my brain what other people figure out with the feeling part of their brain"). Ein weiteres Beispiel dazu: Ein achtjähriges Mädchen erzählte stolz, dass sie endlich entdeckt habe, wann ihre Mutter bereit sei, auf ihre Bitte einzugehen, ihr vor dem Einschlafen eine Geschichte vorzulesen, weil ihre Mutter dann immer „ihre Mundwinkel nach oben gezogen" habe. Wenn sie dagegen ihre Mundwinkel nach unten gerichtet hätte, würde sie „nein" sagen.

Die gute Nachricht ist, dass Autisten mit guten Begabungen ihre sozialen und Kommunikationsprobleme durch gut überlegte Strategien kompensieren können. Dies stellt aber einen sehr mühseligen Weg dar, da für jede Alltagssituation alle Möglichkeiten, auf bestimmte Auslöser zu reagieren, und die dazu passenden Reaktionen auswendig gelernt werden müssen. Die Betroffenen brauchen daher nicht nur eine Umgebung, die für ihre Schwierigkeiten Verständnis hat, sondern vor allem konkrete, dem jeweiligen Entwicklungsstand angepasste Unterweisungen, um ihre Beeinträchtigung überwinden zu können. In ➤ Kapitel 16 finden sich dazu weitere Anregungen.

Ein besonderes Problem entsteht, wenn den autistischen Kindern im Laufe der Schulzeit ihr Anderssein in negativer Weise bewusst wird. Eine verständliche Reaktion besteht darin, dass sie an sich zu zweifeln beginnen und Depressions- und Schuldgefühle entwickeln. Andere Kinder beginnen damit, sich eine Wunschwelt auszumalen, die ihren eigenen Bedürfnissen vollständig entspricht, z.B. eine Welt der Automaten, in der alles vorherbestimmt und damit vorhersagbar ist.

Eine „bequeme" subjektive Verarbeitungsweise des Andersseins besteht darin, einfach die Schuld für alle Schwierigkeiten anderen Personen zuzuschieben, wobei die Betroffenen sehr fordernd auftreten können und nachdrücklich zu verstehen geben, dass es ihrer Meinung nach die Pflicht der Personen in ihrer Umgebung sei, ihre Probleme zu lösen (siehe dazu auch ➤ Kap. 15). Attwood (2008) beschreibt noch eine weitere Reaktion, nämlich die Tendenz mancher Asperger-Autisten, die eine ausgeprägte Fähigkeit zur Imitation besitzen, das Verhalten anderer Personen einfach nachzuahmen, ohne Rücksicht darauf, ob es in einer bestimmten Situation überhaupt angemessen ist. Es ist daher von entscheidender Bedeutung für die weitere Entwicklung des Kindes, derartige Reaktionen rasch zu entdecken und in einfühlsamer Weise zu bearbeiten.

Bei guter bis sehr guter Begabung und entsprechender Unterstützung können Autisten auch höhere Schulen bzw. ein Studium erfolgreich abschließen und in für sie geeigneten Berufen Erfolg haben.

KAPITEL 14
B. A. Rollett
Berufsmöglichkeiten und Berufswahl autistischer Jugendlicher

Zu den gesicherten Ergebnissen der Forschung zur Berufswahl allgemein zählt, dass sie sorgfältig und vor allem früh genug vorbereitet werden muss. Jugendliche, die bereits Gelegenheit hatten, sich im Rahmen eines Berufspraktikums oder einer „Schnupperlehre" über ihren zukünftigen Beruf und seine Anforderungen zu informieren, haben in der Regel bessere Chancen, ihn mit Erfolg zu erlernen.

Was für unbelastete Jugendliche gilt, trifft für autistische junge Menschen umso mehr zu. Man sollte sich daher früh Gedanken machen, welche Berufsmöglichkeiten für einen bestimmten autistischen Jugendlichen überhaupt in Frage kommen. Dazu ist wieder eine genaue Diagnose der Fähigkeiten und Lernmöglichkeiten notwendig, aber auch eine Überprüfung der Interessen: Der Beruf soll ja vor allem auch Freude machen. Es ist daher wichtig, früh genug eine Berufsberatung in Anspruch zu nehmen, in deren Rahmen auch die entsprechenden psychologischen Testverfahren durchgeführt werden. Auf dieser Grundlage kann man dann gezielt einen passenden Praktikums- oder Schnupperlehrplatz aussuchen, um dem Jugendlichen (und seiner Familie!) erste Erfahrungen mit einem in Frage kommenden Berufsfeld zu ermöglichen und herauszufinden, welche Unterstützungsmaßnahmen er oder sie dabei benötigt.

In der Bundesrepublik Deutschland können sich Menschen mit Autismus bei der Beruforientierung an das Integrationszentrum MAut (www.m-aut.de) wenden, das bei der Vermittlung einer ersten Arbeitsstelle behilflich ist.

Wie wir im ersten Kapitel ausgeführt haben, gibt es bei den intellektuellen Voraussetzungen und anderen Kompetenzen autistischer Kinder und Jugendlicher sehr große Unterschiede. Diese hängen nicht nur von Grad der Behinderung ab, sondern vor allem auch davon, wie intensiv das Förderprogramm durchgeführt wurde. Man muss sich daher ein exaktes Bild der aktuellen Kompetenzen machen, um einen passenden Beruf zu finden.

1. Bei geringen Voraussetzungen wird man eine **Tätigkeit in einer geschützten Werkstätte** wählen. Auch hier ist es notwendig, die Betreuer auf die Besonderheiten autistischer Menschen aufmerksam zu machen. Noch besser ist es, wenn eine im Umgang

Abb. 18 Anton (Name geändert) interessiert sich besonders für das Malen.

mit Autisten erfahrene Person vorhanden ist. Anfangs sollten einfach strukturierte Aufgaben durchgeführt werden, die man einüben lässt und langsam komplexer gestaltet.

> **!** Die Betreuer sollten beachten, dass Autisten mit verwirrenden und wechselnden Anweisungen schlecht umgehen können. Man sollte daher die Arbeitsanweisungen entsprechend übersichtlich und eindeutig gestalten. Ist es notwendig, eine eingeübte Tätigkeit zu verändern, brauchen autistische Menschen ein besonderes Training. Diese Hilfe muss man ihnen daher anbieten.

Die Betreuer müssen außerdem wissen, dass das oft als „unzugänglich" erlebte autistische Verhalten nicht bedeutet, dass sie selbst oder die anderen in der Gruppe von dem Betreffenden abgelehnt werden oder dass die autistische Person die Arbeit verweigern will. Die Betreuer sollten daher über die Fähigkeit zur Toleranz verfügen. Es muss ihnen außerdem bewusst sein, dass Schimpfen und Vorwürfe bei Autisten nur eine Verstärkung der unerwünschten Symptome bewirken und daher zu unterlassen sind. Gut strukturierte Anweisungen und ein Führungsstil, der durch Freundlichkeit, gepaart mit Festigkeit und sehr viel Lob ausgezeichnet ist, sind vielmehr am Platz.

2. Sind **bessere Voraussetzungen** vorhanden, kann man an **Hilfstätigkeiten bzw. einfache Anlernberufe** denken: Arbeiten im Verpackungswesen, in der Gebäudereinigung, in jenen Bereichen in der Lagerverwaltung, in denen keine komplizierteren Entscheidungen zu treffen sind, Fließbandarbeit, Routinetätigkeiten in der Konfektionsherstellung und Ähnliches. Allgemein sind Arbeiten günstig, die relativ gleich bleibende Verrichtungen verlangen. Besonders zu beachten ist dabei, welche **sprachlichen** Möglichkeiten vorhanden sind. Je besser diese sind, desto eher können Tätigkeiten gewählt werden, bei denen Absprachen mit anderen Arbeitnehmern notwendig sind.

3. Die **nächste Kompetenzstufe** macht schwierigere Anlernberufe und bestimmte **Lehrberufe** möglich: Bei guter Raumwahrnehmung und ausreichenden motorischen und kognitiven Kompetenzen stellt z.B. der Beruf des Gabelstaplerfahrers eine aussichtsreiche berufliche Alternative dar. Sehr oft haben autistische Jugendliche Sonderinteressen, die man durch ein auf sie zugeschnittenes Lernprogramm zu einer Berufsmöglichkeit ausbauen kann. Wenn sich ein entsprechend befähigter Jugendlicher z.B. sehr für Autos interessiert und keine zu großen Schwierigkeiten mit der Kommunikation hat, ist der Beruf des Lastkraftwagenfahrers möglich. Um den theoretischen Teil der Führerscheinprüfung erfolgreich bestehen zu können, ist erfahrungsgemäß eine Einzelnachhilfe durch eine autismuserfahrene Fachkraft notwendig. Auch der Fahrlehrer sollte bereit sein, auf die Besonderheiten des autistischen Jugendlichen einzugehen. (Dies gilt natürlich für alle, die als Ausbilder mit Autisten zu tun haben).

Wenn ein guter Sinn für Farben vorhanden ist, kann man an den Beruf des Malers und Anstreichers denken. Verfügt der oder die Betreffende über Liebe zur Natur und eine gute Auffassungsgabe, ist der Beruf des Gärtners anzuraten.

> **!** Wie diese Beispiele zeigen, ist es wichtig, individuelle Fähigkeiten und Interessen mit den Anforderungen des Berufsbildes in Einklang zu bringen.

4. Sind **gute intellektuelle Voraussetzungen, Interesse** und die jeweiligen **berufsspezifischen Befähigungen** vorhanden, kommen auch **anspruchsvollere Lehrberufe,** wie z.B. Automechaniker, in Frage. Weniger geeignet sind allerdings Berufe mit sehr viel Kundenkontakt (z.B. Friseur, Kellner, Verkäufer) oder stressreiche Berufe, wie z.B. Koch.

Die folgende – sehr grobe – Liste von „Berufsanforderungen" soll dafür einen ersten Überblick geben, um als „Checkliste" die Fähigkeitsdiagnose zu erleichtern. Auf dieser Grundlage ist es möglich, ein individuelles Fähigkeitsprofil des Jugendlichen zu erstellen. Am Ende dieses Abschnitts befindet sich dazu ein Schema für die individuelle Beurteilung, in das die Einschätzungen der Ausprägungen der Befähigungen in den verschiedenen Bereichen eingetragen werden können. Die Beurteilungen sollten von einer Person vorgenommen werden, die den Jugendlichen und seine Fähigkeiten gut kennt, aber auch über die Anforderungen in dem entsprechenden Lehrberuf Bescheid weiß.

Natürlich erfordert nicht jede Arbeit alle angegebenen Kompetenzen. Der Katalog soll eine erste Orientierungshilfe geben, um sich einen Eindruck davon zu verschaffen, welche Berufe aufgrund des individuellen Fähigkeitsprofils des Jugendlichen aussichtsreiche Möglichkeiten darstellen könnten und welche sicher nicht geeignet sind. Ist z.B. kein „kräftiger Körperbau" vorhanden, ist der Beruf des Maurers nicht anzuraten. Um eine genaue Diagnose zu erhalten, sollte man sich an eine Berufsberatungsinstitution wenden, die mit den besonderen Problemen autistischer Jugendlicher vertraut ist.

Katalog psychischer und physischer Berufsanforderungen für Lehrberufe

(Übernommen aus ÖIBF[3], 1987, Berufslexikon 1, 8. A., Wien, S. 6 ff.)

Physische Anforderungen

1. *Kräftiger Körperbau:*
   Bezeichnet die Fähigkeit, Arbeiten, die mit Heben, Tragen, Schieben und Ziehen verbunden sind, durchführen zu können (hauptsächlich das Hantieren mit schweren Objekten). Bezeichnet ebenso die Fähigkeit, Arbeiten, die während eines längeren Zeitraums einseitige Belastungen der Beine und Füße mit sich bringen, durchführen zu können.
2. *Körperliche Wendigkeit:*
   Bezeichnet die Fähigkeit, Arbeiten auf engem Raum und in ungewöhnlichen Körperpositionen durchführen zu können.
3. *Hand- und Fingergeschicklichkeit:*
   Bezeichnet die Fähigkeit, Arbeiten, für die präzise und sichere Handführung erforderlich ist, durchführen zu können.
4. *Sehvermögen:*
   Bezeichnet die Fähigkeit, Arbeiten, die große Anforderungen an die Augen stellen, durchführen zu können.
5. *Hörvermögen:*
   Bezeichnet die Fähigkeit, Arbeiten, die große Anforderungen an das Gehör stellen, durchführen zu können.
6. *Geruchs- und Geschmackssinn:*
   Bezeichnet die Fähigkeit, Arbeiten, die große Anforderungen an das Riechen und Schmecken stellen, durchführen zu können.
7. *Gleichgewichtsgefühl:*
   Bezeichnet die Fähigkeit, Arbeiten, die Bewegungskoordination und Schwindelfreiheit erfordern, auch in gefährlichen Situationen, durchführen zu können.
8. *Psychische Ausdauer:*
   Bezeichnet die Fähigkeit, Arbeiten, die große Energie und Ausdauer erfordern und den Kreislauf stark belasten, durchführen zu können. Dies gilt auch für schwere oder langwierige Arbeiten sowie für Arbeiten, die unter erschwerten Umweltbedingungen wie z.B. starker Hitze ausgeführt werden.
9. *Unempfindlichkeit der Haut:*
   Keine besondere Veranlagung zu Allergien gegenüber bestimmten Materialien und chemischen Substanzen.
10. *„Freisein" von Infektionskrankheiten:*
    Gesetzliche Regelung nach dem Bazillenausscheidergesetz bzw. dem Lebensmittelgesetz.

Psychische Anforderungen

1. *Form- und Raumgefühl:*
   Bezeichnet die Fähigkeit, Formen und räumliche Dimensionen zu erfassen und sie zueinander in Verbindung bringen zu können.
2. *Technisches Verständnis:*
   Bezeichnet die Fähigkeit, sich in technische Zusammenhänge hineinzuversetzen, sowie das Vermögen, technische Probleme (auch rechnerisch) zu lösen.
3. *Organisationstalent:*
   Bezeichnet die Fähigkeit, erhaltene Aufträge verantwortlich durchzuführen bzw. umfassende Arbeitsprogramme erstellen und durchziehen zu können.
4. *Kontaktfähigkeit:*
   Bezeichnet die Fähigkeit, Kundenkontakte anzubahnen und diese zufriedenstellend zu gestalten, sowie das Erfordernis, sich in die Situation anderer Menschen versetzen zu können.
5. *Fähigkeit zur Zusammenarbeit:*
   Bezeichnet die Fähigkeit, mit einem oder meh-

---

[3] Österreichisches Institut für Berufsförderung

reren Kollegen die verschiedenen Auffassungen und Interessen im Hinblick auf die gemeinsame Aufgabe effektiv gestalten zu können.

6. *Sprachliches Ausdrucksvermögen:*
Bezeichnet die Fähigkeit, Arbeiten, die Sinn für Wortbedeutungen und Nuancierung erfordern, durchführen zu können, und/oder die Befähigung, qualifizierte schriftliche oder mündliche Formulierungen und Darstellungen artikulieren zu können.

7. *Logisch-analytisches Denken:*
Bezeichnet die Fähigkeit, z.B. administrative, juristische, ökonomische oder technische Zusammenhänge erfassen sowie wichtige Fakten analysieren, Schlussfolgerungen daraus ziehen und darauf aufbauende Entscheidungen treffen zu können.

8. *Psychische Belastbarkeit:*
Bezeichnet die Fähigkeit, psychische Stabilität bei anstrengender Tätigkeit, z.B. Isolierung, Akkord- oder Schichtarbeit und unregelmäßiger Arbeitszeit, aufzubringen und aufrechterhalten zu können.

9. *Gestalterische Fähigkeit:*
Bezeichnet das Gefühl für Wirkung (Effekt) und Wert bei Farbe, Form, Material oder Tönen und die Fähigkeit, diese auch mit eigenen Ideen und Kunstverständnis gestalten und umsetzen zu können.

10. *Reaktionsfähigkeit:*
Bezeichnet die Fähigkeit, rasch wechselnde Impulse oder Ereignisse in den Arbeitsablauf mit einbeziehen und notwendige alternative Handlungen/Beschlüsse durchführen zu können.

11. *Merkfähigkeit:*
Bezeichnet die Fähigkeit, Zahlen, Namen oder Daten im Gedächtnis zu behalten und sie bei Bedarf reproduzieren zu können.

12. *Selbständigkeit:*
Bezeichnet die Fähigkeit, ohne detaillierte Anweisungen zu arbeiten und konstruktive Vorschläge unterbreiten zu können, die eigenverantwortlich durchgeführt werden.

Aufgrund dieser Beurteilungen lässt sich ein individuelles Fähigkeitsprofil erstellen, das die Suche nach geeigneten Berufen erleichtert. Das Beurteilungsschema (➤ Abb. 19) ermöglicht einen raschen Überblick über die vorhandenen Kompetenzen. Das so erhaltene Fähigkeitsprofil des Jugendlichen kann anschließend mit den aus dem jeweiligen Berufsbild ersichtlichen Anforderungen verglichen und auf dieser Basis ein aussichtsreicher Beruf ausgewählt werden.

Der Beruf des **Bäckers** erfordert z.B. die folgenden Kompetenzen (vgl. Berufslexikon 1, S. 11): „Hand- und Fingerschicklichkeit (händische Teigformung), Geruchs- und Geschmackssinn (Abschmecken, Testen der Lebensmittel), Unempfindlichkeit der Haut (Allergiegefahr durch Mehl oder Eiweiß), Freisein von Infektionskrankheiten (Arbeit mit Lebensmitteln), Fähigkeit zur Zusammenarbeit (Arbeiten in der Gruppe), psychische Belastbarkeit (Nachtarbeit), gestalterische Fähigkeit (Ausgestalten der Backware)." Da es noch immer Bäckereibetriebe gibt, die Nachtarbeit fordern, ist dieser Beruf für Autisten wegen dieser Belastung nur bedingt geeignet.

Der **Dreher** benötigt die folgenden Fähigkeiten (vgl. Berufslexikon 1, S. 69): „Hand- und Fingergeschicklichkeit (händisches Einrichten der Drehmaschine, Drehen und Nachmessen), Sehvermögen (Drehen an Drehbänken, Computerbedienung), physische Ausdauer (händisches Drehen in Stehen), Unempfindlichkeit der Haut (Umgang mit Kühl- und Schmiermitteln), technisches Verständnis (Bedienung der Drehbank, Wartung und Kontrolle bei CNC-Anlagen), logisch-analytisches Denken (Umsetzen vorgegebener Zeichnungen, Programmieren), Reaktionsfähigkeit (händisches Drehen, Beheben von Pannen bei CNC-Anlagen), Selbständigkeit (Einzelarbeit an Drehbank und CNC-Anlage)." Für Autisten, die über ein hohes Funktionsniveau verfügen, stellt dies eine gute Wahl dar, da ihre technischen Sonderinteressen dabei zum Tragen kommen können.

Ebenso wichtig wie das Fähigkeitenprofil ist die **Berücksichtigung der Interessen**. Wer in einem ungeliebten Beruf landet, wird dort kaum etwas leisten. Am besten ist es, wie wir bereits erwähnt haben, wenn die Jugendlichen im Rahmen eines Berufspraktikums Gelegenheit erhalten, das Tätigkeitsfeld in der Praxis kennenzulernen, um so herausfinden zu können, ob dieser Beruf für sie geeignet ist.

Bei allen Lehrberufen besteht der kritische Punkt darin, die **Berufsschule** erfolgreich zu absolvieren. Allerdings ist das ein Problem, das viele Jugendliche haben, die in ihrem Beruf durchaus talentiert sind,

14 Berufsmöglichkeiten und Berufswahl autistischer Jugendlicher

Physische Anforderungen	0	1	2	3	4	5	6
01. Kräftiger Körperbau							
02. Körperliche Wendigkeit							
03. Hand- und Fingergeschicklichkeit							
04. Sehvermögen							
05. Hörvermögen							
06. Geruchs- und Geschmackssinn							
07. Gleichgewichtsgefühl							
08. Psychische Ausdauer							
09. Unempfindlichkeit der Haut							
10. „Freisein" von Infektionskrankheiten							
Psychische Anforderungen	0	1	2	3	4	5	6
01. Form- und Raumgefühl							
02. Technisches Verständnis							
03. Organisationstalent							
04. Kontaktfähigkeit							
05. Fähigkeit zur Zusammenarbeit							
06. Sprachliches Ausdrucksvermögen							
07. Logisch-analytisches Denken							
08. Psychische Belastbarkeit							
09. Gestalterische Fähigkeit							
10. Reaktionsfähigkeit							
11. Merkfähigkeit							
12. Selbstständigkeit							

Abb. 19 Fähigkeitenprofil: Die individuelle Ausprägung ist nach den 6 Stufen zu bewerten und einzutragen (0 = nicht vorhanden, 6 = sehr hohe Ausprägung).

aber Schwierigkeiten mit dem schulischen Lernen haben. Autistische Jugendliche brauchen dabei dieselben Unterstützungsmaßnahmen, die sie bereits in der Schulzeit bekamen.

Eine bewährte Praxis ist es daher, autistischen Jugendlichen von Anfang an einen **Nachhilfelehrer** zur Seite zu stellen, der ihnen hilft, mit den schulischen Anforderungen zurechtzukommen. Man sollte keinesfalls zuwarten, bis Schwierigkeiten auftreten! Ein guter Kontakt sowohl mit den Lehrpersonen als auch mit den Ausbildern bzw. Ausbilderinnen am Arbeitsplatz ist außerdem unbedingt notwendig, um Probleme abzufangen, bevor sie noch auftreten.

5. Berufswahl bei sehr kompetenten autistischen Jugendlichen: Autistische Jugendliche, deren Fähigkeiten sich auf einem hohen Funktionsniveau befinden und kompetente Jugendliche mit Asperger-Autismus können – entweder als Externist mit einem Privatlehrer oder in der regulären weiterführenden Schule – auch **höhere Bildungswege** durchlaufen, die mit dem Abitur abschließen, wenn man ihnen die entsprechende pädagogische und therapeutische Unterstützung gibt. Damit steht ihnen eine Vielzahl von Berufen mit höheren Anforderungen offen. Es sind genügend Fälle von autistischen Menschen bekannt, die ein **Studium** absolvierten und entsprechend anspruchsvolle Berufe erfolgreich ausüben, wie z.B. die von der Forschungsgruppe Klicpera durchgeführte Nachuntersuchung der Patienten Aspergers und Wings gezeigt hat (s. dazu Hippler, 2003; Klicpera & Hippler, 2003, 2005).

Allerdings sind auch in diesen Fällen bestimmte Regeln bei der Auswahl des endgültigen Berufs zu beachten: Alles, was ständig wechselnde Planungen, Organisation, Flexibilität beim Treffen von Entscheidungen oder kompliziertere Absprachen erfordert, ist für Autisten weniger geeignet. Da sie sich schlecht auf andere Menschen einstellen können, kommen Lehrtätigkeiten und Sozialberufe grundsätzlich eher nicht in Betracht. Auch Tätigkeiten in der Kundenbetreuung oder komplexe Managementaufgaben sind nicht anzuraten, da das Scheitern oft vorprogrammiert ist. Berufe mit sehr hohen Belastungen physischer oder psychischer Art sind ebenfalls zu vermeiden, da für einen autistischen Menschen allein schon die ständige Anpassungsleistung, die der Berufsalltag erfordert, eine sehr große Belastung bedeutet. Sehr gut sind dagegen Tätigkeiten in der reinen Forschung, im Archiv- und Bibliothekswesen, als Sachbearbeiter mit klar strukturiertem Aufgabenfeld u.Ä. geeignet. Bei mathematischen Sonderbegabungen bieten Spezialisierungen in der EDV ein lohnendes Berufsfeld.

!
Noch ein wichtiger Hinweis: Selbst gut integrierte autistische Menschen haben Schwierigkeiten, jemand um Rat zu fragen, wenn sie sich irgendwo nicht auskennen. Dies kann im Beruf zu Problemen führen. Familie und Therapeuten sollten daher ständig darauf achten, ob Hilfe notwendig ist. Verständnis der Kollegen und Kolleginnen und der Vorgesetzten am Arbeitsplatz, die Bereitschaft, wenn nötig einzugreifen und zu helfen, können den Erfolg der Berufstätigkeit unterstützen.

Dalferth (2005) kam zu dem Ergebnis, dass vor allem ein begleitendes Training der sozialen und kommunikativen Kompetenzen während der Berufsausbildung die Chancen für die Integration in den Berufsalltag verbessert.

In jedem Fall ist es notwendig, autistischen Menschen am neuen Arbeitsplatz genügend Zeit und geeignete Hilfestellungen zu geben, damit sie sich an die Anforderungen gewöhnen können. Wenn nötig, sollte der Arbeitsplatz an die besonderen Bedürfnisse angepasst werden: Viele Autisten kommen mit sehr lauten, wenig organisierten, durch viel Publikumsverkehr belasteten Arbeitsplätzen schlecht zurecht. Hier können entsprechende Maßnahmen helfen. Wegen ihrer Probleme, mit Veränderungen zurechtzukommen, sind Arbeitsplätze mit ständig wechselnden Zeitstrukturen und Orten für sie ungünstig. Schon im Vorfeld sollten daher Alternativen überlegt werden, falls es sich herausstellt, dass der vorgesehene Arbeitsplatz nicht geeignet ist.

Dalferth (2004, S. 9 ff.) weist besonders auf die Bedeutung von Strukturierungshilfen am Arbeitsplatz für die erfolgreiche Integration autistischer Jugendlicher hin. Dazu entwickelte er ein Modell, das sich am TEACCH-Programm von Schopler orientiert und folgende „**Ebenen der Strukturierung**" enthält:

a. **Räumliche Strukturierung:** Autistische Arbeitnehmer sind auf Orientierungshilfen angewiesen, um sich am Arbeitsplatz zurechtfinden zu können. Ihr Arbeitsplatz sollte klar gegliedert sein, Beschriftungen oder Bebilderungen, Raumteiler etc. haben sich dabei bewährt. Unordentlichkeit und Unübersichtlichkeit ist zu vermeiden.

b. **Zeitliche Strukturierung:** Auch im Jugendalter haben manche Autisten noch Probleme dabei, von sich aus mit einer Arbeit **anzufangen,** aber auch, **sie zu beenden.** Wenn man mit ihnen gezielt die entsprechenden Anfangs- und Stoppsignale einübt, ist diese Schwierigkeit leicht zu überwinden. Autisten können außerdem Zeiten, die für eine Arbeit notwendig sind, schlecht einschätzen und benötigen daher bei der Zeiteinteilung Unterstützung. Unbestimmte Zeitangaben („bald", „etwas später", „nachher", „im Laufe des Nachmittags" etc.) verwirren sie. Man sollte die Zeitabläufe daher genau planen, mit dem autistischen Arbeitnehmer durchsprechen und, wenn irgend möglich, entsprechende Strukturierungshilfen in Form von schriftlichen oder bildlichen Plänen zur Verfügung stellen. Ebenso sollten Zeiten für Pausen klar vorgegeben werden.

c. **Arbeitsorganisation:** Die Arbeitsmaterialien sollten immer an derselben Stelle zur Verfügung stehen und es sollte klar vorgegeben werden, in welcher Reihenfolge die Arbeitsschritte durchzuführen sind. Der Arbeitsplatz sollte außerdem nicht häufig wechseln.

d. **Materialgestaltung und Präsentation:** Die für den Arbeitsprozess notwendigen Materialien sollten so gekennzeichnet sein, dass sie sich leicht erkennen lassen. Dalferth schlägt daher z.B. vor, Materialien, die zusammengehören, mit Farbetiketten zu versehen und durch farbliche Schemata zu kennzeichnen.

e. **Unterweisungsmethoden und Instruktionen:** Lange Erklärungen überfordern autistische Menschen. Anweisungen sollten daher in kleine Schritte untergliedert und einzeln erarbeitet werden. Als Erinnerungshilfe sollten die Anweisungen schriftlich oder bildlich festgehalten werden, damit die Arbeitnehmer sich daran orientieren und auch das fertige Arbeitsergebnis auf diese Weise kontrollieren können.

f. **Handlungsroutinen:** Da Autisten aufgrund ihrer wenig entwickelten zentralen Kohäsion Probleme haben, Einzelhandlungen in einen größeren Sinnzusammenhang einzubetten, brauchen sie Hilfe bei der Verkettung der einzelnen Arbeitsschritte. Es ist daher wichtig, die Abfolge der Arbeitshandlungen gesondert einzuprägen.

g. **Soziale Regeln im Betrieb:** Die autistischen Arbeitnehmer benötigen besondere Unterstützung dabei, die – meist unausgesprochenen – sozialen Regeln am Arbeitsplatz zu lernen. Hier hat sich der Einsatz von eigenen „Job-Coaches" bewährt, die mit ihnen diese Regeln einüben. Dasselbe gilt für den nächsten Punkt.

h. **Kommunikation mit Kollegen:** Sowohl der autistische Mitarbeiter als auch die Kollegen am Arbeitsplatz müssen bereit sein, in angemessener Weise miteinander zu kommunizieren. Für die anderen Mitarbeiter bedeutet dies, dass sie lernen müssen, auf die Besonderheiten des autistischen Arbeitskollegen Rücksicht zu nehmen, und dass sie sie nicht zum Anlass für Hänseleien und andere Ausgrenzungen nehmen, für den autistischen Jugendlichen, dass er bereit ist, sein Verhalten den Erfordernissen am Arbeitsplatz anzupassen (s. dazu auch ➤ Kap. 16).

Ein weiterer Hinweis: Auch wenn es beruflich gut klappt, können Schwierigkeiten mit dem **„bürokratischen Umfeld"** auftreten: Steuererklärungen, Versicherungen, Ausfüllen von Krankenscheinen, Urlaubsgesuche usw. spielen in unserem Berufsleben eine wichtige Rolle. Viele Menschen und ganz besonders Autisten sind damit überfordert. Sie brauchen daher eine helfende Hand. Auch das Abgrenzen gegen überzeugend bzw. autoritär auftretende Verkäufer, Spendeneintreiber oder Menschen, die sich Geld ausborgen oder von ihnen eine Bürgschaft für einen Kredit haben wollen, gelingt oft nicht. Hier ist ebenfalls Unterstützung notwendig.

KAPITEL 15
B. A. Rollett

Der Weg zum Erwachsenwerden: Probleme und Herausforderungen

15.1 Autisten zwischen Machtlosigkeit und Selbstbehauptung

Autistische Kinder und Jugendliche sind in vieler Hinsicht benachteiligt. Sie sind daher auf andere angewiesen, die ihnen helfen und für sie da sind. Falls man sie zu wenig zur Selbständigkeit erzieht, kann dies jedoch zu einer Einstellung den Aufgaben des Lebens gegenüber führen, die man nur als „Machtlosigkeit" bezeichnen kann, da die Betroffenen beginnen, sich **zu sehr** auf diese Hilfe zu verlassen. Man sollte daher immer darauf achten, dass autistische Menschen zunehmend mehr Selbstverantwortung übernehmen können. In der anglo-amerikanischen Literatur wird dies als **„Empowerment"** („kompetent machen") bezeichnet: Erwachsenwerden bedeutet, dass man bereit ist, im Rahmen seiner Möglichkeiten selbst für sich zu sorgen und seine diesbezüglichen Kompetenzen ständig weiterzuentwickeln.

Wenn dies nicht gelingt, kann dies bei älteren autistischen Kindern, Jugendlichen und Erwachsenen zu einer paradoxen Situation führen: Die vielfältigen, unterstützenden Handlungen der Betreuungspersonen werden zur Gewohnheit und die Autisten beginnen sie nachdrücklich zu fordern. Dazu kommt ihr Bedürfnis nach stereotyper Gleichheit des Tagesgeschehens. Jede kleinste Abweichung vom Gewohnten hat zur Folge, dass sie ihren Unmut zu äußern beginnen. Ihr Ärger kann unter Umständen sehr massive Formen annehmen. Die Rollen beginnen sich umzukehren: Aus dem auf Hilfe Angewiesenen, Machtlosen wird ein Befehlender, aus dem Helfer ein Befehlsempfänger.

Wie vermeidet man eine derartige, das Selbständigwerden verhindernde negative Entwicklung der Selbstbehauptung? Ein wichtiges Prinzip besteht darin, zu einem **möglichst frühen** Zeitpunkt Grenzen zu setzen und nicht erst zu warten, bis die Probleme eskalieren. Dies muss in kleinen Schritten geschehen, wobei wieder Festigkeit, gepaart mit Freundlichkeit, die bestimmende Haltung sein sollte: Autisten können sich sehr gut an Regeln halten, wenn sie ihnen in einer für sie verständlichen Form vermittelt werden. Die Bezugspersonen dürfen sich nicht von ihren oft heftigen Widerständen beeindrucken lassen. Sollte es dazu kommen, gilt es, mit Gelassenheit kompetent darauf zu reagieren, indem man entweder die Aufgabe leichter gestaltet oder ein anderes Angebot macht. Nur so kann langfristig an die Stelle der zwanghaften, autistischen Selbstbehauptung die Bereitschaft und Fähigkeit zu überlegten, selbst verantworteten Entscheidungen und Handlungen treten.

Ein Beispiel für ein derartiges schrittweises Vorgehen gibt der folgende Bericht aus einem Trainingszentrum für autistische Kinder und Jugendliche.

Beispiel

Viele Autisten machen beim Essen große Schwierigkeiten, besonders wenn es sich um eine neue, ihnen unbekannte Nahrung handelt. In diesem Zentrum gibt es die Regel, dass jeder zumindest kosten muss, wenn er eine Speise nicht essen möchte. Stellt er dann fest, dass er sie wirklich nicht mag, wird das Essen weggeräumt. Auf diese Weise lernt der Klient, sich begründet zu entscheiden. Würde man einfach auf seine Weigerung eingehen und die Speise sofort abräumen, dann würde man nur das unangemessene autistische Durchsetzungsverhalten unterstützen.

Die Betreuerin, Frau Nawrat, beschreibt ihr Erlebnis mit einem autistischen Jugendlichen wie folgt: „Während eines Gabelfrühstücks weigerte er sich lautstark, indem er ärgerliche Laute ausstieß, eine Banane anzugreifen, geschweige denn zu essen. Ich brach ein kleines Stück von der Banane ab und schob es ihm, während er gerade den Mund zu einem weiteren Protest öffnete, zwischen die Lippen. Er schluckte es im Ganzen, ohne zu kauen, hinunter, was typisch für ihn ist, und protestierte weiter, aber nicht mehr ganz so vehement und überzeugt. Ich verstärkte ihn für das Hinunterschlucken, indem ich ihm über den Kopf streichelte und dazu sagte „Du bist aber brav; so eine gute Banane; die schmeckt." Nachdem er auf dieselbe Weise noch ein Stück der Banane gegessen hatte, griff er von sich aus die Banane an. Mit leichter Handführung führte ich sie zum Mund und biss ein Stück davon ab. Danach aß er selbständig den Rest auf."

Diese Szene wäre ohne die überlegte, erzieherische Einwirkung der Betreuerin sicher ganz anders verlaufen: Der Jugendliche hätte sich in einen Zornanfall hineingesteigert und schließlich „gesiegt", d. h. sich mit seiner Weigerung durchgesetzt. Dies hätte bedeutet, dass sein unangemessenes Durchsetzungsverhalten verstärkt worden wäre.

Die Betreuerin verwendete einerseits verhaltenstherapeutische Techniken (dafür sorgen, dass das gewünschte Verhalten überhaupt stattfindet, Aufteilen der Verhaltensfolge in kleine Schritte, Einsetzen positiver Bekräftigung), andererseits ging sie nach der „niederlagelosen Methode" von Gordon vor: Da der Jugendliche selbst entscheiden durfte, ob er die Banane aufessen wollte oder nicht, nachdem er davon gekostet hatte, stellte es keine „Niederlage" dar, dass er sich für das Verspeisen der Banane entschied, sondern im Gegenteil eine selbst verantwortete Handlungsalternative. Da die Betreuerin es ihm freigestellt hatte, ob er weiteressen wollte oder nicht, wäre es aber für sie auch kein Prestigeverlust gewesen, wenn sich der Junge gegen das Aufessen der Banane entschieden hätte.

Damit autistische Kinder und Jugendliche sich an das Einhalten von Regeln gewöhnen, ist das Durcharbeiten vieler hundert Einzelszenen wie der oben geschilderten notwendig. Nicht anders ist dies bei gesunden Kleinkindern der Fall, die die Entwicklungsaufgaben der Trotzphase erfolgreich meistern: Auch dort geht es um die Entwicklung von sozial verträglichen Formen von Selbständigkeit. Autisten müssen oft Entwicklungsstufen nachholen, die andere weit früher erledigt haben.

Die **„autistische Selbstbehauptung"** bzw. das **„autistische Durchsetzungsverhalten",** wie ich es bezeichnen möchte, kann zu einer regelrechten Tyrannei ausarten, wenn man, statt gegenzusteuern, nachgibt. Sie stellt das schwerwiegendste Problem unzureichend therapierter autistischer Jugendlicher und Erwachsener dar und führt in der Regel dazu, dass sie in der Familie nicht mehr tragbar sind, sondern in ein Heim eingewiesen werden müssen, wenn man keine Möglichkeiten hat, eine kompetente therapeutische Hilfe in Anspruch zu nehmen.

Dazu ein Beispiel aus einem Erlebnisbericht, der vom schweizerischen Verein der Eltern autistischer Kinder veröffentlicht wurde:

Beispiel

Es handelt sich um einen 25-jährigen Autisten, der seit seinem 13. Lebensjahr in einem Sonderschulheim lebte, seine Familie jedoch an Wochenenden und in den Ferien besuchte:

„Zurzeit ist eine dieser Marotten, die oft eher den Eindruck innerer Zwänge (statt Willensäußerungen) vermitteln, beispielsweise der vehemente Drang, Wirtschaften und Restaurants aufzusuchen, um einen oder mehrere Kaffees zu trinken (eher ein rituelles Spiel mit Kaffee, Sahne und Würfelzucker) oder gar – im Rahmen von Ausflügen in den Ferien – ganze Mahlzeiten zu essen. Am Anfang dieser Gewohnheit, vor einigen Jahren, ging dies recht gut. Er benahm sich in der Wirtschaft anständig, erregte wenig Aufsehen und ließ sich jeweils innerhalb nützlicher Frist bewegen, wieder weiterzuziehen. (…) Vor etwa einem Jahr hat er nun aber begonnen, seine Forderungen zu steigern, zeitweise bis ins Maßlose. Er will z.B. mehr als einmal am Tag ins Restaurant, ist nicht mehr nur mit einem Kaffee zufrieden, sondern insistiert, dass wir weitere und immer wieder einen weiteren bestellen, auch bevor die vorhergehenden ausgetrunken sind und obschon er gar nicht mehr recht trinken und Zucker essen mag. Es ist schon vorgekommen, dass diese Prozedur – trotz (oder wegen?) ständigen, diskreten Drängens unsererseits – zwei bis drei Stunden gedauert hat, und der bisherige Rekord waren 11 Kaffees (natürlich koffeinfrei…). Meistens kommt eine solche Kaffee-Orgie erst dann zu einem glücklichen Abschluss, wenn die Blase von Fritz endlich so voll ist, dass er nicht länger unterdrücken kann, auf die Toilette zu gehen, und dies schließlich zum Anlass für den Aufbruch genommen werden kann. Auch die Variante des aller-aller-letzten Kaffees unter der Bedingung, dass Fritz ihn außerhalb des Restaurants beim Aufbruch trinkt, war schon erfolgreich.(…) Wehe wenn seine Wünsche nicht erfüllt werden! Lautes Ausrufen, Schreien, Toben bis Aggressionen (Haarereißen) können die Folge sein."

Die Einschränkung eines derartigen, unangemessenen Durchsetzungsverhaltens ist sicher nicht leicht und erfordert gründliche Spezialkenntnisse der verhaltenstherapeutischen Prinzipien. Im Heim machte der junge Mann daher auch keine Probleme, da die Betreuer wussten, wie sie mit seinen autistischen Selbstbehauptungstendenzen umgehen müssen. Die Eltern berichten darüber:

Beispiel

„Zum Glück ist es den Betreuern unseres Sohnes gelungen, die Eskalation zu unterbrechen. In der Regel genügen zwei Restaurantbesuche pro Woche mit je einem Kaffee und etwa 20 Minuten Dauer, um Fritz zufrieden zu stellen. Bei uns zu Hause und in den Ferien hingegen bangen wir von Tag zu Tag, ob es uns gelingen werde, ein vernünftiges Gleichgewicht zu finden."

!
Je eingefahrener die aggressiven autistischen Durchsetzungstechniken werden konnten, desto länger dauert es, bis man sie abgebaut hat. Das wichtigste Interventionsprinzip ist dabei, wie wir schon an anderer Stelle gezeigt haben, dass der Autist mit seinen aggressiven Aktionen nichts erreichen darf, wohl aber Zuwendung und andere positive Bekräftigungen erhält, wenn er erwünschtes Verhalten zeigt.

Auf der Seite der Betreuer ist eine weitere, grundlegende Regel zu beachten: Man darf sich nie durch die oft sehr massiven Aktionen autistischer Kinder und Jugendlicher zum Nachgeben verführen lassen. Sehr günstig ist es, wenn man sie schon im Kleinkindalter daran gewöhnt, ein in bestimmtem, aber nicht aggressivem Ton ausgesprochenes „Nein" als „Stoppsignal" für beginnende emotionelle Eskalationen zu akzeptieren.

Gelegentlich berichten Betreuer von autistischen Kindern und Jugendlichen, dass ihnen das Geschrei und die aggressiven Handlungen zu viel seien oder dass sie sich sogar davor fürchteten. Diese Reaktionen ihrer Betreuungspersonen stellen jedoch für die Kinder ein Signal dar, dass sie sich mit ihren Ausbrüchen durchsetzen können. Wenn nur irgend möglich, sollte man daher versuchen, **diese Gefühle bei sich selbst zu bearbeiten,** so dass sie einen nicht mehr belasten. Unter Umständen hilft es, wenn man sich mit einer kompetenten Person darüber ausspricht. Die Einsicht, dass man selbst in Wirklichkeit nicht gemeint ist, sondern dass diese Aggressionen nur Teil der Symptomatik des Autismus sind und daher keine persönliche Kritik darstellen, kann den Umgang mit ihnen erleichtern.

Ebenso wichtig ist allerdings, dass man sich nicht zum Opfer macht und keine physischen Aggressionen zulässt. Bei körperlichen oder verbalen Aggressionen ist ein deutliches „Nein" notwendig; die Situation muss so umgestaltet werden, dass körperliche Angriffe nicht möglich sind oder abgeblockt werden können: Distanz halten, wenn dies notwendig ist, das Kind bzw. den Jugendlichen daran gewöhnen, in so einem Fall eine Pause in einem dafür eingerichtete Time-out-Raum einzulegen u.Ä. (in > Kap. 15.2.3 wird ausführlicher auf das Aggressionsmanagement eingegangen).

Für autistische Menschen ist es ebenso notwendig, wie dies für jeden Erwachsenen in unserer Gesellschaft der Fall ist, zu lernen, wie man in verantwortlicher Weise mit den eigenen Bedürfnissen und den Ansprüchen an Andere umgeht. Dies heißt, dass man nicht nur das Nehmen und Ansprüche stellen, sondern auch das Geben lernen muss. In der Anfangsphase jeder Autismustherapie bedeutet es zunächst einen großen Fortschritt, wenn autistische Kinder die Kontaktschranke so weit überwunden haben, dass sie Wünsche äußern können. Man sollte sie daher auch erfüllen, wenn es möglich ist, um das neue Verhalten zu festigen. Man darf dies jedoch keinesfalls zur Stereotypie werden lassen, indem man auch unsinnigen Anliegen nachgibt, weil sonst daraus die beschriebenen autistischen Durchsetzungsverhaltensweisen entstehen, die schließlich ein

Zusammenleben mit dem Betroffenen unmöglich machen. Langfristig verhindern sie, dass er sozial angepasst allein leben kann. Man sollte den Betroffenen im Gegenteil nicht nur immer mehr Chancen eröffnen, für sich selbst zu sorgen, sondern ihnen auch ermöglichen, Aufgaben in der Familie oder der Gemeinschaft, in der sie leben, zu übernehmen.

Die wichtige Entwicklung, die hierdurch eingeleitet wird, betrifft den Aufbau des prosozialen Verhaltens. Dies stellt einen entscheidenden Schritt bei der Entwicklung der gesunden Erwachsenenpersönlichkeit dar.

ten geschieht dies im Rahmen von oft wiederholten Rollenspielen, ein einmaliger Hinweis bewirkt nichts.

> **Beispiel**
>
> So begann z.B. der 15-jährige Hans (Name geändert) in der Straßenbahn junge Frauen zu streicheln, was natürlich zu erheblichen Konflikten Anlass gab. Hier war es notwendig, ihm sehr klar zu vermitteln, dass dies nicht erlaubt ist, dass es aber durchaus am Platz sei, einige nette Worte zu wechseln. Auch dafür mussten die passenden Redewendungen im Rollenspiel erarbeitet werden.

15.2 Der Übergang zum Jugendalter und zum jungen Erwachsenenalter

In der Pubertät und im Jugendalter treten einige neue Probleme auf, die es zu bewältigen gilt, andere präsentieren sich in neuer Form. Die hormonelle Umstellung im Zuge der psychosexuellen Entwicklung kann zu Krisen führen. Es ist daher notwendig, die Jugendlichen behutsam dabei zu begleiten. Die Eltern sollten sich jedoch bewusst sein, dass viele der typischen Verhaltensprobleme des beginnenden Jugendalters auch bei nicht autistischen Jugendlichen auftreten, und sich nicht zu sehr beunruhigen. Es ist aber äußerst wichtig, die Jugendlichen nicht einfach sich selbst zu überlassen, sondern sie in diesen neuen Lebensabschnitt einzuführen und ihnen bei auftretenden Schwierigkeiten gezielt zu helfen.

15.2.1 Sexualität und Partnerschaft

Die aufflammende Sexualität stellt eine zusätzliche Belastung der Integration autistischer Jugendlicher in die soziale Umwelt dar, die sie mit neuen Problemen konfrontiert.

Die Jugendlichen brauchen nun besondere Hilfe, um ihr verändertes und für sie oft befremdliches Kontaktbedürfnis zu Personen des anderen Geschlechts in die richtigen Bahnen zu lenken. Hier sind ganz konkrete Ratschläge notwendig. Das neue Verhalten muss geduldig situationsbezogen eingeübt werden. Am bes-

Sehr häufig tritt verstärkt Onanie – bei beiden Geschlechtern – auf. Es ist von Bedeutung, dass die Bezugspersonen diese Situation nicht dramatisieren. Eine wichtige Aufgabe besteht darin, den Betroffenen zu vermitteln, dass dies nicht „schlimm" ist, dass das Verhalten aber nicht im Beisein anderer und vor allem nicht in der Öffentlichkeit geschehen darf. Methodisch können hier dieselben Verfahren eingesetzt werden, die beim Löschen von Stereotypien angewendet werden: Ablenkung, Anbieten anderer Verhaltensmöglichkeiten, kleine Belohnungen, wenn es gelungen ist, auf die öffentliche Selbstbefriedigung zu verzichten. Ein die Jugendlichen ausfüllendes und sie erfüllendes Beschäftigungsprogramm, das z.B. auch sportliche Betätigungen enthält, ist in dieser Situation besonders hilfreich. In ihrer Persönlichkeit gut organisierte autistische Menschen können mit etwas Glück zu einer tragfähigen Partnerschaft finden, wie die Forschungsarbeiten von Hippler (2003) gezeigt haben. Für andere bleibt dieser Bereich weitgehend verschlossen, so dass unbefriedigte sexuelle Bedürfnisse zu Problemen führen können. Erste Beziehungen zum anderen Geschlecht stellen auch für gesunde Jugendliche eine neue Erfahrung und damit Herausforderung dar, mit der sie nicht immer allein fertig werden, sondern gelegentlich den Rat und die Unterstützung von Vertrauenspersonen innerhalb und außerhalb der Familie benötigen. Autistische Jugendliche und ihre Partner bzw. Partnerinnen brauchen diese Unterstützung in viel höherem Maße. Wegen der ungewöhnlichen Reaktionen autistischer Menschen ist immer wieder „Übersetzungshilfe" angesagt, d.h. Erklärungen, was das Verhalten ihres Freundes oder ihrer Freundin zu bedeuten hat, um Missverständnisse und unnötige Konflikte zu vermeiden.

15.2.2 Autonomiebedürfnis

Ein weiteres Problem bildet das Bedürfnis nach mehr Selbständigkeit, das bei allen Jugendlichen und daher auch bei Autisten auftritt. Je größer das Ausmaß der Behinderung des autistischen Jugendlichen in den lebenspraktischen Bereichen ist, desto schwieriger wird es, zu entscheiden, wie weit man diesem Verlangen nachgeben kann. Wenn in derselben Familie ein stärker behinderter autistischer und nicht autistische Jugendliche sind, dann kann es in dieser Entwicklungsphase zu besonderen Schwierigkeiten kommen, die sich in Widerstand und Zornausbrüchen äußern, wenn der autistische Jugendliche erleben muss, dass Bruder oder Schwester wesentlich mehr Freiheiten genießen als er selbst, allein weggehen darf, Partys besuchen kann und Vieles andere mehr.

Auch sehr kompetente autistische Jugendliche haben Probleme, am „normalen" Jugendleben teilzunehmen: Sie haben Schwierigkeiten, die vielen unausgesprochenen Regeln in der Jugendkultur zu erkennen, und werden daher leicht zu Außenseitern. Viele Jugendtreffs sind ihnen zu laut und zu gedrängt, so dass sie dazu neigen, sich dem zu entziehen. Hier kommt es darauf an, geeignete Alternativen zu finden: Hobbyvereine, die den Interessen des Jugendlichen entgegenkommen, oder Kurse, die den doppelten Zweck haben, neue Kompetenzen zu vermitteln und andere Jugendliche zu treffen.

Auf der anderen Seite stellt das neue Bedürfnis nach mehr Autonomie einen wertvollen Entwicklungsanreiz dar, den es zu nutzen gilt, indem man Schritt für Schritt neue Kompetenzen aufbaut, die dem autistischen Jugendlichen ein angemessenes Maß an Selbständigkeit vermitteln. Dies ist besonders wichtig, da, wie wir gesehen haben, Autisten sehr oft ein großes Bedürfnis nach kleinkindhaftem Versorgtwerden haben und dieses auch mit allen Tricks einzufordern versuchen. Gibt man dem zu sehr nach, nimmt man ihnen die Chance, im Erwachsenenalter ein zumindest teilweise selbständiges Leben zu führen.

> **!** Das neu erwachte Bedürfnis nach Autonomie bietet die Voraussetzung, den Prozess des Selbständigwerdens weiter voranzutreiben, da die Jugendlichen selbst ein Interesse an einer Erweiterung ihres Aktionsradius haben und dann eher bereit sind, dafür neue Aufgaben und Verantwortungen zu übernehmen.

15.2.3 Verstärktes Auftreten von aggressiven Verhaltensweisen und Anstrengungsvermeidung im Erwachsenenalter

Die neuen, entwicklungsbezogenen Belastungen können dazu führen, dass autistische Jugendliche und junge Erwachsene vermehrt zu Aggressionen neigen. Dazu kommt, dass mit dem Wegfall des kindlichen Aussehens die Bereitschaft der Umwelt nachlässt, sie mit Nachsicht freundlich zu behandeln. Menschen, die den Jugendlichen nicht kennen, erwarten von ihm daher mehr an Selbständigkeit und sozialer Kompetenz und kritisieren, wenn er dazu nicht in der Lage ist. Für die Jugendlichen kann dies eine sehr frustrierende, ihren bisherigen Erfahrungen zuwiderlaufende Situation bedeuten, auf die sie mit Ärger bis hin zu Wutausbrüchen oder Verzweiflung reagieren. Auch hier ist die wirksamste Strategie, den Jugendlichen nicht nur Verständnis entgegenzubringen (so wichtig dies selbstverständlich ist), sondern ihnen für kritische Situationen, die sie erlebt haben, im Rollenspiel neue Verhaltensweisen zu vermitteln. Wieder muss betont werden, dass es mit einmaligen Aktionen nicht getan ist, sondern geduldig geübt werden muss.

Je weniger ein autistischer junger Mensch gelernt hat, sich auf andere Menschen einzustellen, ihre Reaktionen vorherzusehen und vielleicht sogar zu beeinflussen, desto schwerer fällt es ihm oder ihr, sich mit diesen veränderten Sozialkontakten abzufinden. Ärger und aggressive Durchbrüche sind die Folge, wenn sie erleben müssen, dass ihre Wünsche nun nicht mehr so bereitwillig erfüllt werden. Hier benötigen autistische Jugendliche unsere besondere Hilfe. Je besser es z.B. gelungen ist, den Betroffenen im Laufe der Jahre ein höfliches, den Konventionen entsprechendes Sozialverhalten zu vermitteln, desto leichter fällt ihnen der Übergang vom nachsichtig behandelten Kind zum Erwachsenen, von dem die Umwelt, die nichts oder wenig von seiner Behinderung weiß, ein wesentlich höheres Maß an verantwortlichem Verhalten verlangt.

Den Eltern ist daher auch eindringlich nahezulegen, in ihrem täglichen Umgang mit dem autistischen Jugendlichen keine zu kleinkindhaft-verwöhnende Haltung einzunehmen, sondern ihm im Rahmen seiner Möglichkeiten Schritt für Schritt immer mehr Selbständigkeit zu vermitteln. Im anderen Fall entwickeln sich Autisten zu gewohnheitsmäßigen „Anstrengungsvermeidern" (Rollett, 2006), die gezielt versuchen, jeder Mühe aus dem Weg zu gehen.

Beispiel

Ein autistischer Jugendlicher („Manfred") bekam einen eindrucksvollen Zornausbruch, als er in der Tagesstätte, die er besucht, ein Glas Saft verlangte und von der Betreuerin aufgefordert wurde, sich den Saft selbst aus dem Kühlschrank zu holen (wozu er von seinen Kompetenzen her durchaus in der Lage war). Zu Hause war er gewöhnt, dass seine Eltern ihm diesen Wunsch immer erfüllten. Mit den Eltern wurde abgesprochen, dass sie auch zu Hause damit beginnen sollten, langsam mehr selbständiges Verhalten einzufordern und diesen Prozess zu unterstützen, indem sie ihn für jede selbständige Handlung besonders lobten. Sobald das neue Verhalten zu Hause zur Gewohnheit geworden ist, kann es auch in der Tagesstätte eingefordert werden. Bei derartigen Umstellungen ist daher eine enge Kooperation zwischen Elternhaus und Betreuungseinrichtung erforderlich.

Eine weitere notwendige Voraussetzung einer gesunden Weiterentwicklung ist daher, wie dieses Beispiel zeigt, eine gute Kooperation zwischen Elternhaus und Betreuungseinrichtung.

Für die Betreuer von autistischen jungen Menschen ist es wichtig, genau zu wissen, welche Erwartungen die jugendlichen Autisten aufgrund ihrer häuslichen Erfahrungen an ihre Umwelt haben, um aggressive Entgleisungen zu vermeiden. Autisten verstehen es nicht, dass zu Hause andere Regeln gelten als in anderen Umgebungen und umgekehrt. Will man sie auf das Leben in der Erwachsenenwelt besser vorbereiten, muss daher zu Hause begonnen werden, langsam ein selbständigeres Verhalten aufzubauen. Bei Manfred wurde mit den Eltern abgesprochen, mit ihrem Sohn schrittweise, ohne Druck und mit viel Lob verbunden, einzuüben, häufiger für sich selbst zu sorgen. Der Weg, das neue Verhalten zunächst in der vertrauten Welt der Familie aufzubauen und erst dann am Arbeitsplatz oder im Tagesheim zu verlangen, ist wesentlich einfacher als der umgekehrte Ablauf. Wenn immer dies möglich ist, sollte man daher die neuen Kompetenzen zunächst zu Hause entwickeln.

15.2.4 Interventionen bei aggressiven Durchbrüchen jugendlicher Autisten

Wutausbrüche bei Jugendlichen können auf Eltern und Betreuungspersonen äußerst bedrohlich wirken. Leicht gesagt, aber schwer umzusetzen ist die Regel, dass Angst auf Seiten der Betreuungspersonen die Gefahr von Übergriffen nur noch vergrößert und man daher versuchen sollte, diese Gefühle unter Kontrolle zu halten und trotz des unangemessenen Verhaltens freundlich zugewandt auf den Jugendlichen einzugehen.

Alle Autisten haben große Probleme, sich auf Neues einzustellen. Überraschende Änderungen sind daher eine häufige Quelle für Ärgerverhalten. Eine wichtige, frustrationsreduzierende Maßnahme besteht aus diesem Grund darin, sie auf Veränderungen behutsam vorzubereiten. Wenn z.B. ein Spaziergang, auf den sich der Jugendliche gefreut hat, nicht möglich ist, da es zu regnen begonnen hat, ist dies ausführlich in einer seinen Fähigkeiten angepassten Weise zu besprechen und darauf hinzuweisen, dass der Spaziergang nachgeholt wird, wenn die Sonne wieder scheint. Eine weitere Regel: Keinesfalls sollte man sich in die Rolle dessen drängen lassen, der an dem Ausfall des Spaziergangs Schuld ist, indem man sich zu lange mit Erklärungen aufhält, dass ein Spaziergang im Gewitterregen nicht ratsam ist. Bei autistischen Jugendlichen kommt dies so an, als wollte man die Tatsache, dass der Spaziergang ausgefallen ist, verteidigen. Es ist vielmehr notwendig, dass man emotional die Partei des enttäuschten Jugendlichen ergreift und gemeinsam bedauert, dass der Regen den Spaziergang verhindert hat.

Bei aggressiven Durchbrüchen ist ein Situationswechsel in vielen Fällen eine günstige Intervention. Zu Hause und in der Betreuungseinrichtung sollte daher, wie an anderer Stelle bereits erwähnt, ein Beruhigungsraum zur Verfügung stehen. Tobenden Jugendlichen sollte man sich nie von vorn, sondern grundsätzlich von hinten oder von der Seite nähern, wenn es zu ihrer eigenen oder zur Sicherheit von anderen notwendig ist, sie aus der Situation herauszuführen. Die Erfahrung muss zeigen, ob es dem Jugendlichen leichter gelingt, aus dem Wutanfall auszusteigen, wenn er allein gelassen wird oder wenn die Betreuungsperson anwesend ist. **Entspannungsübungen**, die selbstverständlich außerhalb der Aggressionssituation eingeübt werden müssen, sind eine weitere Möglichkeit, um einen rascheren Ausstieg aus dem Zornanfall zu gewährleisten.

!
Die Vermittlung von mehr Kompetenz in der Bewältigung frustrierender Alltagssituationen auf Seiten der Jugendlichen stellt daher die wichtigste Maßnahme zur Verringerung aggressiver Durchbrüche dar, da hierdurch verhindert wird, dass Wutgefühle überhaupt auftreten.

Die folgenden Maßnahmen beziehen sich auf die Auflösung von Situationen, in denen eine derartige Bewältigung noch nicht gelungen ist und daher Ärgergefühle bei dem Jugendlichen aufgetreten sind.

Eine wichtige Voraussetzung eines guten Ärgermanagements durch die Betreuungspersonen und die Jugendlichen selbst besteht darin, die **frühen Anzeichen** eines Wutanfalls erkennen zu können, um den Aggressionsaufbau durch rasche, ablenkende Interventionen zu unterbrechen. Ärgeranzeichen können bestimmte Redewendungen sein, die der Jugendliche bei Ärger stereotyp gebraucht, ein aggressiver Stimmton, Veränderungen der Mimik, schnelleres Atmen, Rötung des Gesichts, ein starrer Blick bei weit geöffneten Augen u. a. m. Hinweise auf diese Anzeichen helfen zunächst den Betreuungspersonen, um rasch einschreiten zu können. Die wichtigste Maßnahme ist die gezielte Ablenkung. In der Folge kann man jedoch auch mit den Jugendlichen erarbeiten, wie sie ihre Stimmungsänderung erkennen und selbst etwas dagegen unternehmen können. Im ➤ Kapitel 16 werden dazu einige Trainingsmodule vorgestellt.

Völlig verfehlt wäre es von Seiten der Betreuungspersonen, im Umgang mit einem bereits ärgerlich erregten autistischen Jugendlichen einen negativ emotionalisierenden Stimmton zu verwenden: Aggressives Schimpfen, Ironie oder Zurechtweisungen, die in einem ärgerlichen oder auch jammernd-hilflosen bzw. angstgetönten Tonfall erfolgen, sind nicht am Platz, da sie zu Eskalationen führen, wohl aber ein freundlich-bestimmter, beruhigender Stimmton. Erziehungsversuche sind in einer solchen Situation ebenfalls kontraproduktiv. Eine wichtige Regel, die nicht nur für autistische Jugendliche gilt, besagt, **dass man nicht erziehen kann, wenn jemand gerade höchst erregt ist:** Erst muss die Erregung abgeklungen sein, bevor man versuchen kann, den Konfliktanlass im Gespräch oder durch entsprechende Maßnahmen zu bewältigen.

Jedes Ärgermanagementprogramm muss zunächst einmal davon ausgehen, dem autistisch Behinderten das **Erkennen** von Ärgergefühlen zu vermitteln. Es hat sich bewährt, dafür ein Codewort zu verwenden, das aus dem Sprachschatz des Betroffenen stammt und ihm daher unmittelbar verständlich ist (z.B. „nicht ausrasten"). Weiterhin ist durch Beobachtungen im Alltag eine **Liste jener Situationen** anzulegen, die bei dem Betroffenen zu Ärger bzw. Wut führen können. Vieles lässt sich bereits durch eine Verminderung derartiger Anlässe bewältigen, wobei dem Jugendlichen durchaus eine aktive Rolle zugewiesen werden kann, indem er selbst mit der Zeit lernt, bestimmte kritische Situationen zu vermeiden. Ist einfache Vermeidung nicht möglich, so sind im nächsten Schritt problemangepasste Bewältigungsstrategien für bestimmte, häufig auftretende Ärgersituationen zu entwickeln, indem man neue so genannte **„Wenn-dann-Verbindungen"** aufbaut: „**Wenn** ich ein Ärgergefühl habe, **dann** sollte ich …". Manfred hatte z.B. gelernt, sich bei aufkommender Wut in einen Ruheraum zurückzuziehen, sich hinzulegen und Musik zu hören.

Während bei kleinen Kindern die Verantwortung für das richtige Gefühlsmanagement weitgehend bei der erwachsenen Betreuungsperson liegt, verschiebt sich das Gewicht im Lauf der Entwicklung immer mehr zum Betroffenen selbst.

!
Auch bei autistischen Jugendlichen sollte daher darauf hingearbeitet werden, die Verantwortung für das „Management" des eigenen emotionalen Zustandes, soweit dies möglich ist, selbst zu übernehmen. Autistische Jugendliche brauchen dafür besonders viel Unterstützung.

In einem New Yorker Spital, dem Mohawk Valley Psychiatric Center, ist man zur Unterstützung des Gefühlsmanagements der Patienten dazu übergegangen, zur Erinnerung sowohl für das Pflegepersonal wie auch die Patienten selbst große Tafeln aufzuhängen, auf denen die Möglichkeiten sprachlich und bildhaft dargestellt sind, mit Wutgefühlen und den resultierenden Aggressionen fertig zu werden (vgl. Visalli u. a., 1997). Beispiele für derartige aggressionsbewältigende Maßnahmen, die sich für Autisten eignen, sind sportliche Übungen, Entspannungstechniken und verschiedene ablenkende Tätigkeiten wie Musik hören, sich mit einer Freizeitaktivität beschäftigen, sich allein in einen Raum zurückziehen, sich hinlegen und in eine weiche Decke kuscheln und vieles andere mehr. Diese Aufzählung dient als Erinnerungshilfe, um bei aufkommendem Ärger auf eine abbauende Tätigkeit ausweichen zu können.

Man sollte diese Liste aufgrund der Erfahrungen mit dem jeweiligen Jugendlichen individuell erweitern. Falls der Jugendliche den Tag in einer geschützten Werkstätte oder einer anderen Betreuungseinrichtung verbringt, sollte dieselbe Erinnerungstafel sowohl dort als auch zu Hause angebracht werden. Ist er oder sie an einem normalen Arbeitsplatz tätig, würde dies wahrscheinlich stören. In diesem Fall kann man dem Jugendlichen eine Erinnerungskarte mitgeben, auf die bei Bedarf zurückgegriffen werden kann. Das Nachsehen und „sich selbst erinnern" müssen natürlich entsprechend eingeübt werden.

Im nächsten Kapitel werden Trainings zur Förderung der Kommunikation und der sozialen Fähigkeiten und Fertigkeiten autistischer Jugendlicher und junger Erwachsener vorgestellt. Die Ausformung dieser Kompetenzen ist für eine gute Integration autistischer Menschen in die soziale und arbeitsbezogene Umwelt von größter Bedeutung. Zum Teil handelt es sich um Anleitungen zum Nachholen wichtiger Kompetenzen, die bei einer konsequenten Förderung bereits im Schulalter hätten erworben werden können.

KAPITEL 16

B. A. Rollett, M. Felinger und K. Lauscher

Die Förderung kommunikativer und sozialer Fähigkeiten und Fertigkeiten bei autistischen Jugendlichen und jungen Erwachsenen: Förder- und Lernprogramme

Autistische Menschen können sehr unterschiedliche kognitive Ausgangskompetenzen besitzen. Entsprechend sind die Fortschritte verschieden groß, die sie durch Trainingsprogramme erreichen. So manche benötigen auch noch im Jugend- und Erwachsenenalter lerntherapeutische Hilfe. Die im Folgenden dargestellten Fördermethoden der kommunikativen und sozialen Kompetenzen sollen dafür Anregungen geben. Für alle autistischen Menschen gilt, dass eine Förderung dieser Kompetenzen ihre Leistungen allgemein entscheidend verbessern kann.

Die sozialen und kommunikativen Fähigkeiten entscheiden wesentlich darüber, wie gut es den Betroffenen gelingt, ein selbständiges Leben zu führen. Im Rahmen eines von Rollett, Felinger und Lauscher (1999) in dem Rehabilitationszentrum für autistische und andere behinderte Menschen „Rainman's Home" durchgeführten (vom österreichischen Bundesministerium für Wissenschaft und Verkehr unterstützten) Forschungsprojekts wurden daher Trainingseinheiten für den sozialen und kommunikativen Bereich entwickelt, die im Folgenden ausführlicher dargestellt werden. Die Trainingsbausteine wurden von K. Lauscher und M. Felinger gestaltet, die auch die Interventionen durchführten.

In > Kapitel 10 dieses Buches stellte U. Kastner-Koller bereits ein umfassendes Förderprogramm für die Unterstützung der Entwicklung autistischer Kinder vor. Die dort beschriebenen Methoden können, entsprechend abgewandelt, auch bei Jugendlichen und jungen Erwachsenen eingesetzt werden, welche die dort beschriebenen Förderziele noch nicht erreicht haben. Falls man daher mit stärker behinderten autistischen Jugendlichen oder Erwachsenen zu tun hat, lohnt es sich, die geschilderten Fördermethoden auch bei ihnen anzuwenden.

Beispiel

Dazu ein Beispiel: Die Sprachanbahnung stellt ein wichtiges, wenn auch in so manchen Fällen schwierig zu erreichendes Teilziel jeder Autismusbehandlung dar. Selbst wenn der Betroffene bereits die Adoleszenz erreicht hat, ohne sprechen zu lernen, kann es noch möglich sein, den Gebrauch einiger Wörter zu entwickeln. Man geht dabei nach derselben Methode vor, die bei der Sprachanbahnung bei Kleinkindern zum Einsatz kommt. Karin Lauscher arbeitete therapeutisch mit Manuel, der noch keine sinnvollen Worte gebrauchen konnte. Das Therapieziel bestand in diesem Fall darin, aus den Lauten, die Manuel spontan verwendete, Wörter zu bilden. Dazu wurden zu den Lauten, die Manuel von sich gab (vor allem „be" und „me") Wörter gesucht, die möglichst ähnlich wie diese beiden Laute klingen. Sie sollten außerdem Manuel bekannt sein und in seinem Leben eine Rolle spielen. Das erste Wort, das Manuel lernte, war „Bett". Manuel saß in den Therapiestunden immer gerne auf dem Bett, so konnte dieses Wort auch sinnvoll in den Trainingsablauf eingebaut werden. Das Wort „mehr" wurde ausgewählt, da Manuel in jeder Stunde gerne mehr von den Bonbons haben wollte, die er für gute Leistungen erhielt. Die Worte wurden unabhängig voneinander einzeln mit Manuel geübt. Wenn er von sich aus den Laut „be" produzierte, wurde ihm das Wort „Bett"

16 Die Förderung kommunikativer und sozialer Fähigkeiten und Fertigkeiten

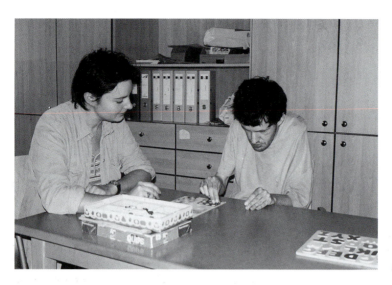

Abb. 20 Einzeltherapiesitzung.

> vorgesagt und er aufgefordert, dies nachzusagen. Sobald sich der Laut etwas verändert hatte und dem Wort Bett ähnlicher wurde, erhielt er ein Lob sowie ein Bonbon. Da er immer gerne noch ein weiteres Bonbon gehabt hätte, wurde in analoger Weise das Wort „mehr" aus den Lauten „me" entwickelt. Problematisch war die geringe Konzentration von Manuel. Es war immer nur sehr kurze Zeit möglich, seine Aufmerksamkeit zu gewinnen. Nach zwei Therapiestunden war jedoch festzustellen, dass Manuel auch spontan das Wort „mehr" verwendete, um auszudrücken, dass er noch ein Bonbon haben wollte, oder „Bett", wenn auf dem Bett sitzen wollte.

Die folgenden Trainingseinheiten zur Verbesserung der kommunikativen und interaktiven Fähigkeiten bei autistischen Jugendlichen bauen zum Teil auf den im ➤ Kapitel 10.6.1 dargestellten Methoden auf, die sich bereits bei jüngeren autistischen Kindern bewährt haben. Die Art des therapeutischen Zugangs zu den autistischen Jugendlichen durch die Therapeutin und den Therapeuten (im Folgenden aus sprachlichen Gründen als „Betreuungspersonen" bezeichnet) erfolgte auch hier nach den Kriterien des Wiener Kontakt- und Interaktionstrainings: Aufbau einer guten Beziehung durch einen freundlichen, nicht drängenden Augenkontakt und die entsprechende Mimik, modulierte Sprechweise, Berücksichtigung des individuellen psychischen Tempos durch Zuwartenkönnen und Geduld, Flexibilität in den Angeboten, lernwirksames Feedbackgeben und die verlässliche positive Beantwortung von Kontaktangeboten. Da es sich um eine ältere Klientengruppe handelt, wurde verstärkt darauf Wert gelegt, dass dieselben Verhaltensweisen zunehmend auch von den autistischen Jugendlichen selbst übernommen wurden.

16.1 Förderung der kommunikativen Sprachbeherrschung

Um die kommunikativen Fähigkeiten autistischer Jugendlicher zu entwickeln, ist es notwendig, auf mehreren Gebieten Übungen anzubieten: nicht nur zur aktiven und passiven Sprachbeherrschung selbst, sondern auch zu den Voraussetzungen im zwischenmenschlichen Bereich, so z.B. zum Wissen darüber, was der Gesprächspartner wissen kann und was nicht, und zum Verständnis von ich und du. Zu allen diesen Bereichen werden im Folgenden Trainingseinheiten vorgestellt.

16.1.1 Ganze Sätze verwenden

Auch Autisten, die bereits gelernt haben, in ganzen Sätzen zu sprechen, fallen im Jugendalter dadurch auf, dass sie lieber den für sie bequemeren Weg gehen und nur in Ein- bis Dreiwortsätzen sprechen. Dies bedeutet jedoch, dass sie durch ihre lakonische Ausdrucksweise auf ihre Umgebung abweisend wirken, was für ihre sozialen Kontakte ungünstig ist.

Therapieziel

- In ganzen Sätzen sprechen
- Ausbau der Einwortsätze zu Mehrwortsätzen.

Methode

Die Jugendlichen bekommen Bilder vorgelegt, die sie in ganzen Sätzen beschreiben sollen. Dabei muss schrittweise vorgegangen werden, wie das folgende Beispiel zeigt:

___ **Beispiel** ___

Günther bekommt ein Bild vorgelegt, auf dem ein Apfel abgebildet ist, und sagt „Apfel". Die Betreuungsperson antwortet: „Sehr gut. Das ist ein Apfel. Kannst du mir den ganzen Satz wiederholen?"

Nach einigen Therapiesitzungen ist der Jugendliche meist bereit, den Satz allein zu bilden, braucht aber oft noch die Aufforderung der Betreuerin, in ganzen Sätzen zu sprechen. Später genügen freundliche Mimik und Nicken der Betreuungsperson als Aufforderung, ganze Sätze zu bilden. Auch im Alltag sollte das Sprechen in ganzen Sätzen geübt werden. Bittet der Jugendliche um etwas und sagt dazu nur ein Wort (z.B. „Saft"), so ist dies eine gute Gelegenheit, ihn aufzufordern, in einem ganzen Satz zu sprechen. Jede gelungene Verbesserung muss mit einem Lob belohnt werden.

16.1.2 Richtige Verwendung von „ich" und „du"

Therapieziel

- Förderung des Ich-Bewusstseins, Verwendung des eigenen Namens beziehungsweise des Personalpronomens „ich", wenn der Jugendliche von sich selbst spricht

- Richtige Verwendung der Personalpronomina „ich"/„du"

Methode

Es geht darum, die Unterscheidung zwischen anderen Personen und sich selbst zu festigen. Dazu werden dem Jugendlichen Fotos von sich selbst und von anderen, ihm gut bekannten Personen vorgelegt. Der Jugendliche soll zunächst den Namen der Person nennen, die er auf dem Foto wiedererkennt, und in weiterer Folge dies in kurzen Sätzen mit dem richtigen persönlichen Fürwort verbinden („Das ist der …, das bin ich.").

Anschließend soll der Jugendliche sein Aussehen beschreiben (wenn er dabei Probleme hat, wird ein großer Spiegel zu Hilfe genommen), wobei die Beschreibung immer mit „Ich bin …" oder „Ich habe …" beginnt.

Um die richtige Verwendung der Possessivpronomina zu üben, legt man dem Jugendlichen verschiedene Objekte vor (z.B. Kleidungsstücke), die teils ihm, teils anderen gehören. Er soll nun herausfinden, was ihm gehört (z.B. „Das gehört **mir,** das ist **mein** Handschuh). Anschließend soll der Jugendliche herausfinden, was der anderen Person gehört, und auch diese Gegenstände mit dem richtigen Possessivpronomen benennen (z.B. „Das gehört **dir,** das ist **dein** …"). Die Methode ist sehr gut dazu geeignet, die Probleme von autistischen Jugendlichen mit der pronominalen Umkehr auszuschalten. Autistische Menschen verwenden oft die zweite Person, wenn sie von sich selbst sprechen. Anfangs ist es für sie schwierig, den Rollentausch von ich und du im Gespräch mitzuvollziehen („pronominale Umkehr"). Es war auch festzustellen, dass die Jugendlichen lieber und leichter mit Fotos übten als mit dem Spiegel. Jens z.B. war sehr motiviert und hatte großen Spaß daran, mit den Fotos zu arbeiten. Auch als die Übung später weniger oft wiederholt wurde, verlangte er danach, wieder mit den Bildern zu arbeiten. Wichtig ist bei dieser Übung eine kontinuierliche Verstärkung in Form von Lob bei richtigen Antworten. In den ersten Therapiestunden ist meist eine größere Anzahl von Durchgängen notwendig, um die Personalpronomina zu erlernen, später genügen kurze Wiederholungen, um das Erlernte zu festigen.

Abb. 21 Individuelle Förderung ist vor allem beim Aufbau der Kommunikationsbereitschaft wichtig.

16.1.3 Intonation

Therapieziel

Intonation gezielt zur Kommunikation einsetzen.

Methode

Die Betreuungsperson spricht deutlich und moduliert mit dem Jugendlichen. Wenn der Jugendliche monoton und ohne Pause zwischen den Sätzen spricht, wird ihm z.B. erklärt: „So kann ich gar nicht verstehen, was du mir jetzt erzählen möchtest. Versuch doch bitte einmal, eine kurze Pause zwischen den Sätzen zu machen, damit ich dich gleich fragen kann, wenn mir etwas unklar ist." Wenn der Jugendliche versucht, moduliert und mit kurzen Pausen zwischen den Sätzen zu sprechen, wird er gelobt.

Im nächsten Schritt übt die Betreuungsperson mit dem Jugendlichen, Sätze mit verschiedener Betonung zu sprechen. Es werden dazu einfache Sätze ausgewählt, bei denen immer ein anderes Wort betont wird. So verändert sich auch jeweils die Aussage des Satzes. Der Jugendliche soll nun erkennen, welche Satzaussage durch welche Betonung entsteht.

Dem Jugendlichen werden Sätze vorgegeben, die Gefühle (z.B. Trauer, Freude, Ärger) ausdrücken und die er mit entsprechender Betonung lesen soll. Die Betreuungsperson liest dem Jugendlichen die Sätze zunächst mit übertriebener Betonung vor; wenn er die Sätze mit entsprechender Betonung wiederholen kann, wird er gelobt. Anschließend werden dem Jugendlichen neue Sätze oder Eigenschaftswörter zu Gefühlslagen vorgelegt, die er mit der richtigen Betonung wiedergeben soll. Später wird versucht, mit dem Jugendlichen eine kurze Geschichte zu lesen, wobei er sich bemühen sollte, die Intonation gezielt einzusetzen.

Für die autistischen Adoleszenten war es wesentlich leichter, die Sätze, die von der Betreuungsperson vorgelesen wurden, mit entsprechender Betonung zu wiederholen, als die Wörter oder Sätze selbst mit der richtigen Betonung zu lesen. Es konnte beobachtet werden, dass die Jugendlichen begannen, die Intonation im Alltagsbereich gezielt zur Kommunikation einzusetzen. Manche Jugendlichen neigten jedoch bei großer Aufregung oder Unsicherheit dazu, wieder monoton oder hölzern zu sprechen. Auch hier ist die Übung im Alltag von großer Bedeutung, um die Kompetenzen zu festigen.

16.1.4 Verständlichkeit / Lautstärke

Autisten verwenden oft beim Sprechen eine zu intensive Lautstärke, was von der sozialen Umwelt als Zeichen von Aggression missverstanden wird.

Therapieziel

Angemessene Lautstärke.

Methode

Dem Jugendlichen wird erklärt, dass es für andere Gruppenmitglieder sehr störend ist, wenn er so laut spricht. Die Betreuungsperson versucht, so laut wie der Jugendliche zu sprechen, und fragt ihn anschließend, ob er die „normale" Lautstärke oder das sehr laute Sprechen als angenehmer empfinde. Meist geben die Betroffenen an, dass sie selbst die normale Lautstärke angenehmer finden. Daraufhin erklärt die Betreuungsperson, dass man leise zu sprechen üben kann, indem man „Sprachspiele" spielt. Dabei wird den Jugendlichen gezeigt, wie man mit seiner Stimme experimentieren kann. So wurden z.B. Vokale in verschiedenen Tonlagen und Lautstärken vorgesprochen. Der Jugendliche soll zunächst erkennen, welche Tonlagen und Lautstärken für ihn selbst angenehm beziehungsweise unangenehm sind.

Die Jugendlichen, die an dieser Übung teilnahmen, hatten großen Spaß daran, verschiedene Lautstärken (von flüstern bis sehr laut sprechen) auszuprobieren, und konnten auch anschließend darüber berichten, was sie als angenehm und unangenehm empfunden hatten.

Anschließend wird mit dem Jugendlichen besprochen, wann und warum man in bestimmten sozialen Situationen leiser sprechen sollte (wenn jemand schläft, arbeitet und nicht gestört werden soll usw.) und wann lautes Sprechen am Platz ist.

Der Jugendliche soll selbst Gründe dafür finden, warum es für andere Personen störend sein kann, wenn man zu laut spricht. Er soll auch Beispiele dafür angeben, in welchen Situationen er selbst gerne möchte, dass andere leise sprechen.

___ **Beispiel** ___

Ludwig reagierte anfangs auf den Hinweis, dass er manchmal zu laut spreche, abweisend und meinte, dass er schließlich krank sei und deshalb so laut spreche. Hier war es notwendig, dem Jugendlichen zu erklären, dass man ihn nicht kritisieren möchte, dass es auch sehr wichtig sei, laut und deutlich sprechen zu können, dass man ihn aber nicht mehr verstehen könne, wenn seine Stimme zu laut werde.

> **!** Da autistische Menschen in bestimmten Situationen, zum Beispiel bei Aufregung oder Unsicherheit, Probleme haben, in angemessener Lautstärke zu sprechen, ist es wichtig, sie im Alltag immer wieder darauf hinzuweisen, wenn ihre Stimme zu laut wird.

16.1.5 Verständlichkeit / Sprachtempo

Therapieziel

Angemessenes Sprachtempo.

Methode

Der Jugendliche wird von der Betreuungsperson aufgefordert, langsamer zu sprechen. Wenn das Sprachtempo nicht reduziert wird, wird dem Jugendlichen rückgemeldet, dass man ihn so nicht verstehen könne, da er zu schnell spreche. Die Betreuungsperson spricht mit dem Jugendlichen übertrieben langsam und motiviert ihn dazu, in ähnlich langsamem Tempo zu sprechen. Dem Jugendlichen wird erklärt, dass er sich beim Sprechen nicht zu beeilen braucht, da er genug Zeit hat, um mit der Betreuungsperson zu kommunizieren. Der Jugendliche bekommt Sätze vorgelegt, die er langsam und deutlich lesen soll. Sprechen in angemessenem Tempo wird verbal verstärkt.

Auch hier zeigte sich wieder, dass **freundliche Mimik** und **Lob** entscheidend für den Therapieerfolg sind.

___ **Beispiel** ___

Nach jeder positiven Verstärkung war z.B. Jens sehr bemüht, langsamer zu sprechen, hatte anfangs allerdings Schwierigkeiten, bei dem langsamen Sprachtempo zu bleiben. In der Arbeit mit Jens waren zunächst nur kleine Erfolge sichtbar. So konnte der Jugendliche anfangs nur einen Satz in angemessenem Sprachtempo sprechen. Erst ab der 23. Therapiesitzung begann er kontinuierlich langsamer zu sprechen.

Da dieser Jugendliche zu Beginn der Arbeit mit ihm auch schwer zum Sprechen zu motivieren war, war es hier besonders wichtig, das Lob differenziert einzusetzen, also den Jugendlichen einerseits für alle Äußerungen zu loben, das angemessene Sprachtempo aber ebenfalls gezielt lobend zu bekräftigen. Wesentlich war es auch, dem Jugendlichen immer wieder zu vermitteln, dass die Betreuungsperson für ihn genug Zeit habe und er deshalb nicht so schnell sprechen müsse.

lernen. Das deutlichere Sprechen und die daraus resultierende bessere Verständlichkeit des Jugendlichen motivierten ihn dazu, mehr zu sprechen, da er auch von den anderen Gruppenmitgliedern vermehrt in Gespräche einbezogen wurde und mehr Zuwendung bekam.

16.1.6 Verständlichkeit / Artikulation

Therapieziel

Üben der Aussprache von Wörtern.

Methode

Wörter, die der Jugendliche unverständlich ausspricht, werden von der Betreuungsperson korrigiert und anschließend vom Jugendlichen mehrmals wiederholt.

Auch bei dieser Übung ist es wichtig, differenziert zu loben, und zwar vor allem bei Personen, die wenig sprechen und nur sehr schwer zum Sprechen zu motivieren sind. Diese Jugendlichen müssen einerseits für die Bereitschaft zu sprechen und andererseits für das richtig ausgesprochene Wort gelobt werden. Wenn der Jugendliche bei einem Wort große Schwierigkeiten hat, wird dieses Wort zunächst in Silben geteilt. Die Silben sollen vom Jugendlichen gut verständlich wiedergegeben werden, danach wird das ganze Wort geübt.

Die richtig ausgesprochenen Wörter werden mehrmals wiederholt (auch in den folgenden Einheiten), bevor man ein weiteres Wort einlernt. Für jedes Wort, das der Jugendliche deutlich spricht, wird er gelobt. Von Bedeutung ist bei dieser Übung das ständige Wiederholen der Wörter, die der Jugendliche deutlicher auszusprechen gelernt hatte.

Beispiel

Günther sprach anfangs sehr undeutlich. Ab der 19. Therapiestunde war eine merkbare Besserung zu sehen. Der Jugendliche spricht nun deutlicher und verständlich. Auch bei dieser Übung wurde die Erfahrung gemacht, dass Lob eine wesentliche Komponente ist, um rasch und effektiv zu

16.1.7 Echolalien abbauen

Therapieziel

Reduktion der Echolalien.

Methode

Echolalien sind bei autistischen Menschen ein besonders auffälliges Merkmal. Bestimmte Wörter, Teile eines Satzes oder Redewendungen werden dabei unverändert wiederholt. Echolalien können für den autistischen Menschen mehrere Funktionen erfüllen, wie beispielsweise, mehr Aufmerksamkeit der sozialen Umwelt auf sich zu lenken, die Kommunikation aufrechtzuerhalten oder eine bestimmte Äußerung anderer besser zu verstehen. Es ist daher zunächst notwendig, abzuklären, **welche Funktion** die Echolalien für den Jugendlichen haben. Wenn die Echolalie bei einem Jugendlichen den Zweck hat, sich durch die Wiederholung eines Satzes die Bedeutung des Inhalts klarer zu machen, ist es wichtig für ihn, **sie für bestimmte Fälle** beizubehalten. Man kann aber versuchen, den Jugendlichen dahin zu führen, die Worte leise zu wiederholen.

Der Jugendliche wird gefragt, ob er eine Äußerung, die er ständig wiederholt, verstanden habe. Wenn dies nicht der Fall ist, wird die Äußerung mit ihm besprochen und nochmals erklärt. Dies wird so lange konsequent fortgesetzt, bis der Jugendliche in der Lage ist, auf die Wiederholung der betreffenden Äußerungen zu verzichten. Die Betreuungspersonen sollten sich eine **Liste der Äußerungen** anlegen, an denen sie gerade mit dem Jugendlichen arbeiten, und den Erfolg der Maßnahmen laufend kontrollieren.

Geht es in erster Linie um Aufmerksamkeitszuwendung, werden die Echolalien während eines Gesprächs am besten **durch Ignorieren** gelöscht. Keinesfalls dürfen sie zu mehr Beachtung führen. Es ist in diesem Fall jedoch notwendig, dem Jugendlichen in einem anderen Bereich (z.B. durch Anbieten eines Spiels) Aufmerksamkeit zu schenken.

Wenn die Echolalie als Stereotypie mit der Funktion der Selbststimulation verwendet wird, ist es möglich, sie entweder durch einfaches Ignorieren und gespielte Ablenkung oder die in den folgenden Abschnitten beschriebenen Methoden zu löschen.

16.1.8 Sprachstereotypien / exzessives und repetitives Stellen von Fragen

Therapieziel

Exzessives Stellen von Fragen reduzieren.

Methode

Auf eine Frage, die vom Jugendlichen mehrmals hintereinander gestellt wird, wird nur einmal ausführlich geantwortet. Dieselbe Frage wird dem Jugendlichen gestellt, und wenn er sie richtig beantworten kann, wird ihm erklärt, dass er die Antwort ganz toll verstanden habe und nicht mehr weiter fragen müsse.

Anschließend wird ihm vermittelt, dass man ihm auf die Frage nun keine Antwort mehr gebe, weil er diese ja bereits kenne. Stellt der Jugendliche weiterhin dieselbe Frage, wird dies von der Betreuungsperson ignoriert, und es wird versucht, seine Aufmerksamkeit auf etwas anderes zu lenken.

—————— **Beispiel** ——————

Bei Franz war die Reduktion der Sprachstereotypien besonders schwierig, da er im Abstand von 3 bis 4 Wochen „Hochphasen" hat, in denen er permanent spricht und mehrmals hintereinander dieselben Fragen stellt, deren Antwort er schon kennt. Es war hier sehr wichtig, den Jugendlichen entweder durch Gegenfragen oder indem man seine Aufmerksamkeit auf etwas anderes konzentrierte, vom exzessiven Fragenstellen abzulenken.

Bei anderen Jugendlichen konnte beobachtet werden, dass sie bestimmte Fragen mehrmals stellten, weil sie **verunsichert** waren (z.B., wer sie von der Tagesstätte abholen werde oder wann ein Jugendlicher, der schon längere Zeit fehlte, wiederkommen werde). Hier war es sehr wichtig, sich mit den Jugendlichen ausführlich darüber zu unterhalten und ihnen damit die Unsicherheit zu nehmen.

Bei einigen Jugendlichen fiel auf, dass durch die Entängstigung zwar die ursprünglichen stereotypen Äußerungen gelöscht werden konnten, dass aber Fragen mit anderem Inhalt exzessiv gestellt wurden. Das exzessive Stellen von Fragen hatte für sie noch andere Funktionen, wie z.B. **Stimulation** oder das **Bedürfnis zur Aufrechterhaltung des Gesprächs.** Im ersteren Fall ist es angezeigt, für eine anregende Beschäftigung zu sorgen, im letzteren, mehr Zuwendung zu zeigen und daran zu arbeiten, mit dem Klienten andere Möglichkeiten zu entwickeln, ein Gespräch in Gang zu setzen. Hierfür eignen sich besonders Rollenspiele.

16.1.9 Sprachstereotypien / Wiederholen von Phrasen

Therapieziel

Wiederholen von Phrasen reduzieren.

Methode

Die Betreuungsperson beginnt die Arbeit, indem sie eine Phrase wiederholt, die der Klient stereotyp gebraucht, und ihn fragt, wer wohl diesen Satz immer sage. Erkennt er sich darin, fragt sie weiter, ob der Jugendliche die Äußerung verstehe. Ist das nicht der Fall, wird versucht, die Phrasen des Jugendlichen durch einfaches Ignorieren zu löschen und seine Aufmerksamkeit auf etwas anderes zu lenken. Genügt dies nicht, wird mit dem Jugendlichen ein Gespräch begonnen. Treten die stereotypen Äußerungen auf, wird ihm erklärt, dass seine Äußerungen nichts mit dem Gesprächsinhalt zu tun hätten (z.B.: „Darum geht es jetzt nicht. Worüber unterhalten wir uns gerade?"). Wenn der Jugendliche im Laufe des Gesprächs wieder bestimmte Stehsätze wiederholt verwendet, wird nicht auf sie eingegangen, sondern der Jugendliche durch Gegenfragen am Wiederholen seiner Phrasen gehindert.

Eine weitere bewährte Methode besteht darin, gemeinsam mit dem Jugendlichen dieselbe Phrase mehrmals zu wiederholen (sog. „paradoxe Übung"). Nach einigen Wiederholungen beendeten die Jugendlichen meist von selbst das Wiederholen von Phrasen.

Beispiel

Ludwig wiederholte bis zur 9. Therapieeinheit ständig Phrasen. Ab der 10. Einheit gelang es, das Wiederholen durch die beschriebenen Methoden zu reduzieren. Bei Ludwig handelte es sich in erster Linie um Gebote und Verbote, die ihm im Laufe seiner Erziehung „antrainiert" wurden und die er vor allem dann wiederholte, wenn ihn bestimmte Situationen verunsicherten oder er nicht wusste, wie er sich verhalten sollte. Hier wurde darauf geachtet, dass Äußerungen, die ihm beim Zurechtfinden in bestimmten Situationen halfen, nicht reduziert wurden, dass aber bei Phrasen, die in keinem Zusammenhang mit der momentanen Situation standen, versucht wurde, sie zu löschen.

16.1.10 Gespräch beenden

Therapieziel

Gespräch **adäquat** beenden, d. h. weder auf Fortsetzung drängen, wenn der Gesprächspartner das Gespräch bereits beendet hat, noch selbst das Gespräch abrupt beenden.

Methode

Mit dem Jugendlichen wird der Gesprächsablauf besprochen. Es wird gemeinsam überlegt, was man zu Beginn eines Gesprächs sagen kann, was man mitteilen möchte und wie man ein Gespräch beendet. Anschließend wird dies in einem Rollenspiel geübt. Bei Arnold dauerte es z.B. relativ lange (bis zur 24. Therapieeinheit), bis er lernte, ein Gespräch adäquat zu beenden. Hierbei spielt sicher eine große Rolle, dass Autisten generell Schwierigkeiten mit sozial erwünschten Umgangsformen haben und dass es ihnen schwer fällt, sich in die Rolle des anderen hineinzuversetzen und sich auf seine oder ihre Erwartungen einzustellen.

Wenn der Jugendliche versucht, das Gespräch weiter aufrechtzuerhalten, obwohl der Gesprächspartner das Gespräch bereits beendet hat, fragt die Betreuungsperson den Jugendlichen, ob ihm am Gesprächsinhalt etwas unklar gewesen sei, ob er etwas nicht verstanden habe oder ob er noch etwas mitteilen möge.

Wenn er dies verneint, erklärt ihm die Betreuungsperson, wann sie wieder Zeit für ihn habe. (z.B.: „Ich muss XY eine Rechenaufgabe erklären und ihm zeigen, was er zu tun hat, und dann komme ich wieder zu dir.") Wenn es zeitlich nicht möglich ist, sich noch am selben Tag dem Jugendlichen für längere Zeit zu widmen, wird genau besprochen, wann man wieder Zeit für ihn hat.

Es ist ebenfalls wichtig, dem autistischen Menschen klarzumachen, dass sein Verhalten auf andere Personen unhöflich oder kränkend wirken kann, wenn das Gespräch plötzlich abgebrochen würde. Das Rollenspiel bietet auch in diesem Fall gute Möglichkeiten, um Gesprächssituationen zu erlernen und zu üben.

16.1.11 Äußerungen ohne Bezug zur aktuellen Situation

Therapieziel

Äußerungen, die keinen Bezug zur aktuellen Situation haben, reduzieren.

Methode

Äußerungen, die keinen Bezug zur aktuellen Situation haben, werden von der Betreuungsperson mit dem Jugendlichen besprochen. Er wird gefragt, was ihn beschäftige und ob er mit dieser Äußerung etwas Bestimmtes mitteilen möchte.

Die Betreuungsperson geht zu Beginn des Gesprächs kurz auf die Äußerungen des Jugendlichen ein, weist ihn aber auch darauf hin, dass seine Äußerungen nichts mit dem Gesprächsinhalt zu tun haben. Während des Gesprächs werden Äußerungen, die keinen Bezug zur aktuellen Situation haben, durch Ignorieren und Gegenfragen reduziert. Der Jugendliche wird auch immer wieder dazu angehalten, selbst zu überlegen, ob die Äußerung zur Gesprächssituation passt.

Im Laufe der Zeit konnte bei einigen Jugendlichen festgestellt werden, dass sie zu einer nicht zum Gesprächsinhalt passenden Äußerung sogleich hinzufügten, dass die Äußerung nicht „hierher passt", und sich wieder dem Gespräch widmeten.

Da autistische Menschen oft voraussetzen, dass der Gesprächspartner über alles Bescheid wisse, was sie selbst wissen, stellt die Betreuungsperson auch Fragen wie beispielsweise: „Glaubst Du, dass ich diese Person kenne oder schon einmal getroffen habe?", oder: „Denk einmal darüber nach, ob ich an dieser Familienfeier teilgenommen habe."

Ziel ist es, dass der Jugendliche erkennt, dass er nicht davon ausgehen kann, dass der Gesprächspartner über dieselben Erfahrungen und Kenntnisse wie er selbst verfügt und dass er sich im Gespräch darauf einstellen muss (vgl. dazu die Übungen im Abschnitt zur Theory of mind).

> **Beispiel**
>
> Max konnte auf diese Weise die Äußerungen, die keinen Bezug zur aktuellen Situation hatten, ab der 16. Therapieeinheit kontinuierlich reduzieren. Ab der 26. Einheit traten sie nicht mehr auf.

16.1.12 Selbstgespräche

Therapieziele

- Lautes Denken leiser durchführen
- Gespräche anfangen lernen
- Reduktion des autistischen Pseudodialogs.

Methode

Selbstgespräche können verschiedene Funktionen haben. Sie können den Ersatz für ein Gespräch mit anderen darstellen (autistischer Pseudodialog) oder aber zur Selbstinstruktion verwendet werden. Bei Franz z.B. war zu beobachten, dass er bei verschiedenen Tätigkeiten vor sich hin murmelte, was er nun zu tun hatte („Der Franz muss jetzt eine Schere holen."). Man kann davon ausgehen, dass der Jugendliche in dieser Situation das laute Denken oder die Wiederholung einer Handlungsanweisung braucht, um zu verstehen oder sich wieder in Erinnerung zu rufen, was er nun tun sollte. Es ist daher nicht sinnvoll, in diesem Fall das laute Denken zu löschen. Es wird aber daran gearbeitet, dass er die Selbstinstruktion leiser durchführt. Wenn es sich jedoch um den Ersatz für Kommunikation handelt, ist die Reduktion erwünscht.

Wenn der Jugendliche vor sich hin murmelt oder laut zu sich selbst spricht, wird er gefragt, mit wem er spreche, ob er jemandem etwas mitteilen möchte oder mit wem er sich jetzt gerne unterhalten würde. Ziel ist es, dass der Jugendliche erkennt, dass er mit sich selbst spricht und dass er besser etwas unternehmen sollte, um einen Gesprächspartner zu finden (z.B. Blickkontakt suchen, sich jemandem zuwenden usw.).

Wenn der Jugendliche nichts mitteilen möchte und das Selbstgespräch auch nicht zur Handlungsstrukturierung benötigt, wird er gebeten, die Selbstgespräche zu beenden (z.B.: „XY ist jetzt leise. XY kann den Tisch abwischen, ohne dass er dabei spricht ...").

16.1.13 Äußerungen, die um dasselbe Thema kreisen

Therapieziel

Reduktion der Äußerungen, die um dasselbe Thema kreisen.

Methode

Äußerungen, die um dasselbe Thema kreisen, werden mit dem Jugendlichen besprochen. Die Betreuungsperson diskutiert mit ihm, was ihn daran so beschäftigt. Anschließend wird nach Lösungsmöglichkeiten gesucht. Der Jugendliche wird auch nach den Gefühlen gefragt, die er mit diesem Thema oder dieser Äußerung verbindet. Bei angstbesetzten oder traurigen Ereignissen versucht die Betreuungsperson, das Erlebnis in Form von Zeichnungen oder Geschichten ähnlicher Thematik mit ihm aufzuarbeiten.

Beispiel

In dem Fall des Jugendlichen Ludwig, der sehr gerne eine ältere Verwandte besuchen wollte und sehr verunsichert war, weil er den Besuch nicht organisieren konnte, kreisten die Äußerungen immer wieder um dieses Thema. Die Äußerungen konnten weder durch Ignorieren noch mit dem Hinweis, dass man nun über ein ganz anderes Thema spreche, reduziert werden. Als hilfreich stellte es sich dagegen heraus, mit dem Jugendlichen Punkt für Punkt durchzugehen, wie es nun möglich sei, diesen Besuch zu organisieren, und was dafür alles zu tun sei. Es wurde gemeinsam überlegt, ob es überhaupt möglich sei, die Verwandte zu besuchen, wie er mit ihr in Kontakt treten könnte, welche Verkehrsmittel er benutzen müsse usw. Es wurde auch besprochen, welche Erwartungen mit dem Besuch verknüpft sind, wie der Besuch möglicherweise verlaufen werde und was passiert, wenn die Verwandte keine Zeit habe.

Die differenzierte Realitätsprüfung hilft dem Jugendlichen, vom stereotyp geäußerten Bedürfnis zur konkreten Handlungsplanung überzugehen.

Beispiel

Die Äußerungen eines anderen Jugendlichen kreisen häufig um das Thema, dass er gerne eine Lehrerin aus seiner Schule, die aber mittlerweile im Ausland lebt, einladen möchte. Nach Rücksprache mit den Eltern, ob das möglich sei, wurde mit dem Jugendlichen besprochen, dass die Reise zu lang und beschwerlich und dass der Besuch daher nicht möglich sei. Der Jugendliche wurde dazu motiviert, brieflich mit der Lehrerin in Kontakt zu treten, wodurch sich die Äußerungen, ob die Lehrerin nun auf Besuch kommen würde, deutlich reduzierten.

16.1.14 Persönliche und höfliche Form der Anrede

Therapieziel

Richtiger Gebrauch von „Du" und „Sie" in der persönlichen Anrede.

Methode

In einem Gespräch wird dem Jugendlichen eine Regel vermittelt: „Alle Personen sind mit „Sie" anzureden. Wenn jemand es Dir aber erlaubt hat, darfst Du „Du" sagen!" Anschließend wird für einzelne Personen aus dem Leben des Jugendlichen überlegt, ob diese ihm angeboten haben, dass er „Du" sagen darf, oder ob er sie auch weiterhin mit „Sie" anreden müsse.

Max konnte ab der fünften Stunde mit dieser Regel richtig umgehen und es unterliefen ihm ab diesem Zeitpunkt keine Fehler mehr bei der persönlichen Anrede. Es ist jedoch zu erwähnen, dass diese Methode ein bestimmtes Maß an kognitiver Kompetenz erfordert. Nicht alle autistischen Jugendlichen können mit Regeln umgehen und diese richtig interpretieren.

Falls bei autistischen Jugendlichen noch Defizite beim Verstehen und Weitergeben von Botschaften oder bei der Verwirklichung eines höflichen Verhaltens bestehen, sind die folgenden Übungen geeignet.

16.1.15 Botschaften übermitteln

Therapieziel

Jemandem eine kurze Botschaft übermitteln.

Methode

Der Jugendliche soll zunächst Gegenstände holen, die ihm vertraut sind und mit denen er sich gerne beschäftigt. Im nächsten Schritt soll der Jugendliche Gegenstände (z.B. Schere, Klebstofftube) jemandem übergeben, der diese benötigt.

In weiterer Folge wird der Jugendliche von der Betreuungsperson instruiert, eine kurze Botschaft auszurichten, die in das Alltagsgeschehen der Tagesstätte oder der Familie eingebunden ist (z.B. jemanden bitten, ihm einen Bleistift zu geben). Der Auftrag wird mehrmals mit ihm besprochen, der Jugendliche soll die Botschaft wiederholen.

Wenn der Jugendliche zunächst Schwierigkeiten hat, zu einer Person hinzugehen, wird dies in kleinen Schritten wie folgt aufgebaut:
1. Betreuungsperson und Jugendlicher gehen gemeinsam zu einer anderen Person und die **Betreuungsperson** überbringt die Botschaft.

2. Betreuungsperson und Jugendlicher gehen gemeinsam zu einer anderen Person und der **Jugendliche** überbringt die Botschaft.
3. Der Jugendliche geht **alleine** und überbringt die Botschaft selbst.

Der Jugendliche wird anschließend – nachdem er etwas geholt oder ausgerichtet hat – von der Betreuungsperson gelobt.

16.2 Sprachverständnis erweitern

16.2.1 Wortschatz erweitern

Therapieziel

Neue Worte verstehen können.

Methode

Dem Jugendlichen werden Bilder vorgegeben, auf denen Personen zu sehen sind, die Tätigkeiten ausführen (z.B. schreiben, duschen, schlafen), deren Bezeichnung er nicht kennt. Anschließend wird der Jugendliche gefragt, was die Personen auf den Bildern machen. Je nach den Kenntnissen des Jugendlichen wird der Schwierigkeitsgrad der Bilder gesteigert.

Eine weitere Übung besteht im Vervollständigen eines Satzes durch Einsetzen des richtigen Wortes (Vorschläge für Übungsmaterialien siehe ➤ Anhang 2). Dabei werden dem Jugendlichen kurze Sätze vorgelesen, wobei eine richtige und eine falsche Version angeboten werden. Wörter, die der Jugendliche falsch verwendet, werden mit ihm besprochen, es werden ihm Beispiele für die richtige Verwendung gezeigt. Der Jugendliche soll anschließend Sätze mit dem neuen Wort bilden. Danach wird mit ihm geübt, bis er das neue Wort richtig anwenden kann.

Eine weitere Übung besteht darin, den Jugendlichen, die lesen können, eine Liste mit jeweils vier Wörtern vorzulegen, wobei drei Wörter ähnliche Bedeutung haben und ein Wort nicht dazu passt. Er soll nun herausfinden, welches Wort eine andere Bedeutung hat, und soll auch die Bedeutung der verschiedenen Wörter erklären (➤ Anhang 3).

Anhand von Geschichten soll der Jugendliche Wörter nennen, die er nicht kennt. Diese neuen Wörter werden mit ihm besprochen und ihm erklärt. Anschließend soll der Jugendliche eine kurze Geschichte erzählen oder Sätze bilden, wo möglichst viele dieser Wörter verwendet werden. Die Wörter werden in den nächsten Einheiten wiederholt.

16.2.2 Redewendungen verstehen lernen

Therapieziel

Redewendungen verstehen und richtig gebrauchen können.

Methode

Wie in ➤ Kapitel 10 bereits besprochen wurde, ist es für autistische Menschen besonders schwierig, bildliche Redewendungen und übertragene Bedeutungen, die in der Alltagssprache doch häufig vorkommen, zu verstehen, da sie die Aussage der Sätze meist wörtlich nehmen. Im Folgenden sollen einige weitere Übungen dazu vorgestellt werden.

Mit dem Jugendlichen wird besprochen, dass es vorkomme, dass Leute oft Dinge sagen, die nicht ganz wörtlich zu verstehen sind. „Diese Leute meinen das, was sie sagen, nicht ganz genau so. Wir wollen uns nun überlegen, was die Leute wirklich meinen, wenn sie solche Sätze sagen. Das, was genau in diesem Satz steht, meinen sie jedenfalls nicht."

Circa 60 metaphorische Phrasen und Redewendungen wurden gesammelt und jede auf ein kleines Kärtchen geschrieben. Die Bedeutung der Redewendungen wurde ebenfalls auf Kärtchen notiert und außerdem eine Liste dieser Bedeutungen angefertigt.

Einführung, was Redewendungen sind:
1. Der Jugendliche liest die Redewendung laut vor und überlegt, was diese bedeuten könnte.
2. Nun kann der Jugendliche versuchen, aus einer Liste aller Bedeutungen die richtige zu finden. Wenn der Jugendliche die richtige Antwort nicht entdeckt, sagt ihm die Betreuungsperson die richtige Bedeutung der Redewendung.
3. Das Kärtchen mit der richtigen Bedeutung wird neben das Kärtchen mit der Redewendung gelegt.

4. Die Bedeutung wird mit dem Jugendlichen besprochen und es werden mögliche Eselsbrücken überlegt, damit es dem Jugendlichen leichter fällt, sich die richtige Erklärung besser zu merken.
5. Wenn alle Redewendungen durchgesprochen wurden, soll der Jugendliche nun allein die Kärtchen mit der jeweiligen Redewendung zu dem Kärtchen mit der richtigen Bedeutung legen.
6. Der Jugendliche bekommt die Redewendung nur noch vorgelesen und soll die richtige Bedeutung mit eigenen Worten beschreiben sowie ein Beispiel geben, wann diese Redewendung vorkommen könnte.

Im nächsten Schritt wird dem Jugendlichen eine Geschichte vorgelesen, in die bestimmte Redewendungen eingebaut sind. Er soll erklären, was die Person, die diese Redewendung gebraucht, damit sagen oder ausdrücken möchte. Die Redewendungen oder Phrasen werden in den darauf folgenden Therapieeinheiten wiederholt.

__ Beispiel __

Anfangs war es für Ludwig sehr verwirrend, die Bedeutung der Phrasen nachzuvollziehen. Nach einigen Wiederholungen zeigte sich aber, dass er die Redewendungen korrekt anwenden und auch richtig in den Alltagsgebrauch übernehmen konnte.

!
Es ist wichtig, den Jugendlichen anfangs nicht zu viele Redewendungen vorzulegen, sondern zunächst einfache Phrasen zu erarbeiten und dann die Schwierigkeit kontinuierlich zu steigern.

16.2.3 Verständnis von Witzen

Therapieziel

Verstehen, warum und worüber andere Leute bei Witzen lachen können.

Methode

Ähnlich wie beim Verständnis von Redewendungen und Phrasen verstehen Autisten Witze wörtlich und können ihre Bedeutung nicht erkennen. Ziel ist es daher auch nicht, dass Autisten über Witze herzhaft lachen können, vielmehr sollten sie verstehen, warum andere Menschen über Witze lachen und was sie dabei lustig finden. Es wurden vier Witze ausgewählt, bei denen eine Person durch ihr „dummes" Handeln oder ihre „dumme" Aussage zum Lachen anregt. Den Jugendlichen wurde erklärt, dass es Leute gebe, die über die Dummheit eines anderen lachen können. Die Jugendlichen lasen sich jeweils einen Witz durch. Danach wurde die Handlung Satz für Satz analysiert. Sie überlegten bei jedem Satz, ob es sich hierbei um etwas Dummes handelte oder ob die Handlung oder die Aussage der Person ganz normal war. Gemeinsam wurde dann die „dumme Aussage" gefunden. Im Laufe des Analysierens der verschiedenen Witze wurde die Regel erarbeitet, dass die Pointe eines Witzes nahezu immer im letzten Satz liegt.

__ Beispiel __

Anna hatte bei den ersten beiden Witzen noch Schwierigkeiten, zu verstehen, was andere Personen an den Witzen lustig finden. Danach konnte sie mit Hilfe der oben beschriebenen Regeln erkennen, wo die Pointe in diesem Witz versteckt ist und welche Person durch welche Aussage als „dumm" gilt.

16.2.4 Sinnvolles Nacherzählen einer Geschichte

Therapieziel

Geschichte sinngemäß wiedergeben können.

Methode

Als Vorübung zur Nacherzählung einer Geschichte wurde das Erzählen von Geschichten anhand von Bildergeschichten (➤ Anhang 2) mit den Jugendlichen geübt. Es wurde wie folgt vorgegangen:
1. Es wurde ein Bild nach dem anderen aufgedeckt und der Jugendliche sollte nun beschreiben, was er alles auf dem Bild erkennen konnte.
2. Nachdem alle Bilder durchgesprochen worden waren, wurde der Jugendliche gebeten, ganz kurz in einem Satz die wesentliche Handlung jedes Bildes zusammenzufassen.

3. Nun sollte der Jugendliche versuchen, aus diesen Sätzen eine kurze Geschichte zu formen. Wichtig war, dass in dieser Geschichte alle wichtigen Handlungen enthalten waren und keine zusätzlichen Handlungen erfunden wurden.

Wie in > Kapitel 10 gezeigt, eignen sich Bildgeschichten sehr gut als Trainingsmaterial. Als weitere Übung bekamen die Jugendlichen daher vier bis acht einfache Bilder vorgelegt, die Begebenheiten aus dem Familienalltag zeigen (z.B. Essen im Restaurant, Geburtstagsfeier, Einkaufen, Schwimmen gehen). Sie sollten versuchen, die Bilder in entsprechender Reihenfolge zu ordnen, die Geschichte kurz zu erzählen und anschließend Fragen zum Handlungsablauf zu beantworten.

Nacherzählen von Geschichten: Den Jugendlichen wird eine kurze Geschichte (ca. 200 – 250 Wörter) vorgelesen, die sie anschließend in wenigen Sätzen sinngemäß nacherzählen sollten. Da die meisten Jugendlichen Schwierigkeiten hatten, sich bis zum Ende der Geschichte zu konzentrieren, wurde die Geschichte in drei bis vier Abschnitte geteilt. Nach jedem Abschnitt wurden die Jugendlichen gebeten, den Inhalt der Geschichte sinngemäß wiederzugeben. Anschließend sollte die gesamte Geschichte in wenigen Sätzen nacherzählt werden.

Für viele Autisten ist es schwierig, die Handlungsabläufe einer Erzählung nachzuvollziehen. Als Hilfe hat es sich daher bewährt, gezielte Fragen zum Inhalt der Geschichte zu stellen. Ein weiterer Faktor ist sicher ihre mangelnde Konzentration. Auch bei kurzen Geschichten war es einigen Jugendlichen nicht möglich zuzuhören. An der Sitzhaltung und am Herumrutschen auf dem Sessel war deutlich zu bemerken, dass die Konzentrationsspanne nur sehr kurz war. Hier war es notwendig, zusätzlich ein Konzentrationstraining durchzuführen. Günstig ist es, mit den konzentrationsschwachen Jugendlichen kurz vor der Geschichte Entspannungstechniken einzusetzen.

16.2.5 Irrelevante Kommentare beim Nacherzählen einer Geschichte löschen

___ Beispiel ___

Auf Fragen, die ihm zum Inhalt der Geschichte gestellt wurden, gab Jens meist stereotype Antworten, die nichts mit der Frage zu tun hatten. So fragte die Betreuungsperson, wohin die Familie, von der die Geschichte handelte, einen Ausflug unternehmen wollte. Der Jugendliche antwortete: „Das Mädchen lacht." Auf den Hinweis, dass das nichts mit dem Ausflugsziel zu tun habe, wiederholte der Jugendliche seine Antwort.

Therapieziel

Reduktion der irrelevanten Kommentare beim Nacherzählen der Geschichte.

Methode

Wenn der Jugendliche beim Nacherzählen der Geschichte plötzlich abschweift oder von Ereignissen berichtet, die in der Geschichte nicht vorkommen, wird er von der Betreuungsperson in freundlicher Weise darauf aufmerksam gemacht. Die Betreuungsperson fragt beispielsweise, ob diese Ereignisse in der Geschichte vorgekommen sind („Gehört das zur Geschichte? Daran kann ich mich gar nicht mehr erinnern."). Irrelevante Kommentare werden in weiterer Folge von der Betreuungsperson ignoriert und gezielte Fragen zum Inhalt der Geschichte gestellt.

16.2.6 Verständnis einer Geschichte / eines Textes

Therapieziele

- Fragen zum Inhalt einer Geschichte richtig beantworten
- Den Inhalt eines Textes richtig entschlüsseln.

Methode

Die folgenden Methoden eignen sich nur für Jugendliche, die bereits lesen können. Der Jugendliche wird von der Betreuungsperson motiviert, besonders gut aufzupassen und sich zu konzentrieren, um die nächste Aufgabe so gut wie möglich durchführen zu können. Er bekommt eine kurze Geschichte vorgelegt, die er zunächst selbst genau durchlesen soll. Anschließend sollen Fragen zum

Inhalt der Geschichte beantwortet werden, wobei er zu jeder Frage drei Antwortalternativen vorgelegt bekommt. Der Jugendliche soll versuchen, die Fragen ohne nochmaliges Durchlesen der Geschichte zu beantworten. Sollte der Jugendliche eine Frage nicht oder nur falsch beantworten können, darf er nochmals in der Geschichte nachlesen. Wenn er auch dann nicht die richtige Antwort findet, hilft die Betreuungsperson dem Jugendlichen und es wird gemeinsam in der Geschichte nach der richtigen Antwort gesucht.

Eine weitere Übung: Der Jugendliche bekommt eine Geschichte und ein Blatt mit 12 Bildern vorgelegt. Er erhält die Information, dass 7 der Bilder in der Geschichte vorkommen, 5 Bilder jedoch nicht zu der Geschichte passen. Der Jugendliche liest nun die Geschichte still durch und versucht, die Bilder herauszufinden, die in der Geschichte beschrieben werden. Da die Bilder oft sehr ähnlich sind, ist es wichtig, dass der Jugendliche die Geschichte sehr genau liest und auch auf Details achtet. Danach werden seine Entscheidungen mit ihm besprochen und gegebenenfalls nochmals aufmerksam nachgelesen, in welchen Sätzen oder Satzteilen die Information steckt, die für die richtige Entscheidung notwendig ist.

Eine weitere, sehr interessante Methode, um Textverständnis zu üben, ist das **Lösen von kleinen Rätseln.** Der Jugendliche erhält zehn kurze Beschreibungen von Gegenständen, bei denen jedoch der Name des Gegenstandes nicht erwähnt wird. Er muss nun versuchen, zu erraten, um welchen Gegenstand es sich handelt. In vielen Fällen war es wichtig, den Jugendlichen zu motivieren, den Text ganz genau zu lesen, damit er an kleinen Details erkennt, worum es sich bei dieser Beschreibung handelt. Abschließend sollte der Jugendliche noch das Wort nennen, an dem er die richtige Lösung erkannt hatte.

Bei einer ähnlichen Übung wurden den Jugendlichen kurze **Werbesprüche** vorgelegt, aus denen sie erkennen sollten, welches Produkt hier beworben wurde.

Bei einer anderen Übung erhält der Jugendliche eine Reihe von Sätzen einer **Geschichte,** die sich jedoch **nicht in der richtigen Reihenfolge** befinden. Aufgabe des Jugendlichen ist es nun, diese Sätze richtig zu ordnen und zu überlegen, welche Handlung früher war und welche Handlung erst aus einer anderen erfolgte. Die Motivation des Jugendlichen lässt sich dadurch erhöhen, dass die handelnde Person in dieser Geschichte denselben Namen trägt, wie er selbst.

Eine weitere Übung zum Textverständnis: Mit dem Jugendlichen wird besprochen, dass nicht jeder Satz, den jemand sagt, auch sinnvoll, also richtig sein muss. Es gibt auch immer wieder Sätze, die im ersten Moment richtig scheinen; wenn man aber genau nachdenkt, merkt man, dass diese Sätze Unsinn sind.

Dem Jugendlichen werden nun einige Sätze aus einer Geschichte, die sinnvoll sind, und einige, die unsinnig sind, auf Kärtchen vorgelegt. Er soll nun entscheiden, welche Sätze sinnvoll sind und welche sinnlos sind. Der Jugendliche erhält hierfür einen Topf für die sinnlosen Sätze und eine Liste mit allen Sätzen, auf der er die sinnvollen Sätze ankreuzen kann. Der Jugendliche bekommt jeweils ein Kärtchen von der Betreuungsperson, die dieses auch selbst vorliest. Der Jugendliche soll den Satz richtig zuordnen und seine Entscheidung begründen. Hat er Schwierigkeiten, die richtige Entscheidung zu finden, versucht ihn die Betreuungsperson zur richtigen Lösung hinzuführen, indem sie mit dem Jugendlichen den Satz genauer analysiert.

Beispiel

Eine große Rolle spielt auch hier wieder die Konzentration. Es war festzustellen, dass die Jugendlichen beim Bearbeiten der Fragen weniger Schwierigkeiten hatten, wenn sie vorher dazu motiviert wurden, besonders gut aufzupassen. Bei Arnold konnte anfangs beobachtet werden, dass er bei den ersten Fragen zum Inhalt der Geschichte zunächst überlegte und sie dann richtig beantwortete, dass er aber im Lauf der Stunde dazu neigte, ohne zu überlegen irgendeine Antwort anzukreuzen. Hier war es wichtig, dem Jugendlichen rückzumelden, dass er die weiteren Fragen sicher ebenso gut wie die ersten beantworten könne, dass er sich noch kurz anstrengen müsse und dann eine Pause machen dürfe.

16.3 Verbesserung des Umgangs mit anderen und mit sich selbst

16.3.1 Höflichkeitsgesten / Begrüßung und Verabschiedung

Therapieziel

Betreuer und Gruppenmitglieder begrüßen.

Methode

Der Jugendliche wird durch Ermunterung und Lob motiviert, Betreuer und Jugendliche beim Betreten und Verlassen der Tagesstätte zu begrüßen. Mit dem Jugendlichen werden verschiedene Arten der Begrüßung und der Verabschiedung besprochen. Es wird überlegt, wie man Leute begrüßt, die man gut kennt, und wie man fremde Personen grüßt.

Der Jugendliche soll auch selbst Vorschläge machen, was man zur Begrüßung und Verabschiedung sagen könne (Hallo, guten Tag, Wiedersehen, usw.), und angeben, was ihm davon am meisten zusagt. Der Jugendliche wird motiviert, zu erzählen, wie er seine Eltern, Freunde und Bekannten begrüße. Die Betreuungsperson bespricht mit dem Jugendlichen, worauf man bei der Begrüßung achten sollte (z.B. Hand geben, Blickkontakt herstellen).

Anschließend wird das Gelernte in einem Rollenspiel geübt.

Beispiel

Jens war es zunächst unangenehm zu grüßen und er musste mehrmals dazu motiviert werden. Bei ihm spielte das Nachahmungsverhalten beim Erlernen der Höflichkeitsgesten eine wesentliche Rolle. Jens sah, dass andere Jugendliche Freude daran hatten, den Betreuern die Hand zu geben und sie zu begrüßen. Nach einiger Zeit begrüßte auch Jens die Betreuer, ohne dass er dazu motiviert werden musste.

16.3.2 Blickkontakt während eines Gesprächs / einer Interaktion

Für Autisten ist es besonders schwer, während eines Gesprächs einen Blickkontakt zum Gesprächspartner herzustellen beziehungsweise zu halten. Die soziale Umwelt deutet mangelnden Blickkontakt als Ablehnung. Falls Jugendliche noch nicht gelernt haben, Blickkontakt aufzunehmen, ist es daher wichtig, diesen aufzubauen.

Therapieziele

- Blickkontakt mit dem Gesprächspartner herstellen
- Blickkontakt mit dem Gesprächspartner aufrechterhalten.

Methode

Wesentliche Voraussetzungen sind ein freundlicher Blickkontakt und eine freundliche Mimik der Betreuungsperson selbst. Der Jugendliche wird aufgefordert, die Betreuungsperson anzuschauen. Kann der Jugendliche mindestens 3 Sekunden den Blickkontakt halten, wird er gelobt. Im nächsten Schritt soll der Jugendliche den Blickkontakt von selbst herstellen, wenn er mit der Betreuungsperson sprechen möchte. Das Gespräch beginnt erst, wenn der Jugendliche den Blickkontakt hergestellt hat. Gelingt es dem Jugendlichen, wird er von der Betreuungsperson entsprechend gelobt. Der Blickkontakt wird in weiterer Folge auf die Dauer einer kurzen Gesprächssituation ausgebaut. Schließlich wird der Jugendliche auch dazu motiviert, beim Grüßen und Verabschieden Blickkontakt zu seinem Gesprächspartner herzustellen. Solange der Jugendliche damit noch Schwierigkeiten hat, erinnert ihn die Betreuungsperson daran.

Beispiel

Durch die eben beschriebene Art der Verstärkung konnte bei allen Jugendlichen eine Verbesserung im Herstellen und Aufrechterhalten ihres Blickkontaktes erreicht werden.

Durch die Verbesserung des Blickkontaktes erscheinen autistische Personen im Gespräch mit anderen Menschen freundlicher, ihr Verhalten entspricht eher den sozialen Normen.

16.3.3 Nimmt von sich aus Körperkontakt zu einer Betreuungsperson / einem Gruppenmitglied auf

Therapieziel

Aufbau einer Beziehung zwischen Jugendlichem und Betreuungsperson, der spontane Angebote von Körperkontakt durch den Jugendlichen zulässt.

Methode

Bereitschaft zu Körperkontakt entsteht aufgrund einer echten, vertrauensvollen Beziehung zwischen Betreuungsperson und Betreutem. Es wurde daher nicht versucht, das Anbieten von Körperkontakt mit den Jugendlichen aktiv zu trainieren. Für die Betreuungsperson ist es jedoch wichtig zu wissen, dass sie auf spontane Körperkontaktangebote eines autistischen Jugendlichen in angemessener Weise positiv reagieren sollte.

> **!** Wenn autistische Menschen Körperkontakt eingehen, so ist dies ein Zeichen, dass sie das Beziehungsangebot der Betreuungsperson annehmen.

Von besonderer Bedeutung ist es, dass der Körperkontakt freundlich beantwortet wird. Beispielsweise kann man das Angebot mit einem freundlichen Satz („Der Gernot ist aber ganz lieb!") oder ebenfalls mit einer netten Geste erwidern. Falsch wäre es, den Körperkontakt abzuwehren, da dies vom Klienten als Zurückweisung aufgefasst würde.

Auf der anderen Seite ist es notwendig, unangemessenen Körperkontakt zu modifizieren.

Beispiel

Dazu ein Beispiel: Max begann damit, den Betreuer zu umarmen und fest zu drücken. Dies zeigt eine gute Beziehung zwischen dem Betreuer und dem Jugendlichen an. Es wäre nicht sinnvoll, Max diese Art der Zuneigung zu verbieten. Max ist aber groß und stark und kann durchaus auch fest zudrücken. Mit Max wurde daher einerseits ausgemacht, dass er den Betreuer immer erst fragen sollte, ob er ihn jetzt drücken dürfe, und andererseits eine weniger stürmische Liebesbezeugung erarbeitet.

16.3.4 Körperkontakt zulassen lernen

Therapieziel

Ein bestimmtes Maß an Körperkontakt ertragen.

Methode

Beobachtet man, wie autistische Jugendliche mit Körperkontakt umgehen, der von anderen Personen ausgeht, so zeigt sich, dass es zwar einige Jugendliche gibt, die es mit der Zeit sehr gerne mögen, wenn sie von Betreuern oder anderen Gruppenmitgliedern gestreichelt oder sonst wie berührt werden; so manche autistischen Jugendlichen wollen aber auf keinen Fall Körperkontakt aufnehmen. Wenn sie berührt werden, zucken sie zusammen, rutschen weg oder stehen sogar auf, um sich einen anderen Platz zu suchen. Ziel war es nun, bei diesen Jugendlichen eine Veränderung hervorzurufen, so dass sie ein Minimum an Körperkontakt aushalten können, wie er im täglichen Leben immer wieder vorkommt (überfüllte U-Bahn, auf die Schulter klopfen u.Ä.).

Methode

Diese Übungen wurden in Gruppen zu drei Jugendlichen durchgeführt.
- Eisschollenspiel: Die Jugendlichen erhalten zwei zusammengeklebte, große Packpapierbögen. Auf dem Papier können sich alle drei Jugendlichen angenehm daraufstellen. Nun wird von diesem großen Papier immer wieder ein Stück abgerissen. Die Jugendlichen versuchen nun, sich alle auf das verbleibende Stück Papier zu stellen. Wenn es den Jugendlichen zu nahe wird und sie nicht mehr weiterspielen wollen, wird diese Übung beendet.
- Zwei Jugendliche bilden mit ihren Armen ein großes Loch und der dritte Jugendliche versucht nun, durch dieses Loch durchzusteigen beziehungsweise durchzukrabbeln.

- Turnübungen, bei denen man die Hände des anderen anfassen muss oder bei denen es zu Berührungen des Rückens oder der Beine kommt. Wichtig ist, dass die Übung sofort abgebrochen wird, wenn deutlich wird, dass sie dem Betroffenen zu viel wird.

16.3.5 Hilfe leisten

Therapieziel

Anderen Gruppenmitgliedern Hilfe leisten.

Methode

Um das Hilfeverhalten zu unterstützen, werden mit dem Jugendlichen kurze Problemgeschichten durchgelesen, die sich mit der Thematik auseinandersetzen, einem anderen zu helfen (> Anhang 2). Mit dem Jugendlichen werden verschiedene Handlungsalternativen besprochen und überlegt, wo in seinem Leben ähnliche Situationen aufgetreten sind und wie er gehandelt hat. Wichtig ist, dass der aktuelle Bezug zu seinem unmittelbaren Umfeld hergestellt wird. Im konkreten Fall wurden Situationen in der Tagesstätte gesucht und besprochen, wie man anderen Gruppenmitgliedern helfen könne.

Eine weitere Methode besteht darin, Situationen, in denen Jugendliche einander helfen, im Rollenspiel nachzustellen.

Beispiel

Es zeigte sich, dass die Jugendlichen das in den Therapiestunden geübte Hilfeverhalten ganz bewusst im Alltag einsetzten. So konnte beobachtet werden, dass ein Jugendlicher begann, einem Gruppenmitglied, das dazu nicht in der Lage war, die Schuhbänder zu binden. Ein anderer Jugendlicher kümmerte sich beim Spazierengehen sehr liebevoll um ein Gruppenmitglied. Zusammenfassend lässt sich sagen, dass die Beobachtungen des Verhaltens der Jugendlichen im Tagesablauf zeigten, dass die angeführten Methoden dazu beitragen können, Gruppenmitglieder sensibler dafür zu machen, anderen zu helfen.

16.3.6 Theory of Mind: Aufbau von Vorstellungen über das Wissen des anderen

Therapieziel

Sich in eine andere Person hineinversetzen und ihre Handlung verstehen können.

Methode

Der folgende Versuch wurde in Anlehnung an die Arbeiten zur „Theory of Mind" von Wimmer & Perner (1983) entwickelt. Man versteht darunter die subjektiven Theorien, die eine Person über den Bewusstseinsinhalt, vor allem aber über das Wissen anderer Personen, hat. Wie U. Frith (1989) nachwies, besteht ein soziales Handicap autistischer Menschen darin, dass sie über keine derartigen Theorien verfügen.

An einer bestimmten Stelle des Raumes befindet sich ein Stoffhase. Ein Mitspieler wird vor die Tür geschickt. Der Jugendliche darf inzwischen den Stoffhasen verstecken. Mit dem Jugendlichen wird besprochen, dass er nun überlegen solle, wo der Mitspieler zu suchen beginnen wird, wenn er zurückkommt: An der Stelle im Raum, wo sich der Hase befunden hatte, oder dort, wo der Jugendliche den Hasen versteckt hat. Die Ergebnisse waren eindeutig. Alle Jugendlichen waren anfangs der Meinung, dass der Mitspieler an dem Ort zu suchen beginnen wird, wo der Hase von ihnen versteckt worden war. Es war keinem Jugendlichen möglich, sich in die vor der Tür wartende Person hineinzuversetzen und zu verstehen, dass diese Person nicht die gleiche Information besitzt wie er selbst.

In der Trainingsphase wird dieses Experiment mit dem Jugendlichen nochmals durchgespielt. Danach wird mit ihm besprochen, dass die Person, die vor der Tür wartet, nicht sehen kann, wo der Hase nun versteckt ist und daher nicht weiß, wo sie suchen soll. Anschließend wird der Versuch ein zweites Mal durchgeführt, wobei der Jugendliche selbst vor die Tür geht und die Betreuungsperson im Raum den Hasen versteckt. Wenn der Jugendliche wieder hereinkommt, findet er den Hasen nicht auf Anhieb und beginnt, an falschen Stellen zu suchen. Anschließend wird diese Erfahrung mit ihm besprochen. Durch die eigene Erfahrung fällt es den Jugendlichen leichter, sich in die andere Person hineinzudenken.

Einige Jugendliche erkannten aufgrund der eigenen Erfahrung von selbst, dass ihre Antwort am Anfang des Experiments falsch war, und wussten sogleich die richtige Antwort. Es zeigte sich jedoch, dass kognitiv schwächere Jugendliche in diesem Experiment auch nach der Übung nicht die gewünschte Antwort geben konnten. Bei der Erarbeitung von zutreffenden Vermutungen über den Bewusstseinsinhalt anderer Personen handelt es sich offenbar um eine Aufgabe, die nicht nur eine Überwindung der autistischen Kontaktschranke erfordert, sondern auch gewisse intellektuelle Kompetenzen voraussetzt.

16.3.7 Gesichtsausdruck / Gefühle erkennen

Therapieziel

Gefühle und die damit verbundene Mimik bei sich und anderen erkennen lernen, Sprache mimisch zu unterstützen lernen.

Methode

1. Der Jugendliche soll alle Gefühle, die er kennt, aufzählen. Diese werden auf Karten festgehalten. Wichtig sind vor allem die Gefühle „Freude", „Trauer," „Angst" und „Ärger".
2. Der Jugendliche sollte nun erklären, in welchen Situationen bei ihm das jeweilige Gefühl aufkommt und wie es ihm selbst dabei geht, wenn er dieses Gefühl erlebt. Von besonderer Bedeutung ist es, dass der Jugendliche überlegt, wie sich dieses Gefühl bei ihm bemerkbar machte. Für die therapeutische Aufarbeitung ist es am günstigsten, wenn die Situation möglichst konkret erinnert wird und der Jugendliche intensiv emotional davon betroffen ist.
3. Der Jugendliche bekommt eine Liste von Eigenschaftswörtern und soll einschätzen, ob diese Situation „angenehme" und „gute" oder „unangenehme" und „schlechte" Gefühle bei ihm hervorruft.
4. Dem Jugendlichen werden Gesichter mit verschiedenen Gefühlsausdrücken vorgelegt. Er wird aufgefordert, die Gefühle zu benennen. Gefühle, die falsch zugeordnet werden, müssen anschließend mit dem Jugendlichen besprochen werden. Auch hier ist es wieder wichtig, den persönlichen Bezug herzustellen und Situationen im Leben des Jugendlichen zu suchen, in denen diese Gefühle aufgetreten sind.
5. Bei der nächsten Übung müssen Zeitwörter, die den Ausdruck eines Menschen beschreiben sollen, Gefühlssituationen zugeordnet werden. Diese Gefühlssituationen sind „Ruhe und Sachlichkeit", „Glück und Freude", „Streit und Wut" und „Unglück und Sorge".
   Im ersten Schritt werden die vier Kategorien mit dem Jugendlichen besprochen. Dabei soll der Jugendliche an sich denken und Situationen in seinem Leben finden, wo diese Gefühlszustände bei ihm aufgetreten sind. Erst wenn der Jugendliche zu allen Bereichen einen persönlichen Bezug gefunden hat, bittet man ihn, den einzelnen Gefühlen beschreibende Zeitwörter zuzuordnen. Sollte der Jugendliche eines der Worte nicht kennen, versucht die Betreuungsperson, dies zu umschreiben und ein Beispiel (wenn möglich aus der Umwelt und der Erfahrung des Jugendlichen) zu bringen: „Denke daran, als gestern der Otmar Geburtstag gefeiert hat und ein Geschenk bekommen hat. Was Du da gehört hast, das war „jauchzen"; oder: „Als sich gestern die Anna am Fuß verletzt hat, da hat sie gesagt, wie weh ihr der Fuß tue, sie hat über ihre Schmerzen geklagt"). Worte, die der Jugendliche nicht kennt, werden erklärt, notiert und am Ende der Stunde sowie in den nächsten Stunden wiederholend besprochen.
6. Der Jugendliche erhält kurze Sätze vorgelesen. Er soll nun aus einer Liste von Vorschlägen aussuchen, welches Gefühl bei ihm aufkomme, wenn er diesen Satz höre.
7. Es wird besprochen, dass Gefühle in der Mimik eines Menschen sichtbar werden. Dies wird dem Jugendlichen vorgezeigt. Wichtig ist, dem Jugendlichen vorher zu vermitteln, dass die Betreuungsperson dem Jugendlichen jetzt etwas vorspielt – ähnlich wie in einem Film – und dies nicht „wirklich" ist. Die Betreuungsperson versucht nun, die Gefühle darzustellen, wobei am Anfang durchaus die Sprache mit einbezo-

gen werden kann, um das Gefühl noch deutlicher zu machen. Beispielsweise sitzt die Betreuungsperson mit ganz traurigem Gesicht da und sagt: „Leider habe ich meinen Kuschelbären verloren und ich kann ihn nicht mehr finden. Ich habe ihn so gern gehabt. Ach, was mache ich nur ohne meinem Kuschelbären?" Der Jugendliche kann mitraten, um welches Gefühl es sich jeweils handelt.

8. Der Jugendliche erhält wieder Bilderkarten mit mimischen Äußerungen anderer Menschen und nennt das Gefühl, das er in der mimischen Äußerung zu erkennen glaubt. Zu jedem Gefühl wird überlegt, ob dies ein gutes und angenehmes oder ein schlechtes und unangenehmes Gefühl ist. Hilfreich kann auch hier wieder sein, einen persönlichen Bezug des Jugendlichen zu diesem Gefühl herzustellen, indem wieder Situationen überlegt werden, in denen der Jugendliche selbst dieses Gefühl erlebt hat.
9. Die Bildkarten werden besprochen, auf denen man im Gesicht eines Menschen das Gefühl erkennen kann. Bei jedem Gesicht wird überlegt, woran man erkennt, wie sich diese Person fühlt. Eine Person, die sich freut, hat beispielsweise große Augen, und ihre Mundwinkel sind hochgezogen. Diese Merkmale können Autisten helfen, das fehlende Einfühlungsvermögen durch ein Regelsystem zu kompensieren. Schritte 6 und 7 werden mehrmals wiederholt.
10. Der Jugendliche probiert nun selbst, ein Gefühl darzustellen, und experimentiert mit seiner Mimik. Er bekommt dazu einen Spiegel zur Verfügung, um sich selbst sehen zu können. Da er nun die Merkmale der mimischen Äußerungen kennt, versucht er, diese umzusetzen und die verschiedenen (vor allem die vier wichtigsten) Gefühle selbst darzustellen. Die größte Schwierigkeit ist vor allem die bei Autisten oft schwach ausgeprägte bewusst koordinierbare Motorik des Gesichtsbereichs. Hier gilt es, individuell die besten Möglichkeiten zu erkunden und zu üben.
11. Der letzte und sicher auch schwerste Schritt ist es nun, den Gesichtsausdruck mit der Sprache zu koordinieren. Dies wird in Rollenspielen geübt.

16.3.8 Verschiedene Rollen übernehmen können

Therapieziele

- Sich in andere Personen hineinversetzen können
- Sich selbst bewusst zu steuern lernen.

Methode

Es wurden mehrere Rollenspiele zu verschiedenen Themen gespielt. Wichtig dabei war es, dass in jedem Rollenspiel ein Realitätsbezug hergestellt werden konnte. Die Jugendlichen sollten in diesem Rollenspiel eine reale Situation darstellen. Die Themen waren „Arztbesuch", „Einkauf", „Restaurantbesuch", „Unfall im Haushalt", „Suche nach der richtigen Adresse", „Vorstellungsgespräch" und „Reklamation".

Am Beginn eines jeden Rollenspiels wurde die Situation vorgegeben und die Jugendlichen hatten die Aufgabe, vorerst selbst herauszufinden, wie man in dieser Situation handeln könnte. Gemeinsam wurde dann durchgesprochen, wie das richtige Verhalten in dieser Situation aussehen könnte. Anfangs wurden nur ganz kurze Sequenzen gespielt, mit der Zeit wurden diese Sequenzen gesteigert, bis ganze Szenen mit den Jugendlichen gespielt werden konnten.

Es wurde darauf geachtet, dass Jugendliche, die Schwierigkeiten mit dem Rollenspiel hatten, Rollen aus ihrem realen Leben verkörperten. So übernahm im Rollenspiel „Arztbesuch" die Betreuungsperson die Rolle des Arztes und der Jugendliche spielte den Patienten, dessen Rolle er in der Vergangenheit schon selbst erlebt hatte. Bei Jugendlichen, die sich sehr schwer in eine Rolle hineinversetzen können, ist es nötig, dass die Betreuungsperson die Rolle dem Jugendlichen vorspielt und der Jugendliche nachspielt, was er sieht.

Geübt wurden im Rollenspiel auch der Blickkontakt mit dem Gesprächspartner, Sprechen in ganzen Sätzen und eine Mimik, die mit dem Gesprochenen übereinstimmt. Nach jedem Spiel wurden die Jugendlichen differenziert gelobt und die positiven Veränderungen besonders hervorgehoben. Sie konnten auch selbst reflektieren und erzählen, wie sie das Rollenspiel erlebt hatten.

Beispiel

Es zeigte sich, dass Rollenspiele den Jugendlichen sehr viel Spaß machten und sie von selbst immer wieder den Wunsch äußerten, spielen zu dürfen. Christoph konnte z.B. im Rahmen dieser Stunden sogar Rollen, die er noch nie selbst verkörpert hatte, sehr gut übernehmen und phantasievoll ausbauen. Seine Erfahrungen aus dem täglichen Leben reichten aus, um ihn in die Lage zu versetzen, die verschiedenen Rollen realitätsgetreu wiederzugeben.

16.3.9 Bewusstes Entspannen

Therapieziel

Sich entspannen lernen.

Methode

Dieses Entspannungstraining enthält sowohl Elemente des autogenen Trainings als auch der progressiven Muskelentspannung. Es wurde wie folgt vorgegangen:
1. Der Jugendliche nimmt eine lockere und entspannte Sitzhaltung ein.
2. Die Betreuungsperson bittet den Jugendlichen, mit der rechten Hand, so fest er kann, eine Faust zu machen. Nach 5 Sekunden wird der Jugendliche angehalten, seine Faust zu öffnen und den Arm wieder ganz locker hängen zu lassen.
3. Das Gleiche macht der Jugendliche mit der linken Hand und mit beiden Händen. Dies wird nun einige Male wiederholt.
4. Vor den weiteren Übungen ist es wichtig, dass der Jugendliche ganz entspannt und ganz locker auf seinem Sessel sitzt.
5. Der Jugendliche wird gebeten, die Augen zu schließen. Auf die Aufforderung der Betreuungsperson hin beginnt nun der Jugendliche, tief ein- und auszuatmen. Dabei wird immer darauf geachtet, dass er ganz ruhig und entspannt ist.

Die gesamte Übung dauert zwischen 10 und 15 Minuten.

16.3.10 Aggressives Verhalten reduzieren

Therapieziel

Aggressives Verhalten minimieren und Handlungsalternativen bieten.

Methode

Dem Jugendlichen werden kurze Geschichten vorgelesen, in denen Personen in Konflikte geraten sind und aggressiv gehandelt haben. Zusammen mit dem Jugendlichen werden nun die Vor- und Nachteile eines solchen Verhaltens besprochen und überlegt, wie man in dieser Situation in der Geschichte besser hätte handeln können.

Anschließend werden zusammen mit dem Jugendlichen die häufigsten Situationen gesammelt, in denen er selbst aggressiv handelt. Auch hier werden Vor- und Nachteile des Handelns besprochen, Gründe und Auslöser für das Verhalten gesucht und Alternativen überlegt. Wenn der Jugendliche das richtige Verhalten anwendet und nicht aggressiv handelt, erhält er eine Belohnung. Ein Beispiel soll dies verdeutlichen:

Beispiel

Ludwig schlug andere Jugendliche öfter, wenn diese sich nicht den in der Tagesstätte geltenden Regeln entsprechend verhielten. Es wurde mit ihm besprochen, dass es Leute in der Tagesstätte gibt, die schon alle Regeln kennen und auch schon gelernt haben, wie man sich, so wie er, richtig verhält, dass es jedoch auch andere Gruppenmitglieder gibt, die das richtige Verhalten noch üben müssen. Es sei nun wichtig, dass er selbst mithilft, dass auch die anderen Jugendlichen sich so gut verhalten können wie er. Er wurde gebeten, immer dann den Raum zu verlassen, wenn er sich über das Verhalten eines anderen ärgern müsse.

Für jeden Tag, an dem ihm dies gelingt und er keinen anderen Jugendlichen schlägt, bekommt er einen Stempel auf einer Liste. Bei 5 Stempeln wartet ein kleines Geschenk auf ihn.

16.3.11 Selbstaggression beeinflussen

Therapieziele

- Selbst verletzendes Verhalten ausschalten oder minimieren
- Handlungsalternativen einüben.

Methode

Zu Beginn des Trainingsprogramms war bei zwei Jugendlichen selbst verletzendes Verhalten zu beobachten. Ein Jugendlicher biss sich immer wieder die Lippen und den Unterarm wund, ein anderer scheuerte sich an seiner Hose seinen Handrücken auf. Ziel war es, dieses Verhalten so weit wie möglich auszuschalten.

Eine Methode, die sehr gut von den Jugendlichen angenommen wurde, bestand in einem kurzen Entspannungstraining am Anfang der Therapiestunde (zur Durchführung des Entspannungstrainings ➤ Kap. 16.3.9). Bei einer weiteren Methode, die angewandt wurde, sollte der Jugendliche erzählen, wie es zu dem selbst verletzenden Verhalten kam, was geschah, knapp bevor er dieses Verhalten zeigte, und was er dabei fühlte. Im nächsten Schritt war es nun nötig, mit dem Jugendlichen zu besprechen, warum sein Verhalten nicht richtig ist (Blut, Schmerzen, Eitern der Wunden usw.).

Danach wurde eine Liste von Handlungsalternativen erstellt, die dem Jugendlichen helfen sollten, in der Situation, in der er sich selbst verletzen wollte, ein anderes, weniger gefährliches Verhalten zu wählen. Dabei wurden die verschiedenen Handlungsalternativen gereiht, indem gemeinsam erarbeitet wurde, welche die Beste sei und welche nicht so gut geeignet sei. Die günstigsten Handlungsalternativen wurden anschließend eingeübt.

Beispiel

Max erzählte, dass er sich in den Unterarm beiße, wenn er in seinem Zimmer sitzt und seine Mitbewohner streiten. Die gemeinsam gefundenen Handlungsalternativen waren: in sein Stofftier zu beißen, sein Stofftier ganz fest zu drücken, auf die Matratze zu schlagen oder, was sicher am sinnvollsten, aber am schwierigsten zu verwirklichen ist, zu seinen Mitbewohnern zu gehen und ihnen zu sagen, dass sie aufhören sollten zu streiten. Es zeigte sich, dass Veränderungen nur sehr langsam möglich waren. Die Handlungsalternativen wurden immer wieder besprochen und in vielen Therapiesitzungen geübt. Erst nach einigen Wochen erzählte Max, dass er die Handlungsalternativen selbständig ausprobiert habe. Auch seine Mitbewohner berichteten in Gesprächen, dass Max schon einige Male zu ihnen gekommen sei und gemeint habe, dass sie aufhören sollten zu streiten.

Besonders eindrucksvoll ist an diesem Beispiel, dass es dem Jugendlichen im Laufe der Therapie gelang, von der Beeinflussung des Symptomverhaltens zu einer aktiven Beeinflussung der auslösenden Situation fortzuschreiten.

KAPITEL 17

B. A. Rollett

Die Nachbetreuung erwachsener Autisten

Die sehr unterschiedlichen Lernvoraussetzungen von Autisten bringen es mit sich, dass die entwicklungsbegleitenden Therapie- und Fördermaßnahmen nicht gleich weit führen. Je nach erreichtem Niveau gestaltet sich die Erwachsenenphase unterschiedlich. Über die **Berufschancen** gut geförderter und in die Arbeitswelt integrierbarer autistischer Menschen – die zum Glück in der Mehrzahl sind – haben wir bereits ausführlich gesprochen.

17.1 Wohnen im Erwachsenenalter

Bei sehr schweren geistigen Behinderungen wird eine **Heimunterbringung** nicht zu umgehen sein, es sei denn, dass es der Familie gelingt, in ihrem Rahmen angemessene Lebensbedingungen für beide Teile – den autistischen Menschen und die Familie – zu schaffen. Ein gutes Heim für autistische Personen muss von Fachleuten geleitet sein, die mit den Besonderheiten des autistischen Verhaltens vertraut sind. „Normale" psychiatrische Anstalten bzw. Heime, die keine Erfahrung mit Autisten haben, sind durch sie oft überfordert.

Ein besonders tragisches Missverständnis ist das Folgende: Bei Tobsuchtsanfällen, die bei geistig behinderten Autisten, die aus ihrer gewohnten Umgebung herausgerissen wurden, als Ausdruck der Verzweiflung durchaus vorkommen können, verabreicht man ihnen zur Ruhigstellung Psychopharmaka. Diese wirken jedoch bei Autisten häufig nicht. Man gibt ihnen daher eine weitere Dosis, die ebenfalls nicht den gewünschten Erfolg hat, usw. Schwerste Vergiftungserscheinungen sind die Folge. Ein gutes Heim für autistische Erwachsene erkennt man daher daran, dass **erfahrene Fachleute** vorhanden sind. Außerdem muss ein **effizientes Therapie-** und **Förderprogramm** angeboten werden. Ist das nicht der Fall, dann verlernen Autisten sehr rasch alles, was in vielen Jahren Förderarbeit zu Hause und durch Therapeuten aufgebaut wurde. Gute Heime arbeiten nach modernen psychologischen und medizinischen Erkenntnissen. Körperliche und andere Strafen sind natürlich verpönt. Dass dies durchaus nicht selbstverständlich ist, gehört leider zu den Erfahrungen, die man bei der Unterbringung von Behinderten in Heimen gelegentlich machen muss.

Programme für die körperliche Ertüchtigung und kognitive Förder- und Trainingsprogramme sorgen in guten Heimen dafür, dass die Entwicklungsarbeit weitergeht. Der Kontakt zur Familie wird nicht unterbunden, sondern gefördert. Gelegentliche Besuche zu Hause werden gut vorbereitet und die Familie entsprechend beraten, damit durch die Umstellung keine Rückfälle entstehen können.

Wenn ein höheres Kompetenzniveau erreicht werden konnte, können erwachsene geistig behinderte Autisten auch in der eigenen **Familie** oder einer Pflegefamilie leben, ohne diese zu sehr zu belasten. Zur Ergänzung der familiären Betreuung ist der Besuch einer Tageseinrichtung für erwachsene Autisten notwendig, die ähnlich wie dies in Spezialeinrichtungen für Jüngere der Fall ist, für ein Therapie- und Förderprogramm sorgt. Eine modellhafte Einrichtung dieser Art stellt z.B. die Tagesstätte „Rainman's Home" in Wien dar (Telefon: +43/1/4786434; Fax: +43/1/4789195; E-Mail: rainmans.home@aon.at). Leider gibt es noch viel zu wenig derartige Institutionen.

Therapeutische Wohngemeinschaften haben sich als Alternative zum Leben in der Familie und als Übergang zum selbständigen Wohnen bei kompetenten autistischen Erwachsenen bewährt. In derartigen Wohngemeinschaften können die Bewohner die notwendigen Organisations- und Haushaltsarbeiten weitgehend selbständig verrichten, es findet aber eine Betreuung durch Fachkräfte statt. Diese sollten mit dem besonderen Problem von autistischen Menschen vertraut sein.

Bei guten Voraussetzungen und einer konsequenten Förderung können autistische Erwachsene ein **normales, selbständiges Leben führen.** Dabei ist allerdings etwas zu beachten: Auch wenn sie allein oder in einer Partnerschaft leben und damit gut zurechtkommen, darf man sie nicht ganz sich selbst überlassen. Ein enger Kontakt mit der Familie und anderen nahestehenden Personen ist notwendig, um bei Schwierigkeiten und Krisen helfen zu können. Jeder Mensch braucht dieses „soziale Netzwerk", d. h. Verwandte, Bekannte und Freunde, auf die man sich in guten und bösen Stunden verlassen kann. Bewusst wird einem das Fehlen des Netzwerks oft erst, wenn man durch einen Umzug in einen anderen Wohnort das Beziehungsnetz neu aufbauen muss. Autistische Menschen haben, auch wenn ihre Therapie erfolgreich war und sie selbständig leben können, meist noch immer eine gewisse Scheu, auf andere Menschen zuzugehen. Es fällt ihnen daher auch schwer, einen Bekannten- und Freundeskreis aufzubauen. Man sollte sie dabei unterstützen und von sich aus ständig Kontakt halten.

Regelmäßige Beratungsgespräche mit einer mit den Problemen von Autisten erfahrenen Fachkraft haben sich ebenfalls als Eingliederungshilfe in die Erwachsenenwelt bewährt. Man muss immer damit rechnen, dass Fragen oder unerwartete Probleme auftreten, wenn sich dem oder der Betroffenen neue Aufgaben im Beruf oder im täglichen Leben stellen: Wie geht man z. B. mit einem Strafzettel um? Wie reagiert man auf eine Mieterhöhung? Wie beantragt man einen Lohnsteuerjahresausgleich?

17.2 Partnerschaft und Familiengründung

Viele neue Probleme ergeben sich auch im Zusammenhang mit der **Partnersuche.** Für jeden jungen Menschen bedeutet das Erlernen des Umgangs mit dem anderen Geschlecht eine Herausforderung. Autistische Jugendliche und junge Erwachsene, die sich so schwer mitteilen können, haben damit besondere Probleme. Gelegentlich versuchen sie, wie wir bereits beschrieben haben, durch körperliche Berührung eines sie interessierenden Menschen Kontakt aufzunehmen, und sind überrascht, wenn dies als Zudringlichkeit gewertet wird und zu Abwehrmaßnahmen führt. Sie missverstehen freundliche Zuwendung als Verliebtheit und sind enttäuscht, wenn sie merken, dass der oder die Betreffende nicht an einer Partnerschaft interessiert ist. Sie haben oft nicht gelernt, wie man „flirtet", um einen altmodischen Ausdruck zu verwenden: Sie verstehen sich daher auch nicht auf die Kunst der zunächst unverbindlichen, spielerischen Beziehungsaufnahme. In den Beratungsgesprächen kann man dies zurechtrücken und weitere Entwicklungen unterstützen. Falls sich ein Paar gefunden hat, bedeutet dies natürlich nicht nur eine beglückende Erfahrung, sondern auch die Übernahme neuer Aufgaben und Verantwortlichkeiten. Nicht selten ist dabei eine taktvolle Beratung und Unterstützung notwendig.

Im Laufe der normalen jugendlichen Entwicklung geschieht diese Art des Durchsprechens neuer Lebenserfahrungen in der jugendlichen Gleichaltrigengruppe, unter Freunden und Freundinnen oder, wenn ein Vertrauensverhältnis besteht, mit den Eltern. Wo dies ausfällt, müssen die Berater und Beraterinnen diese Funktion übernehmen.

Die Frage, ob autistische Personen Partnerschaften eingehen und Ehen schließen sollten, lässt sich nicht allgemein, sondern nur am Einzelfall entscheiden. Wenn die Therapie erfolgreich war, wenn die Betreffenden gelernt haben, im Leben zurechtzukommen und Verantwortung für einen anderen zu übernehmen, ist dies sicher sehr zu befürworten. Je höher die sozialen und kommunikativen Kompetenzen des autistischen Menschen sind und je besser die Passung zwischen den beiden Partnern ist, desto größer sind die Chancen einer für beide befriedigenden Beziehung.

Attwood (2008) hat sich in seinem Ratgeberbuch für Asperger-Autisten ausführlich mit dem Thema des Gelingens von Partnerschaften beschäftigt. Nach unseren Erfahrungen gelten die von ihm beschriebenen Voraussetzungen nicht nur für diese Gruppe, sondern für Autisten, die zu einer Partnerschaft fähig sind allgemein. Partnerbeziehungen funktionieren dann, wenn der Partner oder die Partnerin versteht, dass es dem Betroffenen sowohl schwerfällt, Gefühle zu äußern und Gefühle des anderen zu erkennen, als auch, darauf angemessen zu reagieren, so dass es darauf ankommt, das daraus resultierende, scheinbar unsensible Verhalten nicht allzu ernst zu nehmen, sondern auf das Vorhandensein einer tiefen Zuneigung und der Bereitschaft, für den anderen da zu sein, zu vertrauen. Unterstützt wird dies durch die Sensibilisierung für die autismusspezifische Form, Zuneigung zu zeigen, nämlich durch praktische Taten für den anderen bzw. die Familie. So überraschte ein in einer glücklichen Ehe lebender Autist seine Frau und seine Kinder regelmäßig mit liebevoll gefertigten Bastelarbeiten, für die er ein besonderes Geschick hatte. Auch die Neigung von Autisten zu „einsamen Entscheidungen", die mit ihrer eingeschränkten Fähigkeit, Verhandlungen zu führen, zusammenhängt, kann zu Partnerproblemen führen, solange der Partner oder die Partnerin sich nicht darauf einstellt und von sich aus das Gespräch auf anstehende Entscheidungen lenkt. Paradoxerweise gelingen Partnerschaften einerseits dann besonders gut, wenn beide ein eher zurückgezogenes Leben bevorzugen, andererseits aber auch, wenn der nicht autistische Teil besonders hohe soziale Kompetenzen aufweist, die ihn oder sie befähigen, die Partnerschaft ebenso wie die Außenbeziehungen in feinfühliger Weise zu „managen".

Seit die erbliche Bedingtheit zumindest einiger Formen des Autismus für wahrscheinlich gehalten wird, stellt sich die Frage, ob es zu verantworten ist, dass aus einer Partnerschaft mit einem Autisten oder einer Autistin **Kinder** hervorgehen. Sicher ist, dass eine genaue **genetische Untersuchung** beider Ehepartner unbedingt erforderlich ist. Sollte es sich dabei herausstellen, dass das Risiko zu groß ist, wird man nicht nur abraten müssen, sondern auch für die Bewältigung dieser Enttäuschung therapeutische Hilfe anbieten müssen. Ein frohes und erfülltes Leben kann mit und ohne Partner, mit und ohne eigene Kinder gestaltet werden, wenn man gelernt hat, sich seiner selbst bewusst zu werden, seine Kraftquellen zu nutzen und für sich und andere da zu sein.

Wir hoffen, dass es uns gelungen ist, in diesem Buch nicht nur zu zeigen, wie sehr autistische Kinder und Jugendliche auf unsere Hilfe und Unterstützung angewiesen sind, sondern auch, wie ihr so seltsam anmutendes Verhalten zu verstehen ist und wie ihre Persönlichkeit und ihre Kompetenzen durch eine systemisch vorgehende Langzeittherapie entwickelt werden können.

Sicher ist dies ein für alle Beteiligten sehr forderndes, anspruchsvolles Unterfangen. Wenn man aber erleben durfte, wie autistische Menschen aus ihrer Isolation heraustreten und an unserer Welt und unserem Leben Anteil zu nehmen beginnen, erkennt man, dass es sich lohnt.

Anhang

1 Wie weit ist mein Kind entwickelt?
 Wichtige Entwicklungsschritte und ihre
 zeitliche Einordnung im Überblick 197

2 Spielzeugliste und Literatur für die Praxis 199

3 Spielmittelausstattung für die Schuleingangsphase 201

4 Autismus im Internet 203

5 Literaturverzeichnis 205

Autismus in der Fachdiskussion:
Diagnostische Aspekte und ätiologische Modelle 213

Abbildungsnachweis 235

ANHANG 1

Wie weit ist mein Kind entwickelt? Wichtige Entwicklungsschritte und ihre zeitliche Einordnung im Überblick

2. Monat:	Soziales Lächeln; erste undifferenzierte Kontaktaufnahme.
Ab 4. Monat:	Auge-Hand-Koordination; gezieltes Greifen und Erkennen von Objekten; Beginn des Aufbaus einer Wahrnehmungswelt; Beginn des Funktionsspiels.
Ab 8. Monat:	Achtmonatsangst, Differenzieren zwischen Familienangehörigen und Fremden; Erkennen der Objektpermanenz, Suchen versteckter Objekte; Entwicklung der typischen Bindung an die Bezugspersonen
Ab 1 Jahr:	Erkennen der eigenen Person im Spiegel; Stehen; Beginn der Sprachentwicklung; Auftreten von Einwortsätzen.
Im 2. Jahr:	Gehen lernen; Erobern der engeren Umwelt; Erlernen einfacher Regeln: Was ist sicher, was ist gefahrvoll; Freude am „Selbermachenwollen", selbständiges Essen, erste selbständige Körperpflegehandlungen; Bereitschaft, beim Aufräumen zu helfen; Auftreten des Konstruktionsspiels und des symbolischen Spiels, die Vorstellungswelt entwickelt sich
2½ Jahre:	Auftreten der Trotzphase als der entscheidenden Phase der Ich-Entwicklung; Auftauchen des Wortes „ich"; echte Sauberkeitserziehung wird möglich (zunächst gelingt das Sauberrsein am Tag, dann, meist etwa ¾ bis 1 Jahr später, auch in der Nacht); Kinder lernen, mit den Eltern „auszuhandeln", was zu geschehen hat.
3.–4. Jahr:	Beruhigung; Erkennen der eigenen Geschlechtsrolle; Freude an der eigenen Persönlichkeit; Auftreten der Rollenspiele
4.–5. Jahr:	Abschluss der Sprachentwicklung bezüglich der einfachen Alltagssprache; Aufbau einer inneren Phantasiewelt, daher auch häufiges Auftreten schlechter Träume; Freude an Märchen und Phantasiespielen, Entwicklung einer „inneren Welt", erste Ansätze einer Selbstbewertung des eigenen Verhaltens (sich selbst ermuntern, trösten, loben können); erstes Auftreten einer Theory of Mind
5. Jahr:	Zunehmendes Interesse an schulischen Inhalten; Freude an Regel- und Gesellschaftsspielen
6. Jahr:	Lesen, Schreiben, Rechnen wird möglich; deutliches Interesse an der Zugehörigkeit zu Kindergruppen; Entwickeln der „Moral des braven Kindes" (Freude daran, jemand etwas zu Gefallen zu tun).
7. Jahr:	Logisches Denken anhand konkreter Veranschaulichungen wird möglich; großes Interesse an der Ausweitung des eigenen Lebensraumes; erstes Erkennen der Unterschiede zwischen Phantasie und Wirklichkeit
8. Jahr:	Zunehmende Selbständigkeit; Ersetzen der „Moral des braven Kindes" durch Regeln, die für alle, auch die Erwachsenen gelten; Bedürfnis nach verbindlichen Regeln, Gerechtigkeit wird daher zu einer wichtigen Forderung an die soziale Umwelt. Ersetzen des impulsiven durch einen reflexiven Denkstil

11. Jahr:	Auftreten des abstrakten Denkens; Entwickeln der Fähigkeit, über das Funktionieren des eigenes Gedächtnisses und über sein eigenes Denken nachdenken zu können (Entwicklung des Metagedächtnisses und der Metakognition).
Pubertät:	Körperliche und psychische Entwicklung vom Kind zum Jugendlichen; Beginn der Ablösung vom Elternhaus; Hinwendung zur Gleichaltrigengruppe; erste Überlegungen zur Berufswahl.
Jugendalter:	Aufbau einer neuen Ich-Identität; zunehmende Eigenverantwortlichkeit; Berufsausbildung oder Fortsetzung der schulischen Ausbildung; Erlernen des Umgangs mit dem anderen Geschlecht; Partnerwahl

ANHANG

2 Spielzeugliste und Literatur für die Praxis

Spielzeugliste

- **Bälle:** verschiedene Hersteller
- **Bausteine:** bunte Holzbausteine, z. B. Kidoh, Brio; Duplo (Lego)
- **Stapelbecher:** Fisher Price
- **Farbensteckbrett:** Haba
- **Formensteckbrett:** Haba
- **Formenwürfel:** Ravensburger
- **Halbkugeln aus Holz:** z. B. LOGO-Verlag („Step by Step")
- **Lernbär**
- **Logische Blöcke:** z. B. magnetische Holzklötzchen von Gromag
- **Perlen:** z. B. Bambini-Perlen, Fädelspielzeug, Fädelraupe (Selecta, Haba)
- **Plastikbuchstaben:** Edumero
- **Ringpyramide:** Brio; „Mein buntes Türmchenspiel" (Noris)
- **Rutschauto:** z. B. Fisher Price
- **Sandwanne**
- **Steck-Spiele:** Haba („Holz-Steckspiel"), Lena („Mosaik-Steckperlen")
- **Trödelspielzeug:** z. B. Klettermax, Kletterspecht
- **Tütenkasper:** Kersa
- **Übungsrahmen** zum Knöpfen
- **Würfelpyramide:** Brio, Nuk
- **Bilderlotto:**
  - „Bilderlotto" (Noris)"
  - „Lotto Primo" (Selecta)
  - „Bilderlotto" (Selecta)
  - „Kontur-Lotto" (Noris)
  - „Differix" (Ravensburger)
- **Lern- und Regelspiele:**
  - „Klecksolino" (Selecta)
  - „Quips" (Ravensburger)
  - „Colorama" (Ravensburger)
  - „Picco Contrario" (Selecta)
  - „Kofferpacken" (Ravensburger)
  - „Mensch, ärgere Dich nicht" (Schmidt)
  - Bildgeschichten: „Ein Tag mit Flo" (Schubi)
  - „Streichelspiel"
  - Tastspiel: „Meine ersten Spiele - Fühlen und Tasten" (Haba)
  - „Tempo, kleine Schnecke" (Ravensburger)
  - „4 erste Spiele" (Ravensburger)
  - „Was gehört zusammen" (Noris)
  - „Was passt zusammen" (Ravensburger)
- **Mal- und Zeichenzubehör:**
  - dicke Filzstifte, Wachsmalkreiden (Jolly, Pelikan)
  - Papier, Karton, Buntpapier
  - Malbücher („Mein schönstes Malbuch", Neuburg Verlag; „Maxi-Malbuch", Pestalozzi-Verlag)
  - Tafel
- **Memory:** Junior-Memory, Kinder-Memory (Ravensburger)
- **Puzzle:**
  - Legeleisten (Ravensburger)
  - Rahmenpuzzle (Ravensburger)
  - Holz-Puzzle (Ravensburger, Selecta)
  - Puzzle mit bestimmten Themen (z. B. auf dem Bauernhof, im Straßenverkehr, im Laden, Ravensburger)
- **Zubehör für Rollenspiele:**
  - Handpuppen (z. B. Kersa)
  - Puppen mit Ausstattung (Gewand, Fläschchen, Bürste, Puppenbett) – diverse Hersteller
  - Teddy – diverse Hersteller
  - Lebensmittelpackungen im Miniaturformat, Zubehör für Kaufmannsladen (z. B. Tanner)
  - Spieltelefon (Fisher Price)

Bücher

- Bilderbücher mit einzelnen Abbildungen auf jeder Seite: „Meine ersten Sachen", „Katze, Hund und noch viel mehr", „Erste bunte Bilder" (alle Ravensburger)

- Bilderbücher, die Tätigkeiten, Eigenschaften und Gegensätze darstellen: „Entdecke die Gegensätze" (Coppenrath)
- Bilderbücher mit Themenschwerpunkten: Reihe „Allererstes Wissen", z. B. „Auf dem Bauernhof" (Ravensburger), „Bei uns im Dorf", „Rundherum in meiner Stadt" (Ali Mitgutsch, Ravensburger), „Die Uhr und die Zeit", „Die Jahreszeiten", Reihe „Wieso? Weshalb? Warum?" Junior (Ravensburger)
- Bücher mit Fingerspielen, Kinderreimen und -liedern: „Zehn kleine Krabbelfinger" (Kösel-Verlag), „Das ist der Daumen … der schüttelt die Pflaumen" (Ravensburger), „Das große Buch der Kinderreime" (Bassermann)
- Sachbücher: Reihe „Wieso? Weshalb? Warum?" (Ravensburger), Kinderlexika, z. B. Bertelsmann Kinderlexikon

Arbeitsprogramme für Lesen und Rechtschreiben:
- **Klipp-Klapp-LÜK:**
  - Figuren, Formen, Farben
  - Lauter Tiere
  - Alles Spielsachen
- **Mini-LÜK:** Arbeitshefte und Kontrollgeräte zu folgenden Gebieten:
  - Übungen für Vorschulkinder 1 – 4
  - Ich lerne lesen 1 und 2
  - Erstlesen 1 und 2
  - Rechtschreibung
- **LÜK:** Arbeitshefte und Kontrollgeräte zu folgenden Gebieten:
  - Bambino-LÜK – Tine, Tom und Taps zu Hause (Bildgeschichten)
  - Rechtschreibung
  - Konzentrationsübungen (Programm wird laufend erweitert; Westermann Verlag)

ANHANG

3 Spielmittelausstattung für die Schuleingangsphase

In Anlehnung an Hartmann, W., Neugebauer, R. & Rieß A. (1988). Spiel und elementares Lernen. Wien: Österreichischer Bundesverlag, S. 58–61. Die Spielmaterialien wurden aktualisiert.

Rollenspiel

Plüschtiere: 1 oder 2 Kuscheltiere, z. B. Bär oder Katze

Handpuppen:
- Kasperl
- Hexe
- Gretel
- Krokodil
- Zauberer
- Clown
- Bühne für das Handpuppenspiel, z. B. Selbstherstellung aus Karton, Fernsehrahmen oder Schnur mit Vorhang

Rollenspielsets:
- Arztkoffer
- Feuerwehr
- Aufstellfiguren aus Holz, z. B. Menschen, Tiere, Fahrzeuge
- Kinderpost

Aufstellungsspielsachen aus Holz:
- Ergänzung der Holzschienenbahn durch Zuggarnituren, Schienen und Weichen …

Puppen und Zubehör:
- Babypuppe, 65 cm
- Puppe, 52 cm
- Puppentragetasche oder Buggy
- Gitterbett aus Holz
- Puppenkleider
- Babyflasche
- Kochherd und Kochgeschirr
- Speise- und Kaffeeservice
- Kochlöffelset, Schöpfergarnitur
- Nudelwalker
- Essbesteck
- Besen und Kehrschaufelset

Verkleidungsmaterial:
- Alte Kleider, Hüte, Schuhe, Taschen

Bauen und Konstruieren

- Große Holzklötze natur
- Lego Grundkasten + Ergänzungspackung „Räder"
- Lego Straßenplatten + Fahrzeuge und Figuren
- evtl. Lego Sammelkabinett zur Aufbewahrung
- Fischerform Modellbaukästen: z. B. Jeep, Renner, Bagger, Kipper, Eisenbahn …
- Plastikcontainer zur Aufbewahrung von Konstruktionsmaterial
- Lego Ergänzungspackungen, z. B. Grundelemente, Dachsteine, Fenster und Türen, kleine und große Räder, Leuchtsteine, Bau- und Straßenplatten …
- Fischertechnik Start 100 oder Start 200

Regelspiele

Wahrnehmungsdifferenzierung:
- Verschiedene Puzzles bis zu 40 Teilen
- Einige Puzzles 40–80 Teile (evtl. das ein oder andere Puzzle bis 150 Teile)
- Lotto, z. B. Blumenlotto, Tierlotto …
- „Blinde Kuh", Ravensburger
- „Differix", Ravensburger
- „Such dir 2", Piatnik
- „Gleich-Ungleich", Piatnik
- Bilderdomino
- Schnipp-Schnapp
- „Hör genau", Piatnik
- Quartette, z. B. Tierbabys, Piatnik …

Gedächtnis:
- Memory
- „Erstes Quartett", Ravensburger
- „Clown", Ravensburger

- „4 gewinnt", MB
- „E-Lector Quiz Champion", Piatnik
- „Die Sprache des Manitu", Schmidt

Lesen:
- „Lesehexe", Haba
- „Wort für Wort", Ravensburger
- „Silbenspaß", Ravensburger
- „Lese-Memory", Ravensbruger

Mathematik:
- „Rechenkapitän", Ravensburger
- „Drachenrechnerei", Haba
- „Rechenpiraten", Haba
- „Rechenkönig", Haba
- „1×1 Obelisk", Ravensburger
- „Das Taschengeld-Spiel", Schmidt

Soziales Verhalten:
- „150 Kooperative Spiele für Kinder" von Terry Orlick

Strategie- und Würfelspiele:
- Spielesammlung

Geschicklichkeit:
- „Packesel", Schmidt
- „Mikado"
- „Klickado", Schmidt
- Knetmasse
- Kegelspiel

ANHANG

4 Autismus im Internet

Mit Hilfe der folgenden Internetadressen können Sie zusätzliche Informationen über das große Gebiet der Hilfe für autistische Menschen bekommen.

1. Autismus Deutschland e.V. Bundesverband zur Förderung von Menschen mit Autismus: www.autismus.de
2. Verein „Aspies" e.V.: www.aspies.de
3. Asperger-Autismus: www.asperger-autismus.de
4. Autismus Therapie-Ambulanz Niederrhein: www.autismus-online.de/
5. Informationsseite zur ABA-Therapie: www.autismusaba.de
6. Autism News of Orange County and the Rest of the World: www.autismnewsoc.org
7. Autismus Schweiz: www.autismus.ch
8. Integrationszentrum Maut: www.m-aut.de
9. Wissenschaftliche Gesellschaft Autismus-Spektrum: www.wgas-autismus.org
10. TEACCH in Deutschland: www.autea.de
11. Team Autismus: www.team-autismus.de
12. Frühe, intensive Verhaltenstherapie nach Ivar Lovaas: www.earlyautismprojekt.de/index.html
13. Autism Network International: www.autreat.com/
14. Independent Living on the Autistic Spectrum (InLv): www.inlv.demon.nl/
15. MentalHelp.net: www.mentalhelp.net/poc/center_index.php?id=20&cn=20
16. Rainman's Home, Wien, Österreich: www.rainman.at/
17. Dachverband Österreichische Autistenhilfe: www.autistenhilfe.at
18. Autism Research Institute: www.autism.com

ANHANG

5 Literaturverzeichnis

Affolter, F. (1987). Wahrnehmung, Wirklichkeit und Sprache. Vitlingen: Neckar Verlag.

Ainsworth, M.D.S., Blehar, M.C., Waters, E. & Wall, S.N. (1978). Patterns of attachment: A psychological study of the strange situation. Hillsdale, N.J.: Erlbaum.

Ahnert, L. (2010). Wieviel Mutter braucht ein Kind? Heidelberg: Spektrum Akademischer Verlag.

Anderson, G.M., Freedman, D.X., Cohen, D.J., Volkmar F.R., Hoder, E.L., McPhedran, P., Minderaa, R.B., Hansen, C.R., & Young, J.R. (1987). Whole blood serotonin in autistic and normal subjects. Journal of Child Psychology, Psychiatry and Allied Disciplines, 28, 885–900.

Ando, H., & Yoshimura, I. (1979). Effects of age on communication skill levels and prevalence of maladaptive behaviors in autistic and mentally retarded children. Journal of Autism and Developmental Disorders, 9, 83–93.

Asarnow, R.F. et al. (1987). Patterns of intellectual functioning in nonretarded autistic and schizophrenic children. Journal of Child Psychology and Psychiatry, 28, 273–280.

Asperger, H. (1944). Die „Autistischen Psychopathen" im Kindesalter. Archiv für Psychiatrie und Nervenkrankheiten 117, 76–136.

Assumpcao, F. (1998), Brief report: a case of chromosome 22 alteration associated with autistic syndrome. Journal of Autism and Developmental Disorders, 3, 253–256.

Attwood, T. (2008). Ein ganzes Leben mit dem Asperger-Syndrom: Alle Fragen und Antworten. Stuttgart: MVS Medizinverlag. (Originalarbeit erschienen 2007).

Autism Research Institute (2003). More proof of dramatic results of intensive early intervention reported. In Autism Research Review International, Vol. 17, No 3, San Diego, CA: ARI Publ., pp. 1–2, 6.

Autism Research Institute (2006). Parent ratings of behavioral effects of biomedical interventions. In Autism Research Review International, San Diego,CA: ARI Publ. 34.

Bailey, A., Luthert, P. & Dean, A. (1998). Autism: The phenotyp in relatives. Journal of Autism and Developmental Disorders, 28, 369–392.

Bailey, A., Phillips, W. & Rutter, M. (1996). Autism: Towards an integration of clinical, genetic, neuropsychological, and neurobiological perspectives. Journal of Child Psychology and Psychiatry, 37, 89–126.

Baltaxe, C.A. & Simmons, J.Q. (1975); Language in childhood psychosis: A review. Journal of Speech and Hearing Disorders, 30, 439–458.

Baltaxe, C.A. (1977). Pragmatic deficits in the language of autistic adolescents. Journal of the Pediatric Psychology, 2, 176–180.

Baltaxe, C.A., & Simmons, J.Q. (1981); Disorders of language in childhood psychosis: Current concepts and approaches. In J. Darby (Ed.), Speech evaluation in psychiatry (pp. 285–328). New York: Grune & Stratton.

Barabas, G., & Metthews, W.S. (1983). Coincident infantile autism and Tourette syndrome: A case report. Journal of Autism and Developmental Disorders, 13, 280–281.

Baron-Cohen, S. (1992). Debate and argument: On modularity and development in autism. A reply of Burack. Journal of Child Psychology and Psychiatry, 33, 623–629.

Baron-Cohen, S., Allen, J. & Ginsberg, C. (1992). Can autism be detected at 18 months? The needle, the haystack, and the CHAT. British Journal of Psychiatry, 161, 839–842.

Baron-Cohen, S., Leslie, A.M., & Frith, U. (1985). Does the autistic child have a theory of mind? Cognition, 21, 37–46.

Baron-Cohen, S., Ring, H.A., Wheelwright, S., Bullmore, E.T., Brammer, M.J., Simmons, A. & Williams, S.C.R. (1999). Social intelligence in the normal and autistic brain: an MRI study. European Journal of Neuroscience, 11, 1891.

Baron-Cohen, S., Tager-Flusberg, H. & Cohen, D.J. (1993) (Eds.). Understanding other minds: Perspectives from autism. Oxford: Oxford University Press.

Bartak, L., & Rutter, M. (1974). The use of personal pronouns by autistic children. Journal of Autism and Childhood Schizophrenia, 4, 217–222.

Bartak, L., Rutter, M., & Cox, A. (1975). A comparative study of infantile autism and specific development receptive language disorders. I. The children. British Journal of Psychiatry, 126, 127–145.

Bauman, M.L., & Kemper, T.L. (1994). Neuroanatomic observations of the brain in autism. In: M.L. Bauman & T.L. Kemper (Eds.), The neurobiology of autism (pp.119–145), Baltimore: John Hopkins University Press.

Bauman, M.L., & Kemper. T.L. (1995a). Brain weight in autism: Unexpected change with age. Unpublished data.

Bauman, M.L., & Kemper. T.L. (1995b). Quantitative analysis of Purkinje cell numbers in the vermis in autism as compared with controls. Unpublished data.

Baumrind, D. (1971). Current patterns of parental authority. Developmental Psychology Monograph, 4 (No. 1, Pt. 2).

Bettelheim, B. (1967). The empty fortress. New York: The Free Press.

Biermann, G. (Hrsg.) (1994). Kinderpsychotherapie. Frankfurt: Fischer.

Bölte, S. & Poustka, F. (2006). Fragebogen zur sozialen Kommunikation – Autismustraining (FSK). Bern: Huber.

Bölte, S., Rühl, D., Schmötzer, G. & Poustka, F. (2006). Diagnostisches Interview für Autismus – Revidiert (ADI-R). Bern: Huber.

Bowlby, J. (1969). Attachment and loss. Vol. 1. London: Hogarth Press.

Brazelton, T.B. (1973). Neonatal behavioral assessment scale. Philadelphia: Lippincott.

Bruneau, N., Roux, S., Adrien, J.L. & Barthelemy, C. (1999). Auditory associative cortex dysfunction in children with autism: evidence from late auditory evoked potentials. Service Universitaire d'Explorations Fonctionnelles et de Neurophysiologie et Pedopsychiatrie. Tours, France: Unite 316.

Bryson, S. (1996). Epidemiology of autism. Journal of Autism and Developmental Disorders, 26, 165–168.

Bryson, S.E., Clark, B.S., & Smith, I.M., (1988). First report of a Canadian epidemiological study of autistic syndroms. Journal of Child Psychology and Psychiatry, 29, 433–446.

Cantwell, D.P., Paker, B.L., & Rutter, M. (1978). Family factors. In M. Rutter and E. Schopler (Eds.). Autism: A reappraisal of concepts and treatment. New York: Plenum Press.

Chakrabarti, S., & Fombonne, E. (2001). Pervasive developmental disorders in preschool children. Journal of the American Medical Association, 285, 3093–3099.

Chakrabarti, S., Fombonne, E., (2005). Pervasive developmental disorders in preschool children: confirmation of high prevalence. American Journal of Psychiatry, 162(6), 1133–41

Charman, T. (1997); The relationship between joint attention and pretend play in autism. Development and Psychopathology, 9, 1–16.

Charman, T., Swettenham, J., Baron-Cohen, S., Cox, A., Baird, G. & Drew, A. (1997). Infants with autism: An investigation of empathy, pretend play, joint attention, and imitation. Developmental Psychology, 33, 781–789.

Chung, S. Y., Luk, S. L., & Lee, P. W. H. (1990). A follow-up study of infantile autism in Hong Kong. Journal of Autism and Developmental Disorders, 20, 221–232.

Clark, P., & Rutter, M. (1977). Compliance and resistance in autistic children. Journal of Autism and Childhood Schizophrenia, 7, 33–48.

Comings, D.E., & Comings, B.G. (1991) Clinical and genetic relationship between autism, pervasive development disorder and Tourette syndrome: A study of 19 cases. American Journal of Medical Genetics, 39, 180–191.

Cook, E.H., Courchesne, R.Y., Cox, N.J., Lord, C., Gonen, D., Guter, S.J., Lincoln, A., Nix, K., Haas, R., Leventhal, B.L. & Courchesne, E., (1998). Linkage disequilibrium mapping of autistic disorder, with 15q11 – 13 markers. American Journal of Human Genetics, 62, 1077–1083.

Cook, E.H., Fletcher, K.E. Wainwright, M., Marks, N., Yan, S.-Y., & Leventhal, B.L. (1994). Primary structure of the human platelet serotonin 5-HT$_{2A}$ receptor: Identity with frontal cortex serotonin 5-HT$_{2A}$ receptor. Journal of Neurochemistry, 63, 465–469.

Courchesne, E., Lincoln, J.A., Yeung-Courchesne, R., Elmasian, R. & Grillon, C. (1989). Pathophysiologic findings in nonretarded autism and receptive developmental language disorder. Journal of Autism und Developmental Disorders, Vol. 19, No. I.

Courchesne, E., Saitoh, O., Yeung-Chourchesne, R., Press, G.A., Lincoln, A.J., Haas, R.H., & Schreibman, L. (1994). Abnormalities of cerebellar vermian lobules VI und VII in patients with infantile autism: Identification of hypoplastic subgroups by MR imaging. American Journal of Roentgenology, 162, 123–130.

Courchesne, E., Townsend, J. & Saitoh, O. (1994). The brain in infantile autism: Posterior fossa structures are abnormal. Neurology, 44, 214–223.

Courchesne, E., Townsend, J., Akshoomoff, N.A., Saitoh, O., Yeung Chourchesne, R., Lincoln, A.J., James, H.E., Haas, R.H., Schreibman, R. & Lau, L. (1994). Impairment in shifting attention in autistic and cerebellar patients. Behavioral Neuroscience, 108, 848–65.

Cox, A., Rutter, M., Newman, S. & Bartak, L. (1975). A comparative study of infantile autism and specific developmental receptive language disorder: II. Parental characteristics. British Journal of Psychiatry, 126, 146–159.

Creak, M. (1963). Childhood psychosis: A review of 100 cases. British Journal of Psychiatry, 109, 84–89.

Critchley, H.D., Daly, E.M. & Bullmore, E.T. (2000). The functional neuroanatomy of social behaviour: changes in cerebral blood flow when people with autistic disorder process facial expressions. Brain, 123, 2203–2212.

Dalferth, M. (2004). Berufliche Förderung, erfolgreiche Beschäftigung und soziale Integration junger Menschen aus dem autistischen Spektrum. autismus. Zeitschrift des Bundesverbandes „Hilfe für das autistische Kind", 57/4, 4–11.

Dalferth, M. (2005). Der Übergang ins Arbeitsleben. Hoffnungsvolle Ergebnisse eines Forschungsprojektes. In autismus Deutschland e.V. Bundesverband zur Förderung von Menschen mit Autismus (Hrsg.) Autismus im Wandel – Übergänge sind Herausforderung. (S. 160–171). Hamburg: autismus Deutschland e.V.

DeMyer, M.K., Alpern, G.D., Barton, S., DeMyer, W.E., Churchill, D.W., Hingtgen, J.N., Bryson, C.Q., Pontius, W., Kimberlin, C. (1972). Imitation in autistic, early schizophrenic and non-psychotic subnormal children. Journal of Autism and Childhood Schizophrenia, 2, 264–287.

DeMyer, M.K., Barton, S., Alpern, G.D., Kimerlin, C., Allen, J., Yang, E., & Steele, R. (1974). The measured intelligence of autistic children. Journal of Autism and Childhood Schizophrenia, 4, 42–60.

DeMyer, M.K., Churchill, D.W., Pontius, W., & Gilkey, K.M. (1971). A comparison of five diagnostic systems for childhood schizophrenia and infantile autism. Journal of Autism and Childhood Schizophrenia, 1, 175–189.

DeMyer, M.K., Hingtgen, J.N., & Jackson, R.K. (1981). Infantile autism reviewed: A decade of research. Schizophrenia Bulletin, 7, 388–451.

Despert, J.L. (1951). Some considerations relating to the genesis of autistic behavior in children. American Journal of Orthopsychiatry, 21, 335–350.

Deutsche Gesellschaft für Kinder- und Jugendpsychiatrie und -psychotherapie (Hrsg.) (2003, 2. Aufl.). Leitlinien zur Diagnostik und Therapie von psychischen Störungen im Säuglings-, Kindes- und Jugendalter. Köln: Deutscher Ärzteverlag.

Dilling, H., Mombour, W. & Schmidt, M.H. (Hrsg.) (1993[2]). ICD-10. Internationale Klassifikation psychischer Störungen. Bern: Huber.

Döpfner, M., Lehmkuhl, G., Petermann, F., Poustka, F., Sven-Bölte, S. & Feineis-Matthews, S. (2003). Autistische Störungen. Hogrefe-Verlag.

Eggers, C., Fegert, J. M., Resch, F. (2004). Psychiatrie und Psychotherapie des Kindes- und Jugendalters. Springer Verlag, Berlin, Heidelberg

Ehlers, S. & Gillberg, C. (1993). The epidemiology of Asperger's syndrome: A total population study. Journal of Child Psychology and Psychiatry and Allied Disorders, 34, 1327–1350.

Eimas, P. (1969). Multiple-cue discrimination learning in children. Psychological Record, 19, 417–424.

Eisenberg, L., & Kanner, L. (1956). Early infantile autism: 1943–1955. American Journal of Orthopsychiatry, 26, 55–65.

Endres, M. (1998). Traumatisierung in Kindheit und Jugend. München: Reinhardt.

Erikson, E. (1976[2]). Kindheit und Gesellschaft. Stuttgart: Klett (Orig.: Childhood and society. New York: Norton, 1950).

Eysenck, H.J. (1947). Dimensions of personality. London: Routledge & Kegan Paul.

Fay, W.H. (1969). On the basis of autistic echolalia. Journal of Communication Disorders, 2, 38–47.

Fay, W.H. (1979). Personal pronouns and the autistic child. Journal of Autism and Developmental Disorders, 9, 247–260.

Festinger, L. (1961). The psychological effects of insufficient rewards. In: American Psychologist, 16, 1–11.

Fischer, M.A., & Zeaman, D. (1973). An attention-retention theory of retarded discrimination learning. In: N.R. Ellis (Eds.), International review of research in mental retardation (Vol. 6). New York: Academic Press.

Folstein, S. & Rutter, M. (1977). Genetic influences and infantile autism. Nature 265, 726–728.

Frith, U. (1989). Autism. Explaining the enigma. Oxford: Blackwell.

Galperin, P.J. (1973). Die Psychologie des Denkens und die Lehre von der etappenweisen Ausbildung geistiger Handlungen. In: Budilowa, E.A., Schorochwa, E.W. u. a.: Untersuchungen des Denkens in der Sowjetischen Psychologie. (S. 81–119). Berlin: Volk & Wissen.

Ghaziuddin, M., & Tsai, L. (1991). Depression in autistic disorder. British Journal of Psychiatry, 159, 721–723.

Gillberg, C. (1985). Asperger's syndrome and recurrent psychosis – a case study. Journal of Autism and Developmental Disorders, 15, 389–397.

Gillberg, C. (1989). Chromosomal disorder and autism. Journal of Autism and Developmental Disorders, 28, 415–525.

Gillberg, C., & Schaumann, H. (1982). Social class and infantile autism. Journal of Autism and Developmental Disorders, 12, 223–228.

Gordon, Th. (1979[13]). Familienkonferenz. Hamburg: Hoffmann & Campe.

Grillon, C., Courchesne, E. & Akshoomoff, N. (1989). Brainstem and middle latency auditory evoked potentials in autism and developmental language disorder. Journal of Autism and Developmental Disorders, Vol. 19, No. 2, 255–269.

Grossmann, K.E. & Grossmann, K. (1991). Attachment quality as an organizer of emotional and behavioral responses in a longitudinal perspective. In C.M. Parkes, J. Stevenson-Hinds & P. Marris (Eds.). Attachment across the life cycle. London: Tavistock, S. 93–114.

Gruen, A. (1988). Der frühe Abschied: Eine Deutung des Plötzlichen Kindstodes. München: Kösel.

Gruen, A. (1991). Falsche Götter. Düsseldorf: Econ.

Hale, G.A., & Morgan, J.S. (1973). Developmental trends in children's component selection. Journal of Experimental Child Psychology, 15, 302–314.

Happé, F.G.E. & Frith, U. (1995). Theory of mind in autism. In E. Schopler & G.B. Mesibov. (Hrsg.), Learning and cognition in autism (S. 177–197). New York: Plenum Press.

Happé, F.G.E. (1994). Wechsler IQ profile and theory of mind in autism. Journal of Child Psychology and Psychiatry, 35, 1461–1471.

Hashimoto, T., Tayama, M., Murakawa, K., Yoshimoto, T., Miyazaki, M., Harada, M., & Kuroda, Y. (1995). Development of the brainstem and cerebellum in autistic patients. Journal of Autism and Developmental Disorders, 25, 1–18.

Hemsley, R., Howlin, P.A., Berger, M., Hersov, L., Holbrook, D., Rutter, M., & Yule, W. (1978). Training autistic children in a family context. In M. Rutter & E. Schopler (Eds.) Autism: A reappraisal of concepts and treatment. (pp. 378–411) New York: Plenum Press.

Hewett, F.M. (1964). Teaching reading to an autistic boy through operant conditioning. The Reading Teacher, May 1964.

Hippler, K. (2003). The life course of individuals with Asperger Syndrome. A qualitative follow-up and group study on adults formerly diagnosed by Hans Asperger and Lorna Wing in Austria and Great Britain. Dissertation, Universität Wien.

Hippler, K. & Klicpera, C. (2003). A retrospective analysis of the clinical case records of „autistic psychopaths" diagnosed by Hans Asperger and his team at the University Children's Hospital, Vienna. London: Phil. Trans. Royal Society, 291–301.

Hippler, K. & Klicpera, C. (2005). Hans Asperger und „seine Kinder" – eine retrospektive Untersuchung des Spektrums der „autistischen Psychopathie" anhand von Wiener Krankenakten. Zeitschrift für Kinder- und Jugendpsychiatrie und Psychotherapie, 33 (1), 35–47.

Hobson, (1993). Understanding persons: The role of affect. In S. Baron-Cohen, H. Tager-Flusberg & D.J. Cohen (Eds.), Understanding minds: Perspectives from autism. Oxford. (pp. 204–227) Oxford University Press.

Hoeksma, M.R. (2002). Psychophysiological perspectives on autism. Dissertation, Universität Utrecht.

Hubl, D., Bölte, S. & Feineis-Matthews, S. (2003). Functional imbalance of visual pathways indicates alternative face processing strategies in autism. Neurology, 11, 67–75.

Innerhofer, P. & Klicpera, Ch. (1988). Die Welt des frühkindlichen Autismus. München: Reinhardt.

Jacobsen P. (2005). Understanding how Asperger children and adolescents think and learn. Creating manageable environments for AS-Students. London, Philadelphia: Jessica Kingsley Publishers.

Johnson, D.J., Myklebust, H.R. (1971). Lernschwächen. Stuttgart: Hippokrates.

Kagan, J. (1979). The growth of the child: reflections on human development. Hassocks, Susse, Stanford Terrace.

Kagan, J. (1980). Perspectives on continuity. In: O.G. Brim, J. Kagan (Eds.). Constancy and change in human development. Cambridge (Mass), Harvard University Press.

Kamp-Becker, I., Mettejat, F. & Remschmidt, H. (2004). Zur Diagnostik und Ätiologie des Asperger-Syndroms bei Kindern und Jugendlichen. Praxis Kinderpsychol. Kinderpsychiatrie, 53, 371–394.

Kanner, L. (1943). Autistic disturbances of affective contact. Nervous Child, 2, 217–250.

Kanner, L. (1949). Problems of nosology and psychodynamics of early infantile autism. American Journal of Orthopsychiatry, 19, 416–426.

Kastner-Koller, U. & Deimann, P. (1998, 2002²). Wiener Entwicklungstest (WET). Göttingen: Hogrefe.

Kastner-Koller, U. (1985). Zur Kritik der These von der Nichtaufholbarkeit deprivationsbedingter Entwicklungsrückstände im Jugendalter. Phil. Diss. Universität Wien.

Kastner-Koller, U. & Deimann, P. (2000). Sprachentwicklung bei Kindern mit autistischem Syndrom. In H. Grimm (Hrsg.), Enzyklopädie der Psychologie, Themenbereich C: Theorie und Forschung, Serie III, Band 3: Sprachentwicklung. S. 641–661). Göttingen: Hogrefe.

Kehrer, H.E. (1989). Autismus. Diagnostische, therapeutische und soziale Aspekte. Heidelberg: Ansanger Verlag.

Kemmner, C. Verbaten, M.N., Couperus, J.M., Camfferman, G. & van England, H. (1995). Auditory event-related brain potentials in autistic children and three different control groups. Biology Psychiatry, 38 / 3, 150–165.

Klein, A., Volkmar, F.R., Sparrow, S. S., Cicchetti, D.V. & Rourke, B.P. (1995). Validity and neuropsychological characterization of Asperger's syndrome: Convergence with non-verbal learning disabilities syndrome. Journal of Child Psychology and Psychiatry and Allied Disciplines, 36, 1127–1140.

Koegel, R.L., & Wilhelm, H. (1973). Selective responding to the components of multiple visual cues by autistic children. Journal of Experimental Child Psychology, 15, 442–453.

Kolvin. I., Ounsted, C., & Roth, A. (1971). Studies in childhood psychoses, V. Cerebral dysfunction and childhood psychoses. British Journal of Psychiatry, 118, 407–414.

Komoto, J., Usui, S., & Hirata, J. (1984). Infantile autism and affective disorder. Journal of Autism and Developmental Disorders, 14, 81–84.

Kurodna, Y. (1995). Development of the brainstem and cerebellum in autistic patients. Journal of Autism and Development Disorders, 25, 1–18.

Kusch, M., & Petermann, F. (1991). Entwicklung autistischer Störungen (2., erweiterte Auflage). Bern: Huber.

Lainhardt, J.E., & Folstein, S.E. (1994). Affective Disorders in people with Autism. A review of published cases. Journal of Autism and Developmental Disorders, 24, 587–601.

Lauritsen, M.B. & Ewald, H. (2001). The genetics of autism. Acta Psychiatrica Scandinavia, 103, 411–427.

LeCouteur, A., Bailey, A. & Goode, S. (1996). A broader phenotyp of autism. The clinical spectrum in twins. Journal of Child Psychology, Psychiatry and Allied Disorders, 37, 785–801.

Leontjew, A.N. (1977). Tätigkeit, Bewusstsein, Persönlichkeit. Stuttgart: Klett.

Leslie, A.M. (1987). Pretense and representation: The origins of theory of mind. Psychological Review, 94, 412–426.

Levine, M.D., & Olson, R.P. (1968). Intelligence of parents of autistic children. Journal of Abnormal Psychology, 73, 215–217.

Limoges, E., Mottron, L., Bolduc, C. Berthiaume, C. Godbout, R. (2005). Atypical sleep architecture and the autism phenotype. Brain, 128, 1049–1061.

Lincoln, A.J., Dickstein, P., Courchesne, E., Elmasian, R., & Tallal, R. (1992). Auditory processing abilities in nonretarded adolescents and young adults with developmental receptive language disorder and autism. Brain and Language, 43, 613–622.

Liss, M., Fein, D., Allen, D., Dunn, M. & Feinstein, M. (2001). Executive functioning in high-functioning children with autism. Journal of Child Psychology and Psychiatry and Allied Disciplines, 261–270.

Lord, C. Paul, R. (1997). Language and communication in autism. In D.J. Cohen, F.R. Volkmar (Hrsg.), Handbook of autism and pervasive developmental disorders. New York: Wiley.

Lord, C., & Schopler, E. (1987). Neurobiological implications of sex differences in autism. In: E. Schopler & G. B. Mesibov (Eds.), Neurobiological issues in autism. (pp. 191–211). New York: Plenum Press.

Lotter, V. (1966). Epidemiology of autistic conditions in young children. I. Prevalence. Social Psychiatry, 1, 124–137.

Lovaas, I.O. (1987). Behavioral treatment and normal educational and intellectual functioning in young autistic children. Journal of Consulting and Clinical Psychology, 55, 1, S. 3–9.

Lovaas, O.I. & Schreibman, L. (1971). Stimulus overselectivity of autistic children in a two-stimulus situation. Behaviour Research and Therapy, 9, 305–310.

Lovaas, O.I., Koegel, R.L. & Schreibman, L, (1979). Stimulus overselectivity in autism: A review of research. Psychological Bulletin. 86, 1236–1254.

Lovaas, O.I., Litrownik, A., & Mann, R. (1971). Response latencies to auditory stimuli in autistic children engaged in self-stimulatory behavior. Behaviour Research and Therapy, 9, 39–49.

Lovaas, O.I., Schreibman, L., Koegel, R.L. & Rehm, R. (1971); Selective responding by autistic children to multiple sensory input. Journal of Abnormal Psychology, 77, 211–222.

Martinius, J. (1974). Der neuropsychologische Ansatz zum Verständnis des frühkindlichen Autismus. Zeitschrift für Kinder- und Jugendpsychiatrie, 2, S. 187–199.

Martinius, J. (1984). Autistische Syndrome. In G. Nissen, Ch. Eggers, & J. Martinius (Hrsg.). Kinder- und Jugendpsychiatrische Pharmakotherapie. Berlin: Springer, S. 264–270.

McDougle, C.J. Price, L.H., & Goodman, W.K. (1990). Fluvocamine treatment of coincident Autistic Disorder and obsessive-Complusive Disorder: A case report. Journal of Autism and Developmental Disorders, 20, 537–543.

Mesibov, G.B., & Dawson, G.D. (1986); Pervasive development disorders and schizophrenia. In J.M. Reisman (Ed.), Behavior Disorders in Infants, Children, and Adolescents. New York: Random House.

Mottron, L., Burack, J.A., Iarocca, G., Belleville, C. & Enns, T. (2003). Locally oriented perception with intact global processing among adolescents with high-functioning autism: evidence from multiple paradigms. Journal of Child Psychology and Psychiatry and Allied Disciplines, 44 / 6, 900–906.

Muchitsch, E. (1978). Verhaltensändernde Techniken beim Aufbau der ersten Lernschritte beim hochgradig retardierten, schwer verhaltensgestörten Kleinkind. Schriftenreihe Lebenshilfe, 3, S. 190–206.

Nissen, G. (1980[4]). Autistische Syndrome. In Harbauer, H., Lempp, R., Nissen, G. & Strunk, P. (Hrsg.): Lehrbuch der speziellen Kinder- und Jugendpsychiatrie. Berlin: Springer, S. 428–443.

Nissen, G. (1986[2]). Psychische Störungen im Kindes- und Jugendalter. Berlin: Springer.

Nissen, G. (1989). Autistische Syndrome. In: Eggers, C., Lempp, R., Nissen, G., Strunk, P.: Kinder- und Jugendpsychiatrie. Berlin: Springer.

Norbury, C.F. & Bishop, D.V. (2002). Inferential processing and story recall in children with communication problems: a comparison of specific language impairment, pragmatic language impairment and high functioning autism. Int. Journal of Language amd Communication Disorders, 75, 478–486.

Oberman, L.M., Hubbard, E.M., McCleery, J.P., Altschuler, E.L., Ramachandran, V.S., Pineda, J.A. (2005). EEG evidence for mirror neuron dysfunction in autism spectrum disorders. Cognitive Brain Research, 24, 190–198.

Österreichisches Institut für Berufsförderung (Hrsg.) (1987[8]). Berufslexikon 1. Wien: Eigenverlag.

Olson, D.R. (1971). Information-processing limitations of mentally retarded children. American Journal of Mental Deficiency, 75, 478–486.

Olweus, D. (1993). Bullying in schools: What we know and what we can do. Oxford: Blackwell.

Ornitz, E.M. (1969). Disorders of perception common to early infantile autism and schizophrenia. Comprehensive Psychiatry, 10, 259–274.

Ornitz, E., & Ritvo, E. (1976). The syndrome of autism: A critical review. The American Journal of Psychiatry, 133, 609–621.

Ornitz, E.M., & Ritvo, E.R. (1968). Perceptual inconstancy in early infantile autism. Archives of General Psychiatry, 18, 76–98.

Ozonoff, S. (1997), Causal mechanisms of autism: Unifying perspectives from an information-processing framework. In D.J. Cohen & F.R., Volkmar (Eds.), Handbook of autism and pervasive development disorders. New York: Wiley.

Ozonoff, S., Strayer, D.L. (1997). Inhibitory Function in non-retarded children with autism. Journal of Autism and Developmental Disorders, 27 / 1, 59–77.

Papoušek, H. & Papoušek, M. (1981). Frühentwicklung des Sozialverhaltens und der Kommunikation. In H. Remschmid, & M. Schmidt (Hrsg.). Neuropsychiatrie des Kindesalters. Stuttgart: Enke Verlag, S. 182–190.

Pascualvaca, D.M., Fantie, B.D., Papageorgiou, M., & Mirsky, A.F. (1998); Attentional capacities in children with autism: Is there a general deficit in shifting focus? Journal of Autism and Developmental Disorders, 28, 467–478.

Petty, L. K., Ornitz, E. M., Michelmann, J. D., & Zimmerman, E. G. (1984). Autistic children who become schizophrenic. Archives of General Psychiatry, 41, 129–135.

Piaget, J. (1948). Psychologie der Intelligenz. Zürich: Rascher.

Pitfield, M., & Oppenheim, A.N. (1964). Child-rearing attitudes of mothers of psychotic children. Journal of Child Psychology and Psychiatry and Allied Disciplines, 5, 51–57.

Pomeranz, K. (1998). Letters to the editor: Lovaas Program. Autism Research Review International, 3, p. 7.

Popper, K.R. & Eccles, J.C. (1982[2]). Das Ich und sein Gehirn. München: Piper & Co.

Portmann, A. (1967). Zoologie aus vier Jahrzehnten. München: Piper & Co.

Poustka, F. (2003). Kinder- und Jugendpsychiatrie. In M.T. Gastpar, K. Siegfried & M. Linden (Hrsg.), Psychiatrie und Psychotherapie. Berlin: Springer, S. 251–308.

Poustka, F. (2004). Autistische Störungen. In C. Eggers, J.M. Fegert & F. Resch (Hrsg). Psychiatrie und Psychotherapie des Kindes- und Jugendalters. Berlin: Springer, S. 797–817.

Poustka, F., Bölte, S., Feineis-Matthews, S. & Schmötzer, G. (2008³). Autistische Störungen. Göttingen: Hogrefe.
Prekop, I. (1984). Zur Festhaltetherapie bei autistischen Kindern. Der Kinderarzt 15, S. 798–802, 952–953, 1043–1052, 1170–1175.
Prior, M. (1984). Developing concepts of childhood autism: The influence of experimental cognitive research. In Journal of Consulting and Clinical Psychology, 52, 4–16.
Prior, M., & Gajzago, C. (1974). Recognition of early signs of autism. Medical Journal of Australia, 8, 183.
Prior, M., & Isaacs, J. (1979). Language acquisition in autistic and developmental aphasic children. In: Proceedings of the Aphasia Convention. Melbourne, Victoria, Australia: Victorian Branch of the Australian Association of Speech and Hearing.
Prizant, B.M. (1996); Communication, language, social, and emotional development. Journal of Autism and Developmental Disorders, 26, 173–178.
Prizant, B.M., & Duchan, J.F. (1981). The functions of immediate echolalia in autistic children. Journal of Speech and Hearing Disorders, 46, 241–249.
Rapin, I. (1997); Autism. The New England Journal of Medicine, 337, 2, p. 97–104.
Realmuto, G. M., & Main, B. (1982). Coincidence of Tourette's disorder and infantile autism. Journal of Autism and Developmental Disorders, 12, 367–372.
Reinhold, J.A., Molloy, C.a. & Manning-Courtney, P. (2005). Electroencephalogram abnormalities in children with autism spectrum disorders. Neuro-science Nurs. 37(3), 136–138.
Remschmidt, H. (2002). Autismus. Erscheinungsformen, Ursachen, Hilfen. C.H. Beck, München.
Remschmidt, H. (2004, 7. Aufl.). Autistische Syndrome. In D. Reinhardt (Hrsg.), Therapie der Krankheiten im Kindes- und Jugendalter (S. 1778–1789). Berlin: Springer.
Remschmidt, H. & Schulte-Körne, G. (2004). Neuropsychologie von tiefgreifenden Entwicklungsstörungen. In St. Lautenbacher & S. Gauggel (Hrsg.), Neuropsychologie psychischer Störungen (S. 339–366). Berlin: Springer.
Reynolds, B.S., Newsom, C.D., & Lovaas, O.I. (1974); Auditory overselectivity in autistic children. Journal of Abnormal Child Psychology, 2, 253–263.
Ricks, D.M. & Wing, L. (1975). Language, communication, and the use of symbols in normal and autistic children. Journal of Autism and Childhood Schizophrenia, 5, 191–122.
Rimland, B. (1964). Infantile autism. New York: Appleton-Century-Crofts.
Rimland, B. (1987). Holding therapy: Maternal bonding or cerebellar stimulation? Autism Research Review, 1, 3, S. 3.
Rimland, B. (1987). In defense of Ivar Lovaas. Autism Research Review, 1. S. 3.
Rimland, B. (1988). New evidence of autistic brain defect reported. Autism Research Review, 2, S. 1.
Rimland, B. (1992). Let's teach the kids to read. Autism Research Review, 3, S. 3.

Risch, N., Spiker, D. & Lotspeich, L. (1999). A genomics screen of autism: evidence for a multilocal etiology. American Journal of Humangenetics, 65, 493–507.
Ritvo, E.R., Spence, M.A., Freeman, B.J., Mason-Frothers, A., Mo, A., & Marazita, M.L. (1985). Evidence for autosomal recessive inheritance in 46 families with multiple incidences of autism. American Journal of Psychiatry, 142, 187–192.
Rollett, B. (1987). Alternative Schuleingangsphase zur Erzeugung von Schulzufriedenheit. In: Olechowski, R. & Persy, E. (Hrsg.). Fördernde Leistungsbeurteilung. Wien, Verlag Jugend & Volk, S. 116–124.
Rollett, B. (1987). Diagnosis and intervention in education and therapy. In K. Hurrelmann, F.-X. Kaufmann & F. Lösel (Eds.): Social intervention: Changes and constraints. Berlin, New York: De Gruyter, S. 241–252.
Rollett, B. (1987). Kinder die nicht geboren werden wollen: Frühsozialisation und Autismus. In Fedor-Freybergh, P. (Hrsg.): Pränatale und perinatale Psychologie und Medizin. (S. 93–105). München: Saphir.
Rollett, B. (1992). How do expert teachers view themselves? In F.K. Oser, A. Dick & J.-L. Patry (Eds.). Effective and responsible teaching. The new synthesis. (pp. 278–290). San Francisco: Jossey-Bass.
Rollett, B. (2006). Anstrengungsvermeidung. In D.H. Rost (Hrsg.), Handwörterbuch Pädagogische Psychologie. (S. 14–20). Weinheim: Beltz.
Rollett, B., Felinger, M. & Lauscher, K. (1999). Bericht über das vom Bundesministerium für Wissenschaft und Verkehr geförderte Forschungsprojekt „Entwicklung der Kommunikationsfähigkeit von autistischen Personen", Wien, Institut für Psychologie.
Rollett, R. & Bartram, M. (1998³). Anstrengungsvermeidungstest. Weinheim: Beltz.
Rollett, B. & Kastner-Koller, U. (1986). Familieninteraktionstraining mit autistischen Kindern. Kurzfassung der Projektergebnisse. Wien, Institut für Psychologie.
Rollett, B. & Kastner-Koller, U. (1990). Familieninteraktionstraining für autistische Kinder. Abschlußbericht, Wien, Institut für Psychologie.
Rühl, D., Bölte, S. Feineis-Matthews, S. & Poustka, F. (2006). Diagnostische Beobachtungskala für Autistische Störungen (ADOS). Bern: Huber.
Rühl, D., Werner, K. & Poustka, F. (1995). Untersuchungen zur Intelligenzstruktur autistischer Personen. (The intelligence structur of individuals with autism.) Zeitschrift für Kinder- und Jugendpsychiatrie, 23, 2, 95–103.
Rutter, M. (1970). Autistic children: Infancy to adulthood. Seminars in Psychiatry, 2, 435–450.
Rutter, M. (1983). Cognitive deficits in the pathogenesis of autism. Journal of Child Psychology and Psychiatry, 24, 513–531.
Rutter, M. (1983). Cognitive deficits in the pathogenesis of autism. Journal of Child Psychology and Psychiatry and Allied Disciplines, 24, 513–531.
Rutter, M. (1985). The treatment of autistic children. Journal of Child Psychology and Psychiatry 26, S. 193–214.

Rutter, M., (1996). Autism Research: Prospects and Priorities. Journal of Autism and Developmental Disorders, 26, 257–276.

Rutter, M., & Bartak, L. (1973). Special educational treatment of autistic children: A comparative study: II. Follow-up findings and implications for services. Journal of Child Psychology and Psychiatry, 14, 241–270.

Rutter, M., & Schopler, E. (1987). Autism and pervasive developmental disorders: Concepts and diagnostic issues. Journal of Autism and Developmental Disorders, 17, 159–186.

Rutter, M., Bartak, L., & Newman, S. (1971). Autism – a central disorder of cognition or language? In: M.Rutter (Ed.), Infantile autism: Concepts, characteristics and treatment. London: Churchill-Livingstone.

Rutter, M., Greenfeld, D., & Lockyer, L. (1967). A five to fifteen year follow-up study of Infantile Psychosis: II. Social and behavioral outcome. British Journal of Psychiatry, 113, 1183–1199.

Rutter, M., Yule, W., Berger, M. & Herson, L. (1977). An evaluation of a behavioural approach to the treatment of autistic children. Final Report to the Department of Health and Social Security, London.

Sallows, G. O. & Graupner, T. D (2005). Intensive behavioral treatment for children with autism: four-year outcome and predictors. American Journal of Mental Retardation, Vol. 110, 6, 417–438.

Saß, H., Wittchen, H. U., Zandig, M. & Hauben, J. (2003). Diagnostisches und Statistisches Manual Psychischer Störungen – Textrevision (DSM-IV-TR). Göttingen, Hogrefe.

Schain, R.J., & Freedman, D.X. (1961). Studies on 5-hydroxyindole metabolism in autistic and other mentally retarded children. J. Pediatrics, 578, 315–320.

Schmidt M.H. und Poustka F. (2006, 5. Aufl.). Multiaxiales Klassifikationsschema für psychiatrische Störungen im Kindes- und Jugendalter nach ICD-10 der WHO Bern: Huber.

Schopler, E. (1998). Letters to the editor: Lovaas Controversy. Autism Research Review International, 2, p. 6.

Schopler, E., & Mesibov, G.B. (1983). Autism in adolescents and adults. New York: Plenum Press.

Schopler, E., Andrews, C.E., & Strupp, K. (1979). Do autistic children come from upper-middle-class parents? Journal of Autism and Developmental Disorders, 9, 139–152.

Schreibman, L. (1975). Effects of within-stimulus and extra-stimulus prompting on discrimination learning in autistic children. Journal of Applied Behavior Analysis, 8, 91–112.

Schreibman, L., & Mills, J.I. (1983). Infantile autism. In: T.J. Ollendick & M. Hersen (Eds.), Handbook of Child Psychopathology, New York: Plenum.

Schreibman, L., Kohlenberg, B. & Britten, K.R. (1986). Differential responding to content and intonation components of a complex auditory stimulus by nonverbal and echolalic autistic children. Analysis and Intervention in Developmental Disabilities, 6, 109–125.

Schroer, R.J., Phelan, M.C., Michaelis, R.C., Crawford, E.C., Skinner, S.C., Cuccaro, M., Simensen, R.J., Bishop, J., Skinner, C., Fender, D. & Stevenson, R.E., (1998). Autism and maternally derived aberrations of chromosome 15q. American Journal of Medical Genetics, 76, 327–336.

Schweizerischer Verein der Eltern autistischer Kinder und weiterer am Autismus Interessierter (Hrsg.) (1987). Wer hilft uns heraus … aus dem Schneckenhaus? Burgdorf: Haller+Jenzer AG

Shah, A., & Frith, U. (1993). Why do autistic individuals show superior performance on the block design task? Journal of Child Psychology and Psychiatry and Allied Disciplines, 34, 1351–1364.

Shallice, T. (1988); From neuropsychology to mental structure. Cambridge: Cambridge University Press.

Silberg, J. (1978). The development of pronoun usage in the psychotic child. Journal of Autism and Childhood Schizophrenia, 8, 413–425.

Smalley, S.L., Asarnow, R.F. & Spence, M.A. (1988). Autism and genetics. A decade of research. Archives of Genetic Psychiatry, 45, 953–961.

Smalley, S.L., Tanguay, P.E., Smith, M. & Gutierrez, G. (1992). Autism and tuberous sclerosis. Journal of Autism and Developmental Disorders, 22, 339–355.

Smith, T., Eikeseth, S., Klevstrand, M. & Lovaas, O.I. (1997). Intensive behavioral treatment for preschoolers with severe mental retardation and pervasive developmental disorder. American Journal on Mental Retardation, 3, 238–249.

Spiel, W., & Spiel, G. (1987). Kompendium der Kinder- und Jugendneuropsychiatrie. UTB, Große Reihe. München Ernst Reinhardt-Verlag.

Spiel, W. & Spiel, G. (1991). On the nosological classification in the child and adolescence neuropsychiatry – basic remarks. In S. Seva, European Handbook Psychiatry and Mental Health, Barcelona, Anthropos.

Steffenburg, S. (1991). Neuropsychiatric assessment of children with autism: A population-based study. Developmental Medicine and Child Neurology, 33, 495–511.

Steingard, R., & Biederman, J. (1987). Lithium responsive manic-like symptoms in two individuals with autism and mental retardation. Journal of the American Academy of Child and Adolescent Psychiatry, 26, 932–935.

Steinhausen, H.-C. (2006). Psychische Störungen bei Kindern und Jugendlichen. Lehrbuch der Kinder- und Jugendpsychiatrie. München: Urban & Fischer bei Elsevier

Sugai, G. & White, W.J. (1986). Effects of using object self-stimulation as a reinforcer on the prevocational work rates of an autistic child. Journal of Autism and Developmental Disorders. 16, 459–471.

Szatmari, P., Jones, M.B., Zwaigenbaum, L. & MacLean, J.E. (1998); Genetics of autism: Overview and new directions. Journal of Autism and Developmental Disorders, 28, 5, 351–368.

Szatmari, P., Offord, D.R., Siegel, L.S., Finlayson, M.A. & Tuff, L. (1990). The clinical significance of neurocognitive impairments among children with psychiatric disorders: diagnosis and situational specificity. Journal of Child Psychology and Psychiatry and Allied Disciplines, 31(2), 287–299.

Tager-Flusberg, H. (1981). On the nature of linguistic functioning in early infantile autism. Journal of Autism and Developmental Disorders, 11, 45–56

Tager-Flusberg, H. (1993). What language reveals about the understanding of mind in children with autism. In: S. Baron-Cohen, H. Tager-Flusberg & D.J. Cohen (Eds.), Understanding other minds: Perspectives from autism. Oxford: Oxford University Press

Tager-Flusberg, H. (1997); Perspectives on language and communication in autism. In D.J. Cohen & F.R. Volkmar, Handbook of autism and other pervasive developmental disorders. New York: Wiley.

Thomas, A., Chess, S. & Birch, H.G. (1968). Temperament and Behavior Disorders in Children. New York: New York University Press.

Tinbergen, N. (1972). Vergleichende Forschung angeborenen Verhaltens: Berlin: Parrey.

Tinbergen, E.A., & Tinbergen, N. (1972). Early childhood autism: An ethological approach. In Advances in Ethology, 10, Supplement to the Journal of Comparative Ethology. Berlin, Hamburg: Verlag Paul Pany.

Tobin, K. (1986). Effects of teacher wait time on discourse characteristics in mathematics and language art classes. American Educational Research Journal, 2, 191–200.

Treffert, D.A. (1970). Epidemiology of infantile autism. Archives of General Psychiatry, 22, 431–438.

Tsai, L.Y. (1992). Diagnostic issues in high-functioning autism. In E. Schopler & G.B. Mesibov (Eds.), High-functioning individuals with autism, 11–40, New York: Plenum Press.

Tsai, L.Y., Stewart, M.A., Faust, M., & Shook, S. (1982). Social class distribution of fathers of children enrolled in the Iowa autism program. Journal of Autism and Developmental Disorders, 12, 211–221.

Venter, A., Lord, C. & Schopler, E. (1992). A follow-up study of high-functioning autistic children. Journal of Child Psychology and Psychiatry, 33, 489–507.

Visalli, H., McNasser, G., Johnstone, L. & Lazzaro, C. A. (1997). Reducing high-risk interventions for managing aggression in psychiatric settings. Journal of Nursing Care Quality, 11, 54–61.

Volkmar, F.R. & Cohen, D.J. (1991). Comorbid association of autism and schizophrenia. American Journal of Psychiatry, 148, 1705–1707.

Vygotsky, L.S. (1987). Ausgewählte Schriften. Bd.2: Arbeiten zur psychischen Entwicklung der Persönlichkeit. Berlin: Volk & Wissen. (Original 1934).

Ward, A.J. (1970). Early infantile autism: Diagnosis, etiology and treatment. Psychological Bulletin, 73, 350–362.

Webb, J.T., Meckstroth, E.A. & Tolan, St.S. (1985). Hochbegabte Kinder, ihre Eltern, ihre Lehrer. Ein Ratgeber. Bern: Huber.

Weber, D. (1988). Autistische Syndrome. In K.P. Kisker, H. Lauter, J.E. Meyer, C. Müller & E. Strömgreen (Eds.), Psychiatrie der Gegenwart VII, Springer-Verlag.

Weissensteiner, G. (1987). Belastende Faktoren in der Frühsozialisation autistischer Kinder. Unveröff. Phil. Diss. Universität Wien.

Wilhelm, H., & Lovaas, O.I. (1976). Stimulus overselectivity: A common feature in autism and mental retardation. American Journal of Mental Deficiency, 81, 227–241.

Wing, J.K. (Hrsg.) (1988^3). Frühkindlicher Autismus. Weinheim: Beltz.

Wing, L. (1976). Diagnosis, clinical description, and prognosis. In L. Wing (Ed.), Early childhood autism: Clinical, educational and social aspects (2nd Ed.). Oxford: Pergamon Press.

Wing, L. (1981). Aspergers syndrom: a clinical account. In Psychological Medicine 11, pp 115–135.

Wing, L. (1993). The definition and prevalence of autism. A review. European Child and Adolescent Psychiatry, 2, 61–74.

Wing, L., & Attwood, A. (1987). Syndroms of autism and atypical development. In: D.J. Cohen, A. M. Connellan & R. Paul (Eds.), Handbook of autism and pervasive development disorders, 3–19, New York: Wiley.

Wing, L., & Gould, J. (1979). Severe impairments of social interaction and associated abnormalities in children: Epidemiology and classification. Journal of Autism and Developmental Disorders, 9, 11–29.

Wright, H., Young, R., Edwards, J., Abramson, R. & Duncan, J. (1986). Fragile X syndrome in a population of autistic children. Journal of the American Academy of Child Psychiatry, 25, 5, S. 641–644.

Yarrow, M.R., Waxler, C.Z., & Scott, P.M. (1971). Child effects on adult behavior. Developmental Psychology, 5, 300–311.

Zaslow, R.W. (1967). A psychogenic theory of the aetiology of infantile autism and implications for treatment. Paper presented at a meeting of the California State Psychiatric Association. San Diego.

G. Spiel, A. Gasser, R. Winkler & U. Kastner-Koller
Autismus in der Fachdiskussion: Diagnostische Aspekte und ätiologische Modelle

1 Einleitende Definition

Autismus ist das Ergebnis einer pathologischen Entwicklung, als deren Grundlage zentralnervöse Informationsverarbeitungsstörungen und daraus resultierende schwere und tiefgreifende Beeinträchtigungen mehrerer Entwicklungsbereiche gelten. Zentrales Merkmal ist die qualitative Beeinträchtigung des Kontakts zur gesamten Umwelt, wobei in besonderer Weise beeindruckend eine Beeinträchtigung der zwischenmenschlichen Interaktion, der nonverbalen und verbalen Kommunikation und der Phantasietätigkeit vorliegt. WING & ATTWOOD (1987) sprechen in diesem Zusammenhang von einer „autistisch-sozialen Dysfunktion" und SCHOPLER (1987) bezeichnen das Kernsymptom als „Mangel an sozio-emotionaler Reziprozität".

Das klinische Erscheinungsbild von Kindern mit Autismus umfasst qualitative Beeinträchtigungen der sozialen Interaktion und der Kommunikation sowie beschränkte, repetitive und stereotype Verhaltensmuster, Interessen und Aktivitäten (zur Diagnose nach DSM IV und ICD-10 vgl. ➤ Kap. 2.1 bzw. 2.2). Differentialdiagnostisch muss die autistische Störung von anderen tiefgreifenden Entwicklungsstörungen unterschieden werden. Auch eine umschriebene Entwicklungsstörung der rezeptiven Sprache mit sekundären sozio-emotionalen Problemen muss differentialdiagnostisch ausgeschlossen werden. Wesentlich erscheint, dass vom autistischen Syndrom reaktive Bindungsstörungen im Säuglingsalter oder in der frühen Kindheit oder eine Bindungsstörung mit Enthemmung abgegrenzt werden. Diese sind definiert als andauernde Unfähigkeit, soziale Interaktionen herbeizuführen oder darauf zu reagieren, oder aber unkritische Distanzlosigkeit als Folge genereller massiver Pflegemängel. Weiterhin sollen eine Intelligenzminderung mit emotionaler Verhaltensstörung oder eine Schizophrenie ausgeschlossen werden.

2 Syndromale Beschreibung

KANNER (1943) sah den frühkindlichen Autismus, der auch als Kanner-Syndrom bezeichnet wird, als Prototyp der frühen Kindheitspsychosen an und grenzte ihn von der Gruppe der kindlichen Schizophrenie ab.

Die Hauptsymptome dieser Störung waren extreme autistische Abkapselung, zwanghaftes Bestehen auf Gleicherhaltung der Umwelt, massive Sprachstörungen.

Phänomenal und unter ätiologischem Gesichtspunkt sind Unterscheidungen notwendig.

Da sowohl in der neurologisch-psychiatrischen Fachliteratur als auch in der pädagogischen Praxis unter dem Begriff „Autismus" Verschiedenes verstanden wird, sind eine Begriffserklärung und Begriffsabgrenzung erforderlich. Die folgenden Ausführungen beziehen sich auf den frühkindlichen Autismus. Obwohl verschiedene Lehrbücher der Kinderneurologie/-psychiatrie dieses Krankheitsbild nicht ganz einheitlich beschreiben, so ist doch betreffend der wesentlichen Merkmale, die dieses Syndrom konstituieren, Übereinstimmung festzustellen. Im deutschen Sprachraum finden sich Definitionen bei: POUSTKA F. et al. (2008); REMSCHMIDT H. (2002); STEINHAUSEN H.-C. (2006); DÖPFNER M. (2003).

2.1 Symptomatik und Klassifikation

Die Diagnosekriterien für die „Autistische Störung" (299.00 im DSM-IV) beziehen sich (A) auf qualitative Beeinträchtigungen der sozialen Interaktion und (B) der Kommunikation sowie auf (C) eingeschränkte, repetitive und stereotype Verhaltensweisen, Interessen und Aktivitäten (zur vollständigen Kriterienliste ➤ Kapitel 2.2).

Dieselben drei generellen Kriterien verwendet die ICD-10 für den „Frühkindlichen Autismus":
1. qualitative Beeinträchtigungen in den sozialen Interaktionen
2. qualitative Beeinträchtigungen der Kommunikation allgemein
3. eingeschränkte, sich wiederholende und stereotype Verhaltensmuster, Interessen und Aktivitäten.

Er wird in den Komplex der tiefgreifenden Entwicklungsstörungen eingeordnet. Unter dem Begriff „tiefgreifend" wird eine Gruppe von Störungen zusammengefasst, die höchstwahrscheinlich biologische Ursachen haben, von Geburt an vorhanden sind oder in den ersten Lebensjahren auftreten und persistieren und sich in einer Vielzahl oder allen Lebensbereichen manifestieren.

Die diagnostischen Kriterien nach ICD-10 (respektive DSM-IV) haben wesentlich zur Vereinheitlichung und damit Sicherung der Diagnose beigetragen.

Die Umschreibung der Symptomatik des „frühkindlichen Autismus" unter (1) und (3) ist grundsätzlich mit der eingangs gegebenen Definition kompatibel. Auf die Symptomgruppe „qualitative Beeinträchtigung der verbalen und nonverbalen Kommunikation und den „relativen Mangel an Kreativität und Phantasie im Denkprozess" (2) soll jedoch noch speziell eingegangen werden. Es ist nicht nachvollziehbar, warum das „Fehlen von phantasievollen Aktivitäten" hier eingeordnet wird und nicht unter (3), da es ja um das Phänomen „gering ausgeprägte Kreativität" geht.

Dysfunktionale Sprache muss einerseits als Ausdruck der Beeinträchtigung der Kommunikation als eines Bereichs von zwischenmenschlichen Beziehungen (siehe dazu 1), andererseits als entwickelte und automatisierte kognitive Struktur (siehe dazu 3) gesehen werden. Diese Inkongruenzen in der Schematisierung von Verhaltenselementen weisen darauf hin, dass – obwohl generell Übereinstimmung besteht, welche Symptomatologie oder Syndromatologie als frühkindlicher Autismus bezeichnet wird – das Verständnis der Störung vor einem entwicklungspsychopathologischen Hintergrund nur in Ansätzen gegeben ist und diesbezüglich verschiedene Modelle konkurrieren.

2.2 Das Autismusspektrum und die tiefgreifenden Entwicklungsstörungen

Untersuchungen, ob Autismus ein phänomenologisch einheitliches Krankheitsbild ist oder ob sich Subtypen, die sich in Hinblick auf Symptomatik, Prognose etc. unterscheiden, identifizieren lassen, haben eine lange Tradition, aber gerade in den letzten Jahren besonderes Interesse geweckt. Tabelle 1 listet zu differenzierende Syndrome auf, die unter dem Oberbegriff „tiefgreifende Entwicklungsstörungen" zusammengefasst werden. Die Diskussion, ob die beiden Begriffe „tiefgreifende Entwicklungsstörungen" und „Autismusspektrum" deckungsgleich oder doch zu differenzieren sind, ist noch offen. Es bietet sich an, das Autismusspektrum als eine Teilmenge der tiefgreifenden Entwicklungsstörungen zu konzeptualisieren. Jedenfalls sollten alle Erkrankungen, die psychopathologisch dem autistischen Syn-

Tab. 1 Tiefgreifende Entwicklungsstörungen in der ICD-10 und dem DSM-IV

ICD-10	DSM-IV
• Frühkindlicher Autismus (F84.0)	• Autistische Störungen (299.00)
• Asperger-Syndrom (F84.5)	• Asperger-Störungen (299.80)
• Rett-Syndrom (F84.2)	• Rett-Störung (299.80)
• Andere desintegrative Störungen des Kindesalters (F84.3)	• Desintegrative Störung im Kindesalter (299.10)
• Überaktive Störung mit Intelligenzminderung und Bewegungsstereotypien (F84.4)	• keine Entsprechung im DSM-IV
• Sonstige tiefgreifende Entwicklungsstörungen (F84.8)	• Nicht näher bezeichnete tiefgreifende Entwicklungsstörungen
• Nicht näher bezeichnete tiefgreifende Entwicklungsstörungen (F84.9)	• Nicht näher bezeichnete tiefgreifende Entwicklungsstörungen

drom nahekommen, deren Ätiologie aber wie etwa beim Rett-Syndrom erkannt ist, nicht dem Autismusspektrum zugeordnet werden.

3 Epidemiologie und Komorbidität

Epidemiologische Studien, die zur Prävalenz der autistischen Störung durchgeführt wurden, zeigen sehr unterschiedliche Ergebnisse. Diese Diskrepanz lässt sich auf unterschiedliche Definitionen, unterschiedliche Untersuchungsansätze sowie unterschiedliche diagnostische Kriterien zurückführen. WING (1993) berichtet von einer Prävalenz von 4–5/10 000. In anderen Studien finden wir Prävalenzraten von einem autistischen Kind pro 1 000 Neugeborene (BRYSON, CLARK & SMITH, 1988). KUSCH & PETERMANN (1991) nennen eine Prävalenz von 2 pro 10 000. Weiter konnte festgestellt werden, dass der Autismus bei Buben häufiger auftritt als bei Mädchen (3–4/1, LORD & SCHOPLER, 1987). Neuere Untersuchungen gehen unter Einschluss von Personen mit höherem IQ von Prävalenzraten von 15–40/10 000 für Autismus aus (CHAKRABARTI & FOMBONNE, 2001). Eine größere Auftretenshäufigkeit haben die Autismus-Spektrum-Störungen, zu denen neben dem Frühkindlichen Autismus auch das Asperger-Syndrom und der Atypische Autismus gezählt werden. Bei immerhin einem von 150 Kindern wird eine Autismus-Spektrum-Störung diagnostiziert (vgl. AMOROSA, 2010).

Neben den vielen spezifischen diagnostischen Merkmalen des Autismus treten immer wieder zusätzliche Erkrankungen bzw. Störungen auf. So wird beschrieben, dass 30% der Patienten mit Autismus auch an einem Anfallsleiden leiden, 2–5% haben ein fragiles X-Chromosom, und 1–3% leiden zusätzlich an einer tuberösen Sklerose. Bei Enzymopathien, wie etwa der Phenylketonurie, oder bei Enzymopathien im Rahmen des Purinstoffwechsels können autistische Syndrome ebenfalls gehäuft vorkommen.

Viele Patienten entwickeln auch andere Verhaltensauffälligkeiten und/oder psychiatrische Symptome. In einer Vielzahl von Studien finden sich zusätzliche Erkrankungen und/oder Symptome als koexistierende Störung wie zum Beispiel das hyperkinetische Syndrom, selbstverletzendes Verhalten, Angstzustände (RUTTER, GREENFELD & LOCKYER, 1967; ANDO & YOSHIMURA, 1979). Zur Komorbidität wurde eine Follow-up-Studie bei 66 autistischen Patienten in Hongkong (CHUNG, LUK & LEE, 1990) durchgeführt: 47% dieser Kinder zeigten eine hyperaktive Störung, 64% eine Aufmerksamkeitsregulations- und Konzentrationsstörung, 24% autoaggressives Verhalten, 23% Angstsymptome, 9% litten an einer depressiven Verstimmtheit, 44% zeigten übermäßige Unruhe oder Reizbarkeit, 11% Schlafprobleme, 8% Tics. Es sei jedoch darauf hingewiesen, dass in dieser Untersuchung keine allgemein gültigen diagnostischen Kriterien herangezogen wurden. In einer neueren Studie wurden 182 Patienten mit einer diagnostizierten Autismus-Spektrum-Störung auf das Vorhandensein einer Aufmerksamkeitsstörung untersucht (HOLTMANN et al. 2005, 2007). Je ausgeprägter die autistischen Symptome waren, umso stärker war auch die Aufmerksamkeitsproblematik. Diagnostische Konzepte bezüglich der Komorbidität psychiatrischer Erkrankungen beinhalten Berichte von unipolaren und bipolaren affektiven Störungen (GHAZIUDDIN & TSAI, 1991; GILLBERG, 1985; KOMOTO, USUI & HIRATA, 1984; STEINGARD & BIEDERMANN, 1987; LAINHARDT & FOLSTEIN, 1994), Zwangserkrankungen (TSAI 1992; McDOUGLE, PRICE & GOODMAN, 1990), Schizophrenie (PETTY, ORNITZ, MICHELMANN & ZIMMERMAN, 1984; VOLKMAR & COHEN, 1991), Tourette-Syndrom (BARABAS & MATTHEWS, 1983; COMINGS & COMINGS, 1991; REALMUTO & MAIN, 1982).

Anhand dieser Befunde zeigt sich deutlich, dass die autistische Störung häufig mit anderen psychiatrischen Erkrankungen gekoppelt ist. Um bessere Aussagen bezüglich Komorbidität psychiatrischer Erkrankungen bei autistischen Störungen treffen zu können, wird es in Zukunft erforderlich sein, objektive, reliable und valide Testverfahren zu entwickeln. Ausdrücklich wollen wir noch einmal darauf hinweisen, dass es notwendig ist, die Komorbiditäten durch eine im Rahmen einer Kinder- und Jugendpsychiatrie üblichen multiaxialen Diagnostik nach ICD-10 zu erfassen.

4 Störungsspezifische Diagnostik

4.1 Verfahren zur Diagnostik und Therapie autistischer Störungen

Eine zuverlässige Diagnostik der autistischen Störung erfordert die gezielte entwicklungs- und symptomorientierte Befragung der Eltern und eine strukturierte Beobachtung des Verhaltens des betroffenen Kindes oder Jugendlichen. Dazu bedarf es der Anwendung standardisierter Interview- und Beobachtungsverfahren, um die Diagnose zu sichern. Im Folgenden werden dazu Verfahren vorgestellt:

4.1.1 Beobachtungsskala für Autistische Störungen (ADOS)

Es handelt sich um die deutsche Fassung der Autism Diagnostic Observation Schedule. Die diagnostische Beobachtungsskala für Autistische Störungen (ADOS) ist ein strukturiertes Verfahren zur Erfassung der Kommunikation, der sozialen Interaktion, des Spielverhaltens und Fantasiespiels mit Gegenständen bei Kindern und Erwachsenen, bei denen entweder eine autistische Störung oder eine andere tiefgreifende Entwicklungsstörung vermutet wird. Es handelt sich um eine strukturierte Rating-Skala des Umgangs mit dem Untersuchungsmaterial. In Abhängigkeit von Alter und Sprachniveau wird eines von vier Modulen gewählt, um im Zuge gezielt inszenierter spielerischer Elemente, Aktivitäten und Gespräche die Autismusdiagnose sichern zu können. Sie erfolgt anhand der Diagnosekriterien von ICD-10 und DSM-IV. Da es sich um ein anspruchsvolles Verfahren handelt, ist ein Training des Untersuchenden angezeigt.

Kurzbeschreibung	
Beurteiler	Kliniker aufgrund standardisierter Verhaltensbeobachtung
Spezifität	Störungsspezifität: frühkindlicher Autismus / autistisches Spektrum
Altersbereich	Sprechende und nicht sprechende Kinder, sprechende Jugendliche und Erwachsene
Autoren	Rühl, D., Bölte, S., Feineis-Matthews, S. & Poustka, F. (2006)
Bezug	Testzentrale, Robert-Bosch-Breite 25, D-37 079 Göttingen

4.1.2 Fragebogen zur sozialen Kommunikation – Autismustraining (FSK)

Es handelt sich um die deutsche Fassung des Social Communication Questionnaire (SCQ). Der Fragebogen zur sozialen Kommunikation (FSK) ist ein 40 binäre Items umfassendes Screening-Verfahren. Es dient der Erfassung von abnormen sozialen Interaktions- und Kommunikationsmustern sowie von stereotypen Verhaltensweisen. Es wird eingesetzt, um autismusspezifische Informationen über ein Kind zu gewinnen, das mit Verdacht auf autistische Störung vorgestellt wird. Es ist ab einem Entwicklungsalter von mindestens 2;0 Jahren einsetzbar.

Kurzbeschreibung	
Beurteiler	Eltern, enge Bezugspersonen
Spezifität	Störungsspezifisch-frühkindlicher Autismus / autistisches Spektrum
Altersbereich	Kinder, Jugendliche
Autoren	Bölte, S. & Poustka, F. (2006)
Bezug	Testzentrale, Robert-Bosch-Breite 25, D-37 079 Göttingen

4.1.3 Diagnostisches Interview für Autismus – Revidiert (ADI-R)

Es handelt sich um die deutsche Fassung des Autism Diagnostic Interview – Revised. Das Verfahren ist ab einem Entwicklungsalter von 2;0 Jahren einsetzbar. Befragungspersonen sind die Eltern oder andere enge Bezugspersonen des Kindes. Es umfasst 93 Items zur frühkindlichen Entwicklung und zum Spracherwerb (bzw. einem möglichen Verlust von sprachlichen Fertigkeiten), zu verbalen und nicht verbalen kommunikativen Fähigkeiten, Spiel und sozialem Interaktionsverhalten, stereotypen Aktivitäten und Interessen und komorbiden Symptomen, wie z. B. Aggression, Selbstverletzung, Epilepsie.

Kurzbeschreibung	
Beurteiler	Kliniker aufgrund strukturierter Befragung
Spezifität	Störungsspezifität: frühkindlicher Autismus / autistisches Spektrum
Altersbereich	Kinder, Jugendliche und Erwachsene
Autoren	Bölte, S., Rühl, D., Schmötzer, G. & Poustka, F. (2006)
Bezug	Testzentrale, Robert-Bosch-Breite 25, D-37 079 Göttingen

5 Ätiologische Modelle

Die Ausreifung zentralnervöser Strukturen gehorcht einem Prinzip, das primär genetisch determiniert ist, wobei der genetische Code physiologischerweise eine Beeinflussung der Hirnentwicklung durch Umweltreize ab einem bestimmten Entwicklungsstand ermöglicht. Soweit bekannt, ist eine derartige Modifikation der Hirnreifung im Sinne eines fördernden Einflusses auf die gewebliche Differenzierung des Gehirns durch Umweltreize erst ab oder unmittelbar vor der Geburt möglich. Schädigende Einflüsse auf die Organentwicklung gibt es jedoch schon ab der frühen Embryogenese.

Im Rahmen dieses Entwicklungsprozesses wird zwischen einer pränatalen, einer perinatalen und einer postnatalen Periode unterschieden, wobei wiederum die pränatale Periode in eine Phase der Embryogenese sowie eine der Fetogenese unterschieden wird. Die primäre Organogenese ist allgemein körperlich sowie die makrospezifische Differenzierung von Hirnstrukturen bis zum Ende des 3. Monats abgeschlossen. Die sekundäre Organogenese, die feine Ausdifferenzierung von Hirnstrukturen, geht – wie schon erwähnt – weit über die pränatale Periode hinaus. Dieser Reifungsprozess hält für unterschiedliche neuronale Funktionseinheiten unterschiedlich lange an, zum Teil bis zur Adoleszenz.

Weiterhin sind negative Beeinflussungen dieses Entwicklungsprozesses von Gehirnstrukturen dahingehend zu unterscheiden, ob eine genetische Fehlinformation vorliegt, die vom Beginn an die Organausdifferenzierung limitiert oder sie deviiert oder aber eine Schädigung in der Prä-, Peri- und Postnatalzeit auftritt. Die Assoziation des autistischen Syndroms mit einer Vielzahl von genetisch determinierten Krankheitsbildern und Fehlbildungssyndromen sowie von anderen schädigenden Einflüssen auf die ZNS-Entwicklung wird schon länger behauptet. Wesentlich ist jedoch, ob nachgewiesen werden kann, dass Kinder mit autistischen Syndromen übermäßig häufig solche Entwicklungsstörungen und/oder Schädigungen des Gehirns aufweisen.

Mittlerweile gibt es zu Ätiologie und Genese viele wissenschaftliche Untersuchungen, die sich für das Verständnis von Teilaspekten bzw. Teilbereichen von Autismus als bedeutsam erwiesen haben. Sie stehen vorerst jedoch unvermittelt nebeneinander und lassen sich noch nicht in ein geschlossenes ätiologisches Modell integrieren. Ein einfaches Schema, Autismus zu erklären, wie etwa die Rückführung der Problematik auf einen einzelnen umschriebenen Gendefekt oder aber auf eine singuläre übergeordneten Störung der Wahrnehmungs-/Handlungsfunktion, die zu der relativ uniformen Symptomatik bei den Betroffenen führt, gibt es nicht und ist auch nicht zu erwarten. Aufgrund vielfältiger Befunde geht man heute von einer genetisch/hirnorganisch/hirnfunktionellen Pathogenese des frühkindlichen Autismus aus, wobei aufgrund einer mittlerweile großen Zahl von Zwillings-, Geschwister- und Familienuntersuchungen genetische Ursachen als Ausgangspunkt des idiopathischen Autismus angenommen werden müssen (POUSTKA et al., 2008).

Auf molekulargenetischer Ebene konnte kein einzelner biologischer Marker identifiziert werden, auf den die genetische Disposition der für den Autismus typischen Symptomatik zurückgeführt werden könnte. Ebenso bleibt das Zusammenspiel bzw. Wechselspiel mit anderen, möglicherweise für die

Ätiologie bedeutsamen Faktoren wie nicht genetisch bedingten Hirnfunktionsstörungen unklar. Die Liste der angeschuldigten schädigenden Einflüsse in der Prä- und Perinatalzeit ist lang. Beweise für zugrunde liegende spezifische prä- und perinatale Ereignisse bei Autismus liegen nicht vor. Die biochemischen Anomalien, Störungen der kognitiven und emotionalen Entwicklung, und Umweltbedingungen müssten in diesen ätiologisch-konzeptionellen Rahmen integrierbar sein.

Ein Schema zur Formulierung einer vollständigen spezifischen Kausalkette bei Autismus müsste folgende Bereiche als Teilaspekte des Krankheitsbildes berücksichtigen:
- Genetik
- Neuroanatomie
- Neurochemie
- Neurophysiologie.

Auf diese Aspekte soll im Folgenden eingegangen werden.

5.1 Genetik

Nach derzeitigem Kenntnisstand kann man davon ausgehen, dass der frühkindliche Autismus, aber auch der Asperger-Autismus und der atypische Autismus eine starke genetische Grundlage haben (Übersicht bei LAURITSEN & EWALD, 2001). Dazu einige verhaltensgenetische und molekulargenetische Studienbefunde:

Eineiige Zwillinge zeigen eine Konkordanz zwischen 82 und 90% (FOLSTEIN & RUTTER, 1977; LeCOUTEUR et al., 1996). Geschwister von autistischen Personen haben ein Erkrankungsrisiko von rund 3%; das bedeutet ein 50–100-mal höheres Risiko als in der Durchschnittsbevölkerung; (FOLSTEIN & RUTTER, 1977; SMALLEY, ASARNOW & SPENCE, 1988). Darüber hinaus zeigen Familienstudien, dass nicht nur das Vollbild der Erkrankung gehäuft vorkommt, sondern auch subklinische autistische Merkmale im Sinne eines breiteren Phänotyps (BAILEY, LUTHERT & DEAN, 1998) häufiger als wahrscheinlich zu erwarten wären. Dieser Umstand ist auch ein Hinweis darauf (siehe dazu weiter unten), das Phänomen Autismus unter dem Aspekt einer dimensionalen Betrachtungsweise zu verstehen.

Durch das gemeinsame Vorkommen von Autismus und verschiedenen Chromosomenanomalien, das in mehreren Studien beobachtet wurde, geht man davon aus, dass die Erkrankung durch das Zusammenwirken mehrerer Gene (zumindest 6–10) entsteht. Es handelt sich daher um keine Single-Gene Erkrankung, die sich nach Mendel'schen Erbgesetzen vererbt, sondern um eine polygene Vererbung (RISCH, SPIKER & LOTSPEICH, 1999). Chromosomenanomalien betreffen am häufigsten die Region 15q11–13, dann 16q23 und 17p11.2 (GILLBERG, 1998; LAURITSEN & EWALD, 2001). In molekulargenetischen Untersuchungen (Kandidatengene, Genomscreen) wurden mehrere Genregionen identifiziert, die mit hoher Wahrscheinlichkeit ein Gen enthalten, das für Autismus verantwortlich ist. Im Vordergrund sind dabei die Regionen 7q31–35 und 13p21.3.

In den letzten Jahren haben sich weltweit Forschungszentren zum Autism Genome Project (AGP) zusammengeschlossen, um die genetischen Faktoren des Autismus zu identifizieren. Damit ist es möglich, genetische Studien an großen Stichproben von Personen mit Autismus-Spektrum-Störungen durchzuführen.

5.2 Neuroanatomie

Neuroanatomische Untersuchungen des Gehirns bei Kindern mit Autismus sind im Zusammenhang mit Ursachenfragen von besonderer Bedeutung. Einerseits kann man auf autoptisches Material zurückgreifen, andererseits liegen ZNS-Struktur-abbildende Untersuchungen vor.

Die Untersuchung des Gehirns von verstorbenen Kindern mit Autismus zeigte, dass deren Hirngewicht um etwa 100–200 g schwerer war. Das Hirngewicht der überwiegenden Mehrzahl von Erwachsenen mit Autismus hingegen wog 100–200 g weniger. Besonders interessant war jedoch der histoanatomische Befund, bei dem gezeigt werden konnte, dass die Nervenzellen eine geringere Größe hatten und im Gewebe dichter gepackt erschienen. Diese Gewebseigenschaften zeigten sich im Besonderen in der grauen Substanz des limbischen Systems. Histologische Unterschiede fanden sich auch bezüglich des Cerebellums und der Bahnsysteme, in die das

Cerebellum integriert ist, etwa derart, dass die Anzahl der Purkinje-Zellen reduziert war, wobei wiederum topische Besonderheiten gefunden wurden, indem die Anzahl der Purkinje-Zellen im Vermis des Kleinhirns nicht reduziert war (BAUMAN & KEMPER, 1994, 1995a, 1995b). Auf Widersprüche zu Ergebnissen von MRT-Befunden wird unten eingegangen).

Wesentlich ist festzuhalten, dass eindeutige und leicht ersichtliche morphologische Unterschiede zwischen Patienten mit Autismus und der Kontrollgruppe nicht existieren, sondern dass man mit weit verbreiteten diskreten, mehr quantitativen Veränderungen rechnen muss und dass diese Veränderungen speziell in bestimmten Lokalisationen auftreten. Das histologische Bild unterscheidet sich auch deutlich je nachdem, ob man jüngere oder ältere Patienten untersucht. Die Regionen, in denen man bei autistischen Patienten die deutlichsten histoanatomischen Veränderungen sehen kann, sind das limbische System und das cerebelläre System.

In Ergänzung zu den oben angeführten Studien wurde auch versucht, Strukturbesonderheiten des zentralen Nervensystems oder Hinweise auf Hirnschäden bei Kindern mit frühkindlichem Autismus bzw. bei solchen, die vormals so diagnostiziert worden waren, nachzuweisen. Die Neuroradiologie bietet dafür einerseits die kraniale Computertomographie, andererseits – in der letzten Zeit – die Magnetresonanztomographie als Methode an. Die mit diesen beiden Methoden erhobenen Befunde waren nicht einheitlich (wie auch die pathologisch-anatomischen Befunde), wobei die untersuchten Kollektive recht unterschiedlich und auch jeweils inhomogen waren.

Häufig diskutiert wurden unübliche Hemisphärenasymmetrien oder makroskopische Besonderheiten im Bereich der hinteren Schädelgrube, jedoch ohne dass derartige Gegebenheiten konstant in allen Studien oder auch nur in der überwiegenden Zahl von Studien nachgewiesen werden konnten. Da die morphologischen Verhältnisse des ZNS durch die Magnetresonanztomographie differenzierter dargestellt werden, wurden sie mit identer Fragestellung, wie dies seinerzeit mit Hilfe der CT-Untersuchungen der Fall war, durchgeführt. Bis jetzt liegen nur einige wenige Berichte vor, die gleichfalls kein einheitliches Resultat erbrachten. Soweit derzeit beurteilbar, scheinen die Ergebnisse darauf hinzuweisen, dass leichtgradige Auffälligkeiten in der Morphologie des Frontallappens, des Parietallappens, des Corpus callosum und im Bereich des Vermis des Cerebellums bei Patienten mit Autismus bzw. bei einem Teil von Autisten vorliegen (COURCHESNE, 1994; HASHIMOTO, 1995).

5.3 Neurochemie

Neurochemische Stoffe sind für die Signalübertragung innerhalb und zwischen Nervenzellen verantwortlich. Über diese Stoffe wird einerseits die Kommunikation im zentralen Nervensystem verwirklicht, andererseits sind sie aber auch bedeutsam für die Entwicklung des Gehirns und die Ausdifferenzierung von Zellen. Sie sind mitverantwortlich für das Phänomen der Apoptose (physiologischer Zelltod). Auf ihrer Funktion beruht das Phänomen des Lernens im Sinne des Herausbildens von engeren Verbindungen zwischen Nervenzellen.

Die Effekte chemischer Substanzen sind in verschiedenen Phasen der Entwicklung unterschiedlich. Vom Serotonin – einem Transmitter – weiß man, dass dieser chemische Übertragungsstoff früh in der Entwicklung die Expressivität der postsynaptischen Serotonin-Rezeptoren stimuliert. Später löst diese Substanz gegenregulatorische Mechanismen aus.

Derzeit ist noch nicht restlos gesichert, welche neurochemischen Substanzen in die Pathogenese des autistischen Syndroms involviert sind respektive das autistische Syndrom entstehen lassen, wobei Serotonin als besonders interessante Substanz für die Forschung gilt.

Dazu ein Beispiel: Der am häufigsten replizierte Befund bei Autismus ist die Serotoninvermehrung in Blutplättchen. Obwohl man die Beziehung zwischen Serotoninkonzentration in Blutplättchen und Serotoninfunktion im ZNS noch nicht vollständig versteht, könnte es doch sein, dass die Veränderungen, die man in den Blutplättchen sieht, einen Marker für eine cerebrale neurochemische Dysfunktion darstellen. (SCHAIN & FREEDMAN, 1961; ANDERSON, FREEDMAN, COHEN, VOLKMAR, HODER, MCPHEDRAN, MINDERAA, HANSEN & YOUNG, 1987; COOK, FLETCHER, WAINWRIGHT, MARKS,

YAN & LEVENTHAL, 1994). Neurochemische Untersuchungen sind als Basis für psychopharmakologische Interventionsformen bedeutsam und unverzichtbar.

5.4 Neurophysiologie

Es ist heute unbestritten, dass Autismus mit Dysfunktionen des Zentralnervensystems verknüpft sein muss, da etwa 90% der Betroffenen Auffälligkeiten haben, die auf neurologische Störungen hinweisen (STEFFENBURG, 1991). Zur Entschlüsselung dieser organischen Grundlagen werden neuroanatomische (MRT, Gehirn), neurochemische und neurophysiologische (EEG, evozierte Potentiale, funktionelles MRT, SPECT und PET) Untersuchungen durchgeführt. Zusammengefasst zeigen die neurophysiologischen Befunde bei Autismus
- abnormes EEG
- funktionelle Abweichungen im Frontal- und Temporallappen und im limbischen System.

Ähnlich wie in den neuropsychologischen Untersuchungen zeigen sich auch in der Neurophysiologie heterogene Abnormitäten verschiedener Gehirnareale, in erster Linie im Bereich der emotions- und sozialverhaltensrelevanten Hirnstrukturen, jedoch ohne ein einheitliches, übergeordnetes Muster erkennen zu lassen.

Aus der Vielzahl der Befunde sollen einige bedeutsame Erwähnung finden. In einer ersten Studie konnten GRILLON, COURCHESNE und AKSHOOMOFF (1989) zeigen, dass sog. exogene Komponenten von akustisch evozierten Potentialen – wie früher akustisch evozierte Hirnstammpotentiale und akustisch evozierte Potentiale mit mittlerer Latenz – bei nicht retardierten Personen, die vormals die diagnostischen Kriterien für frühkindlichen Autismus erfüllten, unauffällig waren. In den exogenen Komponenten spiegeln sich die Informationsverarbeitungsprozesse wider, die ein Umweltreiz auslöst.

Diese Ergebnisse weisen darauf hin, dass die dysfunktionalen kognitiven Prozesse beim infantilen Autismus nicht bedingt sind durch anormale sensorische Informationsverarbeitung im Bereich des Hirnstamms und solchen Hirnanteilen nahe dem Hirnstamm, also von Strukturen, die die genannten Komponenten von akustisch evozierten Potentialen generieren. Im Gegensatz dazu konnten COURCHESNE, LINCOLN, YEUNG-CHOURCHESNE, ELMASIAN und GRILLON (1989) bei derselben Patientengruppe nachweisen, dass späte endogene Komponenten des evozierten Potentials geringer bzw. nicht ausgeprägt sind. Diese treten üblicherweise dann auf, wenn ein neuer Stimulus in einer Serie von gewohnten Reizen plötzlich und unvorhergesehen erscheint, die Versuchsperson sich willentlich der Aufgabe zuwendet, den neuen Reiz erwartet und beantwortet.

Es lässt sich somit zeigen, dass die neurophysiologischen Zeichen der Informationsverarbeitung bei autistischen Personen nur dann auffällig sind, wenn Aufmerksamkeits- und Selektionsprozesse unter willentlicher Kontrolle ablaufen. Dies gilt sowohl für die akustische als auch für die optische Modalität.

Bedeutsam ist zusätzlich, dass bei dieser Untersuchungsanordnung komplexe sensorische Informationsverarbeitung, Kodierung und sensorische Gegebenheiten im Sprachsystem oder aber kognitive Operationen nicht erforderlich waren. Diese unterschiedliche – neurophysiologisch fassbare – Zuwendung und Bewertung einfachster Stimuli ging nicht Hand in Hand mit einer geringen Leistung der autistischen Kinder im Vergleich zu unauffälligen bzw. solchen mit einer Sprachentwicklungsstörung (einer eindimensionalen Entwicklungsstörung). Gefordert war die zuverlässige und umgehende Beantwortung der seltenen, abweichenden und in gewissem Sinn neuen Stimuli.

Bei der Bewertung dieser Ergebnisse ist zweierlei zu bedenken, einerseits, dass es sich um autistische Kinder handelte, die ein relativ hohes Kognitionsniveau aufweisen, andererseits, dass es um höchst einfache Leistungsanforderungen ging.

Nimmt man die meisten Untersuchungen und die darin replizierten Befunde zusammen, so zeigt sich, dass elementare Wahrnehmungsfunktionen und auch elementare motorische Funktionen beim Autismus intakt sind, die Integration von Wahrnehmungselementen zueinander, aber auch mit motorischen Funktionen und der Transfer zu und weg von mentalen Repräsentanzen schlechter gelingt. Studien der Okulomotorik beim Autismus zeigten, dass die kortikale Kontrolle von Augenbewegungen beeinträchtigt ist, die von fronto-striatalen und parietal-neuronalen Netzwerken abhängen, wo hingegen elementare okulovestibulare Reflexe intakt bleiben.

Neuere Untersuchungen zu ereigniskorrelierten Potentialen (ERP) unterstreichen die Auffälligkeiten in der Verarbeitung akustischer (z. B. KEMMNER, VERBATEN, CAMFFERMAN & VAN ENGLAND, 1995) und visueller Reize (z. B. HOEKSMA, 2002) bei Autismus. Bedeutsame Untersuchungen gibt es in den letzten Jahren zur Gesichtererkennung (CRITCHLEY, DALY & BULLMORE, 2000; HUBL, BÖLTE & FEINEIS-MATTHEWS, 2003) und zu den Spiegelneuronen (OBERMAN, HUBBARD, McCLEERY, ALTSCHULER, RAMACHANDRAN & PINEDA, 2005).

Beim Autismus scheint die dafür relativ spezifische Hirnregion für das Gesichtererkennen, der Gyrus fusiformis (BRODMAN-Areal 19) unteraktiviert zu sein und scheinen stattdessen Hirnregionen, die beim Gesunden für die Entschlüsselung von unbelebten Objekten zuständig sind, kompensierend überaktiviert zu werden. „Spiegelneurone" sind eine Klasse von Nervenzellen im präfrontalen Cortex, die für Imitation und Einfühlungsvermögen wichtig zu sein scheinen, ihre Funktion dürfte beim Autismus gestört sein (vgl. etwa WILLIAMS et. al., 2006).

Untersuchungen weisen außerdem auf Defekte im Einfühlungsvermögen, im Erkennen von basalen Gefühlen und in der Fähigkeit zum Imitationslernen hin und stellen somit eine Verbindung zur neuropsychologischen Theorie der „Theory of mind" her. Kritisch muss festgehalten werden, dass die Studien zum Teil widersprüchlich und kaum repliziert sind (POUSTKA et al., 2008).

Einen besonderen Stellenwert kommt dem EEG im Bereich Autismus, auch aufgrund der häufigen Komorbidität mit Epilepsie, zu. 27% der Wach-EEG-Ableitungen zeigen Abnormitäten, 2/3 davon epilepsiehinweisende Potentiale (REINHOLD, MOLLOY & MANNING-COURTNEY, 2005). Sie treten als Komorbidität insbesondere bei Intelligenzminderung und Epilepsie auf. Beim Wach-EEG zeigt sich kein typisches Muster für Autismus, interessanterweise auch keine Korrelation mit dem Schweregrad der Kernsympomatik (POUSTKA et al., 2008).

Zunehmend wurden in den letzten Jahren auch Nachtschlaf-EEG-Ableitungen bei Schlafstörungen (Einschlafprobleme, vermehrtes nächtliches Erwachen, verminderte Schlafdauer) durchgeführt, die überproportional häufig eine atypische Schlafarchitektur mit Vermehrung von Leichtschlafstadien und vermindertem REM-Schlaf zeigten (LIMOGES, MOTTRON, BOLDUC, BERTHIAUME & GODBOUT, 2005).

6 Neuropsychologische Aspekte

Die Neuropsychologie ist jener Wissenschaftszweig, der bei der Untersuchung kognitiver Prozesse stets Vorstellungen über die zerebralorganischen Grundlagen kognitiver Aktivitäten zumindest konzeptionell mit berücksichtigt. Unter diesem Aspekt sind kognitive Funktionen wenigstens teilweise als höhere Hirnfunktionen aufzufassen. Es gibt jedoch kognitive Dimensionen, die beim heutigen Wissensstand nur schwerlich auf bekannte cerebralorganische und funktionale Entsprechungen zurückzuführen sind. Der neuropsychologische Ansatz bei der Untersuchung kognitiver Prozesse ist nur für bestimmte Aspekte der Kognition, nicht aber im Allgemeinen – im Sinne eines übergeordneten Ganzen – zu realisieren. Je komplexer die kognitive Leistung – etwa bei Denkvollzügen – desto unbefriedigender ist die Inbeziehungsetzung dieser Vorgänge zu materiell funktionellen Entsprechungen im Zentralnervensystem und desto allgemeiner und unexakter sind die diesbezüglichen Erklärungsansätze. Unter der Annahme einer inneren Struktur solcher komplexen kognitiven Vorgänge können jedoch Elemente oder Elementgruppen solcher Funktionssysteme im Gegensatz zur Gesamtfunktion sehr wohl neuropsychologisch untersucht und interpretiert werden (SPIEL & SPIEL, 1989).

Neuropsychologische Untersuchungen können zwar Einblicke in die Problematik bei Autismus vermitteln, aber kein vollständiges Erklärungsmodell anbieten.

Beim Autismus werden im Wesentlichen Besonderheiten der folgenden Bereiche als zugrunde liegende psychologische Korrelate autistischen Verhaltens erforscht:
- kognitive Entwicklung
- Wahrnehmung und Aufmerksamkeit
- Intelligenzstruktur
- Sprachentwicklung

- exekutive Funktionen
- Störungen der „Theory of mind"
- schwache zentrale Kohärenz.

6.1 Kognitive Entwicklung

Das Forschungsgebiet kognitive Entwicklung und daraus resultierende Verhaltenscharakteristika ist sehr weitreichend und umfasst eine beeindruckende Menge an Forschungsarbeit über Wahrnehmungs- und Aufmerksamkeitsprozesse, intellektuelle Funktionen und Sprachprozesse. Im Mittelpunkt dieser Arbeiten stehen die Bemühungen, einige syndromspezifische kognitive Probleme, von denen sich die autistische Störung ableiten lässt, zu beschreiben. Es sei jedoch bereits jetzt darauf hingewiesen, dass die einzelnen kognitiven Bereiche oft eng miteinander verknüpft und diagnostisch nur schwer zu trennen sind, vor allem dann, wenn man hierarchische Modelle der Kognition, Wahrnehmung und Aufmerksamkeit annimmt.

6.2 Wahrnehmung und Aufmerksamkeit

Grundlegend für die intellektuellen Funktionen, einschließlich der Sprache und der sozialen Fertigkeiten, ist die Fähigkeit, die Umweltstimuli präzise wahrzunehmen und die Aufmerksamkeit so zu richten, dass – funktional – Beachtetes von nicht zu Beachtendem getrennt wird. Aus den Befunden zur Intelligenz autistischer Kinder geht unter anderem hervor, dass die Informationsverarbeitung beeinträchtigt ist. So scheinen autistische Kinder eine konkrete und einfache Wahrnehmungsorganisation zu bevorzugen und vornehmlich visuomotorische Leistungen zu erbringen (KUSCH & PETERMANN, 1991).

PRIOR (1984) betont als Besonderheit der ungewöhnlichen Reaktionen autistischer Kinder, dass diese bestimmte Stimuli in ihrer Umgebung gar nicht wahrzunehmen scheinen, auf andere jedoch in einer bevorzugten, idiosynkratischen und inkonsequenten Weise reagieren, wobei Hypersensibilität und Hyposensibilität abwechselnd ein und demselben Reiz gegenüber auftreten. Weiter wurde beobachtet, dass autistische Kinder eher auf Geschmacks-, Geruchs- und Tastreize reagieren als auf visuelle und auditive Reize.

Eine Untersuchung von LOVAAS (LOVAAS & SCHREIBMAN, 1971) konnte zeigen, dass autistische Kinder nicht nur Defizite bei der Organisation und Kategorisierung von Reizen haben, sondern in ihrer Wahrnehmung überselektieren. Die Überselektion besteht in Form einer Aufmerksamkeitsstörung, bei der autistische Kinder nur einen sehr geringen Teil der zur Verfügung stehenden Informationen aufnehmen.

Zum Nachweis der so genannten „Reiz-Überselektivitäts-Hypothese", betreffend die Wahrnehmung autistischer Kinder, führte LOVAAS eine Reihe von Lernexperimenten durch, in denen sich zeigte, dass autistische Kinder nur auf einen bestimmten Teil aus einer Gesamtheit reagieren. In dem Experiment lernten autistische, geistig retardierte und normale Kinder, auf das Auftreten eines komplexen Reizes zu reagieren. Nachdem die Kinder dies gelernt hatten, wurden die einzelnen Komponenten (akustische, visuelle und taktile) vorgegeben. Während autistische Kinder vorwiegend nur auf eine der Komponenten reagierten, reagierten geistig retardierte vorwiegend auf zwei und normale auf alle drei Komponenten.

Das Phänomen der Wahrnehmungseinschränkung tritt nicht nur dann auf, wenn verschiedene Sinnesmodalitäten verwendet werden (z. B. LOVAAS, LITROWNIK & MANN, 1971), sondern auch dann, wenn komplexe simultane Reizmuster nur im visuellen Bereich gegeben sind (z. B. KOEGEL, & WILHELM, 1973; SCHREIBMAN, 1975) oder innerhalb der auditiven Modalität auftauchen (REYNOLDS, NEWSOM & LOVAAS, 1974; SCHREIBMAN, KOHLENBERG, & BRITTEN, 1986). Die überselektive Reaktionsart vieler autistischer Kinder wurde mit den Schwierigkeiten in Zusammenhang gebracht, die die Kinder beim Lernen neuer Diskriminierungen, bei der Generalisierung angeeigneten Verhaltens, bei sozialer Anerkennung sowie beim Transfer von Stimuli und beim Beobachtungslernen haben (siehe LOVAAS, KOEGEL & SCHREIBMAN, 1979).

Zusammenfassend fand LOVAAS (1977) somit, dass autistische Kinder in einer Lernsituation scheinbar irrelevanten Objekten eine besondere Bedeutung beimessen und/oder nur eine Komponente eines Reizes beachten und von dieser die Reaktion mehr oder weniger abhängig machen. Es ist offensichtlich, dass sich so ein Defizit gravierend auf das Lernen auswirkt, da unmittelbar mit dem Lernen die Fähigkeit verbunden ist, gleichzeitig auf mehrere Aspekte reagieren zu können. LOVAAS folgert daraus, dass es aus der Unfähigkeit, sich auf mehrere Komponenten eines Reizes zu konzentrieren, zu einem Defizit in der Sprachentwicklung, im Abstraktionsvermögen und in der sozialen Interaktion kommt und ein stereotypes Lernverhalten entwickelt wird.

Obwohl die Überselektierung von Stimuli in vielen Studien und in zahlreichen Labors untersucht wurde, ist darauf hinzuweisen, dass sie nicht ein für den Autismus spezifisches Phänomen darstellt, da einerseits einige autistische Kinder keine Überselektion aufweisen, andererseits bei einigen normalen Kindern durchaus eine Überselektierung zu bemerken ist (LOVAAS, KOEGEL & SCHREIBMAN, 1979). Die Überselektierung scheint vielmehr eher eine Folge der Entwicklungsstufe und damit des Entwicklungsalters und nicht spezifisch verbunden mit einer bestimmten Diagnose zu sein.

In der aktuellen Literatur werden die Aufmerksamkeitsdefizite und Besonderheiten der Informationsverarbeitung autistischer Personen unter dem Aspekt diskutiert, dass Autisten generell Probleme mit der so genannten „executive function" haben, also mit der effizienten Planung und Steuerung von Handlungen (OZONOFF & STRAYER, 1997). Dazu ist nicht nur ein Aufschieben unmittelbarer Bedürfnisse erforderlich, sondern auch eine flexible Steuerung der Aufmerksamkeit und Wechsel des Aufmerksamkeitsfokus. Viele Untersuchungen belegen, dass autistische Personen sich über längere Zeit auf bestimmte einfache Reize konzentrieren und über einen längeren Zeitraum eine gleich bleibende Leistung zeigen können, wobei ihnen dies bei visuellen Informationen besser gelingt als bei akustischen (LINCOLN, DICKSTEIN, COURCHESNE; ELMASIAN & TALLAL, 1992; PACUALVACA, FANTIE, PAPAGEORGIOU & MIRSKY, 1998).

Deutliche Schwierigkeiten haben sie allerdings, sobald die Aufgabenstellung einen Wechsel des Aufmerksamkeitsfokus erfordert. Dies gilt im Besonderen für soziale Situationen. Autisten gelingt es nicht, mit einem Kommunikationspartner einen Aufmerksamkeitsfokus zu teilen (vgl. CHARMAN, SWETTENHAM, BARON-COHEN & COX, 1997).

Normal entwickelte Kinder erwerben diese Fähigkeit, die eine wesentliche Quelle für Lernerfahrungen im sozialen Kontext darstellt, in der zweiten Hälfte des 1. Lebensjahres. Mit Hilfe der geteilten Aufmerksamkeit kommuniziert das Kind schon vorsprachlich durch Blicke, Gesten und Laute sein Interesse an bestimmten Reizen und wird vom Gegenüber auf bestimmte Reize hingewiesen, die interessant und wichtig sein könnten (vgl. KASTNER-KOLLER & DEIMANN, 2000). Fehlende „joint attention" (gemeinsamer Aufmerksamkeitsfokus) gilt als ein Kernsymptom des Autismus und zählt zu den wenigen Indikatoren, die eine Früherkennung zulassen (BARON-COHEN, ALLEN & GILLBERG, 1992).

WILHELM & LOVAAS (1976) verglichen in diesem Zusammenhang das Verhalten von Kindern, die sich in ihrem IQ unterschieden. Die Kinder, in drei Gruppen aufgeteilt, sollten auf drei simultane Teile eines komplexen Stichworts einer Diskriminierungsaufgabe reagieren. Die Gruppe mit einem niedrigen IQ reagierte im Durchschnitt auf 1,6 Hinweise, die Gruppe mit einem mittleren IQ auf 2,1 Hinweise und die Gruppe mit einem hohen IQ auf alle 3 Hinweise. Diese Ergebnisse treffen auf die Untersuchung sowohl normaler als auch behinderter Kinder zu. Daraus folgt, dass die Anzahl simultaner Stimuli, die die Reaktionen kontrollieren, ein Entwicklungsphänomen darstellt (EIMAS, 1969; FISCHER & ZEAMAN, 1973; HALE & MORGAN, 1973; OLSON, 1971).

Während vielleicht angenommen wird, dass die Untersuchungen im Bereich der Wahrnehmungs- und Aufmerksamkeitsstörungen autistischer Kinder einige sehr wichtige Hinweise zum Verständnis für die Reaktionen dieser Kinder auf ihre Umgebung liefern, ist nicht gewiss, ob dieses Verhalten ein für den Autismus charakteristisches Merkmal darstellt. Während die oben genannten Störungen tatsächlich Auswirkungen auf manche kognitive Bereiche haben könnten, ist der tatsächliche Grund für die kognitiven Störungen nicht bekannt. Lediglich bekannt ist, dass die Wahrnehmungs- und Aufmerksamkeitseigenheiten schon in sehr frühem Alter auftreten (z. B. PRIOR & GAYZAGO, 1974) und es würde nicht verwundern, wenn sie entweder Konsequenzen der Ätiologie des autistischen Verhaltens wären oder aber in der Ätiologie eine funktionale Rolle spielen würden.

6.3 Intelligenz

KANNER (1943) war der Meinung, dass autistische Kinder mindestens über eine normale, vielleicht sogar eine überdurchschnittliche intellektuelle Kapazität verfügen. Er begründet dies mit der normalen physischen Erscheinung, der wachen, intelligent aussehenden Physiognomie sowie den zum Teil ungewöhnlichen Talenten in Bereichen wie Musik, Mathematik oder Zeichnen. Tatsächlich verteilt sich die Intelligenz autistischer Kinder über das gesamte Spektrum der Intelligenzbereiche, 75 – 80% der autistischen Kinder zeigen in standardisierten Intelligenztests weniger als 70 IQ-Punkte und 20 – 25% weisen eine durchschnittliche, in Einzelfällen sogar eine sehr gute Intelligenz auf (DeMYER, BARTON, ALPERN, KIMERLIN, ALLEN, YANG & STEELE, 1974; LOTTER, 1966; KOLVINOUNSTED & ROTH, 1971; RUTTER, 1983; BRYSON, CLARK & SMITH, 1988). Weiterhin konnte gezeigt werden, dass weibliche autistische Kinder im Durchschnitt eine erheblich schwerere intellektuelle Beeinträchtigung aufweisen als männliche (LORD & SCHOPLER, 1987).

Zwischen 7% (CREAK, 1963) und 20% (RUTTER, 1970) der autistischen Kinder entwickeln bis zum Alter von 18 Jahren cerebrale Krampfanfälle. Diese Kinder und Jugendlichen sind fast immer jene mit den stärksten Retardierungen und den schwersten Beeinträchtigungen (DeMYER, CHURCHILL, PONTIUS & GILKEY, 1971, 1974; BAILEY, PHILLIPS & RUTTER, 1996).

Einschränkend ist zu sagen, dass eine Intelligenzdiagnostik bei autistischen Kindern nur erschwert durchgeführt werden kann, weil aufgrund des mangelnden Interesses, der mangelnden Motivation und der Verhaltensauffälligkeiten die Testergebnisse verfälscht sein können. Hinzu kommt, dass aufgrund der gravierenden Sprachauffälligkeiten sprachgebundene Tests nur begrenzt einsetzbar sind.

Während einige Forscher (z. B. KANNER, 1943) die mangelnde intellektuelle Leistungsfähigkeit autistischer Kinder eher als eine sekundäre Folge der Störungen im Sozialverhalten und nicht als eine direkte Folge einer intellektuellen Störung sehen, existiert eine Fülle von Daten, die besagen, dass die mangelnde Leistungsfähigkeit auf ein tatsächliches Defizit und nicht auf andere Faktoren zurückzuführen sei. Geht man davon aus, dass die mangelnde intellektuelle Leistungsfähigkeit eine Folge der sozialen Beeinträchtigung ist, müssten alle autistischen Kinder retardiert sein. Wie jedoch vorher beschrieben, erreichen 20% der autistischen Kinder einen IQ, der in den Normbereich fällt, was als Argumentation gegen diese Annahme herangezogen wird. Wenn man davon ausgeht, dass mangelnde intellektuelle Leistungsfähigkeit ein Sekundärsymptom des Autismus sei, so würde ein Nachlassen der autistischen Symptome automatisch eine Verbesserung des IQ nach sich ziehen. Aus Untersuchungen sehen wir jedoch, dass dies nicht der Fall ist (HEMSLEY, HOWLIN; BERGER; HERSOV; HOLBROOK; RUTTER & YULE., 1978; RUTTER, 1983; RUTTER & BARTAK, 1973; RUTTER, YULE, BERGER & HERSOV, 1977).

Weiter könnte angenommen werden, dass die kindliche Leistungsfähigkeit wegen mangelnder Motivation oder vielleicht wegen Negativismus (z. B., das Kind weiß die Antwort, weigert sich jedoch, diese zu sagen) als gering eingeschätzt werden könnte. CLARK und RUTTER (1977) fanden jedoch, dass die Leistungen der Kinder im Zusammenhang mit dem tatsächlichen Schwierigkeitsgrad der Aufgaben korrelierten. Sie konnten jedoch nicht nachweisen, dass der Negativismus ein typisches Merkmal war, das die Leistungen determinierte. Da viele autistische Kinder nicht die erforderlichen sprachlichen Fähigkeiten haben, versuchte man mittels nonverbaler Tests die intellektuelle Kapazität zu erfassen. Auch solche Tests zeigten, dass die Mehrheit dieser Kinder eine mentale Retardation aufweisen.

Betrachtet man testpsychologische Befunde, die mittels Hamburg-Wechsler-Intelligenztests für Kinder bzw. der Wechsler-Intelligence-Scale for Children erhoben wurden, so zeigt sich ein auffallend inhomogenes Leistungsprofil, wobei es zu großen interindividuellen Leistungsschwankungen in den einzelnen Untertests kommt (FRITH, 1989; VENTER, LORD & SCHOPLER 1992; HAPPÉ, 1994).

Weiter zeigt sich aber auch mit einer erstaunlichen Regelmäßigkeit ein charakteristisches Leistungsprofil in dem Sinn, dass Kinder mit frühkindlichem Autismus in einigen Subtests besonders schlecht abschneiden, während sie in anderen Subtests relativ gute Ergebnisse erzielen. Beschrieben werden intraindividuell schlechte Leistungen in den Subtests „Allgemeines Verständnis" und „Bilderordnen" sowie gute Ergebnisse in den Subtests „Mosaiktest" und „Figurenlegen" (SHAH & FRITH, 1993). FRITH (1989) interpretiert diese Ergebnisse als einen Mangel an zentraler Kohärenz. Sie geht davon aus, dass bei autistischen Kindern eine partialisierte Reizwahrnehmung vorliegt, die den Gesamtzusammenhang zugunsten des Einzelreizes vernachlässige.

In einer Untersuchung zur Intelligenzstruktur autistischer Personen (RÜHL, D., WERNER, K. & POUSTKA, F., 1995) konnten die Ergebnisse von FRITH weitgehend bestätigt werden. Auch in dieser Studie fand man, dass autistische Personen ein offenbar spezifisches Profil in Bezug auf ihre intelligenzdiagnostisch erfassten kognitiven Funktionen aufweisen. Gemessen mit Intelligenztests (HAWIE bzw. HAWIK-R), konnten unabhängig vom Intelligenzniveau und vom Geschlecht parallele Untertestprofile beobachtet werden. Auch hier fand man relative Stärken in den Subtests „Allgemeines Wissen" sowie im abstrakt-räumlichen Denken und relative Schwächen im „Allgemeinen Verständnis" und im „Bilderordnen". Die Autoren versuchten die „Theorie der mangelnden zentralen Kohärenz" von FRITH (1989) weiter zu verfolgen und gehen davon aus, dass autistische Patienten den Gesamtzusammenhang bei der Reizwahrnehmung zugunsten des Details zu vernachlässigen scheinen. Dies erklärt die gelegentlich zu beobachtenden besonderen Fähigkeiten und Spezialbegabungen von Autisten, aber auch, warum autistische Personen Schwierigkeiten mit der kontextabhängigen Reizverarbeitung haben, also der Einordnung von Reizen in einen Gesamtzusammenhang.

6.4 Sprache

Sprachliche Besonderheiten stellen ein charakteristisches Merkmal des Autismus dar. Neben visuellen Wahrnehmungsproblemen fanden NORBURY und BISHOP (2002) Defizite im Textverständnis bei gut begabten („high functioning") Personen mit Autismus, verglichen mit der gesunden Kontrollgruppe bzw. Probanden mit umschriebenen Sprachstörungen. Von Interesse ist, ob sie primäre bzw. sekundäre Merkmale eines allgemeinen kognitiven Defizits darstellen oder aber auch auf einige andere, nicht kognitive Faktoren zurückzuführen sind. RUTTER (1983) machte einen grundlegenden kognitiven Defekt für die speziellen Sprachdefizite des Autismus verantwortlich. Er geht davon aus, dass bei autistischen Kindern ein kognitiver Defekt vorliegt, der sowohl die Sprache wie auch die Folgerichtigkeit des Denkens und die Abstraktion beeinflusst.

In einer klassischen Studie verglichen BARTAK, RUTTER & COX (1975) eine Gruppe autistischer Kinder mit einer Gruppe von Kindern mit einer Dysphasie, um zu erforschen, welche Aspekte der kognitiven Dysfunktion spezifisch für den Autismus sind. Der Vergleich ergab verschiedene interessante Ergebnisse. Am wichtigsten erscheint, dass sich die beiden Gruppen in Bezug auf nonverbales Schlussfolgern und syntaktische Sprachfähigkeiten nicht signifikant unterschieden. Die Forscher schlossen daraus, dass der Autismus nicht durch einen allgemeinen Defekt in der visuell-räumlichen Wahrnehmung, Artikulation oder einen grammatikalischen Sprachdefekt charakterisiert werden kann. Dies bedeutet, dass eine rezeptive Sprachstörung allein für die Erklärung des autistischen Störungsbildes nicht ausreicht.

In der Untersuchung zeigten sich verschiedene Unterschiede zwischen Kindern mit einer Dysphasie und autistischen Kindern. Autistische Kinder zeigten ein mangelndes Sprachverständnis, hatten Probleme, während der Denkprozesse verbale Fähigkeiten einzusetzen, hatten Schwierigkeiten mit Phantasiespielen und Schwierigkeiten im Gebrauch und Verstehen von Gesten. Signifikant war auch das Ergebnis, dass autistische Kinder im Gegensatz zu Kindern mit einer Dysphasie besondere Sprachabnormalitäten wie z. B. Echolalie aufwiesen. Im Gegensatz dazu waren die Kinder mit cincr Dysphasie weniger verhaltensgestört, sozial reifer und aufgeschlossener als die autistischen Kinder. BARTAK, RUTTER & COX (1975) folgerten daraus, dass eine schwere Sprachentwicklungsstörung allein nicht der Grund für den Autismus sein könne und dass der Autismus eine Störung repräsentiere, die sowohl durch Sprachabnormalitäten wie auch durch schwere, generalisierte kognitive Defizite charakterisiert sei.

Etwa 50% der autistischen Kinder entwickeln gar keine sprachlichen Fähigkeiten. Der Rest fällt durch eine deutlich verzögerte Sprachentwicklung mit charakteristischen Besonderheiten wie Echolalie und Problemen mit der pronominalen Umkehr auf.

Aus Untersuchungen zur Sprachentwicklung sprachfähiger autistischer Kinder geht hervor, dass die phonologischen und syntaktischen Fähigkeiten sich relativ unbeeinträchtigt entwickeln. Auch das semantische Wissen autistischer Kinder entspricht dem normaler Kinder mit gleichem Entwicklungsstand (TAGER-FLUSBERG, 1993; LORD & PAUL, 1997). Das Hauptmerkmal der Sprachstörung liegt in der Störung der pragmatischen sprachlichen Kompetenz (LORD & PAUL, 1997; KASTNER-KOLLER & DEIMANN, 2000).

Autistische Kinder sind nicht in der Lage, ihre Gesprächsführung den sozialen Gegebenheiten anzupassen und auf eine Mitteilung adäquat zu reagieren. Sie sind ebenso wenig imstande, von der Zuhörerrolle zur Sprecherrolle zu wechseln und bestimmte Vorannahmen bezüglich des Gesprächsinhalts zu berücksichtigen. So fällt es ihnen schwer einzuschätzen, welches Thema den Gesprächspartner interessieren könnte und wie viel Information er benötigt, um einem Gespräch folgen zu können. Diese fehlende kommunikative Kompetenz zeigt sich bei autistischen Kindern schon im prälinguistischen Stadium. Die Vokalisationen autistischer Säuglinge sind für den Kommunikationspartner schwer verständlich (LORD & PAUL, 1997). Die Kinder fallen bereits in einem sehr frühen Alter durch eine mangelnde „joint attention" (s. o.), fehlende Blicksteuerung und fehlendes symbolisches Spiel auf. Sie setzen Gesten und Blicke nicht für kommunikative Zwecke ein (also um etwa eine Bezugsperson auf interessante Objekte hinzuweisen), sondern nur für so genannte imperative Zwecke, um ein Spielzeug oder ein anderes Objekt, das sie haben wollen, zu bekommen. Symbolisches Spiel fehlt bei den meisten autistischen Kindern; wenn es auftritt, ist es sehr eingeschränkt und wenig kreativ (CHARMAN, SWETTENHAM, BARON-COHEN & COX, 1997).

Echolalie, ein weiteres häufiges Symptom autistischer Kinder, ist eine durch Wortwiederholungen und Wiederholungen von Sätzen anderer charakterisierte Sprachanomalie. Man unterscheidet zwischen unmittelbarer und verzögerter Echolalie autistischer Kinder. Wenn man z. B. ein autistisches Kind fragt: „Möchtest du einen Keks?", wiederholt es die Frage. In diesem Fall handelt es sich um die unmittelbare Echolalie. Bei verzögerter Echolalie wiederholt ein autistisches Kind ein gehörtes Wort oder einen Satz erst Stunden oder Tage später.

Einige Forscher (z. B. FAY, 1969; BALTAXE & SIMMONS, 1975; SCHREIBMAN, KOHLENBERG & BRITTEN, 1986) meinen, dass es sich bei der Echolalie um den Versuch einer Kommunikation handelt, die auf der phonematischen Ebene basiert. Wie MESIBOV & DAWSON (1986) sowie PRIOR (1984) betonen, scheinen die Kinder, anstatt von gehörten Äußerungen Gebrauch zu machen, eine einzige Formulierung für die Bezeichnung verwandter Situationen oder Ereignisse zu verwenden. So antwortete z. B. ein Junge, wann immer er eine negative Antwort geben wollte, mit „nein, danke". Fragte man ihn z. B., ob es regne, antwortete er mit „nein, danke".

PRIZANT und DUCHAN (1981) sehen in der Echolalie einen Versuch der Kommunikation, der einer Entwicklungsstufe entspricht, auf der akustische Signale gestalthaft oder episodisch verarbeitet werden. Besonders auffällig ist die Sprache autistischer Kinder in Bezug auf prosodische Aspekte wie Intonation, Betonung und Rhythmus. BALTAXE (1981) betont die Unfähigkeit autistischer Kinder, prosodische, das heißt sprachmelodische Aspekte in der Sprachwahrnehmung zu nutzen und im Sprachgebrauch einzusetzen. Autistische Personen erkennt man noch im Erwachsenenalter an ihrer besonderen monotonen Prosodie (TAGER-FLUSBERG, 1997).

BARON-COHEN, TAGER-FLUSBERG und COHEN(1993) gehen davon aus, dass es sich bei der Störung der Sprache und Kommunikation um eine Störung handelt, die es den autistischen Kindern nicht erlaubt, zu erkennen bzw. zu berücksichtigen, was eine andere Person denkt, weiß, fühlt oder beabsichtigt, dass also autistische Kinder nicht in der Lage sind, eine „Theory of mind" zu entwickeln. Unter „Theory of mind" versteht man eine mentalistische Alltagspsychologie (FRITH, 1989), nämlich die Fähigkeit, anderen Intentionen und Motive zuzuschreiben, bestimmte Gefühle bei ihnen festzustellen oder zu unterscheiden, ob sie mit dem eigenen Gefühlszustand übereinstimmen oder nicht. Autistische Kinder haben Schwierigkeiten, Motive, Intentionen oder Gefühle anderer Personen wahrzunehmen bzw. sie richtig zu interpretieren. Diese Ergebnisse wurden in einer Vielzahl von Studien bestätigt (BARON-COHEN, LESLIE & FRITH, 1985; LESLIE, 1987; BARON-COHEN, 1992; HOBSON, 1993).

6.5 Exekutive Funktionen

Exekutive Funktionen umfassen eine recht uneinheitliche Gruppe kognitiver Funktionen höherer Ordnung, die im Dienste der zielgerichteten Handlungsplanung und Selbststeuerung stehen und sich möglicherweise grundlegend von intellektuellen Funktionen unterscheiden.

Ergebnisse mehrerer Studien seit Beginn der 1980-er Jahre zeigen, dass Menschen mit Autismus offenbar Probleme haben, ihr Handeln systematisch zu steuern, auch wenn sie intellektuell gut begabt sind (SZATMARI, OFFORD, SIEGEL, FINLAYSON & TUFF, 1990).

Exekutive Funktionen werden von Aufmerksamkeitsregulation, Arbeitsgedächtnis, Planen, Flexibilität u. Impulskontrolle beeinflusst.

Untersucht werden die exekutiven Funktionen z. B. mit Hilfe des Wisconsin-Card-Sorting-Tests (prüft Störungen der Flexibilität), Turm-von-Hanoi-Aufgaben (prüfen Planen und Arbeitsgedächtnis) oder dem STROOP-Test (Aufmerksamkeitsregulation). Auch wenn die exekutiven Funktionen im Bereich Autismus ausführlich untersucht sind, bleibt unklar, in welchem Ausmaß die Störungen der Unterfunktionen bedeutsam sind. Zudem treten exekutive Störungen zwar bei Personen mit Autismus-Spektrum-Störungen auf, sind aber nicht für Autismus spezifisch (LISS, FEIN, ALLEN, DUNN & FEINSTEIN, 2001).

6.6 Theory of Mind

„Theory of Mind" bezeichnet die Fähigkeit, die Welt aus dem Blickwinkel des anderen zu sehen, sich in die Vorstellungen, Gedanken, Gefühle, Pläne, Strategien, Intentionen eines anderen einfühlen zu können (HAPPÉ & FRITH, 1995), erraten können, was in anderen vorgeht, welche Gefühle ausgedrückt werden, ob sich jemand verstellt, täuscht oder interessiert ist.

Menschen mit Autismus gelingt es weder, eigene Gefühle und Vorstellungen auszudrücken, noch verfügen sie über die Empathie, die es ihnen ermöglichen würde, andere zu verstehen. Ein Mangel von „Theory of Mind" führt in weiterer Folge zu Fehlinterpretationen sozialer Situationen und komplexeren menschlichen Verhaltens.

In einer Studie untersuchten BARON-COHEN, TAGER-FLUSBERG und COHEN (1993), ob autistische Kinder über eine „Theory of Mind" verfügen. Sie kamen zum Ergebnis, dass autistische Kinder Schwierigkeiten haben, Motive, Intentionen oder Gefühle anderer Personen wahrzunehmen bzw. sie richtig zu interpretieren. Diese Ergebnisse wurden von einer Vielzahl nachfolgender Studien bestätigt (HOBSON, 1993; BARON-COHEN, LESLIE & FRITH, 1985; LESLIE, 1987; BARON-COHEN, 1992).

Tests zur Einschätzung solcher Defizite verwenden Aufgaben, die das Erkennen von Täuschungen und die Fähigkeit, sich in die Perspektive eines anderen hineinversetzen zu können, untersuchen (so genannte „False-belief-Tests"). Die Anwendung von „False-belief-Tests" bei Menschen, die ein Autismussyndrom aufweisen, zeigen, dass bei den Aufgaben zur Erkennung von „Täuschungen erster Ordnung" (eine fälschliche Annahme über einen Zustand) 80% der Probanden Probleme haben, bei Aufgaben zur Erkennung von Täuschungen zweiter Ordnung (eine fälschliche Annahme über die Annahmen eines anderen) 100% dazu nicht in der Lage sind. Diese Ergebnisse sind im Vergleich zur Kontrollgruppe, aber auch im Vergleich zu Kindern mit Trisomie 21 höchst auffällig. (BARON-COHEN, RING, WHEELWRIGHT, BULLMORE, BRAMMER, SIMMONS & WILLIAMS, 1999).

Die Störung der „Theory of Mind" korreliert mit dem Ausmaß der Beeinträchtigung der sozialen Kommunikationsfähigkeit und ist abhängig von Alter, Intelligenz, Sprache und exekutiven Funktionen. Sie ist nicht autismusspezifisch, sondern auch für eine Reihe von anderen kinderpsychiatrischen Störungen zutreffend.

6.7 Schwache zentrale Kohärenz

Ausgehend von klinischen Falldarstellungen und neuropsychologischen Untersuchungen, in deren Rahmen der Embedded Figures Test und der Mosaiktest aus dem Wechsler-Intelligenztest eingesetzt wurden, formulierte FRITH (1989) die Theorie der „schwachen zentralen Kohärenz". Wahrnehmungen, Emotionen und Denken werden beim Menschen unter normalen Bedingungen durch zentrale Kohärenz bestimmt, d. h., Informationen werden automatisch in einen kontextuellen Zusammenhang eingebunden, wodurch ein Bezugssystem höherer Ordnung entsteht.

Diese zentrale Kohärenz ist bei Autisten gestört. Im Wechsler-Intelligenztest erbringen autistische Personen signifikant bessere Leistungen im Mosaiktest, der das Nachbauen von Mustern verlangt, bzw. im Test Figurenlegen, der aus Puzzles besteht, jedoch signifikant schlechtere Leistungen im Test Bilderordnen, in dem es um die Herstellung eines folgerichtigen Handlungsablaufs in sozialen Kontexten geht.

Das Konzept der schwachen zentralen Kohärenz würde erklären, warum Personen mit Autismus Details zwar genauer wahrnehmen als gesunde Personen, Zusammenhänge jedoch schlechter erfassen (HAPPÉ, 1996). Die allgemeine Gültigkeit dieser Theorie für den Autismus ist allerdings noch nicht geklärt (MOTTRON, BURACK, IAROCCA, BELLEVIELLE & ENNS, 1999).

6.8 Resümee

Zusammenfassend kann gesagt werden, dass die beim Autismus diskutierten neuropsychologischen Theorien Einblicke in Teilbereiche autistischen Verhaltens geben, jedoch kein ätiologisches Modell erkennen lassen. Sie sind neurobiologischen Korrelaten nicht sicher zuzuordnen.

7 Psychosoziale Rahmenbedingungen

KANNER hielt das Zusammenarbeiten genetischer und milieureaktiver Faktoren als entscheidend für die Entstehung des frühkindlichen Autismus. In seinen frühen Arbeiten beschrieb er die Eltern autistischer Kinder als kühl, unsensibel, formell, introvertiert und distanziert.

Auf KANNERs Beobachtungen folgte eine Vielzahl von Theorien, die eine Verbindung zwischen familiärem Umfeld und Autismus annahmen. Einige der spezifischen Faktoren, die in diesen Theorien als Ursache für Autismus angenommen wurden, sind elterliche Abweisung, Reaktionen der Kinder auf eine Abweichung der elterlichen Persönlichkeitscharakteristik, aber auch allgemein Zerfall der Familie, Familienstress, geringer Ansporn und nicht funktionierende Kommunikation (CANTWELL, BAKER & RUTTER, 1978; COX, RUTTER, NEWMAN & BARTAK, 1975; WART, 1970).

TINBERGEN und TINBERGEN (1972) gingen davon aus, dass für die Entwicklung des Autismus eine Wechselwirkung zwischen organischer Prädisposition und Persönlichkeit der Eltern bedeutsam ist. Die Autoren nahmen an, dass ein extrem überempfindliches und ängstliches Kind Eltern hat, die nicht einfühlsam genug sind, um das Kind vor seinen Ängsten und Stresssituationen beschützen zu können. Wegen der Intensität der Ängste und des Unvermögens der Eltern, diese zu lindern, werden diese Ängste auf andere Stimuli generalisiert, was zu dem autistischen Störungsbild führt.

RIMLAND wandte sich bereits 1964 gegen eine rein psychogenetische bzw. soziogenetische Theorie der Ätiologie des Autismus, wie sie vor allem von Seiten der Psychoanalyse vertreten wurde. Schon die Tatsache, dass die meisten Eltern autistischer Kinder auch gesunde Kinder haben, lässt vermuten, dass die Beziehungsstörung nicht so gravierend und generell sein kann, dass sie als alleinige Ursache für die Entstehung des frühkindlichen Autismus angesehen werden kann.

Es sei auch darauf hingewiesen, dass abweichendes Verhalten der Eltern auch als Reaktion auf die Anomalie des Kindes verstanden werden kann und nicht umgekehrt. Überdies handelt es sich beim Autismus um eine so schwere Störung, dass sie nicht durch die oben beschriebenen Verhaltensweisen der Eltern erklärt werden kann. Diese würden allenfalls zu einer leichteren Schädigung führen. Trotzdem gibt es natürlich Einflüsse der Eltern, die jedoch nicht ursächlich, sondern den Krankheitsverlauf modulierend wirken.

8 Synopsis

Entsprechend den Forderungen an eine nosologische Klassifikation in der Kinder- und Jugendneuropsychiatrie (SPIEL & SPIEL, 1990) wird ein tieferes Verständnis des frühkindlichen Autismus gefordert, wobei im diagnostischen Prozess Folgendes Berücksichtigung finden muss:
- die klinische Symptomatologie/Syndromatologie
- die Wertigkeit ätiologischer Determinanten genetischer, zerebralorganisch läsioneller, sozialer und auf Beziehungsstrukturen rückführbarer Art
- die Wertigkeit der Kombination ätiologischer Faktoren
- deren entwicklungsbezogenes Auftreten
- die Dauer der deviierenden Faktoren
- der dysfunktionale Entwicklungsprozess selbst mit der Annahme der eigenen Dynamik
- die Struktur des sich Entwickelnden und der Strukturwandel der Entwicklungsdimensionen
- die Struktur in den verschiedenen Entwicklungsepochen beschreibt das Affizierbare. Der ab da mögliche Strukturwandel lässt die ausgelöste deviante Entwicklung abschätzen, weiter bedingt die gegebene Struktur die Möglichkeiten pathologischer Reaktionsausformungen
- das Faktum, dass eine solche dysfunktionale Entwicklung des Individuums auch die jeweiligen Umweltadressaten verändert, so dass diese wiederum nicht in idealer Weise regieren und agieren.

Unter diesen Gesichtspunkten wurde immer wieder in dieser Darstellung darauf hingewiesen, dass bei aller vordergründigen Einheitlichkeit des psychopathologisch fassbaren Syndroms Autismus eine beträchtliche Variabilität besteht, und zwar einerseits, was die Symptomzusammensetzung bei den verschiedenen Kindern anbelangt, andererseits, was die Ausprägung einzelner Symptome oder Gruppen von Symptomen betrifft. Das Nichtberücksichtigen dieses Umstandes erschwert das Verständnis, sind doch häufig die Patientengruppen, die untersucht wurden, nicht vergleichbar. Im Besonderen ist zu berücksichtigen, ob ein autistisches Syndrom verbunden mit geistiger Behinderung vorliegt oder eine durchschnittliche Intelligenzausprägung gegeben ist.

Mindestens genauso bedeutsam ist es, zu berücksichtigen, ob sensorische Deprivationen, ein- oder mehrdimensionale kognitive Entwicklungsbeeinträchtigungen zusätzlich vorliegen bzw. ob das autistische Syndrom von einer paroxysmalen Hirnfunktionsstörung im Sinne einer Epilepsie oder einer anderen organischen Erkrankung begleitet wird.

Was die Wertigkeit ätiologischer Determinanten angeht, so war diese Darstellung darauf ausgerichtet, genetisch bedingte Hirnfunktionsstörungen in den Vordergrund zu stellen. Bedeutsam ist, dass die Ergebnisse der Forschung bezüglich der biologischen Grundlagen des Autismus Vorstellungen nahelegen, die eine Störung des Entwicklungs- und Entfaltungsprozesses von Beginn an annehmen. Wie schon einleitend dargelegt, wird Autismus als das Ergebnis einer pathologischen Entwicklung angesehen: einem Ausbleiben der Bildung primärer Strukturen des sich entwickelnden Individuums und der Hintanhaltung eines physiologischen Strukturwandels von Entwicklungsdimensionen.

Da Entwicklung nicht gleichzusetzen ist mit Reifung, sondern zusätzlich abhängig ist vom Austausch mit der Umwelt, ist nicht nur die Erreichbarkeit des autistischen Kindes beeinträchtigt (aufgrund nicht gebildeter Grundstrukturen), sondern es reagiert auch nicht in „idealer Weise" auf seine Lebensumwelt zurück.

Die Vorstellungen über grundlegende Theorien oder Modelle des autistischen Erlebens bzw. die damit verbundenen Funktionsweisen sind uneinheitlich und zum Teil vage. Die formale Pathogenese, die Relation verschiedener beteiligter verursachender Mechanismen oder aber auch der Symptomengruppen bleibt zumeist beschreibend und kann daher kaum kausal interpretiert werden. Unter Annahme einer inneren Struktur komplexer kognitiver Aktivität können zwar deren Elemente oder Elementgruppen mit neuropsychologischen bzw. neurophysiologischen

Gegebenheiten in Bezug gesetzt werden. Neurophysiologische Untersuchungsergebnisse können aber niemals ein Ersatz für ein komplexes entwicklungspsychopathologisches Modell sein. Solche Ergebnisse sollten sich jedoch kompatibel in derartige Modellvorstellungen einfügen lassen.

Es war nicht zuletzt das Anliegen dieser Darstellung, von den neurobiologischen Grundlagen her die zu berücksichtigenden Rahmengegebenheiten für die Entwicklung eines die Entwicklungsdimensionen berücksichtigenden kognitionspsychologischen Modells anzugeben. Ein solches Modell muss früheste Entwicklungsstufen des Individuums bzw. deren Ausbleiben berücksichtigen, muss sich mit Annahmen über primäre Strukturgegebenheiten des menschlichen Werdens auseinandersetzen, muss hinterfragen, ob die Unterscheidung von kognitiver und sozialer Entwicklungslinie für die frühe Entwicklungsphase adäquat ist, ob nicht vielmehr generelle Entwicklungsdeterminanten beeinträchtigt sind, die sich auf Relationales zu und zwischen Objekten (allgemein-sozial) beziehen.

Literaturverzeichnis

Amorosa, H. (2010). Epidemiologie. In M. Noterdaeme & A. Enders (Hrsg.), Autismus-Spektrum-Störungen (ASS). Stuttgart: Kohlhammer.

Anderson, G.M., Freedman, D.X., Cohen, D.J., Volkmar F.R., Hoder, E.L., McPhedran, P., Minderaa, R.B., Hansen, C.R. & Young, J.R. (1987). Whole blood serotonin in autistic and normal subjects. Journal of Child Psychology, Psychiatry and Allied Disciplines, 28, 885–900.

Ando, H. & Yoshimura, I. (1979). Effects of age on communication skill levels and prevalence of maladaptive behaviors in autistic and mentally retarded children. Journal of Autism and Developmental Disorders, 9, 83–93.

Asarnow, R. F. et al. (1987). Patterns of intellectual functioning in nonretarded autistic and schizophrenic children. Journal of Child Psychology and Psychiatry, 28, 273–280.

Baltaxe, C.A. & Simmons, J.Q. (1975). Language in childhood psychosis: A review. Journal of Speech and Hearing Disorders, 30, 439–458.

Baltaxe, C.A. (1977). Pragmatic deficits in the language of autistic adolescents. Journal of the Pediatric Psychology, 2, 176–180.

Barabas, G. & Metthews, W. S. (1983). Coincident infantile autism and Tourette syndrome: A case report. Journal of Autism and Developmental Disorders, 13, 280–281.

Baron-Cohen, S. (1992). Debate and argument: On modularity and development in autism. A reply of Burack. Journal of Child Psychology and Psychiatry, 33, 623–629.

Baron-Cohen, S., Leslie, A. M. & Frith, U. (1985). Does the autistic child have a theory of mind. Cognition, 21, 37–46.

Baron-Cohen, S., Tager-Flusberg, H. & Cohen, D.J. (Eds.) (1993). Understanding other minds: Perspectives from autism. Oxford: Oxford University Press.

Bartak, L. & Rutter, M. (1974). The use of personal pronouns by autistic children. Journal of Autism and Childhood Schizophrenia, 4, 217–222.

Bartak, L. Rutter, M. & Cox, A. (1975). A comparative study of infantile autism and specific developmental receptive language disorders. I. The children. British Journal of Psychiatry, 126, 127–145.

Bauman, M.L. & Kemper, T.L. (1994). Neuroanatomic observations of the brain in autism. In: M.L. Bauman & T.L. Kemper (Eds.). The neurobiology of autism (pp. 119–145), Baltimore: Johns Hopkins University Press.

Bauman, M.L. & Kemper, T.L. (1995a). Brain weight in autism: Unexpected change with age. Unpublished data.

Bauman, M.L. & Kemper, T.L. (1995b). Quantitative analysie of Purkinje cell numbers in the vermis in autism as compared with controls. Unpublished data.

Bell, R.Q. (1968). A reinterpretation of the direction of effects in studies of socialization. Psychological Review, 75, 227–233.

Bell, R.Q. (1971). Stimulus control of parent or caretaker behavior by offspring. Developmental Psychology, 4, 63–72.

Bettelheim, B. (1967). The empty fortress. New York: Free Press.

Bryson, S. E., Clark, B. S. & Smith, I. M. (1988). First report of a Canadian epidemiological study of autistic syndromes. Journal of Child Psychology and Psychiatry, 29, 433–446.

Cantwell, D.P., Baker, B.L. & Rutter, M. (1978). Family factors. In M. Rutter and E.Schopler (Eds.). Autism: A reappraisal of concepts and treatment. New York: Plenum Press.

Chung, S. Y., Luk, S. L. & Lee, P. W. H. (1990). A follow-up study of Infantile Autism in Hong Kong. Journal of Autism and Developmental Disorders, 20, 221–232.

Clark, P. & Rutter, M. (1977). Compliance and resistance in autistic children. Journal of Autism and Childhood Schizophrenia, 7, 33–48.

Comings, D. E. & Comings, B. G. (1991). Clinical and genetic relationship between autism-pervasive development disorder and Tourette syndrome: A study of 19 cases. American Journal of Medical Genetics, 39, 180–191.

Cook, E.H., Fletcher, K.E. Wainwright, M., Marks, N., Yan, S.-Y. & Leventhal, B.L. (1994a). Primary structure of the human platelet serotonin 5-HT$_{2A}$ receptor: Identity with frontal cortex serotonin 5-HT$_{2A}$ receptor. Journal of Neurochemistry, 63, 465–469.

Cook, E.H., Metz, J. Leventhal, B., Lebovitz, M., Nathan, M., Semerdjian, S., Brown, T. & Cooper, M. (1994b). Fluoxetine effects on cerebral glucose metabolism. Neuroreport, 5, 1745–1748.

Courchesne, E. et.al. (1989). Pathophysiologic findings in nonretarded autism and receptive developmental language disorder. Journal of Autism und Developmental Disorders, Vol.19, No. I.

Courchesne, E., Saitoh, O., Yeung-Courchesne, R., Press, G.A., Lincoln, A.J., Haas, R.H. & Schreibman, L. (1994). Abnormalities of cerebellar vermian lobules VI und VII in patients with infantile autism: Identification of hypoplastic subgroups by MR imaging. American Journal of Roentgenology, 162, 123–130.

Courchesne, E., Townsend, J. & Saitoh, O. (1994). The brain in infantile autism: Posterior fossa structures are abnormal. Neurology, 44, 214–223.

Cox, A., Rutter, M., Newman, S. & Bartak, L. (1975). A comparative study of infantile autism and specific developmental receptive language disorder: II. Parental characteristics. British Journal of Psychiatry, 126, 146–159.

Creak, M. (1963). Childhood psychosis: A review of 100 cases. British Journal of Psychiatry, 109, 84–89.

DeMyer, M.K., Alpern, G.D., Barton, S., DeMyer, W.E., Churchill, D.W., Hingtgen, J.N., Bryson, C.Q., Pontius, W. & Kimberlin, C. (1972). Imitation in autistic, early schizophrenic and non-psychotic subnormal children. Journal of Autism and Childhood Schizophrenia, 2, 264–287.

DeMyer, M.K., Barton, S., Alpern, G.D., Kimerlin, C., Allen, J., Yang, E. & Steele, R. (1974). The measured intelligence of autistic children. Journal of Autism and Childhood Schizophrenia, 4, 42–60.

DeMyer, M.K., Churchill, D.W., Pontius, W. & Gilkey, K.M. (1971). A comparison of five diagnostic systems for childhood schizophrenia and infantile autism. Journal of Autism and Childhood Schizophrenia, 1, 175–189.

DeMyer, M.K., Hingtgen, J.N. & Jackson, R.K. (1981). Infantile autism reviewed: A decade of research. Schizophrenia Bulletin, 7, 388–451.

Despert, J.L. (1951). Some considerations relating to the genesis of autistic behavior in children. American Journal of Orthopsychiatry, 21, 335–350.

Deutsche Gesellschaft für Kinder- und Jugendpsychiatrie und -psychotherapie (Hrsg.) (2003, 2. Aufl.). Leitlinien zur Diagnostik und Therapie von psychischen Störungen im Säuglings-, Kindes- und Jugendalter. Köln: Deutscher Ärzteverlag.

Döpfner, M. et al (2003). Autistische Störungen. Hogrefe-Verlag

DSM-IV (1998). Diagnostisches und Statistisches Manual Psychischer Störungen. Göttingen, Bern, Toronto, Seattle: Hogrefe.

Eggers, C., Fegert, J. M., Resch, F. (2004). Psychiatrie und Psychotherapie des Kindes- und Jugendalters. Springer Verlag, Berlin, Heidelberg.

Eimas, P. (1969). Multiple-cue discrimination learning in children. Psychological Record, 19, 417–424.

Eisenberg, L. & Kanner, L. (1956). Early infantile autism: 1943–1955. American Journal of Orthopsychiatry, 26, 55–65.

Fay, W.H. (1969). On the basis of autistic echolalia. Journal of Communication Disorders, 2, 38–47.

Fay, W.H. (1979). Personal pronouns and the autistic child. Journal of Autism and Developmental Disorders, 9, 247–260.

Ferster, C.B. (1961). Positive reinforcement and behavioral deficits of autistic children. Child Development, 32, 437–456.

Fischer, M.A. & Zeaman, D. (1973). An attention-retention theory of retardate discrimination learning. In: N.R.Ellis (Eds.), International review of research in mental retardation (Vol. 6). New York: Academic Press.

Fish, B., Shapiro, T. & Campbell, M. (1966). Long-term prognosis and the response of schizophrenic children to drug therapy: A controlled study of trifluoperazine. American Journal of Psychiatry, 123, 32–39.

Folstein, S. & Rutter, M. (1977). Genetic influences and infantile autism. Nature 265, 726–728,

Frith, U. (1989). Autism. Explaining the enigma. Blackwell, Oxford Cambridge.

Ghaziuddin, M. & Tsai, L. (1991). Depression in autistic disorder. British Journal of Psychiatry, 159, 721–723.

Gillberg, C. (1985). Asperger's syndrome and recurrent psychosis–A case study. Journal of Autism and Developmental Disorders, 15, 389–397.

Gillberg, C. & Schaumann, H. (1982). Social class and infantile autism. Journal of Autism and Developmental Disorders, 12, 223–228.

Goldfarb, W. (1961). Childhood schizophrenia, Cambridge, MA: Harvard University Press.

Grillon, Ch. et al. (1989). Brainstem and middle latency auditory evoked potentials in autism and developmental language disorder. Journal of Autism and Developmental Disorders, Vol. 19, No. 2, 1989.

Hale, G.A. & Morgan, J.S. (1973). Developmental trends in children's component selection. Journal of Experimental Child Psychology, 15, 302–314.

Happè, F. G. E. (1994). Wechsler IQ Profile and Theory of Mind in Autism. Journal of Child Psychology and Psychiatry, Vol. 35 Nr. 8, 1461–1471.

Hashimoto, T. , Tayama, M., Murakawa, K. Yoshimoto, T. Miyazaki, M., Harada, M. & Kuroda, Y. (1995). Development of the brainstem and cerebellum in autistic patients. Journal of Autism and Developmental Disorders, 25, 1–18.

Hemsley, R., Howlin, P.A., Berger, M., Hersov, L., Holbrook, D., Rutter, M. & Yule, W. (1978). Training autistic children in a familiy context. In: M.Rutter & E. Schopler (Eds.), Autism: A reappraisal of concepts and treatment. New York: Plenum Press.

Hermelin, B. & O'Connor, N. (1970). Psychological experiments with autistic children. Oxford: Pergamon.

Herpertz-Dahlmann, B. et al. (2003). Entwicklungspsychiatrie. Schattauer Verlag, Stuttgart.

Hobson (1993). Understanding persons: The role of affect. In: S. Baron-Cohen, H. Tager-Flusberg, & D.J. Cohen (Eds.), Understanding minds: Perspectives from autism. Oxford: Oxford University Press.

Holtmann, M., Bölte, S. & Poustka, F. (2005). ADHD, Asperger Syndrome and high-functioning autism. Journal of the American Academy of Child and Adolescence Psychiatry, 44, 11–15.

Holtmann, M., Bölte, S. & Poustka, F. (2007). Attention Deficit Hyperactivity Disorder symptoms in pervasive developmental disorders: association with autistic behavior domains and coexisting psychopathology. Psychopathology, 40, 172–177.

ICD-10 (1991). Internationale Klassifikation psychischer Störungen. Bern: Huber

Kanner, L. (1943). Autistic disturbances of affective contact. Nervous Child, 2, 217–250.

Kanner, L. (1949). Problems of nosology and psychodynamics of early infantile autism. American Journal of Orthopsychiatry, 19, 416–426.

Koegel, R.L. & Wilhelm, H. (1973). Selective responding to the components of multiple visual cues by autistic children. Journal of Experimental Child Psychology, 15, 442–453.

Kolvin, I. (1971). Studies in the childhood psychoses. I. Diagnostic criteria and classification. British Journal of Psychiatry, 118, 381–384.

Kolvin, I., Ounsted, C. & Roth, A. (1971). Studies in childhood psychoses. V. Cerebral dysfunction and childhood psychoses. British Journal of Psychiatry, 118, 407–414.

Komoto, J., Usui, S. & Hirata, J. (1984). Infantile autism and affective disorder. Journal of Autism and Developmental Disorders, 14, 81–84.

Kusch, M. & Petermann, F. (1991). Entwicklung autistischer Störungen (2., erweiterte Auflage). Bern: Huber.

Lainhardt, J. E. & Folstein, S. E. (1994). Affective disorders in people with autism. A review of published cases. Journal of Autism and Developmental Disorders, 24, 587–601.

Leslie, A. M. (1987). Pretense and representation: The origins of theory of mind. Psychological Review, 94, 412–426.

Levine, M.D. & Olson, R.P. (1968). Intelligence of parents of autistic children. Journal of Abnormal Psychology, 73, 215–217.

Lord, C., & Schopler, E. (1987). Neurobiological implications of sex differences in autism. In: E. Schopler & G. B. Mesibov (Eds.), Neurobiological issues in autism, 191–211. New York: Plenum Press.

Lotter, V. (1966). Epidemiology of autistic conditions in young children. I. Prevalence. Social Psychiatry, 1, 124–137.

Lovaas, O.I. (1977). The autistic child. New York: Irvington.

Lovaas, O.I., Koegel, R.L. & Schreibman, L. (1979). Stimulus overselectivity in autism: A review of research. Psychological Bulletin, 86, 1236–1254.

Lovaas, O.I., Litrownik, A. & Mann, R. (1971). Response latencies to auditory stimuli in autistic children engaged in self-stimulatory behavior. Behaviour Research and Therapy, 9, 39–49.

Lovaas, O.I. & Schreibman, L. (1971). Stimulus overselectivity of autistic children in a two-stimulus situation. Behaviour Research and Therapy, 9, 305–310.

Lovaas, O.I., Schreibman, L., Koegel, R.L. & Rehm, R. (1971). Selective responding by autistic children to multiple sensory input. Journal of Abnormal Psychology, 77, 211–222.

McDougle, C. J., Price, L. H. & Goodman; W. K. (1990). Fluvoxamine treatment of coincident Autistic Disorder and Obsessive-Compulsive Disorder: A case report. Journal of Autism and Developmental Disorders, 20, 537–543.

Mesibov, G.B. & Dawson, G.D. (1986). Pervasive developmental disorders and schizophrenia. In: J.M. Reisman (Ed.), Behavior disorders in infants, children, and adolescents (1st ed.). New York: Random House.

Neisser, U. (1975). Kognitive Psychologie, E. Klett-Verlag, Stuttgart.

Nissen, G. (1989). Autistische Syndrome. In: Eggers, Lempp, Nissen, G., Strunk: Kinder- und Jugendpsychiatrie, Springer-Verlag.

Olson, D.R. (1971). Information-processing limitations of mentally retarded children. American Journal of Mental Deficiency, 75, 478–486.

Ornitz, E.M. (1969). Disorders of perception common to early infantile autism and schizophrenia. Comprehensive Psychiatry, 10, 259–274.

Ornitz, E.M. & Ritvo, E.R. (1968). Perceptual inconstancy in early infantile autism. Archives of General Psychiatry, 18, 76–98.

Ornitz, E. & Ritvo, E. (1976). The syndrome of autism: A critical review. The American Journal of Psychiatry, 133, 609–621.

Petty, L. K. Ornitz, E. M., Michelmann, J. D., & Zimmerman, E. G. (1984). Autistic children who become schizophrenic. Archives of General Psychiatry, 41, 129–135.

Pitfield, M. & Oppenheim, A.N. (1964). Child-rearing attitudes of mothers of psychotic children. Journal of Child Psychology and Psychiatry and Allied Disciplines, 5, 51–57.

Poustka, F., Bölte, S., Feineis-Matthews, S. & Schmötzer, G. (2008). Autistische Störungen (2., aktualisierte Auflage). Göttingen: Hogrefe.

Prior, M. (1984). Developing concepts of childhood autism: The influence of experimental cognitive research. Journal of Consulting and Clinical Psychology, 52, 4–16.

Prior, M. & Gajzago, C. (1974). Recognition of early signs of autism. Medical Journal of Australia, 8, 183.

Prior, M. & Isaacs, J. (1979). Language acquisition in autistic and developmental aphasic children. In: Proceedings of Aphasia Convention. Melbourne, Victoria, Australia: Victorian Branch Australian Association of Speech and Hearing.

Prizant, B.M. & Duchan, J.F. (1981). The functions of immediate echolalia in autistic children. Journal of Speech and Hearing Disorders, 46, 241–249.

Rank, B. (1955). Intensive study and treatment of preschool children who show marked personality deviations, or

„atypical development", and their parents. In: G. Caplan (Ed.), Emotional problems of early childhood. New York: Basic Books.

Realmuto, G. M. & Main, B. (1982). Coincidence of Tourett's disorder and infantile autism. Journal of Autism and Developmental Disorders, 12, 367–372.

Remschmidt, H. (2002). Autismus. Erscheinungsformen, Ursachen, Hilfen. C.H. Beck, München.

Reynolds, B.S. Newsom, C.D. & Lovaas, O.I. (1974). Auditory overselectivity in autistic children. Journal of Abnormal Child psychology, 2, 253–263.

Ricks, D.M. & Wing, L. (1975). Language, communication, and the use of symbols in normal and autistic children. Journal of Autism and Childhood Schizophrenia, 5, 191–222

Rimland, B. (1964). Infantile autism. New York: Appleton-Century-Crofts.

Ritvo, E.R., Spence, M.A., Freeman, B.J., Mason-Brothers, A., Mo, A. & Marazita, M.L. (1985). Evidence for autosomal recessive inheritance in 46 families with multiple incidences of autism. American Journal of Psychiatry, 142, 1987–192.

Rühl, D, Werner, K. & Poustka, F. (1995). Untersuchungen zur Intelligenzstruktur autistischer Personen / The intelligence structur of individuals with autism. Zeitschrift für Kinder- und Jugendpsychiatrie, 23, 2, 95–103.

Rutter, M. (1970). Autistic children: Infancy to adulthood. Seminars in Psychiatry, 2, 435–450.

Rutter, M. (1983). Cognitive deficits in the pathogenesis of autism. Journal of Child Psychology and Psychiatry, 24, 513–531.

Rutter, M., Greenfeld, D. & Lockyer, L. (1967). A five to fifteen year follow-up study of Infantile Psychosis: II. Social and behavioral outcome. British Journal of Psychiatry, 113, 1183–1199.

Rutter, M., Bartak, L. & Newman, S. (1971). Autism – a central disorder of cognition or language? In: M.Rutter (Ed.), Infantile autism: Concepts, characteristics and treatment. London: Churchill-Livingstone.

Rutter, M. & Bartak, L., (1973). Special educational treatment of autistic children: A comparative study. II Follow-up findings and implications for services. Journal of Child Psychology and Psychiatry, 14, 241–270.

Rutter, M. Yule, W., Berger, M. & Hersov, L. (1977). An evaluation of a behavioural approach to the treatment of autistic children. Final Report to the Department of Health and Social Security, London.

Rutter, M. & Schopler, E. (1987). Autism and pervasive development disorders: Concepts and diagnostic issues. Journal of Autism and Developmental Disorders, 17, 159–186.

Schain, R. J. & Freedman, D.X. (1961). Studies on 5-hydroxyindole metabolism in autistic and other mentally retarded children. J. Pediatrics, 58, 315–320.

Schmidt M.H. und Poustka F. (2006, 5. Aufl.). Multiaxiales Klassifikationsschema für psychiatrische Störungen im Kindes- und Jugendalter nach ICD-10 der WHO Bern: Huber.

Schopler, E., Andrews, C.E. & Strupp, K. (1979). Do autistic children come from upper-middle-class parents? Journal of Autism and Developmental Disorders, 9, 139–152.

Schopler, E. & Mesibov, G.B. (1983). Autism in adolescents and adults. New York: Plenum Press.

Schreibman, L. (1975). Effects of within-stimulus and extra-stimulus prompting on discrimination learning in autistic children. Journal of Applied Behavior Analysis, 8, 91–112.

Schreibman, L., Kohlenberg, B. & Britten, K.R. (1986). Differential responding to content and intonation components of a complex auditory stimulus by nonverbal and echolalic autistic children. Analysis and Intervention in Developmental Diabilities, 6, 109–125.

Schreibman, L. & Mills, J.I. (1983). Infantile autism. In: T.J. Ollendick & M. Hersen (Eds.), Handbook of child psychopathology, New York: Plenum.

Shah, A. & Frith, U. (1993). Why do autistic Individuals show superior performance on the block design task? Journal of Child Psychology and Psychiatry, 34, 1351–1364.

Silberg, J. (1978). The development of pronoun usage in the psychotic child. Journal of Autism and Childhood Schizophrenia, 8, 413–425.

Spiel, W. & Spiel, G. (1987). Kompendium der Kinder- und Jugendneuropsychiatrie. UTB, Große Reihe, Ernst Reinhardt-Verlag.

Steffenburg, S. et al. (1989). A twin study of autism in Denmark, Finland, Iceland, Norway and Sweden. Journal of Child Psychology and Psychiatry, Vol. 30, No. 3, 405–416.

Steinhausen, H.-C. (2006). Psychische Störungen bei Kindern und Jugendlichen. Lehrbuch der Kinder- und Jugendpsychiatrie. Urban & Fischer bei Elsevier

Steingard, R. & Biederman, J. (1987). Lithium responsive manic-like symptoms in two individuals with autism and mental retardation. Journal of American Academy of Child Adolescent Psychiatry, 26, 932–935.

Tager-Flusberg, H. (1981). On the nature of linguistic functioning in early infantile autism. Journal of Autism and Developmental Disorders, 11, 45–56

Tager-Flusberg, H. (1993). What language reveals about the understanding of mind in children with autism. In: S. Baron-Cohen, H. Tager-Flusberg & D.J. Cohen (Eds.), Understanding other minds: Perspectives from autism. Oxford: Oxford University Press

Tinbergen, E.A. & Tinbergen, N. (1972). Early childhood autism: An ethological approach. In: Advances in Ethology, 10, Supplement to Journal of comparative Ethology. Berlin and Hamburg: Verlag Paul Pany.

Treffert, D.A. (1970). Epidemiology of infantile autism. Archives of General Psychiatry, 22, 431–438.

Tsai, L.Y. (1992). Diagnostic issues in high-functioning autism. In: E. Schopler & G. B. Mesibov (Eds.), High-functioning individuals with autism, 11–40, New York: Plenum Press.

Tsai, L.Y., Stewart, M.A. Faust, M. & Shook, S. (1982). Social class distribution of fathers of children enrolled in the Iowa autism program. Journal of Autism and Developmental Disorders, 12, 211–221.

Venter, A. et al (1992). A follow-up study of high-functioning autistic children. Journal of Child Psychology and Psychiatry, 33, 489–507.

Volkmar, F. R. & Cohen, D. J. (1991). Comorbid association of autism and schizophrenia. American Journal of Psychiatry, 148, 1705–1707.

Ward, A.J. (1970). Early infantile autism: Diagnosis, aetiology and treatment. Psychological Bulletin, 73, 350–362.

Weber, D. (1988). Autistische Syndrome. In : K.P. Kisker., H. Lauter, J.E. Meyer, C. Müller & E. Strömgreen (Eds.), Psychiatrie der Gegenwart VII, Springer-Verlag.

Weiland, H. & Rudnick, R. (1961). Considerations of the development and treatment of autistic childhood psychosis. Psychoanalytic Study of the Child, 16, 549–563.

Wilhelm, H. & Lovaas, O.I. (1976). Stimulus overselectivity: A common feature in autism and mental retardation. American Journal of mental Deficiency, 81, 227–241.

Williams, J.H. Waiter, G.D., Gilchrist, A., Perrett, D.I. & Murray, A.D. (2006). Neural mechanisms of imitation and 'mirror neuron' functioning in autistic spectrum disorder. Neuropsychologia, 44, 610–621.

Wing, L. (1976). Diagnosis, clinical description, and prognosis. In L. Wing (Ed.), Early childhood autism: Clinical, educational and social aspects (2nd Ed.). Oxford: Pergamon Press.

Wing, L. (1993). The definition and prevalence of autism. A review. European Child and Adolescent Psychiatry, 2, 61–74.

Wing, L. & Gould, J. (1979). Severe impairments of social interaction and associated abnormalities in children: Epidemiology and classification. Journal of Autism and Developmental Disorders, 9, 11–29.

Wing, L. & Attwood, A. (1987). Syndromes of autism and atypical development. In: D.J. Cohen, A. Am. Connellan & R. Paul (Eds.), Handbook of autism and pervasive developmental disorders, 3–19, New York: Wiley.

Wolff, S. & Chess, S. (1964). A behavioural study of schizophrenic children. Acta Psychiatrica Scandinavia, 40, 438–466.

Yarrow, M.R., Waxler, C.Z. & Scott, P.M. (1971). Child effects on adult behavior. Developmental Psychology, 5, 300–311.

Zaslow, R.W. (1967). A psychogenic theory of the aetiology of infantile autism and implications for treatment. Paper presented at a meeting of the California State Psychiatric Association. San Diego.

Abbildungsnachweis

Abb. 1: Aus: Neue Züricher Zeitung. 27./28.4.1986, Fernausgabe Nr. 96, S. 29 (F. Schorer, Über Autismus).

Abb. 2: McKeachie, W.J., Doyle, Ch.I. & Moffett, M.M. (19763). Psychology, Reading, Massachusetts: Addison-Wesley Publ. Comp., S. 290.

Abb. 3: Dyadische Theorie der Verfestigung des autistischen Verhaltens nach Rollett.

Abb. 4: Smith, R.E., Sarason, I.G. & Sarason, B.R. (1982). Psychology. The Frontiers of Behaviour. New York, Harper & Row, S. 263

Abb. 5: Studienmaterialien FIM-Psychologie, Institut für Psychologie der Universität Erlangen-Nürnberg.

Abb. 6: Gibson, J.T. (1978). Growing Up: A Study of Children. Reading, Massachusetts: Addison-Wesley Publ. Comp., S. 129.

Abb. 7: Lamb, M.E. & Campos, J.J. (1982). Development in Infancy. New York: Random House, S. 26.

Abb. 8: Kagen, J. & Havemann, E. (1984). Psychology. New York: Harcourt Brace Jaovanovich, S. 479.

Abb. 9: Nach Eysenck, H.J. (1947). Dimensions of Personality. London: Routledge & Kegan Paul, S. 29

Abb. 10: Schell, R.E. & Hall, E. (1984). Developmental Psychology Today. New York: Random House, S. 128.

Abb. 11: Therapiebausteine und Therapieablaufplanung.

Abb. 12: Herta (Name geändert) hat bereits gelernt, sich selbst zu beschäftigen.

Abb. 13: Übungsblätter „Verbinden von vorgezeichneten Linien".

Abb. 14: Übungsblätter „Kreise und Figuren zeichnen".

Abb. 15: Übungsblätter „Labyrinth".

Abb. 16: Beispiel für einen Wochenplan (aus Schopler u. a., 1987).

Abb. 17: Übungsblätter „Erkennen logischer Gesetzmäßigkeiten".

Abb. 18: Anton (Name geändert) interessiert sich besonders für das Malen.

Abb. 19: Fähigkeitsprofil.

Abb. 20: Einzeltherapiesitzung.

Abb. 21: Individuelle Förderung ist vor allem beim Aufbau der Kommunikationsbereitschaft wichtig.

Sachregister

A
Abhängigkeit, einseitige 44
Ablösung von den Eltern 39
ADI-R 216
ADOS 216
Affekte, Diagnose 15
Aggressionen 15, 163
– Auftreten, verstärktes 165
– Interventionen 166
– Reduktion 188
– Umgang 136
AID 14
Akustische Signale unterscheiden 100
An- und ausziehen 84
Angst vor Veränderung, Überwindung 30
Anlernberufe, einfache 154
Anstrahlen, Kontaktsprache 54
Anstrengungsvermeidung 77, 165
Antworten auf Fragen 81
Arbeitsbereich, Gestaltung 61
Arbeitseifer 38
Ärgermanagementprogramm 167
Arousaltheorie 19
Artikulation 174
Asperger-Autismus 3, 5, 12, 147
– ICD-10 12
Auffädeln 95
Aufheben Hinlegen Einräumen 94
Aufmerksamkeit 222
– Fokus herstellen 80
Aufsatz schreiben 128
Aufträge ausführen 104
Augen, weit offene 21
Augenkontakt 54, 73, 79, 93, 183
Auskunft von jemandem erfragen 87
Ausmalen einer kleinen Umrissform 96
Äußerungen ohne Bezug zur aktuellen Situation 176
Autismus
– Definition 213
– Differentialdiagnose 13
– Diskussion 1
– Entwicklung 222
– Entwicklungsstörung 214
– Epidemiologie 215
– Erwachsene, Nachbetreuung 191
– Frühdiagnose 11
– Hirnschäden 219
– im Internet 203
– in der Fachdiskussion 213
– kognitive 222
– Komorbidität 215
– Neuroanatomie 218
– Neurochemie 219
– Neurophysiologie 220
– Prä-/Perinatalzeit, Einflüsse, schädigende 218
– Störungsbilder 11
– Therapie(verlauf) 4
– – systemischer Ansatz 51
– Ursachen 3
Autismus-Spektrum-Störung 11
Autismustheorie, dyadische 6
autistische Pseudodialoge 76, 177
autistisches Milieu 9
autistisches Verhalten 4
Autonomiebedürfnis 165

B
Ball fangen und werfen 91
Begrüßungslächeln 21
Beidhänder, Gehirnentwicklung 18
Belastungsfaktoren 8
Belohnung(en) 33
– mit Stereotypien 74
– Notwendigkeit 74
– überschaubare Zeit 75
– Verstärker, soziale 74
Belohnungszentrum 4
Berufsanforderungen 154
– Berücksichtigung der Interessen 156
– bürokratisches Umfeld 159
– Checkliste 154
– Fähigkeitsprofil 157
– physische 155
– psychische 155
Berufsmöglichkeiten und Berufswahl 153
Bezugsperson
– Bindung(saufbau) 24, 53
– Eltern 6
– Haltung, freundlich-konsequente 77
– Körperkontakt 184
Bilder (zu)ordnen 102, 111
Bindung an die Bezugsperson 24, 53
Bindungssystem, Vertrauen und Neugier 28
Bitten 81
Blickkontakt s. Augenkontakt 73
Botschaft übermitteln 83, 178
Buchstaben benennen 113, 114
Buchstabentraining 113
Bullying 150

C
Cafeteria-Effekt 26
Chromosomenstörungen 6
Commitment 51, 131

D
Danken 81
Denken
– abstraktes 38
– lautes 177
– reflexives 38
desintegrative Störung 12
Diagnose
– DSM-IV 12
– richtige 6
– sorgfältige 51
Diätmaßnahmen 47
Differenzieren, optisches 103
Diktate 127
Disposition, autistische 7
DSM-IV 3, 12
Durchsetzungsverhalten 162

E
Echolalien 225
– Abbau 174
Einkaufen 86
Einnässen 85
Einwortsätze 171
Einzelheiten erfassen 103
Einzeltraining 66
elastische Gegenstände drücken 94
Eltern
– Abhängigkeit, einseitige 44
– als Bezugspersonen 6
– Belastungen 51
– Therapeutenverhalten 9
– Trauerarbeit um ein Kind 43
emotionale Umstellungsschwierigkeiten 135
Empowerment 161
Entspannen, bewusstes 188
Entspannungsübungen/-training 167, 188
Entwicklung
– kognitive 20, 222
– Perioden/Stadien 9, 35
– Schritte und ihre zeitliche Einordnung 197

Entwicklungsaufgaben 34
– Familienbeziehungen 35
Entwicklungsdiagnose 79
Entwicklungsförderung, Spiele und Übungen 78
Entwicklungsstörungen/-verzögerung 214
– Frühdiagnose 11
Entwicklungstherapie 6, 33
– Förderung 58
Entwicklungstraining 78
Epidemiologie 215
Erbtheorie 6
Erkennen logischer Gesetzmäßigkeiten 111
Erkundungssystem, Vertrauen und Neugier 28
Erlebnisse, eigene erzählen 104
Erwachsen werden, Wege 161
Erwachsene, Nachbetreuung 191
Erwachsenenalter 164
– Partnerschaft 192
– Sexualität 192
– Wohnen 191
Essen, selbständiges 84

F
Fallbeispiel aus der Praxis 120
– Bernhard 131
Familienkonferenz 44, 51
Farben sortieren und zuordnen 102
Feedback, Autismustherapie 56
Fehldiagnosen 4
Feinfühligkeit 30
Feinmotorik, Förderung 93
Festhaltetherapie 47
Festinger-Effekt 30
FEW (Frostigs Entwicklungstest der visuellen Wahrnehmung) 14, 15
Förderprogramme 51, 61
Förderung, entwicklungs-/lerntherapeutische 58
Formen zuordnen 101
Fragen beantworten 81
Fragen stellen, exzessiv und repetitiv 175
fragiles X-Chromosom 4
freies Spiel 15
Freundesgruppen 37
Frith, U. 149
Frostigs Entwicklungstest der visuellen Wahrnehmung 14, 15
Frühdiagnose, Probleme 11

G
Gedächtnis, Entwicklungstraining 79
Gedächtnisförderung 103

Gedichte, Geschichten und Lieder merken 104
Geduld und warten können 56
Gefühle erkennen 186
Gegensätze 111
Gegenstände
– betasten 93
– drücken 94
– erkennen und zuordnen 100
– fixieren und mit dem Blick verfolgen 100
– halten und tragen 90
– wiederfinden 103
Gehen/Laufen 89
Gehirnentwicklung
– Bedeutung früher Entwicklungsreize 17
– Hirnhälfte(n), Arbeitsteilung 19
– – rechte Hirnhälfte - linke Hirnhälfte 18
Gehirntraining 5
Geräusche
– Folgen wiedergeben 100
– Quellen unterscheiden 100
– Reaktion darauf 99
– Unterscheidung akustischer Signale 100
Geschlechtsrolle, eigene 37
Geschwister 44
Gesetzmäßigkeiten, logische, erkennen 111
Gesichtsausdruck 186
– erkennen 83
Gewöhnung, s. Habituierung 19
Gleichaltrigengruppe, Hinwendung 39
Gleichgewicht halten 91
Grobmotorik, Förderung 88
Größen sortieren und zuordnen 101
Grundschulklasse, erste, Spielmittelausstattung 201
Gruppentraining 66
Grüßen/Verabschieden 80
Gutscheinprogramm 75

H
Habituierung 19
Hamburg-Wechsler-Intelligenztest für Kinder (HAWIK) 147, 225
Handführung und andere Hilfen 69
Handlungsrepertoire, sinnvoll einschätzen 71
HAWIK (Hamburg-Wechsler-Intelligenztest für Kinder) 147, 225
High-functioning-Autismus 147

Hilfen und Handführung 69
Hilfeverhalten (jemandem helfen) 83
Hilfstätigkeiten 154
Hindernislauf 89
Hintergrundaktivität, Diagnose 16
Hirnschädigung 6
Höflichkeitsgesten/-verhalten 178, 183
Hören 26
Hypo-/Hypersensitivität, Diagnose 15

I
Ich-Bewusstsein, Förderung 171
Ich-Entwicklung 36
– Anfänge 27
Ich-Identität 39
Ignorieren 174
IKT (Interaktions- und Kontakttraining) 53
Imitationsverhalten/Imitieren 80
– Diagnose 16
– Spiele, soziale 12
innere Welt 37
Inselbegabungen 34
Integration
– Fallbeispiel aus der Praxis 120
– – Bernhard 121
– Hauptziel 116
– in die Unterrichtsarbeit 127
– in Kindergarten und Schule 115
– Spielen und Lernen 126
Intelligenz 224
– Entwicklungstraining 78
Interaktions- und Kontakttraining (IKT) 53
– anderes Angebot machen 57
– Elemente 54
– Feedback 56
– Kontaktangebote liebevoll beantworten 58
– Kontaktsignal, modulierte Sprechweise 55
– warten können und Geduld 56
– Kontaktsignal, Anstrahlen 54
Internetadressen 203
Intervention, paradox 57
Intonation 172
Introversion 41
Involvierungstherapie 71
irrelevante Kommentare 181

J
Joint Attention 80
Jugendalter 164

Sachregister

K
Kanner-Autismus 3, 5
kausale Zusammenhänge, Verständnis 113
Kindergarten, Integration 115
Kleinhirndefekte 4
Knöpfen/Knoten 95
kognitive Entwicklung 222
kognitive Fähigkeiten 109
– Aufbau und Entwicklungsförderung 61
– Entwicklung 20
Kommunikation 12
– gestützte 48
Kommunikationsfähigkeit, Übungen zur Förderung 79
kommunikative Sprachbeherrschung, Förderung 169
Komorbidität 215
Kontakt- und Interaktionstraining s. Interaktions- und Kontakttraining (IKT) 53
Kontaktangebote, Beantwortung, liebevolle 58
Kontaktbereitschaft 20
Kontaktsignale 21
– Anstrahlen 54
– Sprechweise, modulierte 55
Kontakttraining 58
Kontaktverweigerung 3, 22
Konzentration 170, 181
Koordinationsübungen 92
Körperkontakt 184
körperliche Zuwendung 75
Kreativität, Diagnose 16
Kreise und Figuren zeichnen 96, 98
Kriechen/Krabbeln 88
Kulturtechniken, Entwicklungstraining 79
Kuschelecke für Spiel- und Übungspausen 61

L
Labyrinthe 99
Laute
– des Kindes nachahmen 105
– und Worte nachahmen 105
lautes Denken 177
Lautstärke 172
Lehrberufe 154
Lehrer-Schüler-Gespräche 127
Leistungstief 76
Leistungswille 38
Lernaufgaben, Durchführung 58
Lernerfahrungen 17
Lernprogramme 61

Lernprozess 140
lerntherapeutische Förderung 58
Lesen 128
– Entwicklungstraining 78
Linkshänder 62
– Gehirnentwicklung 18
Linkszuordnung 5
Literatur für die Praxis 199
Lückentext 127

M
Machtlosigkeit 161
Mahlzeiten, einfache, zubereiten 87
Manierismen 12
Medikamente 49
Mehrwortsätze 171
Memory 104
Mengen und Zahlen 107
Merkfähigkeit, Entwicklungstraining 79
Metakognitionen/-gedächtnis 39
Mimik 173, 186
Monologisieren, Methoden 137
moralische Entwicklung 38
Mosaiktest 14
Motivationseinbrüche 128
Motorik, Diagnose 14
motorische Entwicklung, Training 78
Mundbewegungen nachahmen 105
Muschelkinder 20, 43
musikalische Fähigkeiten 48
Muskelentspannung, progressive 188

N
nachahmen lernen 22
Nachbetreuung erwachsener Autisten 191
nacherzählen 180
Nachhilfelehrer 157
Negativismus 28
Neugier, Bindungs- und Erkundungssystem 28
neuroanatomische Untersuchungen 218
Neurochemie 219
neurophysiologische Untersuchungsansätze 220
neuropsychologische Aspekte 221

O
Oberbegriffe bilden 110
Objektpermanenz, Aufbau 26
Onanie 164
optisches Differenzieren 103
Ordnung halten 86

Orientierungsfähigkeit 20
Ortsbegriffe 106

P
paradoxe Übung 176
Partnerschaft 164
peer groups 37
Persistenz 41
Personalpronomina 171
Perzeption, Diagnose 14
Phantasien 18
– Vorstellung, Traum und Wirklichkeit 37
Phrasen wiederholen 174
physische Störungen 7
Possessivpronomina 171
Prä-/Perinatalzeit, Einflüsse, schädigende 218
Privatlehrer 157
progressive Muskelentspannung 188
pronominale Umkehr 28, 171, 226
Prosodie, monotone 226
prosoziale Entwicklung 38
Punkte, vorgezeichnete, verbinden 96

Q
quiet alert-state 20

R
Rechenaufgaben 127
Rechenschwäche 127
Rechnen, Entwicklungstraining 79
Rechtshänder 62
– Gehirnentwicklung 18
Rechtszuordnung 5
regelmäßige Beratungsgespräche 192
Regelspiel 82
Reihenfolgen bilden 103
Remote Associationstest 16
Rett-Syndrom 12
– ICD-10 13
Rigidität 41
Rollenspiele 24, 82
Rollenübernahme 187
Rückmeldungen (Feedback) 56
Rückschläge 76

S
Sattler 76
Sauberkeitserziehung 85
Schneiden 95
Schreiben, Entwicklungstraining 78
Schreikinder 21

Sachregister

Schuldtheorie 8
Schule
– Anforderungen 37
– Integration 115
– Asperger-Autisten 149
– High-functioning Autisten 149
Sehen 26
– peripheres 54
selbermachen wollen 27
selbst verletzendes Verhalten 189
– Diagnose 14
Selbstaggression 189
Selbständigkeit, Förderung 84
Selbstbehauptung 161
Selbstbewusstsein, Entwicklung 39
Selbstgespräche 177
Selbstinstruktion 177
Selbstlerner 5, 53
Sexualität 164
Silben und einfache Wörter lesen 113
Situationsbewältigung 30
soziale Bekräftigungen 33
soziale Interaktion 12
soziale und kommunikative Fähigkeit 79, 169
soziale Verstärker 74
Sozialkontakt, Diagnose 16
Spiel(e)
– altersgemäßes, sinnvolles 36
– freies 15
– gemeinsames 82
– Hauptbezugsperson 65
– Imitationsspiele, soziale 12
– Regelspiel 82
– Rollenspiel 24, 82
– Tagesablauf organisieren 65
– Üben, regelmäßiges 65
– wer soll spielen und lernen 64
– wie soll gespielt und gelernt werden 67
– zur Entwicklungsförderung 78
Spielbereich, Gestaltung 61
Spielmittelausstattung, Grundschulklasse, erste 201
Spielpartner 66
Spielprogramme 61
Spielzeug
– geeignetes 63
– Material 63
– Widerstandsfähigkeit, Sicherheit und Bildungswert 63
Spielzeugliste 199
Sport treiben 47, 92
Sprachanbahnung 169
Sprachbeherrschung, kommunikative
– Anrede, persönliche und höfliche Form 178
– Artikulation 174
– Äußerungen 176
– Botschaften übermitteln 178
– Echolalien abbauen 174
– Förderung 169
– ganze Sätze verwenden 170
– Gespräch beenden 176
– ich und du, Verwendung, richtige 171
– Intonation 172
– Lautstärke 172
– Personalpronomina 171
– Selbstgespräche 177
– Sprachstereotypien 175
– Sprachtempo 173
– Verständlichkeit 172
– Verwendung, richtige 171
Sprache 225
– Ausdruck 109
– Diagnose 15
– Entwicklung 36
– Entwicklungstraining 79
– Förderung 104
– idiosynkratische 12
– modulierte 73
sprachliche Welt, Aufbau 136
Sprachstereotypien 175
– exzessive/repetitive 175
– Wiederholen von Phrasen 175
Sprachstereotypien s.a. Stereotypien 175
Sprachtempo 173
Sprachverständnis erweitern 104, 179
– Geschichte/Text, Nacherzählen 180
– – irrelevante Kommentare 181
– – Verständnis 181
– Redewendungen verstehen lernen 179
– Verständnis von Witzen 180
– Wortschatz erweitern 105, 179
Springen 91
Steckspiele 95
Stereotypien 13
– Abkehr von der auslösenden Situation 72
– Bewältigungsformen 71
– Modifikation 136
– motorische 88
– Reaktion auf Langeweile 49
– Verlagerung 72
– Verstärkerproblem 71
– wie reagiert man darauf 69
Stereotypien s.a. Sprachstereotypien 175
Stimulation 175
Stressbelastung 19

T

Tätigkeit(en)
– Eigenschaften 106
– in einer geschützten Werkstätte 153
TEACCH-Programm 1
telefonieren 87
Testverfahren, nonverbale 14
Theory of Mind 185, 226, 227
Therapeutenverhalten, Eltern 9
therapeutische Maßnahmen 47
therapeutisches Milieu 8
Tobsuchtsanfälle 129
Toilettentraining 36, 85
Torrance Test of Creative Thinking 16
Trauerarbeit 43
Treppensteigen 90
Trotzphase 27
Türme bauen 94
Turnübungen 185

U

Übungen zur Entwicklungsförderung 78
– der akustischen Wahrnehmung 99
– der Feinmotorik 93
– der Grobmotorik 88
– der kognitiven Fähigkeiten 109
– der Kommunikationsfähigkeit 79
– der Selbständigkeit 84
– der visuellen Wahrnehmung 100
– zur Gedächtnisförderung 103
– zur Sprachförderung 104
Umgang mit dem anderen Geschlecht 39
Umgangsverbesserung mit anderen und mit sich selbst 183
– Aggressionen reduzieren 188
– Blickkontakt 183
– Entspannen, bewusstes 188
– Gefühle erkennen 186
– Gesichtsausdruck 186
– Hilfe leisten 185
– Höflichkeitsgesten 183
– Körperkontakt 184
– Rollenübernahme 187
– Selbstaggression beeinflussen 189
– theory of mind 185

Umrissform, kleine, ausmalen   96
Umstellungsschwierigkeiten, emotionale   135
Unterhaltung, strukturierte   83
Unterrichtsstoff, neuer, Überforderung   128

V
Verabschiedung   183
Verbinden von vorgezeichneten Punkten   96
Verhaltensauffälligkeiten, Diagnose   15
Verhaltensmodifikationstechniken   47
Verhaltenstherapie   33
Verhaltensweisen
– aggressive   15, 163, 165, 188
– nonverbale   12
Verkehrsmittel, öffentliche, benützen   87
Verständnis von Witzen   180
Verstärker, soziale   74
Verstärkerproblem, Stereotypien   71

Vertrauen, Bindungs- und Erkundungssystem   28
Vorstellungswelt, innere   36
Vorübungen zum Zeichnen   96

W
Wahrnehmung   222
– akustische   99
– Einschränkungen   222
– Entwicklungstraining   78
– Störungen, Entwicklung   25
– visuelle   100
warten können und Geduld   56
waschen   85
Wechsler-Intelligence-Scale (WISC-R)   224
Wellentäler und Umgang damit   58
Welt, innere   37
Welterkundung, autistische   29
Wenn-Dann-Verbindungen, Ärgermanagementprogramm   167
Werkstätte, geschützte   153
Wiederholen von Phrasen   175
Wiener Entwicklungstest (WET)   35

WISC-R (Wechsler-Intelligence-Scale)   224
Wohngemeinschaften, therapeutische   191
Wörter
– einfache und Silben lesen   113
– zusammensetzen   113
Wortschatz   179
Wortschatzerweiterung   105
Wutausbrüche   166

X
X-Chromosom, fragiles   4

Z
Zahlen und Mengen   107
Zähneputzen   86
Zeichnen, Vorübungen   96
Zeitbegriffe   107
Zubereitung einfacher Mahlzeiten   87
Zurückgezogenheit   3
Zuwendung
– körperliche   75
– ohne Zwang   55

Namensregister

A
AFFOLTER, F.   35
AINSWORTH, M.D.S.   24, 35
AKSHOOMOFF, N.   220
ALLEN, D.   227
ALLEN, J.   223, 224
ALPERN, G.D.   224
ALTSCHULER, E.L.   221
ANDERSON, G.M.   219
ANDO, H.   215
ASARNOW, R.F.   218
ASPERGER, H.   147
ASSUMPCAO, F.   4
ATTWOOD, A.   152, 192, 213
AZRIN   85

B
BAILEY, A.   4, 6, 218, 224
BAKER, B.L.   228
BALTAXE, C.A.   226
BARABAS, G.   215
BARON-COHEN, A.   223
BARON-COHEN, S.   226, 227
BARTAK, L.   224, 225, 228
BARTON, S.   224
BARTRAM, M.   117
BAUMAN, M.L.   219
BAUMRIND   118
BELLEVIELLE, C.   228
BERGER, M.   224
BERTHIAUME, C.   221
BETTELHEIM, B.   6
BIEDERMANN, J.   215
BOLDUC, C.   221
BÖLTE, S.   216, 217, 221
BOWLBY, J.   24, 35
BRAMMER, M.J.   227
BRITTEN, K.R.   222, 226
BRYSON, S.E.   215, 224
BULLMORE, E.T.   221
BURACK, J.A.   228

C
CAMFFERMAN, G.   221
CANTWELL, D.P.   228
CHAKRABARTI, S.   215
CHARMAN, J.   223, 226
CHESS, S.   20, 30
CHUNG, S.Y.   215
CHURCHILL, D.W.   224
CLARK, B.S.   215, 224
CLARK, P.   224
COHEN, D.J.   215, 219, 226
COMINGS, B.G.   215
COMINGS, D.E.   215
COOK, E.H.   219
COURCHESNE, E.   219, 220, 223
COX, A.   225, 228
COX, G.   223, 226
COX, N.J.   225
CREAK, M.   224
CRITCHLEY, H.D.   221

D
DALFERTH, M.   151, 158, 159
DALY, D.M.   221
DAWSON, G.D.   226
DEAN, A.   218
DEIMANN, P.   35, 223, 226
DeMYER, M.K.   224
DICKSTEIN, P.   223
DÖPFNER, M.   213
DUCHAN, J.F.   226
DUNN   227

E
ECCLES, J.C.   17
EHLERS, S.   147
EIMAS, P.   223
ELMASIAN, R.   220, 223
ENNS, T.   228
ERIKSON, E.   35
EWALD, H.   218

F
FANTIE, B.D.   223
FAY, W.H.   226
FEIN, D.   227
FEINEIS-MATTHEWS, S.   216, 221
FEINSTEIN, M.   227
FELINGER, M.   169
FESTINGER, L.   29
FINLAYSON, M.A.   227
FISCHER, M.A.   223
FLETCHER, K.E.   219
FOLSTEIN, S.   215, 218
FOMBONNE, E.   215
FOXX   85
FREEDMAN, D.X.   219
FRITH, U.   149, 185, 224, 225, 226, 227, 228

G
GALPERIN, P.J.   39, 127
GASSER, A.   213
GAYZAGO, C.   223
GHAZIUDDIN, M.   215
GILKEY, K.M.   224
GILLBERG, C.   147, 215, 218, 223
GODBOUT, R.   221
GOODMAN, W.K.   215
GRAUPNER   1
GREENFELD, D.   215
GRILLON, C.   220
GROSSMANN, K., K.E.   24, 28, 35

H
HALE, G.A.   223
HANSEN, C.R.   219
HAPPÉ, F.G.E.   224, 227, 228
HARTMANN, W.   78, 120, 201
HASHIMOTO, T.   219
HEMSLEY, R.   224
HERSOV, L.   224
HEWETT, F.M.   48
HIPPLER   150, 158, 164
HIRATA, J.   215
HOBSON   227
HODER, E.L.   219
HOEKSMA, M.R.   221
HOLBROOK, D.   224
HOWLIN, P.A.   224
HUBBARD, E.M.   221
HUBL, D.   221

I
IAROCCA, G.   228

J
JACOBSON   149, 152

K
KANNER, L.   5, 213, 224, 228
KASTNER-KOLLER, U.   7, 14, 17, 19, 35, 44, 53, 54, 61, 169, 223, 226
KEMMNER, C.   221
KEMPER, T.L.   219
KIMERLIN, C.   224
KLICPERA, C.   158
KLIN   147
KOEGEL, R.L.   222, 223
KOHLENBERG, B.   222, 226
KOLVIN, I.   224
KOMOTO, J.   215
KUSCH, M.   215, 222

L
LAINHARDT, J.E.   215
LAURITSEN, M.B.   218
LAUSCHER, K.   169

LeCOUTEUR, A.   218
LEE, P.W.H.   215
LEONTIEV, A.N.   39
LESLIE, A.M.   227
LEVENTHAL, B.L.   220
LIMOGES, E.   221
LINCOLN, A.J.   220
LINCOLN, J.A.   223
LISS, M.   227
LITROWNIK, A.   222
LOCKYER, L.   215
LORD, C.   215, 224, 226
LOTSPEICH, L.   218
LOTTER, V.   224
LOVAAS, O.I.   1, 5, 51, 53, 222, 223
LUK, S.L.   215
LUTHERT, P.   218
LUTZ   8

M
MAIN, B.   215
MANN, R.   222
MANNING-COURTNEY, P.   221
MARKS, N.   219
MARTINIUS, J.   19
MATTHEWS   215
McCLEERY, J.P.   221
McDOUGLE, C.J.   215
MCPHEDRAN, P.   219
MESIBOV, G.B.   226
MICHELMANN, J.D.   215
MINDERAA, R.B.   219
MIRSKY, A.F.   223
MOLLOY, C.A.   221
MORGAN, J.S.   223
MOTTRON, L.   221, 228
MUCHITSCH, E.   22, 33, 69, 71, 72, 94, 109

N
NEWMAN, S.   228
NEWSOM, C.D.   222
NISSEN, G.   4

O
OBERMAN, L.M.   221
OFFORD, D.R.   227
OLSON, D.R.   223
OLWEUS, D.   150
ORNITZ, E.M.   215
OUNSTED, C.   224
OZONOFF, S.   223

P
PACUALVACA, D.M.   223
PAPAGEORGIOU, M.   223
PAPOUSEK, H., M.   55

PAUL, R.   226
PETERMANN, F.   215, 222
PETTY, L.K.   215
PHILLIPS, W.   224
PINEDA, J.A.   221
PLOOG   55
POMERANZ, K.   1
PONTIUS, W.   224
POPPER, K.R.   17
PORTMANN, A.   17
POUSTKA, F.   71, 213, 216, 217, 221, 225
PREKOP, I.   47
PRICE, L.H.   215
PRIOR, M.   222, 223, 226
PRIZANT, B.M.   226

R
RAMACHANDRAN, V.S.   221
RAPIN, I.   3
REALMUTO, G.M.   215
REINHOLD, J.A.   221
REMSCHMIDT, H.   148, 213
REYNOLDS, B.S.   222
RIMLAND, B.   1, 47, 48 , 228
RING, H.A.   227
RISCH, N.   218
RITVO, E.R.   4
ROLLETT, B.   1, 7, 11, 14, 17, 33, 41, 43, 47, 51, 53, 54, 57, 77, 115, 131, 147, 153, 161, 169, 191
ROLLETT, R.   117, 120, 127, 166
ROTH, A.   224
RÜHL, D.   216, 217, 225
RUTTER, M.   4, 215, 218, 224, 225, 228

S
SALLOWS, G.O.   1
SATTLER   76
SCHAIN, R.J.   219
SCHMÖTZER, G.   217
SCHOPLER, E.   1, 71, 72, 73, 78, 79, 86, 87, 89, 90, 94, 107, 108, 158, 213, 215, 224
SCHREIBMAN, L.   222, 223, 226
SCHROER, R.   4
SCHULTE-KÖRNE   148
SHAH, A.   225
SIEGEL, L.S.   227
SIMMONS, A.   227
SIMMONS, J.Q.   226
SMALLEY, S.L.   218
SMITH, I.M.   215, 224
SMITH, T.   5
SPENCE, M.A.   218

SPIEL, G.   14, 213, 221, 229
SPIEL, W.   221, 229
SPIKER, D.   218
STEELE, R.   224
STEFFENBURG, S.   220
STEINGARD, R.   215
STEINHAUSEN, H.C.   213
STRAYER, D.L.   223
SUGAI, G.   33, 71
SWETTENHAM, J.   223
SWETTENHAM, S.   226
SZATMARI, P.   227

T
TAGER-FLUSBERG, H.   226, 227
TALLAL, R.   223
THOMAS, A.   20, 30
TINBERGEN, E.A.   47, 228
TINBERGEN, N   228
TOBIN, K.   56
TSAI, L.Y.   215
TUFF, L.   227

U
USUI, S.   215

V
VAN ENGLAND, H.   221
VENTER, A.   224
VERBATEN, M.N.   221
VISALLI. H.   168
VOLKMAR, F.R.   215, 219

W
WAINWRIGHT, M.   219
WART, A.J.   228
WEBB, J.T.   3
WEISSENSTEINER, G.   19, 44
WERNER, K.   225
WHEELWRIGHT, S.   227
WHITE, W.J.   33, 71
WILHELM, H.   222, 223
WILLIAMS, S.C.R.   227
WING, L.   147, 213, 215
WINKLER, R.   213

Y
YAN, S.-Y.   220
YANG, E.   224
YEUNG-CHOURCHESNE, R.   220
YOSHIMURA, I.   215
YOUNG, J.R.   219
YULE, W.   224

Z
ZEAMAN, D.   223
ZIMMERMAN, E.G.   215